德陽市

旌陽区年鉴

2013

德 阳 市 旌 阳 区 人 民 政 府　主办

《德阳市旌阳区年鉴》编纂委员会　编纂

科学技术文献出版社
SCIENTIFIC AND TECHNICAL DOCUMENTATION PRESS
·北京·

图书在版编目（CIP）数据

德阳市旌阳区年鉴. 2013/《德阳市旌阳区年鉴》编纂委员会编. –北京：科学技术文献出版社，2013.11

ISBN 978-7-5023-8516-3

Ⅰ. ①德… Ⅱ. ①德… Ⅲ. ①区（城市）–德阳市–2013–年鉴

Ⅳ. ①Z527.13

中国版本图书馆 CIP 数据核字(2013)第 287470 号

德阳市旌阳区年鉴. 2013

策划编辑：肖 朋　责任编辑：杜新杰　责任校对：赵 瑗　责任出版：张志平

出　版　者　科学技术文献出版社
地　　　址　北京市复兴路 15 号　邮编 100038
编　务　部　(010) 58882938，58882087（传真）
发　行　部　(010) 58882868，58882874（传真）
邮　购　部　(010) 58882873
官 方 网 址　http://www.stdp.com.cn
发　行　者　科学技术文献出版社发行　全国各地新华书店经销
印　刷　者　北京高迪印刷有限公司
版　　　次　2013 年 12 月第 1 版　2013 年 12 月第 1 次印刷
开　　　本　889×1194　1/16
字　　　数　550 千
印　　　张　22
印　　　数　1-1000
书　　　号　ISBN 978-7-5023-8516-3
定　　　价　168.00 元

国家 省市领导视察旌阳区

GUO JIA SHENG SHI LING DAO SHI CHA JING YANG QU

2012年5月5日，四川省委书记、省人大常委会主任刘奇葆（右二），在德阳市委书记李向志（右一），旌阳区委书记王箭（左二）等领导的陪同下，深入旌阳区企业，调研基层党建工作

2012年12月11日，四川省委书记王东明（前右二），在德阳市委书记李向志（中）的陪同下，到德缆公司视察

2012年5月，四川省委常委、省纪委书记王怀臣（中），在德阳市委书记李向志（左一）的陪同下，到旌阳区调研基层反腐倡廉工作

2012年7月16日，德阳市委书记李向志（前右三）、市长陈新有（前左二）等市区领导到德阳高新技术产业园区视察

2012年10月19日，四川省政法委防邪办副主任尹大明（中），在旌阳区委副书记尹显俊（右四），区委常委、政法委书记刘钢（左三）的陪同下，到城北街道调研维稳信访工作

2012 年 8 月 24 日，德阳市人大常委会主任刘守培（左二）到城北街道圣风村调研民主法制区创建情况

2012 年 10 月 12 日，德阳市政协主席刘哲（左一）视察城南街道花园巷社区防震减灾工作

2012 年 6 月 19 日，德阳市委常委、宣传部部长杨恩林（右二），在旌阳区委常委、宣传部部长邹远骏（右一）陪同下，到旌阳区观看迎十八大美术书法摄影展

区领导到基层 QU LING DAO DAO JI CENG

2012年4月27日，旌阳区区委书记王箭（前左），区委常委、办公室主任梁仕全（前右），到双东镇龙洞村看望慰问基层群众，送去化肥

2012年3月28日，旌阳区委书记王箭（右二），到和新镇统筹城乡示范点建设调研

2013年7月20日，旌阳区委书记罗宗志（前左一），区委常委、办公室主任梁仕全（中）等区领导深入新中镇调研三农工作

旌阳区委书记罗宗志等区领导到双东镇调研三农工作

旌阳区委副书记、区长邓平（中），到双东镇参加三下乡活动

旌阳区委书记王箭（左二），区长邓平（右三），政协主席徐蓉，宣传部长冉晓云等领导到孝泉调研孝文化

旌阳区人大常委会主任刘友华（右三），副主任陈明聪（左一）、张黄剑（左二）等领导，带领区人大代表视察文化建设

旌阳区政协主席徐蓉（中），副主席王西林（右二），李亚平（左二）到社区视察工作

2012年4月23日，旌阳区委副书记尹显俊（中），区委常委、组织部部长王明英（左二），到工农街道办松花江路社区指导党建工作

旌阳区委副书记唐平（右二）等区领导到新中镇参加全区科技、文化、卫生三下乡活动

旌阳区委常委、常务副区长唐平（中），区政协副主席李亚平（右三），到德新镇慰问困难群众

旌阳区委常委、常务副区长邹远骏（中）到城北街道北光社区调研工作

2012 年 7 月 23 日，旌阳区委常委张朝恩（右一），陪同德阳军分区司令员罗建（左一），到城南街道视察武装民兵标准化建设

旌阳区委常委、政法委书记刘钢（中）到司法局公证处调研工作

2012 年 5 月 31 日，旌阳区委常委、区委办公室主任梁仕全（前右）到东湖乡寿丰小学看望慰问贫困学生

旌阳区委常委、高新区党委书记谭德明（中），到工业园区走访企业

旌阳区委常委、区纪委书记耿垣合到黄许镇调研工作

2013 年 6 月 28 日，旌阳区委常委、区总工会主席杨晓刚（左），到城北街道慰问帮扶困难户

旌阳区委常委、区委宣传部部长冉晓云（中），在孝泉镇调研文化建设

旌阳区委常委、区委组织部部长王锐（左二）到和新镇检查组织工作

旌阳区人大常委会主任刘友华（前左三），副主任陈明聪（右三）、张黄剑（右二）、肖辉（左）、吉庆坤（右一），集体调研特变电工生产经营情况

旌阳区人大常委会主任会议听取区人民政府关于工业集中发展区建设与发展情况报告

旌阳区副区长罗春华（左一），到市区超市检查食品安全工作

旌阳区副区长、区公安分局局长聂建（左二），陪同德阳市副市长、公安局局长梁晓军（左一）检查龙舟会安全保卫情况

2012年10月21日，旌阳区副区长刘秉光（中）陪同省民政厅领导到天元镇黄连桥社区检查验收省级养老示范社区创建

旌阳区副区长龚军（中），到和新镇调研旱情

旌阳区副区长谢坤（中），深入区工业集中发展区，了解企业项目建设情况

旌阳区政协组织全体委员到基层视察城乡建设情况

旌阳区政协四届四次常委会

德阳市旌阳区纪委 监察局

DE YANG SHI YING YANG QU JI WEI JIAN CHA JU

四川省纪委党风室主任沈剑（右一）在德阳市市委常委、市纪委书记冯发贵（中），旌阳区委书记王箭（左一）等领导的陪同下，到旌阳区调研《农村基层干部廉洁履行职责若干规定（试行）》贯彻落实情况

2012年，德阳市旌阳区纪委、监察局在旌阳区委和上级纪委、监察局的领导下，全区纪检监察工作始终坚持以邓小平理论和"三个代表"重要思想为指导，全面贯彻党的十八大和十七届五中、六中全会以及中央、省、市纪委全会精神，紧紧围绕区第四次党代会确定的经济社会发展目标，深入贯彻落实科学发展观，切实履行党章赋予的职责，严格执行党风廉政建设责任制，全面推进惩防体系建设，着力转变干部队伍作风，继续强化监督检查和行政效能建设，持续加大案件查办力度，不断加强自身建设，全区党风廉政建设和反腐败斗争取得了新的成效。

省纪委作风巡查组在旌阳区巡察纪检监察系统"三项建设"工作

旌阳区四套班子领导参加省纪委十届二次全会视频会

旌阳区开展“纪委开放日”活动

旌阳区委常委、区纪委书记耿垣合（右二）到新中镇慰问贫困老党员

旌阳区被省委惩治和预防腐败体系建设领导小组评为四川省2008—2012年惩治和预防腐败体系建设先进集体

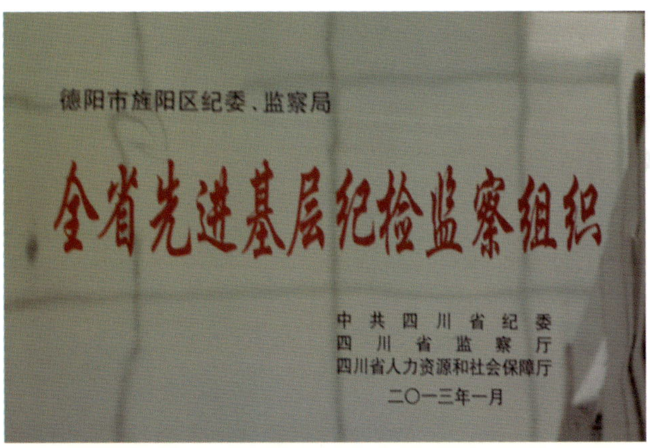

旌阳区纪委监察局被省纪委、省监察厅和省人力资源和社会保障厅评为四川省先进基层纪检监察组织

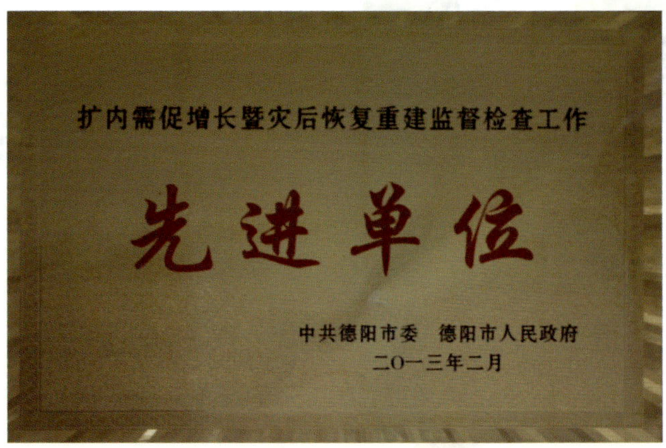

旌阳区纪委监察局被德阳市委、市政府评为扩内需促增长暨灾后恢复重建监督检查工作先进集体

德阳市旌阳区委组织部

DE YANG SHI JING YANG QU WEI ZU ZHI BU

四川省委组织部副部长、省人才办主任刘冬调研旌阳区人才优先发展试验区建设情况

2012年，旌阳区委组织部在区委的坚强领导下和市委组织部强力指导下，坚持“高效、规范、精细、创新”工作理念，把握迎接党的十八大和省第十次党代会“一条主线”，抓好基层组织建设年和组织工作满意度“两件大事”，实施干部能力素质提升、干部人事制度改革深化和人才优先发展试验区“三个重点”，深入开展新思路、新举措、新形象、新业绩“四新活动”，为建设“四个旌阳”提供坚强的组织和人才保证。

区委常委、组织部部长邹远骏，区政协副主席、区委统战部部长王西林深入福康房产公司调研非公企业党建工作

旌阳区委常委、组织部长邹远骏到城北街道秦宓社区调研基层组织工作

旌阳区委常委、组织部长王锐深入孝感镇调研

旌阳区举行基层党员干部学习贯彻党的十八精神专题培训班

旌阳区召开城市社区暨非公企业党建工作推进会

2012年4月11日，区委常委、组织部部长王明英深入扬嘉镇调研基层组织建设年工作开展情况

旌阳区召开城市社区暨非公企业党建工作推进会

德阳市旌阳区委宣传部

DE YANG SHI JING YANG QU WEI XUAN CHUAN BU

市委常委、宣传部长杨恩林到旌阳区调研宣传思想文化工作

旌阳区委宣传部为区委工作部门，挂区精神文明建设委员会办公室、区委对外宣传办公室（区政府新闻办公室）牌子，是区委主管意识形态方面工作的综合职能部门。

2012年，区委宣传部在区委的正确领导下，围绕“一个中心”，抓住“四个重点”，在理论武装、舆论引导、文明创建、文化惠民、文化产业等各方面都取得了新进展，为全面推进“四个旌阳”建设提供了强大的精神文化力量。

一是以学习型党组织建设为抓手，强化干部理论教育。精心组织中心组理论学习，以标准化、特色化建设推进学习型党组织建设；以区委宣讲团为主载体，积极开展十八大精神理论宣传；充分发挥旌阳讲坛、旌阳讲堂等平台作用，多形式、多途径、全方位地促进理论武装工作的不断深化。全年共计开展各类理论宣讲达200余场。

二是以机制创新为引领，强化新闻舆论引导。新闻宣传基调鲜明，重点突出，声势强劲，全年在中央、省、市主流媒体共刊播新闻宣传稿件1800余篇（条）。建立和完善了新闻线索日报制度、采访线工程、新闻应急管理办法、网络舆情监管机制等制度，开通了“微旌阳”、“旌阳发布台”政务微博和旌城手机报，强化了实践演练和网络舆论引导。

市委督查室副主任陈昌礼一行到旌阳区督查“文化强市”工作

区委书记王箭在陕西馆社区视察“四进社区”活动开展情况

区委常委、宣传部部长冉晓云在孝泉镇调研

区委常委、宣传部长冉晓云深入柏隆镇慰问困难群众

三是以文明城市创建为核心，加强群众性精神文明建设。充分利用各种宣传媒介和手段，通过开展各类宣教活动，纵深推进文明城市创建的宣传工作，圆满完成了2012年文明城市的创建任务和全省城市公共文明指数测评工作。继续发挥区志愿者协会的组织指导作用，广泛开展了各类志愿服务活动和主题实践活动。

四是以特色文化活动为重点，促进群众文化工作长足发展。成功策划、组织了孝文化旅游周、健康养生活动月、孝泉“上九会”、双东民俗文化赏花节、川渝山地自行车赛等特色文化活动，取得了良好的社会效应。建立和培育基层文化文艺队伍，目前，全区乡镇、街道共有200多支文艺文体队伍，文体骨干3600多人。组织创作了《火红的旌阳》、《我是一名社区主任》等一大批高质量文艺节目，获得干部群众一致好评。

2012年，旌阳区社科联被省社科联评为“2012年度先进集体”；区委宣传部荣获“德阳市2009-2012年度文化科技卫生‘三下乡’先进单位”、2012年度“党委（党组）中心组理论学习组织工作先进单位”。

以中心组学习为龙头，强化理论武装工作

旌阳区举办文明城市创建大型主题宣教活动

德阳市旌阳区财政局

DE YANG SHI JING YANG QU CAI ZHENG JU

局长张壮到天元镇天虹路社区调研帮扶工作

纪检组长唐兴隆带领局党支部、团支部、工会、妇委会成员到帮扶村慰问贫困群众

2012年，在区委、区政府的正确领导和区人大、区政协的监督支持下，区财政局深入学习科学发展观和十八大会议精神，奋力开拓、积极作为，认真贯彻财政“保运转、保民生、促发展”的方针，采取了一系列“保收入、稳增长、增收节支”的政策措施，经过全区上下共同努力，圆满完成了全年财政工作任务，全力推动了经济社会跨越发展。2012年全区财政总收入完成28.35亿元，同比增长4.46%；完成地方财政收入19.48亿元，同比增长4.88%，其中，公共财政预算收入完成9.27亿元，同比增长14.86%；基金预算收入完成10.21亿元，同比下降2.78%。财政总支出完成29.61亿元。2012年，区财政局多项工作受到上级和区级表彰，除继续保持“省级文明单位”、“省级巾帼文明岗”、“省级卫生先进单位”、“德阳市园林式单位”、“德阳市青年文明号”等光荣称号外，还被四川省禁毒委员办公室评为“四川禁毒二十年禁毒委优秀成员单位”；被区委、区政府评为“2012年度目标管理考核一等奖”。

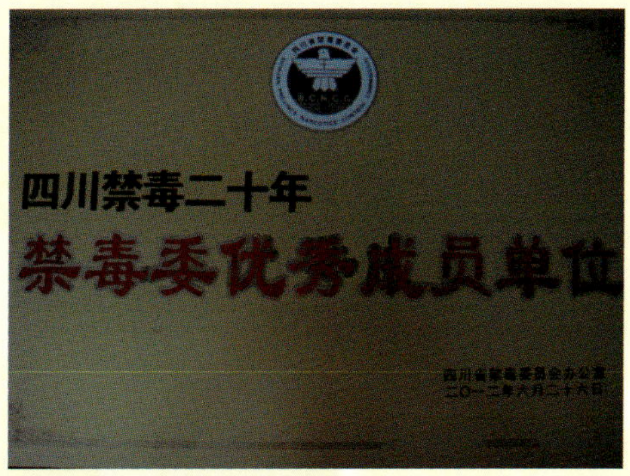

旌阳区财政局荣获四川省禁毒委员会办公室颁发的“四川禁毒二十年禁毒委优秀成员单位”荣誉称号

旌阳区财政局荣获旌阳区委、区政府颁发的“2012年度目标绩效管理考核一等奖”荣誉称号

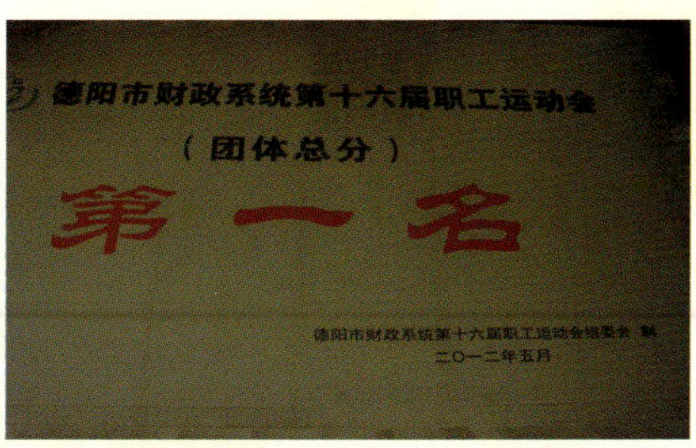

旌阳区财政局荣获德阳市财政系统运动会组委会颁发的“德阳市财政系统第十六届职工运动会团体总分第一名”荣誉称号

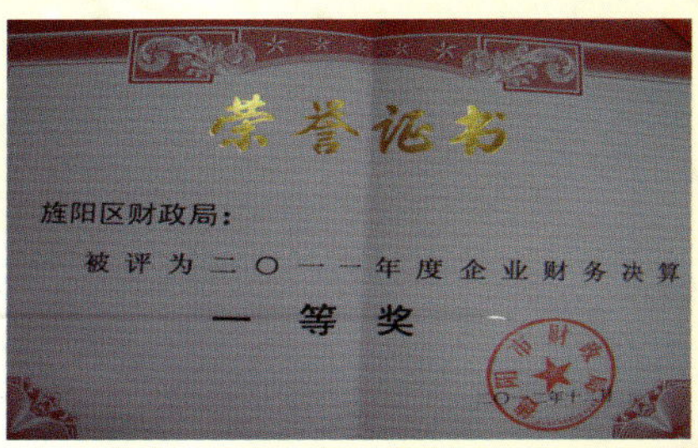

旌阳区财政局荣获德阳市财政局颁发的“2011年度企业财务决算一等奖”荣誉称号

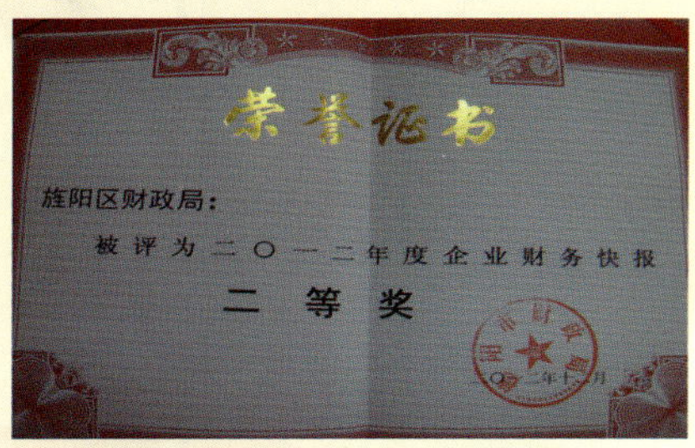

旌阳区财政局荣获德阳市财政局颁发的“2012年度企业财务快报二等奖”荣誉称号

德阳市旌阳区审计局

DE YANG SHI JING YANG QU SHEN JI JU

旌阳区局审计局领导班子坚持以邓小平理论和“十八大”重要思想为指导，贯彻落实科学发展观，坚持“依法审计、服务大局、围绕中心、突出重点、求真务实”审计工作方针，依法履行审计监督职责，不断提高审计工作质量和水平，充分发挥审计“免疫系统”功能，当好公共财政“卫士”，为促进旌阳经济平稳较快发展作出新贡献。

2012 年，完成审计项目 29 项。完成计划的 153%。其中：财政预算执行审计 2 项、财政决算审计 2 项、行政事业单位财务收支审计 1 项、固定资产投资审计 5 项、经济责任审计 5 项、农业资金审计 5 项、社保资金审计 1 项、效益审计 1 项、教育经费 1 项、外资审计 4 项、审计调查 2 项。查出违规资金 1727 万元，管理不规范资金 35995 万元，应上交财政资金 537 万元，应归还原渠道资金 1534 万元，调账处理资金 4435 万元。同时，积极配合省审计厅对区灾后恢复重建项目进行跟踪审计。

2012 年，区审计局被中共德阳市委、德阳市人民政府评为“扩内需促增长暨灾后恢复重建监督检查工作先进单位”，被德阳市审计局评为“灾后恢复重建和政府投资建设项目审计工作优良单位”。郭强同志被省人力资源和社会保障厅、省审计厅评为“四川省汶川地震灾后恢复重建跟踪审计先进个人”。

省审计厅副厅长杨书军一行到旌阳区调研审计工作

旌阳区审计学会暨内审工作总结会

组织OA培训

开展“我是审计人”主题演讲比赛

局领导为帮扶村送去良种种猪

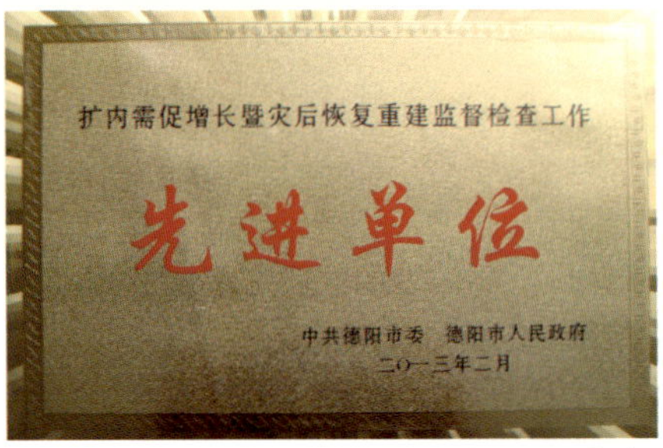

被中共德阳市委、德阳市人民政府评为“扩内需促增长暨灾后恢复重建监督检查工作”先进单位

被德阳市审计局评为“2012 年度灾后恢复重建和政府投资建设项目审计工作优良单位”

德阳市旌阳区城南街道办

DE YANG SHI JING YANG QU CHENG NAN JIE DAO BAN

2012年，城南街道在区委、区政府领导下，按照德阳"全国社会管理创新示范区"建设，德阳"1358"发展战略，"四个年"活动和"四个旌阳"建设目标。加快"数字城南、平安城南、人本城南、亮丽城南"建设步伐，构建"一社区一特色一品牌"服务体系，实现街道经济和社会等各项事业的全面协调发展。

2012年9月23日，四川省农工委副主任（左二）张发祥视察城南街道社区建设发展工作

2012年10月25日，旌阳区委书记王箭（左一）视察指导城南街道社会管理创新工作

2012年10月17日，区委常委、组织部长邹远骏在城南街道华山南路社区调研

2012年4月28日，城南街道1000人社区居民应急疏散演练成功举行

城南街道辽河街社区表彰首批十佳老有所为老人

四川 古镇——孝泉

SI CHUAN GU ZHEN —XIAO QUAN

孝泉镇中层以上干部共商古镇发展大计

孝泉，在西汉时称“汛乡”，距今已有2000多年历史，是中国古代“二十四孝”之一“姜诗孝亲，涌泉跃鲤”的发源地，“安安送米”的故事盛传海内外，远播东南亚。

5·12大地震让孝泉变得满目疮痍，智慧、无私、自强的孝泉人经过不懈的奋斗，现已形成特色街区2.5平方公里，城镇住房重建基本完成、旅游基础设施更加完善、街区风貌日新月异、第三产业蓬勃发展、千年古塔气势磅礴、姜孝祠香火缭绕不断，泉水清澈不息。不断完善的古镇街道、景观景点、旅游服务配套功能、休闲娱乐等设施，进一步提升了古镇综合实力。孝泉将坚持以孝文化、泉文化、伊斯兰文化为特色，力争把孝泉打造成集文化、旅游、餐饮、娱乐、商贸于一体的川西经典旅游古镇。

古镇新区——孝泉坊

古镇街道新貌

孝泉龙护舍利宝塔

三孝流芳第一祠

德孝城

德阳市旌阳区城北街道办事处

DE YANG SHI JING YANG QU CHENG BEI JIE DAO BAN SHI CHU

德阳市旌阳区人民政府城北街道办事处属旌东新区核心发展区。2012 年，旌阳区城北街道以社会管理创新为突破，建立城北街道社区（村）家庭资源信息库，全面推行五级化管理办法、五必访工作制度；探索创新工作机制极大的提升街道、社区（村）为民服务质量和水平。辖区新建德阳市火车站、城北汽车站、城市北公园、德阳市文化馆已全面竣工并投入使用。

2012 年 9 月 21 日，城北街道党工委、办事处举办"创先争优"表彰大会暨迎"国庆"文艺汇演

2012年6月21日，区委组织部和城北街道篮球友谊赛

2012年5月31日，街道党政领导到辖区幼儿园慰问师生

2012 年 4 月 28 日，城北街道在丽景湾举办首届书法、绘画、摄影、篆刻展

2012年12月底，辖区新建德阳火车站并投入使用

2012 年 12 月底，辖区新建德阳汽车北站并投入使用

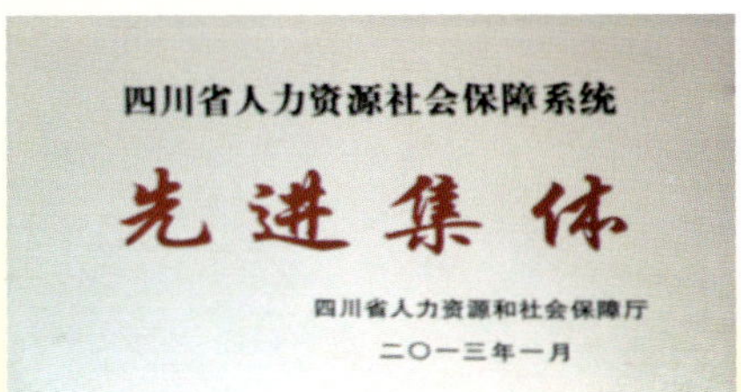

四川省人力资源社会保障系统

先进集体

四川省人力资源和社会保障厅

二〇一三年一月

城北街道办事处 2012 年度荣获四川省人力资源和社会保障系统先进集体

城北街道秦宓社区被共青团中央评为全国五四红旗团支部

德阳市旌阳区人力资源和社会保障局

DE YANG SHI JING YANG QU REN LI ZI YUAN HE SHE HUI BAO ZHANG JU

旌阳区人力资源和社会保障局紧紧围绕“民生为本，人才优先”工作主线，理清工作思路，创新工作机制，认真履行职能，突出统筹城乡就业重点，强势推进社会保障覆盖，健全完善社会保险体系，着力发展和谐劳动关系，不断优化人才发展环境，人力资源和社会保障各项工作进展顺利。

2012年，旌阳区人社局被省人社厅授予“全省军队转业干部安置工作先进集体”称号，被市委、区委评为“创先争优先进基层党组织”，获得区级“目标考核一等奖”、就业、社保、医保等业务工作被评为全市先进。

局长刘安、副局长阳加林看望慰问结对帮扶困难户，为他们送去慰问金和生活物资

局领导班子到新中镇尖山村就业困难群众家中，了解就业意愿，并积极帮助联系就业岗位

到乡镇摆摊设点，宣传各种社保政策法规。图为副局长孙卓凤正在热心为群众讲解维权知识

人社局党员志愿服务队来到新中镇敬老院，为老人们义诊义检身体，受到欢迎

旌阳区率先在全市启动社会保障卡发放工作。图为在德新镇胜利村举办的首发仪式

德阳市旌阳区工农街道办

DE YANG SHI JING YANG QU GONG NONG JIE DAO BAN

旌阳区人大主任刘友华等一行到雅河文体中心调研

开展社企共建，社校共建，街道与西南工程学校积极开展共建共驻街道党工委慰问民族学生

工农街道办事处成立于2002年7月，位于德阳市旌南开发片区，东至绵远河河心，南与八角工业园区接壤，西以宝成线为界，北与城南街道相邻，市区主要道路泰山路、华山路、岷山路、沱江路、嘉陵江路纵横整个辖区，幅员面积10.3平方公里，已经建立社区居委会17个，行政村2个，“农转非”社区筹备组2个，辖区所属省、市企业“家政居”社区筹备组4个，常住人口近10万人。

街道党工委、办事处坚持以科学发展观为指导，以“稳定、发展、服务、协调”为手段，以建设一流的党员干部队伍、配套一流的社区基础设施、提供一流的社会化服务、创造一流的人居环境为目标。通过十年的艰苦努力，昔日的弱势群体集中、脏乱差严重、社会治安混乱、基础设施几乎全无的工农辖区，如今已是一个交通便利、基础设施齐备，融科教、商住、文化、卫生、三产于一体的城市新区初具雏形，成为稳定、发展、文明、和谐、人民安居乐业的黄金口岸。

工农街道结合文化建设年，特邀德阳市、区书画家题写廉政书画300多幅

工农街道志愿者在社区开展居民义务就诊

工农街道圆满完成辖区最大农转非小区旌南苑1271余户农转非居民分房入住工作

丰富多彩的群众文化活动

德阳市旌阳区委党史研究室　旌阳区地方志办公室

DE YANG SHI JING YANG QU WEI DANG SHI YAN JIU SHI　JING YANG QU DI FANG ZHI BAN GONG SHI

2012 年，区委党史研究室、区地方志办公室在区委、区政府的正确领导下，在市委党史研究室和市地方志办公室的指导下，以求真务实的工作作风，圆满完成了全年工作目标任务，取得了较好的成绩。

完成了《中共旌阳历史（1921–1984）》（第一卷）征求意见稿；完成了《裂变—旌阳抗击“5·12”特大地震和灾后重建纪实》编辑、出版和发行；完成《汶川特大地震旌阳抗震救灾志》的初稿编纂工作；完成了《德阳市旌阳区年鉴（2012）》的编纂出版和发行工作；撤并乡镇的《袁家镇志》审定工作的基础上，《东泰镇志》、《孟家镇志》的编纂工作进展顺利，已完成初稿的修改和征求意见工作；帮扶工作、史志队伍建设等其他各项精神文明工作成绩都很突出，2012 年，旌阳区委党史研究室，被德阳市委评为党史工作先进单位。

旌阳区委常委、组织部部长邹远骏到区地方志办公室亲切慰问修志老同志

2013 年春节前夕，旌阳区委党史研究室主任胡凤斌一行到和新镇福兴村慰问困难群众

旌阳区委党史研究室、区地方志办公室主任胡凤斌，党支部书记肖建康等一行到联系村慰问困难户

旌阳区委党史研究室、区地方志办公室召开《旌阳年鉴》编纂工作培训会

2012年史志成果

2012年度全区目标考核

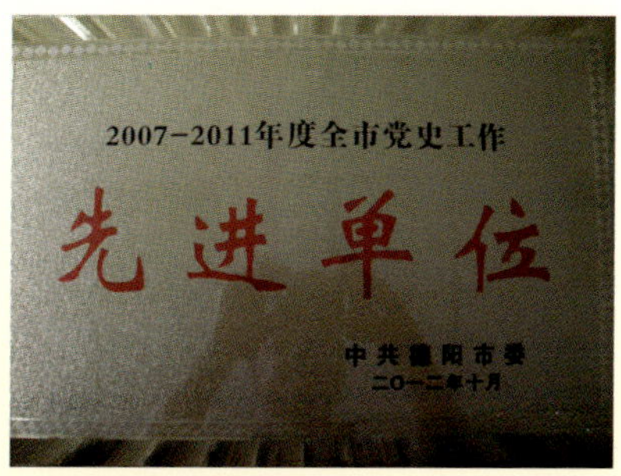

旌阳区委荣获 2007—2011 年全市党史工作先进单位

德阳市旌阳区书法家协会

DE YANG SHI JING YANG QU SHU FA JIA XIE HUI

旌阳区书法家协会在区委、区政府的关心、支持下，积极配合区委宣传部、区文化部门的工作，充分发挥自身优势，以勇于担当的精神，攻坚克难，为推进全区文化大发展、大繁荣做出了应有贡献。

积极开展书法进校园活动，到青云山路小学、华山路小学等六所、学校巡展书法作品，普及书法知识，创建书画创作基地。推进学校书画活动的蓬勃发展。参与和指导秦宓、金桥、花园 、拱桥等多个社区的文化建设。积极开展送文化下乡活动，到柏隆、德新、三圣村、罗江倒湾、中江瓦店等地为当地群众写、送春联，慰问村民。

积极开展庆祝“十八大”廉政文化等内容的各级书法展赛活动。有 20 多位会员获市级以上奖励，其中有两位会员获中国书法家协会优秀作品奖和入展奖。此外，旌阳书协与有关部门举办旌阳书画、摄影联展，在区政府大厅、石刻公园展厅举办两次大型书画展，，并出版首部《旌阳区书画作品集》，展示书协整体实力，受到社会的广泛关注和赞誉。

书协在服务社会的同时，没有忘记自身的提高。坚持每周一次的看帖、临帖、看碟活动，坚持每季度一次的专题沙龙活动，把学、练 、讲、展结合起来，有效提高会员整体水平。

德佳杯，旌阳区书画作品展

旌阳区书法作者在区文化馆美术书法室创作作品

旌阳区书法家下乡为群众开展送春联活动

德阳市旌阳区书法家协会举办书画展

由旌阳区书协承办的“德佳杯”书画作品展

德阳市旌阳区委统战部

DE YANG SHI JING YANG QU WEI TONG ZHAN BU

2012年，区委统战部在区委的正确领导和市委统战部的大力指导下，坚持以邓小平理论、“三个代表”重要思想和科学发展观为指导，以大团结大联合为主题，以深入开展“四个年”活动为契机，紧扣德阳“一三五八”发展战略和区委建设“四个旌阳”的总体目标，充分发挥统一战线的自身优势，不断开创全区统战工作的新局面，各项工作都取得优异成绩，先后受到省、市、区委的表彰。

2012年6月26日，德阳市政协副主席、市委统战部部长余存贵（右二），在区委副书记尹显俊（左二），区政协副主席、区委统战部部长王西林（右一）的陪同下，参观旌阳区东升农场

2012年7月27日，德阳市民宗局局长刘元英（左一）等一行，在旌阳区政协副主席、区委统战部部长王西林（左二）的陪同下，到孝泉民族小学考察灾后重建情况

2012年7月27日，市民宗局副局长胡昌奎（中），区政协副主席、区委统战部部长王西林（右二），区委统战部副部长、区民宗局局长王衡（左二）视察旌阳区少数民族致富带头人的致富项目

2012年9月27日，区政协副主席、区委统战部部长王西林（中），区委统战部副部长、区民宗局局长王衡（右一）对旌阳区宗教活动场所进行国庆前安全检查

2012年6月15日，区委统战部副部长、区工商联党组书记屈德兵（左二）检查指导旌阳区非公有制企业党建工作

四川德阳高新技术产业园区

SI CHUAN DE YANG GAO XIN JI SHU CHAN YE YUAN QU

四川德阳高新技术产业园区于2013年3月经四川省人民政府批准设立，园区前身是德阳市旌阳区工业集中发展区，成立于1992年8月，是旌阳区实施“工业强区”战略的核心区，是推进工业向园区集中发展的主战场和工业领域招商引资的重要平台，是德阳市创建国家新型工业化示范基地—中国重大技术装备制造业基地主体园区之一。园区2003年被列为西部电线电缆生产基地，制造规模位列全国第二，2007年被四川省中小企业局评为“四川省小企业创业基地”，2009年被列为四川省“1525”工程百亿园区，2010年被国家工信部列为“国家新型工业化示范基地”德阳三大主体园区之一，2011年被列为四川省知识产权试点园区，2012年被列为四川省人才优先发展试验区示范点。2012年园区实现工业总产值238.50亿元，现工业销售收入230.51亿元，现工业增加值62.01亿元，现利润10.38亿元，现利税15亿元。

园区现有入驻工业企业653户，其中规模以上工业企业达到102户，销售收入上亿元企业39户。园区内现有国家级高新技术企业10家，省市级高新技术企业9家，国家级企业品牌2个，拥有高新技术产品53项，四川名牌产品16个，四川省著名商标7个，省级企业技术中心5家，市级企业技术中心10家。2012年申请专利36件。园区孵化器面积达到2.86万平方米，正启动建设面积达15万平方米的新材料科技企业孵化器，园区孵化器在孵企业有38家。

2012年9月20日，四川省经济和信息化委员会副主任伍丕光（左一）到旌阳区调研企业生产经营情况

旌阳区委副书记、区长邓平视察工业园区重点项目建设进展情况

区委常委、工业集中发展区党委书记谭德明带领园区管委会班子成员慰问困难群众

高新区庆祝党成立92周年大会

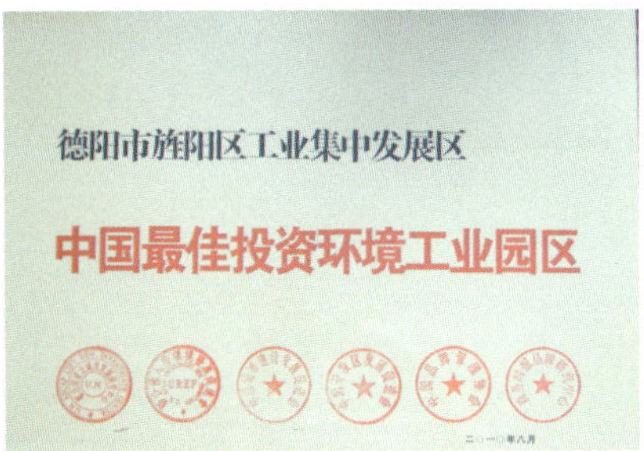

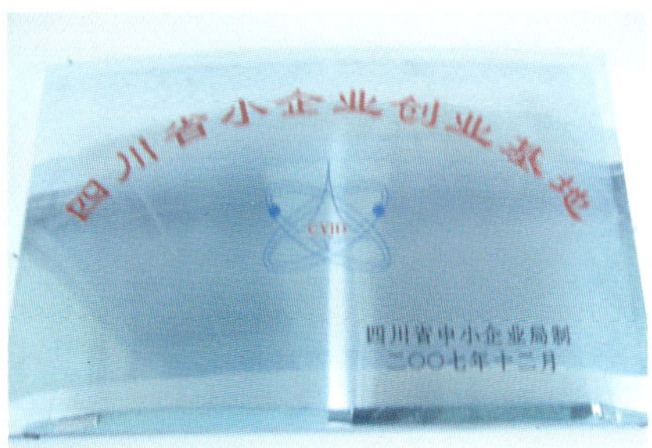

德阳市旌阳区文化广播影视新闻出版局

DE YANG SHI JING YANG QU WEN HUA GUANG BO YING SHI XIN WEN CHU BAN JU

旌阳区文化广播影视新闻出版局，是2012年6月，根据省委、省政府：关于加强文化领域综合管理，整合市县区文化、广电、新闻出版资源的要求，设立的德阳市旌阳区文化广播影视新闻出版局，为区政府的工作职能部门，将原来的全区文化、广播、影视、新闻出版等职能划入该局管理。

2012年，该局承办大型文化活动20余次，协助各乡镇（街道）、村（社区）举办群众文化活动100余场次；广播宣传获全国县级作品奖1件，省提名奖作品2件；电视宣传获全国县级作品奖3件，省提名奖作品1件；局党委带领党员干部多次深入到德新镇龙泉、富新、星光、胜利等村开展“挂、包、帮”活动，结对帮扶110余名贫困户，送去化肥等价值2万元的物质；为区友邦儿童福利院孤残儿童送去奶粉、大米等价值4000余元的慰问品；到柏隆镇儿童友好家园开展“特别的爱给特别的你”志愿者活动，牵手留守儿童30余名，赠送3000余元的书籍、文具等，全面完成了区委、区政府安排的各项工作任务。

旌阳区委书记王箭、区长邓平等领导参加中影星美孝泉电影院开业盛典并进行视察

旌阳区文化中心建筑面积6353平米，图为文化中心外景

竣工后的三星级孝泉电影院外景

新建成的旌阳区广电大楼

为丰富群众春节文化生活，旌阳区每年开展新春民族音乐会，图为音乐会录制现场

德阳市旌阳区残疾人联合会

DE YANG SHI YING YANG QU CAN JI REN LIAN HE HUI

区残联理事长侯世富到基层慰问贫困残疾人

市、区残联领导慰问旌阳区贫困残疾人

德阳市旌阳区残疾人联合会成立于1990年3月，是经旌阳区政府批准的事业团体。

主要工作是：宣传贯彻《中华人民共和国残疾人保障法》；开展残疾人康复、教育、扶贫、劳动就业、维权、文化体育、社会保障和残疾预防等工作；研究和制定实施残疾人事业发展的政策和规划，发挥综合、协调、服务作用；承担区政府残疾人工作委员会的日常工作；管理本地区《中华人民共和国残疾人证》发放工作；管理和指导各类残疾人群众组织选拔和培养残疾人工作者，组织实施和管理残疾人按比例就业工作；举办各类残疾人职业技能培训；统筹开展为残疾人事业定向募捐活动；承办区委、区政府、市残联和省残联交办的其它工作等等。

区残联开展扶贫项目，向贫困残疾人赠送鸡苗和饲料，帮助他们发展养殖业

区残联在德阳市特殊教育学校开展第六次全国特奥日活动

区脑瘫儿童在旌阳区中医院免费开展康复训练

区残联组织旌阳区春晖助残志愿者服务队的志愿者慰问帮扶贫困残疾人

旌阳区残疾人康复中心

《德阳市旌阳区年鉴（2013）》编纂委员会

顾　问：罗宗志　刘友华　徐　蓉

主　任：邓　平

副主任：梁仕全　王　锐　龚　军

成　员：袁　敏　胡凤斌　何　刚　汤守族　张忠玖　刘心好　邵开泉
杨永文　刘　艳　李成国　廖明通　刘兴德　张　壮　刘　安
聂子非　白帮明　曾远国　杨昌平　陈应明　聂　伟　李　筠
郑　强　余金明　秦　海　汪正义　张大东　肖义金　阳　勇
李汇祥　张兴林　吴　丹

《德阳市旌阳区年鉴（2013）》编辑部

总　　编：王　锐　龚　军

常务副总编：胡凤斌

副总编：肖方春　任运成

责任编辑：肖方春　尹大凤　黄海英

资料员：蒋　箫　向南泉

编辑说明

一、《德阳市旌阳区年鉴（2013）》是由德阳市旌阳区人民政府主办，《德阳市旌阳区年鉴》编纂委员会编纂，旌阳区委党史研究室和区政府地方志办公室经办的年度性地方综合年鉴。《德阳市旌阳区年鉴》已连续出版第八卷。《德阳市旌阳区年鉴》是以邓小平理论和“三个代表”为指导思想，坚持唯物辩证的基本观点，紧扣德阳“一三五八”发展战略和区委建设“四个旌阳”的总体目标，全面、真实地反映旌阳区经济和社会发展现状，为政府和社会各界提供最新、最翔实的信息资料。

二、《德阳市旌阳区年鉴（2013）》资料时限为2012年1月1日至2012年12月31日，部分特殊事件的时限作适当延伸。

三、本年鉴按照编纂委员会拟定的提纲，由区（包括区域）有关乡镇、部门组织编写，《德阳市旌阳区年鉴》编纂委员会组织编纂，旌阳区人民政府审定。年鉴所用数据以统计局的资料为准。

四、本年鉴采用部类化、条目化归类编纂，分为旌阳区概况、特载、大事记、中共德阳市旌阳区委员会、德阳市旌阳区人大常委会、德阳市旌阳区人民政府、政协德阳市旌阳区委员会、政法·军事、社会团体、工业·商贸、农业经济、交通·通讯、财政税务、综合经济管理、金融·保险、城乡建设、社会事业、社会民生、街道·乡镇、基层单位选介、人物、专题纪实、附录等24个篇目50余万字。采取图、文并茂，表、录结合的多元表达方式，形象地再现了2012年旌阳政治、经济、社会的全貌。

五、年鉴采用国家公布的规范文字、标点和计量单位。

六、年鉴设有检索系统，便于查阅。

七、本年鉴文字编辑肖方春、尹大凤、黄海英。图片征编肖方春。

八、本年鉴在编辑、出版过程中，得到旌阳区各级领导和上级业务部门的关心、支持以及各参编单位的大力协助，在此表示衷心感谢。同时热诚期望专家、读者对本年鉴提出宝贵意见。

《德阳市旌阳区年鉴》编辑部

目　录

旌阳区概况

特　载

大事记

中共德阳市旌阳区委员会

德阳市旌阳区人大常委会

德阳市旌阳区人民政府

政协德阳市旌阳区委员会

政法·军事

社会团体

工业·商贸

农业经济

交通·通讯

财政税务

综合经济管理

金融·保险

城乡建设

社会事业

社会民生

街道·乡镇

基层单位选介

地情资料

人　物

专题纪实

附　录

Catalogue

Special Documentary ············ 281

Appendix ············ 290

旌阳区概况

Jing Yang Qu Gai Kuang

德新广场舞

历史沿革

【历史沿革】 德阳市旌阳区是由德阳县、德阳市市中区沿革而来。汉高帝六年（公元前201年），分巴、蜀二郡又置广汉郡绵竹县，治地在今德阳市旌阳区黄许镇，是德阳置县之始。东汉时，分梓潼县置德阳县，治地在今江油小溪坝，是德阳得名之始。后移治今遂宁龙凤场，北周时废。唐高祖武德三年（公元620年）分雒县（今广汉）、绵竹地复置德阳县，隶属益州。清顺治十六年（公元1659年），省罗江并入德阳县。雍正七年（公元1729年），复置罗江县。1959年3月，罗江再次并入德阳县。1983年8月，经国务院批准设立德阳市，德阳县为市辖县。1984年9月，撤销德阳县设立德阳市市中区，为县级区建制。1996年8月，撤销德阳市市中区，设置旌阳区和罗江县。旌阳区辖2个乡、18个镇、5个街道办事处。2005年9月中旬，旌阳区率先在全市开始农村综合改革，至12月底农村综合改革工作结束。2006年末，旌阳区辖11个镇、1个乡、5个街道办事处。2008年，八角井镇划归德阳市代管；旌东街道办亦属市直管。

2012年，旌阳区基层行政区划基本稳定，年末辖11个镇、1个乡、4个街道办事处。

行政区划

1983年8月前，德阳县行政区域辖4镇34个公社。1983年8月18日德阳建市，德阳县隶属。翌年9月12日，撤德阳县设德阳市市中区，为县级市辖区。

1996年8月，经国务院批准，撤德阳市市中区设置旌阳区和罗江县。旌阳区辖5个街道办事处、18个镇、2个乡，即旌阳、城北、城南、工农、旌东街道办事处；八角、东河、寿丰、新中、和新、双东、通江、黄许、袁家、孟家、东泰、德新、柏隆、孝泉、扬嘉、景福、天元、孝感镇和城区、旌阳乡。共150个行政村，1251个村民小组，65个居委会，368个居民小组。

2005年9月，农村综合改革，撤并东河、寿丰、通江、孟家、东泰、袁家、景福、城区8个乡镇。2006年年末，全区行政区划为11个镇，1个乡，即和新镇、新中镇、双东镇、黄许镇、德新镇、柏隆镇、孝泉镇、扬嘉镇、天元镇、八角井镇、孝感镇、东湖乡（由原旌阳乡更名）和城南、城北、工农、旌阳、旌东5个街道办事处，共203个行政村，1643个村民小组，90个社区委员会，511个居民小组。截至2008年底，旌阳区辖11个镇（含八角井镇）、1个乡、5个街道办事处（含旌东街道办）。农村场镇居委会23个，居民小组101个，村民委员会121个；社区居委会55个，社区居民小组485个。2008年，八角井镇划归市代管。

2012年，旌阳区基层行政区划基本稳定。年末辖11个镇，1个乡，4个街道办事处；城镇社区居委会94个。农村场镇居委会18个，居民小组706个；村民委员会106个，村民小组1439个。

人口面积

【人口】 2012年全区出生人口5867人，死亡人口4051人，年末总人口683357人。全年人口出生率为8.15‰，死亡率为6.36‰，人口自然增长率为1.79‰。

全区人口中，有回、满、藏、土、壮等少数民族35个，共4732人。

【面积】 旌阳区位于成都平原北部边缘，面积为648平方千米，边界周长162.60千米，其中：丘陵占40%左右，平坝占60%左右；耕地面积35.46万亩。

自然资源

【水资源】 旌阳区自然资源较丰富，主要有水、矿、建材等。境内水资源有境内降水、地下水和外来水。多年来降雨地表径流总量为4.70亿立方米，在时间上，从3~8月逐渐增加，从9月至翌年2月逐步递减，以8月为最高，达1.02亿立方米。

境外来水有工程引用水和境外流入天然河道水两大部分。工程引用水是引用都江堰水，多年年均输水2.42亿立方米；河道流入水主要为绵远河、石亭江、凯江三大河流，每年过境客水达17.60亿立方米。全年水资源总量（包括地表径流、地下水资源、境外来水）共计10.56亿立方米。

【天然气】 本区天然气蕴藏丰富。以德新镇为核心，遍及孝泉镇、黄许镇。1994年，华川石油天然气勘探开发总公司探明新场气田拥有3个“不含硫、气质好”气层。国家储委评定为中型气田，四川省列为重点开发项目。目前天然气利用已成为全区重要产业之一。

【其他资源】 *石料*：境内丘陵区广泛分布白垩纪早世及少量侏罗纪晚世地层中的砂岩类碎屑岩，均可开采为建筑材料。

砂砾：主要产于流经境内的凯江、绵远河及石亭江的河漫滩上。据测，绵远河的砂及砾石总储量为1325.19万吨，其中细砂81.57万吨，中砂571.59万吨，砾石672.03万吨；石亭江沙石总储量为1514.01万吨。又以绵远河黄许段所产沙石质坚量好颇有名气而远销省内外。

黏土：多产于绵远河西岸，据查，黄许镇储量约1952万吨，孝感镇储量为210万吨。

环境气候

【环境】 德阳市旌阳区地处成都平原东北边缘，位于北纬31°05′~31°20′，东经104°15′~104°33′。东西南北分别与中江县、绵竹市、广汉市、罗江县、安县为界。全区地貌分为平原、浅丘、深丘三种类型，西南为平原，东北部属丘陵，一般海拔在480~550米。全区最高点海拔764米（新中镇马鞍山），最低点海拔457米（原通江镇金锣桥凯江水面，相对高差307米）。境内东南部的崴螺山海拔753米，自然植被葱茂，山上有古柏林50余公顷，2000年被四川省林业厅命名为省级森林公园。2006年旌湖生态整治工程荣获国家建设部颁发的“中国人居环境范例奖”。德阳市也被国家旅游局命名为“全国优秀旅游城市”。

境内主要河流有绵远河、石亭江、凯江，分属沱江水系和涪江水系。三河均发源于龙门山脉南麓的安县、绵竹、什邡境内。水量随季节变化，汛期多在7~9月。

全区属常绿阔叶林植被带。植被多为天然次生林和人工林，森林覆盖率为21.80%。动植物种类较多，生态发展平衡。

全区交通便捷，宝成铁路、成绵高速公路、广黄公路、德绵、德什、德中公路贯穿全境。立交桥、轻轨铁路、德茂公路的修建使全区交通不断上档升级，促进经济健康快速发展。

【气候】 德阳市旌阳区属四川盆地中亚热带湿润气候区。区内四季分明，气候温和，雨量充沛。春季：3月初至5月中旬，气温回升快，但冷空气活动频繁，常有“倒春寒”出现，雨量较少，多小雨；夏季：5月下旬至9月上旬，天气炎热，但无酷暑，日照充足，暴雨较多；秋季：9月中旬至11月下旬，气温下降快，多绵雨；冬季11月下旬至翌年3月上旬，多雾，降雨少，时有干冬。多年平均气温为

16.20℃，年平均降水量798.10毫米，平均日照为1057.60小时，年均无霜期为274天。全区灾害性天气有水灾、旱灾、雹灾、风灾和低温冷冻等，每年均不同程度影响着本地区。

2012年德阳市旌阳区的气候特点是：年平均气温正常略偏高；年总降水量正常略少；日照总时数偏少。年平均气温16.30℃，较历年平均偏高0.20℃。平均年总降水量753.90毫米，较常年偏少近1成多。平均年日照总时数为856.40小时，较常年偏少25%。

2012年，德阳市旌阳区气候为正常偏好年景。年初1月上旬和下旬，2月中旬至3月前期出现了阶段性低温天气。春播期间冷空气活动势力较弱，降温天气过程少，仅3月下旬前期出现了一次较明显的降温天气过程。春播期间降水偏少，出现不同程度的春旱天气。双抢期间降雨日数较多；大雨开始期偏早，在5月上旬或中旬出现大雨天气过程，其中5月11日出现了入汛以来的第一场区域性暴雨天气过程。汛期出现了2次区域性暴雨和2次局地性暴雨天气过程，局部地方出现了洪涝，西部山区8月中旬出现的局地强降雨，引发了山洪泥石流灾害。从7月下旬开始至8月，出现了不同程度的伏旱天气。6月和7月前期大部分时间气温偏低，8月气温明显偏高，其中7月后期和8月上中旬分别出现了晴热高温天气。秋季9月中旬至10月中旬期间出现了比较明显的阴雨天气。12月大雾日数较多，部分地方出现5次大雾天气，12月下旬出现持续低温天气。

基本状况

基本内容见下表。

2012年德阳市旌阳区国民经济主要指标

项　目	单位	实绩	同比增减±%（或倍）
地区生产总值	亿元	381.99	11.16
第一产业增加值	亿元	29.53	4.30
第二产业增加值	亿元	246.70	10.47
第三产业增加值	亿元	105.76	14.80
工业总产值	亿元	285.41	25.65
农林牧渔业总产值	亿元	51.66	4.50
粮食总产值	万吨	24.40	0.97
肉类总产值	万吨	8.09	3.02
社会消费品零售总额	亿元	94.88	16.56
税收收入	亿元	6.91	13.48
全社会固定资产完成投资	亿元	92.72	16.58
地方财政一般预算收入	亿元	19.48	4.88
地方财政一般预算支出	亿元	29.61	9.56
年末金融机构各项存款	亿元	726.31	13.91
年末金融机构贷款总规模	亿元	389.60	22.05

特 载

Te Zai

德阳市首届民俗民间文化艺术节

中共德阳市旌阳区委工作报告

——在中国共产党德阳市旌阳区第四次代表大会第二次会议上的报告

王 箭

（2012年12月24日）

各位代表，同志们：

现在，我代表中国共产党德阳市旌阳区第四届委员会向大会作报告。

中国共产党德阳市旌阳区第四次代表大会第二次会议，是在我区深入学习贯彻党的十八大精神，加快实施“两化”互动、统筹城乡发展战略的新形势下召开的一次重要会议。大会的主题是：高举中国特色社会主义伟大旗帜，以邓小平理论、“三个代表”重要思想、科学发展观为指导，动员全区各级党组织、广大党员和人民群众，进一步解放思想，凝聚力量，抢抓机遇，乘势而上，为全面推进“四个旌阳”建设而努力奋斗。

一、在逆境中实现突破、在发展中加快转型，旌阳在全面建设小康社会进程中继续走在全省前列

2012年是四届区委的开篇之年，也是我区攻坚克难、奋力推进转型发展的一年。面对国际国内经济下行压力增大、后重建时代投资放缓、社会矛盾进入凸显期等诸多不利因素，在市委的坚强领导下，区委团结带领全区广大干部群众，高举中国特色社会主义伟大旗帜，坚持以邓小平理论、“三个代表”重要思想、科学发展观为指导，在应对挑战中抢抓机遇，在稳定增长中加快转型，在巩固团结中促进和谐，全区经济社会发展取得了显著成绩，圆满完成了年初确定的目标任务，顺利实现了四届区委各项事业的良好开局。

（一）坚持高位求进，综合经济实力跃上新台阶。牢牢把握“加快发展、做大总量，转型升级、做优质量”的经济工作基调，化危为机，主动作为，扎实推进项目攻坚、产业提升、开放突破等重点工作，全区各项主要经济指标保持平稳较快增长，综合经济实力显著提升，继续走在全省县域经济发展前列。预计实现辖区生产总值391.00亿元，同比增长（下同）11.80%；财政总收入28.30亿元，增长4.27%，其中：公共财政预算收入9.26亿元，增长14.73%；全社会固定资产投资118.00亿元，增长15.50%；农民人均纯收入达到10024元，增长13.10%；城镇居民可支配收入达到24220元，增长12.00%。经济总量、社会消费品零售总额、第三产业增速、城镇居民可支配收入、农民人均纯收入等主要指标位居全市前列。

（二）坚持调整结构，产业转型升级迈出新步伐。主动应对经济进入调整期的客观影响，坚持以转变经济发展方式为主线，以人才优先发展战略引领产业转型升级，加快推进加工型工业向制造型、研发型工业转变，传统优势农业向现代特色农业转变，单一型、零散型商贸业向规模化、集约化商贸业转变，三次产业整体竞争力不断增强。坚持把发展特色优势产业和战略性新兴产业作为工业经济转型升级的两大主攻方向，加大对特色优势产业的扶持力度，实施技术改造和创新，延伸产业链条，产业抗风险能力不断增强。建立企业孵化园和各类工程技术中心，加快科技成果转化落地，大力发展新材料、新能源、高端装备制造等新兴产业，全区新兴产业总产值在工业经济中的比重不断提高。园区建设发展取得突破性进展，综合配套水平和承载能力进一步增强，工业集中发展区申报省级高新技术园区已通过省发改委专家组的评审并上报省政府。进一步强化农业产业规划，加大扶持力度，努力在农业产业规模化、集约化方面下功夫，农业产业化龙头企业、农民专合组织辐射带动能力明显增强。农业科技创新能力不断提升，新型农业科技推广服务体系更加健全，农业综合生产能力进一步提高。以打造德阳市现代物流核心区和全省重要商贸中心为目标，充分发挥主城区优势，不断提升全区商贸服务水平和质量。城市综合体建设、专业市场建设取得明显进展，以点带面、多区域互联支撑的商贸物流体系正逐步形成。围绕旌阳独特优势，积极打造以孝文化为核心的特色旅游品牌和以沿山生态资源为依托的城市近郊休闲旅游产业，第三产业呈现蓬勃发展态势。

（三）坚持全域统筹，城乡面貌呈现新变化。坚持工业反哺农业，城市带动农村，把城市和农村作为整体放到区域经济发展中科学定位，着力推进基础设施、公共服务等一体化建设，城乡差距进一步缩小。新型城镇化进程加快，城镇化率达64.10%。黄河新区、孝感片区等城市副中心开发建设力度不断加大。区域重点镇建设扎实推进，示范带动作用进一步发挥，全区小城镇建设整体水平不断提高，综合配套能力和承载能力明显增强。新农村建设取得阶段性成果，旌西、旌东新农村示范片通过三年的建设取得明显成效，以点带面全域推进新农村建设的示范带动作用进一步发挥。城乡交通运输体系进一步健全，重要交通干线、农村公路建设力度不断加大，城乡居民出行条件同步得到改善。“全域灌溉”工程全面实施，农村饮水安全工程扎实推进，水利服务体系建设力度加大，水利保障水平进一步提升。城乡公共服务设施不断完善，电网布局更加合理，通讯、互联网、有线电视网络等公共配套设施不断完善，城乡均衡发展的公共服务体系逐步建立。

（四）坚持改革开放，重点领域改革和区域合作实现新突破。始终把深化改革、扩大开放作为旌阳发展的动力源泉，以改革推动创新，以开放增进合作，全区加快发展的动力和活力明显增强。行政管理体制改革、行政审批制度改革、财税体制改革、农村综合改革不断深化，经济社会发展环境进一步优化。在全市率先启动户籍制度改革，有序推进农村土地管理制度改革，积极探索规范土地流转交易的途径及方式，统筹城乡综合配套改革取得重大进展。以“开放突破年”为契机，实施更加积极主动的开放战略，干部群众开放意识不断增强。加强以工业集中发展区、黄河新区为主体的平台建设，承接产业转移能力不断增强。主动融入成德绵同城化发展，进一步创新招商方式，聚商引资能力明显提高。

（五）坚持民生优先，社会事业发展取得新成就。在加快经济发展的同时，始终把保障和改善民生摆在突出位置，更加注重群众生活质量提高和社会全面进步。继续加大民生投入，一批重点民生工程先后建成并投入使用。不断健全和完善社会保障体系，城乡低保、农村五保实现应保尽保，城镇养老、失业、医疗保险及新农合、新农保基本实现全覆盖，保障水平和筹资标准大幅提高。加大帮贫扶困、医疗救助、法律援助力度，弱势群体权益得到有效保障。加大保障性住房建设力度，中低收入家庭住房条件得到明显改善。素质教育全面实施，各类教育协调发展，城乡教育差距进一步缩小。有序推进医药卫生体制改革，医疗卫生体系进一步健全，基本医疗保障水平显著提高。文化事业健康发展，公共文化体育设施不断完善，极大丰富了群众文化体育生活。群众性精神文明创建活动蓬勃开展，公民思想道德素质明显提升。人口和计划生育、环境保护、综合治理、老龄工作全面加强。

（六）坚持创新社会管理，和谐旌阳建设取得新进展。始终把推进理念、体制、方法创新作为构建和谐旌阳的重要抓手，加强社会建设，充分调动各方面积极性，营造了政通人和的良好氛围。以加强城乡社区管理服务为切入点，强化社区自治，新型社区管理体系初步形成。进一步创新流动人口和特殊人群服务管理，在非公有制经济组织和社会组织实现管理服务全覆盖。深化社会稳定风险评估工作，加大矛盾纠纷排查调处力度，源头防范力度进一步加大。坚持用群众工作统揽信访工作，不断完善矛盾纠纷“大调解”体系，深入开展领导干部大接访、大下访等活动，一批群众最关心最直接最现实的利益问题得到解决，确保了辖区社会和谐稳定。进一步巩固“平安旌阳”创建成果，夯实安全生产基层基础工作，健全公共安全服务体系，应急管理和危机管理能力明显提升，群众安全感不断增强。

（七）坚持扩大民主，民主法制建设取得新进步。人大及其常委会依法履行职权、实施监督的力度进一步加大。人民政协的政治协商、民主监督和参政议政职能得到进一步发挥。爱国统一战线进一步巩固和发展。深入推进依法行政，“六五”普法全面实施，依法治区取得新进展。完善基层群众自治制度，各级各类公开制度进一步健全。工会、共青团、妇联、残联、科协、工商联等群团组织的桥梁纽带作用得到充分发挥。坚持党管武装，国防后备力量建设、国防教育工作进一步加强，“双拥”共建活动成效明显。民族宗教、外事侨务、政策研究、对台、党史、保密、关心下一代等工作得到加强。

（八）坚持固本强基，党的建设取得新成效。始终把推进“四个旌阳”建设作为创先争优活动的重点，深入推进基层组织建设年工作，以改革创新精神全面加强党的建设，基层党组织的创造力、凝聚力和战斗力不断增强。全面加强思想政治建设和理论武装，学习型党组织建设深入推进，广大党员的理论素养进一步提高，宗旨意识进一步增强。领导班子和干部队伍能力明显提升，干部人事制度改革不断深化，干部选拔任用机制不断创新，选人用人公信度进一步提高。深入实施人才优先发展战略，扎实推进“省级人才优先发展试验区”创建工作，人才工作取得新进展。深入实施“四大工程”，基层党组织的战斗堡垒作用和党员干部的先锋模范作用进一步发挥。认真落实老干部政治生活待遇，老干部的作用得到充分发挥。党风廉政建设和反腐败工作深入开展，党风廉政建设责任制进一步落实，惩防体系“三化”建设扎实推进。加大廉政文化建设力度，强化反腐倡廉教育，党员干部廉政意识进一步增强，干部作风进一步转变。加大专项治理和案件查办力度，反腐倡廉建设取得新的成效。

各位代表、同志们！回顾一年的发展历程，奋斗充满艰辛，成绩来之不易。这些成绩的取得，得益于党中央和省委、市委的坚强领导，得益于历届区委打下的坚实基础，得益于区四套班子的精诚团结，得益于全区各级党组织、广大党员干部群众的共同努力，得益于各民主党派、工商联、无党派人士的和衷共济，得益于各人民团体和社会各界朋友的鼎力相助。在此，我谨代表中国共产党德阳市旌阳区第四届委员会，向所有关心、支持和参与旌阳建设发展的同志们、朋友们表示衷心的感谢，并致以崇高的敬意！

在充分肯定成绩的同时，也要清醒地看到，我们的工作与发展新要求和群众新期盼相比，还存在一定差距，主要表现在：经济发展内生动力和后劲不足，继续保持高速增长难度较大；资源和环境约束加剧，转变经济发展方式的任务还很重；社会管理面临一些新情况新挑战，社会管理创新力度还不够；各种社会矛盾相互交织且日益凸显，维护社会和谐稳定压力较大；少数领导干部思想观念和能力素质还不能完全适应新形势新要求，个别基层党组织战斗力还不够强。对于这些问题，我们必须高度重视，切实加以解决，努力把各项工作做得更好。

二、以党的十八大精神为统领，全面武装党员干部思想

党的十八大的主要精神，主要体现在胡锦涛同志所作的报告中。报告高举中国特色社会主义伟大旗帜，以马克思列宁主义、毛泽东思想、邓小平理论、“三个代表”重要思想、科学发展观为指导，分析了国际国内形势的发展变化，回顾总结了过去五年的工作和党的十六大以来的奋斗历程及取得的历史性成就，确立了科学发展观的历史地位，提出了夺取中国特色社会主义新胜利的基本要求，确定了全面建成小康社会和全面深化改革开放的目标，对新的时代条件下推进中国特色社会主义事业作出了全面部署，对全面提高党的建设科学化水平提出了明确要求。报告描绘了全面建成小康社会、加快推进社会主义现代化的宏伟蓝图，为党和国家事业进一步发展指明了方向，是全党全国各族人民智慧的结晶，是我们党团结带领全国各族人民夺取中国特色社会主义新胜利的政治宣言和行动纲领，是马克思主义的纲领性文献。全区各级党组织要把学习好、宣传好、贯彻好党的十八大精神作为当前和今后一个时期的首要政治任务抓紧抓好。要通过中心组学习、宣讲会、讨论会、报告会等多种形式，认真传达学习十八大精神。各级领导干部特别是主要负责同志要带头学习十八大报告，坚持自学与集中学习相结合、精读文件与专题研讨相结合，全面理解、深刻把握十八大精神实质，切实把全区各级党组织和党员干部的思想和行动统一到党的十八大精神上来。要利用广播、电视、网络等多种媒介，开展全方位、多层次、多形式、多角度的宣传报道，深入宣传党的十八大精神，在全区上下营造浓厚的学习氛围，让十八大精神家喻户晓、深入人心。要坚持学以致用、用以促学，坚持用党的十八大精神武装头脑、指导实践、推动工作。要把贯彻落实党的十八大精神与加快实施“十二五”规划结合起来，与全面建成小康社会、加快“四个旌阳”建设结合起来，求真务实、真抓实干，奋力推动全区经济社会发展迈上新台阶。

三、准确把握新形势新要求，进一步坚定全面推进“四个旌阳”建设的目标定位

纵观当前形势，旌阳正迎来大有可为的重要战略机遇期。党的十八大明确提出，走中国特色新型工业化、信息化、城镇化、农业现代化道路，全面建成小康社会的奋斗目标，为旌阳跨越发展明确了方向。国家深入实施新一轮西部大开发、建设成渝经济区的重大战略及加大对中西部地区的扶持政策，为旌阳跨越发展提供了重要机遇。“两化”互动、统筹城乡发展战略和“一三五八”发展战略的深入实施，为旌阳跨越发展指明了路径。同时，经过近年来的艰苦奋斗，全区发展总体态势良好，经济转型升级取得重大进展，以“两化”互动带动“三化”联动取得初步成效，旌阳在全市经济社会发展中的独特优势更加明显，为下一轮加快发展、科学发展、又好又快发展奠定了坚实基础。形势催人奋进，事业任重道远，我们必须准确把握新形势新时期带来的新机遇，奋力推进旌阳发展新跨越。

2013年，是我们蓄势而发、全面加快“四个旌阳”建设的攻坚期，也是率先全面建成小康社会的关键期。全区工作的指导思想是：高举中国特色社会主义伟大旗帜，以邓小平理论、“三个代表”重要思想、科学发展观为指导，突出科学发展主题和加快转变经济发展方式主线，深入推进改革开放和自主创新，促进经济建设、政治建设、文化建设、社会建设及生态文明建设协调发展，不断提高党的建设科学化水平，全面推进“四个旌阳”建设，为率先全面建成小康社会奠定坚实基础。

2013年，全区的主要预期目标是：地区生产总值增长12.00%；公共财政预算收入增长10.00%；农民人均纯收入增长13.00%，城镇居民人均可支配收入增长12.00%。

四、朝着全面建成小康社会的宏伟目标强势进发，争当德阳科学发展、统筹城乡发展的排头兵

（一）以转型升级推动经济跨越发展，夯实统筹城乡发展、建设“四个旌阳”的基础

加快产业转型升级是实现经济跨越发展的必由之路，要大力推动新型工业、现代农业和现代服务业发展，形成三次产业协调发展、相互促进、核心竞争力不断增强的新格局。

把发展战略性新兴产业、提升改造传统产业作为转型升级的主攻方向。全面推进工业发展“3+3”战略，着力构建以机械制造、电线电缆、天然气化工三大传统产业为基础，以新能源、新材料、高端装备制造三大新兴产业为支撑的新型工业体系。进一步转变农业发展方式，着力构建以农业科技为支撑、规模经营为特征、与市场直接对接融合的现代农业体系。大力发展特色优势产业，加强农产品流通体系建设，完善农业科技推广体系，着力发展高产优质高效的现代农业。加快专业市场和城市综合体建设，打造核心商贸物流圈。大力发展生产性服务业和生活性服务业，积极培育电子商务、现代物流等新兴业态，全面提升服务业质量和水平。加快发展旅游业，深入挖掘特色旅游资源，不断提高旌阳旅游的吸引力和知名度。

把推进产业集群集聚集约发展、增强发展活力作为转型升级的关键环节。按照建设全省一流高新技术园区的目标，进一步优化园区规划、明确产业定位，完善基础设施配套，优化发展环境，不断提高园区发展水平，把园区建设成为对外开放的重要窗口、产业集聚的发展高地、跨越发展的核心增长区。高品质推进商贸服务业集群发展，坚持高水平规划、高标准建设黄河新区综合商贸圈、天元专业市场群、黄许物流园区，以新兴商贸物流圈带动现代服务业加快发展，打造产城相融、宜业宜居的现代新城。大力推进农业产业化经营，围绕农产品优势产业带，扶持市场竞争力强、辐射带动作用大的农业产业化龙头企业和农民专合组织，促进农业产业集约化、规模化发展。

把加强自主创新、推动科技成果转化作为转型升级的重要支撑。坚持以科技创新、人才引领推动经济转型升级，加大资金、政策等引导力度，加快建立以企业为主体、市场为导向，产学研相结合的技术创新体系。以创建国家技术创新工程四川省试点示范区为契机，大力实施技术创新引领战略，加大企业孵化园、工程技术研发中心等科技创新平台建设力度，支持企业与高等院校、科研院所开展合作，促进科技成果转化。围绕新材料、新能源、高端装备制造等战略性新兴产业，加大高新技术项目引进力度，增强产业发展新优势。进一步完善人才引进、创新创业等激励机制，为科技创新提供人才保障。

（二）以生态宜居引领城乡建设管理，提升统筹城乡发展、建设“四个旌阳”的水平

坚持把生态宜居作为新型城镇化、新农村建设的努力方向和城乡建设管理的基本要求，不断加大城乡基础设施建设力度，提升城镇综合承载能力，扎实推进社会主义新农村建设，加快构建以工促农、以城带乡、工农互惠、城乡一体的新型工农、城乡关系。

加快城乡基础设施建设，全面提高发展保障水平，为城乡居民平等参与旌阳小康进程、共享改革发展成果创造必要条件。要抓住四川建设西部综合交通枢纽、“再造一个都江堰灌区”的机遇，大力加强以交通水利为重点的基础设施建设，加速构建城乡一体的基础设施体系。做好重要交通干线建设，加快农村公路升级改造，继续推进通组通院落道路建设。全面推进“全域灌溉”建设，加快实施重点水源工程、农村饮水安全工程建设，进一步提高综合水利设施服务城乡的能力。加大电网、水网等改造力度，进一步满足生产生活需要。完善通信、广电等设施设备，增强城乡保障能力。

加快中心城区和小城镇建设，增强综合承载能力，为繁荣城镇经济、提升居民生活水平奠定坚实基础。要按照一中心多片区组团发展思路，大力推进黄河新区、孝感片区、双东龙

凤组团等城市副中心建设。抓住旌东、亭江两个新区建设的有利时机，加快一批重点项目建设，进一步拓展城市发展空间。按照新型城镇化的要求，规划建设相应的基础设施，完善教育、卫生、文化等公共服务设施。进一步加大以孝泉、黄许为重点的小城镇建设力度，注重城镇的生产功能、就业功能、消费功能和服务能力的全面配套，全面提升中心城区对农村的辐射带动能力，不断增强产业、人口承载能力。

加快新农村建设，完善公共设施，为改善生产生活条件、增强农民自身造血功能提供基础支撑。按照成片连线、扩面连片、全面覆盖的工作思路，以旌西、旌东、旌北示范片为突破口，积极推进城市基础设施向农村延伸，城乡关联产业向农村拓展，公共服务向农村倾斜，促进城镇化与新农村建设良性互动，努力走出产村相融的新农村建设新路。要充分发挥群众主体作用，健全项目资金整合投入机制，有效吸纳社会资金推进新农村建设。以东一环道路、华强沟水库等重大项目建设为载体，规划先行、分步实施，加快新农村综合体建设，使其成为全市统筹城乡发展的示范和标杆。

加快生态文明建设，加大环境保护力度，为建设生态旌阳、实现可持续发展提供有力保障。要把生态文明建设放在突出地位，融入经济建设、政治建设、文化建设、社会建设各方面和全过程，牢固树立低碳、绿色、可持续发展理念，形成资源节约、环境友好的生产方式和消费方式。大力推进节约集约用地，加大基本农田保护力度，加强水循环利用，努力建设节水型社会。加强节能减排工作，加快淘汰高耗能、高污染企业，大力发展循环经济。加强环境监管，进一步加大对环境违法行为的打击力度。建立体现生态文明要求的目标体系、考核办法、奖惩机制，在全区营造保护环境的良好风气。

（三）以深化改革开放破除城乡体制机制障碍，增强统筹城乡发展、建设“四个旌阳”的动力

统筹城乡发展，关键是要深化改革、扩大开放，建立起城乡互促共进、协调发展的体制机制。我们要切实抓紧抓好这些关键，努力为科学发展提供制度保障。

深化行政管理体制改革，探索建立城乡一体的制度体系。要以建设服务型政府为目标，深化行政审批制度改革，推动政府职能向创造良好发展环境、提供优质公共服务、维护社会公平正义转变。要加大统筹城乡综合配套改革力度，深入推进户籍制度改革。进一步健全农村社会保障体系，提高农村社会保障水平，逐步缩小城乡差距。按照因地制宜、注重实际、分类推进的原则，在有条件的聚居点和新型农村社区，探索推进农村行政事务、文化卫生、计划生育、社会治安等公共服务社区化管理。

深化要素市场改革，破除影响发展的瓶颈制约。加强和规范投融资平台建设，鼓励社会资本参与政府建设项目投资。推动各类金融组织业务和机构向农村延伸，建立投资主体多元化、融资渠道多样化的城乡建设投融资新格局。有序推进农村土地管理制度改革，加快农村土地确权登记颁证工作，用好城乡建设用地增减挂钩、耕地异地占补平衡等政策，搭建土地经营权流转交易平台，不断提高土地流转和规模经营水平，促进城乡生产要素自由流动。

推动全方位多层次对外开放，积极发展外向型经济。立足传统优势产业和战略性新兴产业等重点领域，包装策划一批优质特色项目，引进一批配套服务企业，推进招商引资规模和质量同步提升。完善服务体系，营造高效率、低成本、无障碍的投资环境，使旌阳成为投资德阳的首选地和窗口。加强跟踪服务，重点做好在建、签约、在谈项目的推进落实工作，确保项目早建设、早投产、早见效。抓住成渝经济区、成德绵同城化建设等重大机遇，主动参与区域合作，不断拓展合作领域，加速构建对外开放新格局。

（四）以强化社会保障实现发展成果共享，增强统筹城乡发展、建设“四个旌阳”的实效

坚持把保障和改善民生作为加强社会建设

的重点，多谋民生之利，多解民生之忧，解决好人民群众最关心最直接最现实的利益问题，在学有所教、劳有所得、病有所医、老有所养、住有所居上持续取得新进展。

全面增进民众福祉，让全区人民群众共建共享发展成果。进一步强化政府公共职能，加大民生工程投入，认真落实各项惠民政策，健全完善民生保障长效机制，让人民群众得到更多实惠。实施更加积极的就业政策，多渠道开发就业岗位，鼓励和支持自主创业、自谋职业和灵活就业。进一步扩大社会保险覆盖面，逐步提高城乡社会保险待遇水平，完善社会保障体系。加大社会救助力度，健全以最低生活保障制度为基础的综合性社会救助体系。推进社会养老服务体系建设，加快发展慈善、社会福利和残疾人事业，做好优抚安置工作。进一步完善住房保障制度，加大保障性安居工程建设力度，不断改善中低收入家庭居住条件。

加快发展社会事业，让全区人民群众共建共享公共服务。坚持教育优先发展，以率先实现教育现代化为目标，进一步深化教育领域综合改革，推进城乡义务教育均衡发展，促进各类教育协调健康发展，努力办好人民满意教育。深入推进医疗卫生体制改革，进一步完善基层医疗卫生服务体系，加强基层医疗卫生设施和队伍建设，为群众提供安全有效方便价廉的公共卫生和基本医疗服务。完善公共文体设施，推动公共文体设施和场所向社会免费开放，广泛开展各类群众性文体活动，不断增强群众身体素质。做好人口和计划生育工作，提高出生人口素质。

大力推进文化建设，让全区人民群众共建共享现代文明。深入开展社会主义核心价值观学习教育，加强理想信念和道德品德教育，用社会主义核心价值体系引领社会思潮、凝聚社会共识。加强未成年人思想道德建设，不断提升全民综合素质。加强舆论主阵地建设，坚持正确导向，壮大主流思想舆论。继续实施好文化惠民工程，加大文化阵地网络建设力度，完善覆盖城乡的三级公共文化服务体系，丰富城乡群众精神文化生活。加大文化产业发展扶持力度，壮大特色文化产业，培育发展新兴文化业态。

（五）以法治建设保障社会和谐稳定，优化统筹城乡发展、建设“四个旌阳”的环境

坚定不移加强民主法制建设，坚持依法行政，不断提高工作法制化水平，以法治建设新成效保障经济发展、社会和谐。

要牢牢把握依法治区、维护社会公平正义这个核心。完善党委、政府议事决策机制，健全决策程序，强化决策的合法性审查和风险评估，大力提高科学决策、民主决策、依法决策的能力和水平。进一步巩固法治示范区创建成果，认真做好“六五”普法教育，弘扬法治精神，形成自觉学法守法用法的社会风气。完善司法调解纠纷机制，加大法律援助和司法救助力度，提高人民群众对司法工作的满意度。加强司法队伍建设，提高执法水平，维护社会公平正义。

要牢牢把握扩大民主、推进民主政治建设这个基础。充分发挥人大及其常委会作用，支持人大依法履行职能。完善协商民主制度和工作机制，支持人民政协履行政治协商、民主监督和参政议政职能。进一步巩固和发展最广泛的爱国统一战线，抓好党外代表人士队伍建设，加强和改进新形势下工商联工作。全面贯彻党的宗教工作基本方针，发挥宗教界人士和信教群众在促进旌阳经济社会发展中的积极作用。支持工会、共青团、妇联、科协、残联等群团组织依照法律和各自章程开展工作。扩大基层民主，完善城乡基层自治组织、企事业单位的民主管理制度。坚持党管武装，加强国防动员建设，深入开展“双拥共建”活动，促进军政军民团结。

要牢牢把握创新社会管理、提高社会管理科学化水平这个关键。以德阳创建全国社会管理创新示范区为契机，以解决影响社会和谐稳定的突出问题为突破口，完善党委领导、政府负责、社会协同、公众参与的社会管理格局。把强化城乡社区管理服务作为重要切入点，着

力推动街道办事处职能向社会管理和公共服务转变，强化社区管理和服务功能，积极探索以社区为基础单元的社会管理模式。大力培育和发展经济型、公益型、服务型社会组织，满足居民多样化需求。加强非公有制经济组织、社会组织服务管理，不断提高社会管理科学化水平。切实加强和改进群众工作，加大对信访问题和历史积案的排查化解力度。进一步完善“大调解”工作体系，全面深化稳定风险评估，健全维护群众权益机制。加强社会治安综合治理，巩固“平安旌阳”创建成果。强化食品药品监督管理，确保食品药品安全。高度重视安全生产工作，有效防范和坚决遏制重特大安全生产事故发生。进一步完善突发事件应急管理机制，积极构建公共安全体系，保持平安、和谐、稳定的社会环境。

五、全面提高党的建设科学化水平，为续写旌阳科学发展新篇章提供坚强有力的政治保障

全面推进“四个旌阳”建设，关键要把全区各级党组织和党员干部队伍建设好。要坚持以加强党的执政能力建设、先进性和纯洁性建设为主线，全面加强党的思想建设、组织建设、作风建设、反腐倡廉建设、制度建设，以改革创新精神全面推进党的建设新的伟大工程，为旌阳发展提供有力的组织保证。

强化思想理论武装，凝聚科学发展的精神力量。坚持用中国特色社会主义理论体系教育武装党员干部，深入推进学习型、服务型、创新型党组织建设，不断强化理想信念教育、根本宗旨教育、思想作风教育，着力提高党员干部思想政治素质。进一步完善党委（党组）中心组学习和党员干部集中学习制度，强化干部教育培训，建立以能力提升、成果转化、工作实效为主的考核评价制度，着力提高领导班子和党员干部创新发展、执政为民和拒腐防变的能力。

坚持正确用人导向，激发干事创业的工作热情。深入实施人才强区战略，以创建“省级人才优先发展试验区”为契机，加快建设人才资源数据库，制定落实“十项工程”配套政策，提升人才保障服务水平，努力形成人才辈出、人尽其才、才尽其用的生动局面。坚持德才兼备、以德为先的用人导向，注重从基层一线培养选拔干部，积极搭建多方位培养锻炼平台，进一步优化领导班子配备和干部队伍结构。加强领导班子能力建设，注重选好配强党政“一把手”，把各级领导班子建设成为善于领导科学发展、改善民生、促进和谐的坚强领导集体。深化干部人事制度改革，扩大选人用人民主，加大竞争性选拔干部和干部交流力度，重视培养、择优任用女干部、党外干部、少数民族干部，加强后备干部队伍建设，努力建设一支政治坚定、能力过硬、作风优良、奋发有为的干部队伍。完善干部考核评价机制，促进领导干部树立正确政绩观。认真做好老干部工作。

创新基层党建工作，构筑坚强有力的战斗堡垒。建立健全创先争优长效机制，引导基层党组织和党员干部继续在履行职责、服务群众中创先进、争优秀。进一步建立健全基层党建工作责任制，不断创新社区党建工作模式和组织活动形式，统筹推进农村、机关、非公有制经济组织和社会组织党的建设，实现党的组织和党的工作全覆盖。加强新形势下党员发展和党员教育培训工作，强化流动党员管理。进一步健全党内激励、关怀、帮扶机制，关心和爱护基层党员干部。深入开展党代会常任制试点工作，不断探索年会的功能和党代表日常行权的新途径，进一步强化党代表议事决策能力和意识，着力完善代表发挥作用的制度保障体系，不断扩大党内民主。突出抓好基层党组织带头人队伍建设，以村社区换届为契机，选好配强村社区党支部书记，增强基层党组织推动发展、服务群众、凝聚人心、促进和谐的能力。

加强党风廉政建设，营造风清气正的发展环境。坚持标本兼治、综合治理、惩防并举、注重预防的方针，认真落实党风廉政建设责任制，进一步完善惩防体系基本框架，全面推进惩防体系科学化、规范化、制度化建设，努力做到干部清正、政府清廉、政治清明。加强反腐倡廉教育和廉政文化建设，筑牢拒腐防变的思想道德防线。创新反腐倡廉体制机制，严格落实领导干部民主生活会、述职述廉、诫勉谈话等制度，深化领导干部廉洁从政“三早”预警机制，努力形成用制度管权、按制度办事、靠制度管人的工作运行机制。加大纪检监察力度，畅通信访举报渠道，进一步加大案件查办力度，严肃查处重点领域及社会危害大、群众反映强烈的案件，纠正损害群众利益的不正之风，着力解决发生在群众身边的腐败问题。坚决贯彻执行中央关于改进工作作风、密切联系群众的八项规定，认真践行“四个特别”要求，大力倡导“四个一流”的作风，推动党风政风行风持续好转。

同志们！站在新的历史起点，回首过去，我们备感欣慰；展望未来，我们豪情满怀。让我们紧密团结在以习近平同志为总书记的党中央周围，以强烈的责任感和使命感，励精图治，锐意进取，为全面推进“四个旌阳”建设、率先全面建成小康社会而努力奋斗！

名词解释：

“两化”互动：以新型工业化为主导，以新型城镇化为支撑，实现工业化城镇化良性互促发展。

全域灌溉：采取工程措施与非工程措施，在区域内的耕地实现全面灌溉的同时，统筹规划、合理布局、高效配置水资源，同步保障生产用水、生活用水、生态用水。

省级人才优先发展试验区：2012年，我区被省委组织部列为首批省级人才优先发展试验区。试验区通过创新人才政策机制，优化人才发展环境，推动人才结构战略性调整，构建与国际接轨、与市场经济体制相适应、有利于科学发展的人才体制机制，大量聚集领军人才、拔尖人才，逐步形成具有地方特色的发展优势。

实施“四大工程”：在基层组织建设中，大力实施素质提升工程、激励关怀工程、堡垒工程和细胞活力工程。

“一三五八”发展战略：“一三五八”发展战略是市委、市政府全面深入分析全市发展的阶段性特征、准确把握当前发展机遇所作出的重大战略部署。“一城”，就是把中心城区加快建成百万人口区域中心大城市；“三区”，就是加快建设四川统筹城乡发展示范区、四川特色文化旅游区、全国社会管理创新示范区；“五基地”，就是打造具有国际竞争力的重大技术装备制造业基地、国内一流的战略性新兴产业示范基地、西部新型化工基地、西部特色农产品深加工基地、四川现代服务业基地；“八大突破”，就是要在做强产业、做大城市、做牢基础、做富县域、做美农村、做活开放、做优科教、做实民生上实现新突破。

再造一个都江堰灌区：2009年10月，我省颁布了《四川省“再造一个都江堰灌区”建设规划纲要》。纲要提出：力争从2009年到2016年，新增和恢复蓄引提水能力86亿立方米；新增有效灌溉面积1069万亩；新增节水灌溉面积500万亩，建设水利现代化灌区示范区30万亩。农业发展的水利化水平大幅度提高，相当于再造了一个都江堰灌区。

社会主义核心价值体系：社会主义核心价值体系是党的十六届六中全会首次明确提出的一个科学命题，包括四个方面的基本内容：马克思主义指导思想、中国特色社会主义共同理想、以爱国主义为核心的民族精神和以改革创新为核心的时代精神、以“八荣八耻”为主要内容的社会主义荣辱观。

“大调解”工作体系：指在党委领导下，人民法院、人民调解委员会和行政主体分工合作、互相支持，共同构建司法调解、人民调解、行政调解相互衔接、相互促进、相互结合的新时期矛盾纠纷预防和解决工作机制。

十项工程：指人才发展平台构建工程、党政人才素质提升工程、工业园区筑巢引凤工程、技能人才培养升级工程、科技兴农遍地开花工程、教育名家培养引进工程、医卫领军人才培育工程、文化艺术名家培育工程、社会工作人才发展工程、现代服务人才聚集工程。

“三早”预警机制：领导干部作风和廉洁方面苗头性问题“早发现、早提醒、早纠正”。

八项规定：12月4日，中共中央政治局召开会议，出台了改进工作作风、密切联系群众的八项规定。八项规定包括：改进调查研究、精简会议活动、精简文件简报、规范出访活动、改进警卫工作、改进新闻报道、严格文稿发表、厉行勤俭节约。

“四个特别”：特别讲大局、特别讲付出、特别讲实干、特别讲纪律。

“四个一流”的作风：强化一流的发展理念、保持一流的精神状态、锤炼一流的工作作风、创造一流的发展环境。

2012年旌阳区歌手大赛十佳歌手

德阳市旌阳区人大常委会工作报告

——在德阳市旌阳区第四届人民代表大会第二次会议上

旌阳区人大常委会主任　刘友华

（2012年12月27日）

各位代表：

我受区人大常委会的委托，向大会报告工作，请予审查。

2012年，区人大常委会在区委的坚强领导下，紧紧围绕全区工作大局，坚持监督与支持并重，服务与发展结合，认真履行宪法和法律赋予的职责，各项工作取得了新的进步。全年共召开常委会会议7次，主任会议12次，听取和审议“一府两院”工作报告21个，提出常委会审议意见5份26条，主任会议建议意见9份29条，开展视察、检查和调查活动18次，依法任免国家机关工作人员68人次，任命人民陪审员9人，接受辞职3人。较好地完成了区四届人大一次会议确定的各项工作任务，为实现本届人大常委会工作良好开局，促进全区经济社会和谐发展作出了积极贡献。

一、服务经济发展，审议重大事项，依法行使决定权和任命权

——依法审查计划、预算及其执行情况。国民经济和社会事业发展计划方面，常委会听取和审议了区政府关于上半年全区国民经济和社会事业发展计划完成情况的报告，针对存在的问题，要求区政府把握机遇，正视问题，增强信心，全力以赴抓好保增长工作，区政府及区发改局等职能部门，要进一步加大对全区经济和社会发展具有重要带动作用的重点企业、重点项目的关注和支持力度，特别是西部商贸城、北大荒物流园区、希望城、华强沟水库、新场气田等项目的推进力度，督促和帮助其早立项、早动工、早投运。预算方面，常委会在深入调研的基础上，认真听取和审议了区政府上半年财政预算执行、2011年度财政决算、2011年度区级财政预算执行和其他收支审计、2012年区级财政预算调整等情况的报告，并依法作出了相关决议决定，督促和支持政府打造公共财政、民生财政、效益财政、节约财政。常委会相关工作机构对与人民群众关系密切的部门预算进行了常年重点监督，积极督促有关部门严格预算执行，加快资金拨付进度。与此同时，高度重视审计监督作用发挥，通过工作调研，结合审计部门发现的问题，提出审议意见和建议，要求区政府要更加注重审计成果的转化应用，完善审计监督体系，切实督促整改意见落实。要严格落实违规责任追究制度，认真督促有关部门对审计报告中披露的问题整改到位。

——高度关注经济运行情况，力促科学发展。常委会紧紧抓住事关全区经济社会发展的重大事项，深入开展调查研究，依法进行监督。一年中，常委会和主任会议先后对我区畜牧业发展、千亿经济园区发展、黄河新区开发建设、黄许物流园区建设、农民专合组织发展等情况进行了深入调研，专题听取区政府工作报告，提出了审议意见和建议意见。常委会在听取和审议畜牧业发展工作情况报告时，要求区政府要加大政策扶持力度，完善多方合作机制，坚定不移地推进标准化规模养殖，继续抓好动物疫病防控。同时，加快科技进步，提高畜牧兽医服务水平，并强化全程控制，构筑畜产品质量安全监管屏障，确保我区畜产品质量稳定、安全、放心。主任会议在听取和审议千亿经济园区发展情况报告时，建议由区工业集中发展区党委牵头，建立经常联系的工作机制，充分调动天元、孝感、扬嘉等乡镇的积极性，主动做好协调工作，千方百计争取上级、同级、下级的支持，结合“四个年”活动的开展，科学谋划，扎实推进，力争早日建成“千亿经济园区”；对于黄河新区开发建设工作，主任会议建议区政府提早做好与旌东新区规划的对接，尽量减少对黄河新区规划的影响，以保持新区规划的特色，努力争取各级国土部门对新区开发用地的支持，促进新区已征用土地的调整利用，加快新区的开发进程。对于黄许物流园区建设，主任会议建议区政府要继续加大园区招商引资力度，进一步强化与北大荒物流等入驻企业的沟通，协助解决好铁路专用线建设等关键问题，促使其坚定信心，尽快开工建设，各职能部门要分工协作，帮助破解发展的制约因素，共同推进园区加快发展；对于农民专合组织发展工作，主任会议建议区政府要像建设农村村级组织一样地重视农民专合组织建设，进行年度工作目标考核时，要加大此项工作的分量。同时，区财政应加大资金支持力度，区农业局的农经工作重点要转入农民专合组织的培育和管理，推动我区农民专合组织健康发展。

——依法任免国家机关工作人员。常委会人事任免工作坚持把党管干部和人大依法任免统一起来，做到贯彻党委意图不含糊，坚持依法任免不偏离，强化任后监督不懈怠。特别是始终坚持对任命对象进行任前法律考试、任前承诺发言，有效地提高了被任命人员的国家意识、法律意识、权源意识和公仆意识。一年来，先后任免国家机关工作人员68人次（其中，任命49人次，免职19人次），任命人民陪审员9人，接受辞职3人，为“一府两院”开展工作提供了组织保障。

二、维护司法公正，加快依法治区进程，监督工作实效进一步增强

——认真开展执法检查。一年来，常委会紧密结合区内实际，以事关人民群众根本利益的法律法规的贯彻实施为重点，采取执法检查、视察调研、听取和审议专项报告等监督方式，重点开展了《中华人民共和国药品管理法》、《中华人民共和国种子法》等法律的执法检查。检查过程中，实行与政府执法部门联动，采取多种形式，拓展检查层面，深入掌握实情，共同探讨整改措施，在充分肯定成绩的基础上，针对法律实施中存在宣传不够，执法力量不足，监督工作仍然有一些薄弱环节等问题，分别提出审议意见，建议区政府进一步落实责任，增添措施，保证法律在我区得到更好地贯彻实施。

——大力加强司法监督。常委会会议听取和审议了区检察院关于未成年人检察工作情况报告，要求区检察院改善未成年人羁押环境，认真落实未成年人与成年人分开羁押的规定，争取必要的经费，尽早配备司法辅助人员，确保未成年人检察工作再上新台阶。常委会主任会议先后听取了区法院民事审判、基层法庭建设工作情况报告，建议区法院要认真研究民事审判工作的新形势、新特点，不断创新机制。对一线与基层法庭辛勤办案的法官，要政治上鼓励，生活上关心，同时积极与上级有关部门协调，增加编制与人员，以适应新考核体系对法院审判工作的要求。作为全区大调解格局的中坚力量，要与区司法局一道做好基层司法调解员的培训工作，力争把矛盾化解在基层，尽可能减少诉讼，节约审判资源，维护旌阳和谐稳定。为更好地发挥司法行政部门在法制区建设中的作用，常委会组织区人大代表视察了区司法援助中心、司法矫正大队及部分镇村司法所、调解室，在充分肯定我区司法行政工作取得新的进步的同时，建议区司法行政部门要继续认真加强村居调解队伍的建设，做好基层矛盾纠纷调解和法律服务工作，推进和谐旌阳建设。

——扎实开展工作评议。2012年，常委会对区民政局、区审计局进行了工作评议，评议小组按照评议方案的安排，深入基层和相关单位，广泛征求意见和建议，常委会进行认真评议，提出评议意见，被评部门根据评议意见，制定整改措施，积极改进工作，收到了较好的效果。满意度测评中，两部门的工作均获得高票肯定。

——努力做好信访工作。一年来，人大机关共处理来信42件，接待来访60件107人次，省、市人大信访转办件10件，均已办结回复，较好地维护了人民群众的合法权益。在信访接待中，常委会领导和有关委室在做好法律法规和相关政策宣传的同时，耐心做好息诉工作，对群众反响较大的信访件及时批转，跟踪限时督办，推动相关部门妥善处理了一些疑难信访问题。与此同时，根据区委的统一要求，常委会主任会议组成人员还深入基层一线，共同落实挂帮包责任，积极帮助分工联系的乡镇和单位排查问题，化解矛盾，促进了有关问题的解决。

——认真备案审查规范性文件。切实履行规范性文件备案审查职责，建立了专项台帐。一年来，对区政府和乡镇人大报送的49件规范性文件进行了备案审查，保证了规范性文件的合法性和合理性，促进了依法行政。

2012年年底，常委会会议集中听取了区人民政府对2012年常委会审议意见和主任会议建议意见办理情况的报告。主任和委员们对区政府及其职能部门办理建议和意见的工作给予了充分的肯定，建议今后要进一步加强跟踪督办工作，推动审议意见和建议更好更快地落实。

三、重视改善民生，关注热点问题，推动为民办实事的工作进一步加强

——突出关注“两河”流域污染治理工作。近年来，常委会连年加强对石亭江、绵远河旌阳区段污染治理工作的监督，治理工作取得了阶段性的成效，环境质量有了明显的提高。面对不容乐观的环保压力，常委会会议要求区政府进一步加强对两河流域旌阳区段环保宣传和监控力度，特别是两河水质的检测力度，在确保现有成果的基础上，争取早日实现全面达标的目标，同时，要进一步根据全区产业发展总体布局，完善环保规划，促进污水处理项目的实施，提高全区环保工作的水平，为“生态旌阳”建设奠定坚实的基础。

——重视学生安全工作。学生上放学接送安全是社会关注、家长关心的热点问题。主任会议在听取区政府汇报和实地调查后，根据存在的问题和困难，建议区政府及相关职能部门进一步认真排查部分学校接送车辆和校门口安全隐患，积极与市级相关部门衔接协调，逐步优化学校周边环境。要采取多种方式向学生家长宣传乘坐非法营运接送学生车辆的危害性，进一步提高对非法营运车辆的检查整治力度，禁止非法运营车辆接送学生；进一步合理调整学校规划布局，并积极协调公交营运企业，科学规划路线与运营方式，以方便学生上放学接送，确保学生上放学安全。

——关注农村医疗改革。实施一般诊疗费制度是完善农村医疗保障制度的重要内容，关系到农村医疗改革的成败。为了使这项惠民措施更好地落到实处，主任会议建议区政府及其职能部门要突出重点，在继续保持必要的硬件设施投入的同时，更加注重乡村医生队伍建设，积极探索城市医院支援农村医院，吸引医疗人才充实乡村医疗队伍的方法，加大对乡村医生的培训力度，使农民群众获得更加安全、有效、方便、价廉的基本医疗服务。与此同时，进一步加大对基层卫生院、站的监管力度，确保补助政策不折不扣落实到位，使群众真正享受到政策带来的实惠。

——推动保障性住房建设。高质量地建设一批保障性住房是今年我区必须完成的重点民生工程，住房困难的群众十分期盼。常委会组织辖区内的市人大代表和区人大常委会部分组成人员深入到任务繁重的孝泉镇、黄许镇开展了集中视察。通过实地察看，听取汇报，走访群众，代表们对工程建设的质量和进度给予了充分肯定，就进一步加快建设进度，完善小区配套，制定合理的分配方案，加强小区入住后的物业管理等，提出了意见和建议。区政府及相关职能部门高度重视代表的意见和建议，表示要认真总结经验，改进和加强后续工作，把好事做好，一定让困难群众住上满意的保障房。

——促进食品安全工作。工商和质监工作事关经济发展的质量和效益，对群众十分关心的食品安全也负有重要的责任。常委会在调研中，主任和委员们充分肯定了工商、质监部门在培育市场主体、维护市场秩序，推动企业上水平，提高食品生产销售质量等方面所做的卓有成效的工作，认为我区的食品安全监管工作是有力的，食品安全的总体状况也是好的，但面对严峻的经济形势和人民群众日益提高的食品安全要求，还需要各方面更加重视，更加努力。建议区政府和工商质监及相关职能部门，进一步加强协调配合，进一步加大联合执法力度，加强对重点行业、重点领域、重点环节的监管和服务；支持骨干行业、企业做大做强，促进食品生产、销售企业依法经营，为旌阳区经济建设和食品安全工作再上新台阶作出新贡献。

一年来，常委会主任会议和机关各委室还就群众关心的运输管理、征地拆迁安置、街道社区便民服务、流动人口计划生育以及基层文化建设等工作，听取了区政府及相关职能部门的汇报，进行了工作调研和视察。充分肯定了上述方面工作取得的成绩，建议各有关方面要认真总结经验，严格查处超重、超载、超限等严重影响交通安全的行为，支持城乡公交发展，方便群众出行，进一步在探索完善统一的征地拆迁和供地程序、建设开放式的社区服务体系、消除因物业管理而造成的计生盲区、培育基层文化协会和骨干等方面继续作出努力，使基层和群众能够享受更多的方便和实惠。

四、密切联系代表，认真组织活动，代表履职能力进一步提高

——加强闭会期间代表工作。为使代表主体作用得到进一步发挥，常委会不断丰富代表活动内容，创新代表活动方式，提高代表活动实效。通过代表列席常委会会议，常委会组成人员联系人大代表、驻会常委会组成人员走访代表等形式，不断扩大代表的知情知政渠道；通过组织全区人大主席赴外地学习考察、组织召开总结交流会、邀请乡镇人大主席列席区人大常委会会议，不断提高乡镇人大主席的履职能力；通过组织代表参加执法检查、集中视察、工作评议、旁听法院庭审工作等方式，不断增强代表的工作活力。2012年，区人大常委会组织开展了对我区的市、区人大代表的集中培训工作，分别指导开展了各乡镇人大代表的集中培训，提高了代表的履职能力，调动了代表的履职积极性。

——认真督办代表建议意见。常委会坚持把代表建议办理工作作为工作的重点，对代表提出的建议、批评和意见，认真研究梳理，及时交办落实，并通过承办部门与提议代表见面和组织代表专题视察等方式，推动办理工作从答复向落实转变。区政府高度重视办理工作，进一步完善了工作机制，明确了部门分工和办理人员职责，区政府领导和各职能部门负责人亲自抓，着力解决代表集中反映的热点、难点问题。代表建议的办复率、解决率和代表满意率明显提高。

——努力增强乡镇人大活力。今年初，区人大常委会指导了全区乡镇人大换届选举工作。年中还指导了新中、双东、天元、扬嘉等四个乡镇人代会的召开，圆满地完成了补选工作。常委会主任会议组成人员及相关委室经常深入乡镇指导人大工作，加强联系督导，帮助协调解决工作中遇到的困难和问题，乡镇人大主席团和代表小组的活动方式、工作内容更加丰富，履职能力进一步提高。

五、适应工作需要，加强自身建设，常委会机关的工作得到进一步加强

——扎实开展制度建设。2012年，常委会为更好地贯彻落实监督法等法律的规定，并将相关要求系统化、具体化，使之更加明确和便于操作，结合工作实践，新制订了《工作评议暂行办法》、《审议意见处理办法》、《向社会公开征集监督议题的试行办法》、《行使监督职权情况向社会公开的试行办法》、《专题询问试行办法》5项人大工作制度，对《常委会议事规则》进行了详细的修订，为常委会运用新的工作方法，开展规范化建设打下了基础。

——不断改进工作作风。常委会组成人员和机关工作人员结合开展“四个年”、“创先争优”、“支部三分类三升级”等活动，坚持深入基层、深入群众、深入实际，积极参加各项中心工作，求真务实、密切联系群众的作风得到较好地发扬，机关工作效能和调查研究的深度、参谋助手作用、议事能力和水平有了新的提高。

——大力加强人大宣传。积极利用常委会公报、区级新闻媒体、省市级报刊网站，及时刊登报送人大及其常委会的重要会议、重大活动和代表的先进事迹，其中，《德阳市旌阳区人大常委会关注学生上放学接送安全问题》、《代表破难题，水利稳民心》、《监督触角延伸，“民心工程”完善收官》、《人大代表展身手，昔日荒山变绿坡》等40多篇情真意切的文章通过省、市级新闻媒体报导后，产生了积极的社会反响，增进了社会对人大的性质、地位和作用的认识和理解，激发了各级人大及其代表履职尽责的积极性，有效地推动了人大工作。

各位代表，回顾一年来的工作，常委会取得了一些成绩，是区委正确领导的结果，是“一府两院”密切配合的结果，是各位代表共同努力的结果。在此，我代表区人大常委会向大家表示衷心的感谢！

在肯定成绩与进步的同时，我们也清醒地认识到，常委会所做的工作与宪法和法律赋予的职责比，与形势发展的需要比，与人民群众的期望比，还存在一定的差距。突出表现在：常委会和主任会议审议意见和建议的重点还不够突出，跟踪督办落实还欠缺力度；与代表的联系还不够紧密，代表主体作用的发挥还需要进一步拓展；常委会组成人员还需要根据形势发展和依法履职的要求，加强学习，进一步提高履职能力。我们将高度重视这些问题，在今后的工作中采取更加有效的措施，逐步加以改进和解决。

各位代表，2013年是学习贯彻党的十八大和十八届一中全会精神，实施“十二五”规划承上启下、攻坚克难的重要一年。在新的一年里，常委会工作的指导思想是：以邓小平理论、“三个代表”重要思想、科学发展观为指导，紧扣区四届二次党代会确定的工作主题和发展、改革、稳定的工作重点，忠实履行宪法和法律赋予的各项职权，为全面推进“四个旌阳”建设，作出更大的贡献。根据这一指导思想，常委会将努力做好以下几个方面的工作：

——紧扣目标，突出工作重点，在促进科学发展上积极履职。要抓好大事的议定。紧密结合旌阳经济社会发展实际，坚持以促进经济发展方式转变为重点，围绕推进新型工业化、信息化、城镇化、农业现代化，定期听取和审议计划、财政报告，及时了解“十二五”规划实施情况，不断拓展、细化部门预算审查监督的范围和项目，进一步维护财政预算的完整性和严肃性。要丰富监督的内容。按照围绕中心、服务大局、突出重点、增强实效的思路，进一步拓宽监督领域，适时听取和审议全区招商引资、工业集中发展区、黄河新区发展建设、旌东、旌西农业示范片区建设、水利设施建设、第三产业重点项目实施进展、金融部门支持地方经济发展等情况的报告，对区城乡环境综合管理局、区人力资源和社会保障局开展工作评议。要完善监督的手段。进一步建立健全落实常委会决议、决定的督办机制，继续实施“一府两院”定期报告常委会决议、决定和审议意见、主任会议建议意见落实情况的反馈制度和常委会领导及相关委室跟踪督办制度。对决议、决定和审议意见、建议意见落实不力的事项，必要时采取询问、质询等方法推动办理工作，维护常委会决议、决定和审议意见、建议意见的严肃性。

*——服务大局，关注民生民意，在增强监督实效上加大力度。*突出民生监督。听取和审议安居工程管理情况报告，促进“住有所居”工作的深入推进。开展执法检查，促进“六五”普法。始终把确保法律法规在本行政区域内的正确实施作为人大工作的重中之重，支持和促进“一府两院”依法行政、公正司法。重点在开展刑事诉讼法、统计法执法检查后，听取和审议相关工作报告，听取传染病防治法、道路交通安全法贯彻落实情况的报告。着力解决一些执法过程中的突出问题。推进规范性文件备案审查。建立健全对“一府两院”规范性文件的统计分析、情况通报及定期评估清理制度。特别是要在严格进行文件合法性审查的基础上，加大对文件制定的必要性、合理性、内容适当性审查，规范行政司法行为。加强司法监督。听取区法院审判管理、区检察院预防职务犯罪工作情况报告。加强来信来访特别是涉法涉诉案件的督办处理工作，切实维护公民和法人的合法权益。

*——加强联系，创新代表工作，在发挥代表作用上认真探索。*要进一步加大代表建议意见的办理力度，实行“零距离”办理、“面对面”答复，跟踪督办等形式，并在相关媒体上公布代表建议意见办理的情况，加大办理工作透明度，推动办理工作进一步从“答复型”向“落实型”转变。要进一步丰富代表活动内容，坚持邀请人大代表列席常委会会议和参与调查研究、执法检查、集中视察等活动，畅通代表履职渠道，增强代表履职责任意识。要组织代表对教育工作、工业经济运行情况、生态建设等情况开展集中视察。密切与乡镇人大的工作联系，不断完善乡镇人大主席团的各项工作制度，促进乡镇人大在监督工作上有新的进步。

*——提升能力，加强自身建设，在做出新贡献上下深功夫。*要继续加强学习，把学习作为常委会更好地履行职责的前提条件，自觉加强对党的十八大、十八届一中全会精神和区党代会精神以及法律法规和人大业务知识的学习，以学广才、以学明识，以学立德，以学促干，努力提高常委会组成人员及机关干部的整体素质和履职能力。要继续改进作风，坚持民主集中制原则，倡导务实高效、团结协作之风，注重深入基层、调查研究、集思广益，使常委会的工作更有针对性和实效性。要继续搞好人大宣传，宣传中坚持突出法律、突出集体、突出代表、突出典型。要通过对人民代表大会制度、宪法和法律、人大工作广泛而深入的宣传，使广大人民群众特别是公职人员进一步加深对人民代表大会制度的了解，提高全社会的人大意识。

各位代表，同志们，2013年的人大工作，责任重大，使命光荣。时代赋予我们重任，人民寄予我们厚望。让我们在区委的正确领导下，深入贯彻落实科学发展观，同心同德、创新务实、依法履职，为推动我区民主法制建设、创建“四个旌阳”而努力奋斗！

德阳市旌阳区人民政府工作报告

——在德阳市旌阳区第四届人民代表大会第二次会议上

德阳市旌阳区人民政府区长　邓　平

(2012年12月26日)

各位代表：

现在，我代表区人民政府，向大会报告工作，请予审查。

2012年工作回顾

即将过去的一年是很不平凡的一年，面对繁重的灾后产业振兴任务和严峻的宏观经济形势，在市委、市政府和区委的坚强领导下，在区人大、区政协的监督支持下，我们以科学发展观为指导，牢牢把握“稳定增势、高位求进、加快发展”的工作基调，以“项目攻坚年、产业提升年、开放突破年、作风转变年”活动为载体，全区干部群众同心同德，负重前行，攻坚克难，圆满完成了年初确定的主要目标任务。预计实现地区生产总值391亿元，同比增长11.80%（下同）；财政总收入28.30亿元，增长4.27%；地方财政收入19.49亿元，其中公共财政预算收入9.26亿元，增长14.73%；城镇居民人均可支配收入24220元，增长12%；农民人均纯收入10024元，增长13.10%，继续位居全省县域经济综合评价“十强县”行列，旌阳在科学发展的道路上迈出了坚实的一步。

——现代农业提升发展。实现农业总产值53.59亿元，增长4.30%；畜牧业总产值28.23亿元，占农业总产值的52.68%；粮食总产量24.40万吨；新农村建设累计投入3.25亿元。农业产业化进程加快，农民专合组织达112个，省级农业产业化龙头企业达6户、市级36户，产值过亿元的龙头企业3家，规模以上深加工企业年主营收入达37.50亿元。农业基础设施不断完善，完成渠系防渗整治171.90千米，新增节水灌溉面积3.50万亩，改善灌溉面积2.70万亩，解决1.78万农村人口饮水安全问题。加强农村道路建设和养护，新建农村道路81千米。强化农村环境治理，加快农村垃圾集中处理和沼气建设步伐。深入实施科技兴农战略，全区优良品种推广率达95%以上，建成生猪、食用菌、核桃、蔬菜、水果、水产专家大院6个，顺利通过了四川省无公害农产品产地整体认定。农业服务体系进一步健全，完成农业实用技术培训19.20万人次，输出农村劳动力12.30万人次，实现劳务总收入10亿元。争取国家农业扶持资金，推进旌北现代农业示范片、畜禽标准化规模养殖场、全域灌溉试点县项目建设。全面完成第一次全国水利普查任务。华强沟水库和姜家桥水库项目前期工作进展顺利。我区被省政府认定为全省第一批“沼气化县”和“省级农机化示范县”。

——工业经济优化发展。实现工业总产值

284.26亿元，增长23.80%；工业投资33亿元，增长15%；区属规模以上工业企业达200户，新增过亿元企业22户，其中过10亿元企业2户。先进制造和新材料、新能源等战略性新兴产业加快发展，培育国家高新技术企业1家，省级创新型示范企业2家，省、市企业技术中心15个，引进新产品、新技术15项，完成3个新材料科技创业园挂牌。已建成园区科技孵化器、生产力促进中心和工程技术中心。区属规模以上战略性新兴产业企业发展到38户，比重达24%。石墨烯、磷酸铁锂电池、双金属表面复合结晶器等高新技术成果在我区实施转化。着力解决好工业运行中的困难和问题，创新投融资平台和公共信息服务平台建设，强化对企业人才、融资和技改的纵向扶持，加强企业产品、技术和项目横向合作，有力实现了保运行、促增长。积极实施通信、电力、油气管道等配套设施改造升级，滦河路、郁江路、沭河路等9个项目开工，二环路（东海路—银山路段）、银河路西段、玉山路等5个重点路网工程全面竣工，基础设施日益完善，综合配套和承载能力明显增强。工业集中发展区申报省级高新技术产业园区通过了省专家组的评审，实现园区产值238亿元。

——*第三产业加快发展*。实现服务业增加值108.22亿元，增长14.70%；全区社会消费品零售总额101.31亿元，增长15.90%，增幅高于全市平均水平。西部国际商贸中心8万平方米专业市场、美好希望城等大型现代服务业项目加快建设，推进德阳中大运业机械设备安装、华顺物流仓储基地项目投产达效。金融保险、服务外包、现代物流、中介咨询等新兴产业发展态势良好，逐步形成高起点、高标准、高档次的城区商贸新格局。结合成绵乐城际铁路新建、108国道过境黄许等有利条件，完成了德阳生产资料物流市场规划，黄许片区物流发展规划进一步完善，园区物流业发展基础进一步夯实，北大荒和海川物流等重点物流项目加快建设，逐步形成大物流、大园区的发展格局。依托区位优势，城市配套服务功能进一步完善，加快黄河片区商业、办公、酒店、餐饮、购物、娱乐等功能的汇集组合，逐步形成空间形态丰富、服务特点鲜明、与周边住宅项目功能配套完整的新城市商业中心。打造以“德孝文化、泉文化”等为核心的特色旅游品牌，休闲生态观光旅游业加快发展，推出了以孝泉“上九会”、双东民俗文化赏花节等为内容的旌阳城乡四季游活动。发展星级农家乐8个，完成旅游收入6.01亿元。

——*项目建设成效显著*。坚持把抓项目、扩投资作为经济发展核心，全力推进项目建设。全区共实施重点项目34个，总投资182.42亿元，实现年度投资29.93亿元，占年度投资计划的101%。完成全社会固定资产投资118亿元，增长15.50%。特变电工重大装备用特种电缆生产线技改、深捷科技高性能有色金属表面复合材料生产线技改、恒大国际商贸城等项目全面竣工；德赛尔皮革化学品生产线技改、阳光机械整体迁建、华顺物流等项目正加快建设；德新LNG液化天然气、新融能新能源装备科技产业园等项目前期工作进展顺利。坚持“以大项目带动大投入，大投入拉动大发展”的思路储备项目，全年储备过亿元重大产业项目20余个，投资总额达350亿元，为经济社会发展增添后劲。加强要素供应、资金融通等方面的政策扶持和引导，建立项目协调推进机制，着力解决好项目建设和企业经营中的难点问题，营造良好的投资发展环境。

——*开放突破成果丰硕*。完成市外国内到位资金70亿元，同比增长20.50%；完成国内省外到位资金55亿元，增长17.40%；引进大连乾亿重工装备配套和数控机床生产等工业项目，以及华润万家超市、世界观综合社区、浙商财富中心城市综合体等重大项目16个，投资总额103.20亿元；第十三届西博会签约项目9个，投资总额131亿元，招商引资取得新的成效。加快客商库、项目库、园区库、招商网“三库一网”建设，搭建产业对接平台，不断优化投资环境，积极寻求东部发达地区优势产业进行转移。外贸规模逐步扩大，鼓励瑞麟食品、特变电工等外贸骨干企业扩大出口，抢占国际市场，外贸进出口总额1.19亿美元，实际利用外资1002.60万美元。

——统筹城乡深入推进。结合“两化”互动、统筹城乡发展战略以及德阳市城市总体规划，不断推进城乡规划一体化，调整修编了旌阳区总体规划，编制了136个村庄建设规划。结合工业集中发展区、黄河新区、孝感片区、双东龙凤组团等城市副中心开发建设，不断优化城乡空间布局，逐步形成以城带乡、城乡联动的发展格局。坚持稳定和完善农村基本经营制度，全面完成农村集体建设用地、农村宅基地房屋产权、林权的确权登记颁证，推进农村产权制度改革，为搭建产权交易平台奠定基础，城乡建设用地增减挂钩项目新增建设用地指标4427.55亩；推进户籍制度改革，打破统筹城乡的“户籍壁垒”。在一环路东半环、华强沟水库、凯江路拓宽工程等重大项目建设中，探索统筹城乡综合配套改革的政策措施。和新镇小河村、东湖乡新华村等6个区级统筹城乡发展示范点加快推进。在黄许、孝泉、天元等乡镇建设实施产业转型升级、基础设施改善、公共服务提升等项目，城镇发展能力不断增强，城镇化率达64.10%。加强农村公路与干线公路网的有机衔接，已开通6条城乡公交线路，加快水、电、气、网络等公用基础设施向农村延伸覆盖，构建城乡一体的基本公共服务均等化体系，逐步形成城乡经济社会发展一体化新格局。

——民生工程扎实开展。全年安排5.30亿元资金组织实施了10项“民生工程”。实施就业促进工程，全区城镇新增就业5858人，动态消除城镇家庭零就业，失业人员再就业1890人，城镇登记失业率为3.40%。实施百姓安居工程，完成廉租房建设1028套、公租房建设1317套，开工建设经济适用房272套、公租房800套；完成东湖乡、黄许镇、天元镇等8个乡镇16个安置房项目建设。实施教育助学工程，为38232名学生落实了义务教育“两免一补”政策，资助家庭困难学生4115人，开工建设幼儿园3所。加大扶贫解困力度，发放城乡医疗救助金1300万元，救助3.20万余人。建成广播电视户户通工程6000余户。完善社会保障体系，新型农村和城镇居民养老保险参保率达96%，新型农村合作医疗保险参合率达98.90%，城镇居民基本医疗保险参保率达95%。农村、城市低保累计人均补助水平分别达87元、176元，农村“五保”集中供养率达62%。城南街道辽河社区和天元镇黄连桥社区创建省级养老示范社区通过验收。

——各项事业全面发展。坚持教育优先发展，教学质量稳步提高，高考本科上线总人数位居全市第一，德阳市实验小学跻身全国首批“百所数字校园示范建设项目学校”行列，孝泉民族小学被评为“四川省民族团结进步创建活动示范学校”。澳门援建的区文化中心投入使用并免费对外开放，建成乡镇综合文化站11个、文化广场7个、农家书屋106个，三级文化服务体系基本形成。体育事业不断发展，成功举办和新崴螺山川渝山地自行车赛、首届非公有制企业运动会等活动，全省首家乡镇公益性星级数字影院—中影星美孝泉电影院投入使用。医药卫生体制改革有序推进，国家基本药物制度全面实施。血防阻断达标工作扎实推进，口腔干预项目顺利通过省级验收。制定并实施《全区妇女儿童发展纲要（2010—2020年）》。城南街道蒲东社区、城北街道秦宓社区分别被命名为省级科普示范社区和国家级科普示范社区。新增5家企业荣获四川省“第十届四川名牌”称号，“德阳酱油”成功申报为国家地理标志保护产品。加强人口和计划生育工作，提高人口素质，人口自然增长率为1.79‰。深入开展砂石开采专项整治工作，进一步加强天然林保护工程管护，森林覆盖率达22.40%。石亭江、绵远河水环境质量明显好转，城镇集中式生活饮用水源水质达标率均达到100%。以开展“五城联创”为载体，实施成绵高速旌阳区段绿化长廊风貌整治项目，顺利通过省级城市公共文明指数测评、省级卫生城市复查评审、省级生态区考核验收，城市的文明程度和宜居环境得到有效提升。

——社会大局和谐稳定。坚持依法治区，着力提高全社会法制化管理水平，荣获“五五”普法省级先进集体，持续深入开展“六五”普法。推进社会管理创新，探索创新基层工作机制，实现乡镇、街道工作重心向社会管理服务转移。民族团结进步创建活动深入开展，宗教活动场所规范化管理进一步加强。积极实施“三个专业化”建设，有效打击犯罪行为，强化社会治安综合治理，大力实施法律援助，积极落实社区矫正和安置帮教措施，广大人民群众对社会治安满意度提高。有效防范和化解社会矛盾，积极妥善处置敏感时期各类稳定问题，社会保持和谐稳定。扎实做好食品药品安全监督管理，确保食品药品安全。严格落实安全生产责任制，组织实施危险化学品泄漏事故应急救援演练，扎实开展安全标准化建设以及“打非治违”等专项行动，全年事故起数、伤亡人数持续下降，安全生产形势稳定好转。

——政府建设不断加强。坚持依法行政，提升行政效能，全面加强政府机关作风建设，全力推进科学、民主、依法决策，自觉接受人大法律监督和政协民主监督，全年办理市、区人大代表建议及政协委员提案188件，办结率100%，满意率100%。积极开展党风廉政建设、纠风专项治理、行政效能监察，政务环境不断优化，政府服务水平和办事效率进一步提高。扩大政务公开范围，保障人民群众知情权、参与权、监督权，基层民主建设得到加强。与此同时，统计、物价、档案、外侨、对台、残疾人、工会、保密、人防、地方志、目标管理、防震减灾、住房公积金管理等工作取得新的成绩。

各位代表，2012年，是旌阳经济止滑回升、产业加快推进、民生持续改善、社会和谐稳定的一年；2012年，我们在困境中奋起，在压力中前进，付出超常努力，战胜各种困难，奋进的历程令人难忘，取得的成绩来之不易。这些成绩的取得，是在市委、市政府和区委的正确领导下，在区人大、区政协的大力支持下，全区干部群众齐心协力、艰苦奋斗的结果。在此，我代表区人民政府，向全区人民，向人大代表、政协委员，向离退休老同志，向各民主党派、工商联、人民团体和无党派人士，向驻区单位和驻地部队、武警官兵，向广大投资者和劳动者，向所有关心支持旌阳区经济社会发展的各界人士和朋友，表示衷心的感谢和崇高的敬意！

在总结成绩的同时，我们也清醒地看到，全区经济社会发展还面临不少困难和问题。主要表现在：发展质量不高，投资效果与发展要求还有差距；经济结构不够优化，产业发展的集群效应还不够明显；在推进改革和各项建设中，还存在影响社会和谐稳定的因素；发展环境有待进一步优化，政府自身建设有待进一步加强。为此，我们将高度重视，采取更加有力的措施，认真加以解决。

2013年主要工作

2013年，是全面贯彻落实党的十八大精神、开启全面建成小康社会新征程的重要一年，是实施“十二五”规划承上启下、攻坚克难的重要一年，是应对新挑战、推动新发展的重要一年，做好2013年的工作意义重大。

2013年政府工作的指导思想是：高举中国特色社会主义旗帜，以邓小平理论、“三个代表”重要思想、科学发展观为指导，突出科学发展主题和加快转变经济发展方式主线，深入推进改革开放和自主创新，促进经济建设、政治建设、文化建设、社会建设及生态文明建设协调发展，全面推进“四个旌阳”建设。我们将更加注重解放思想，锐意进取，形成新的发展优势；更加注重转型升级，拓展发展空间，增强发展后劲；更加注重改善民生，统筹城乡发展，最大限度惠民生促和谐；更加注重优化环境，转变政府职能，激发发展活力，为率先全面建成小康社会奠定坚实基础。

2013年经济社会发展的目标是：地区生产总值增长12%；规模以上工业增加值增长15%；公共财政预算收入增长10%；社会消费品零售总额增长15%；城镇居民人均可支配收入增长12%；农民人均纯收入增长13%。

为实现上述预期目标，我们将做好以下几方面的工作：

一、增强发展竞争力，建设更加富裕繁荣的实力旌阳

我们将进一步转变经济发展方式，大力推进产业结构调整，着力构建以新型工业为主导、现代服务业为支撑、现代农业为基础的产业体系，提升产业整体竞争力和区域综合竞争力。

——*实现工业经济新跨越*。坚持走新型工业化道路，加快构建现代产业体系，促进信息化与工业化高度融合。推动集约集群发展。以“旌西千亿经济区”为产业承载集聚平台，按照“项目集中布局、产业集群发展、资源节约利用、功能集合构建”的要求，提升园区的投资吸引力、项目承载力和产业竞争力，将其建设成产业集约集群发展的综合经济区。加强工业集中发展区沱江路（二环路—石亭江段）、西二环路（长江西路—银山路段）、秋月220KV变电站等基础设施建设，强化土地、资金、技术、人才等要素的合理聚集和流动。大力支持联纵卓越中小企业孵化园、新材料孵化园等成长型特色项目发展，引导优势产业在园区“抱团发展”，力争园区工业效益实现新突破。优化产业结构。强力推进机械制造、电线电缆、天然气化工等传统产业科技创新和技术改造，积极发展新一代信息技术、能源、节能环保等战略性新兴产业，推动铝空金属燃料电池、石墨烯新材料等新兴产业项目应用推进，逐步形成产业群，以新兴产业的率先发展抢占竞争制高点，力争高新技术产业产值占工业总产值比重超过30%。激活发展动力。以创建“省级高新技术产业园区”为契机，支持企业走自主研发道路，鼓励企业自主创新，加快技术改造，加强科技投入，延伸产业链条，打造具有核心竞争力的拳头产品。组织协调企业与四川大学、天津大学、中科院金属研究所的项目对接，推进“产—学—研”全程合作模式，有效促进科技成果向现实生产力转化。力争培育高新技术企业2家，引进新产品、新技术15项。

——*提升现代服务业发展新水平*。积极推动三次产业融合发展，把服务业大发展作为产业结构优化的战略重点，用现代化技术和新业态改造升级传统服务业，以“大商贸”拓展新领域，不断适应现代城市和现代产业的发展需求。促进生产性服务业集聚发展。完善黄许物流园区规划，推进德阳火车站南货场搬迁和北大荒物流园区项目建设，努力打造川西北最大的物流节点。继续扶持恒大建材、恒大五金、西部国际商贸中心等专业市场做大做强，加快再生资源、农副产品等专业市场建设，初步建成工业集中发展区大型专业市场群。推动生活性服务业拓宽发展。不断拓展服务业领域，打造黄河新区综合性商业中心，加快美好希望城、旌阳华府CBD、友创投资城市综合体等现代商贸项目，培育新的消费热点，合理配置商务会展、酒店、休闲娱乐等服务功能，实现服务业与城市一体化发展，力争实现全社会消费品零售总额116亿元。扶持多层次业态同步发展。以大型服务业项目为核心，改造提升传统服务业，带动服务业整体发展，力争在养老产业、金融服务、信息服务、商务服务、咨询中介、服务外包等潜力行业取得新突破。加快发展特色文化旅游产业。强化文化产业规划，加强特色集镇和旅游景区的包装推广，探索加快孝泉古镇景区的打造，形成以“孝、泉”文化旅游区为核心的特色文化旅游体系。结合东一环路各具特色的新农村综合体建设，打造新的多功能城市后花园休闲旅游产业带，力争实现旅游收入7.50亿元。

——*开创现代农业新局面*。发展优质、高产、高效、生态、安全的现代农业，努力实现现代农业富民新突破。提高农业综合生产能力。发挥五大农业产业化基地示范带动作用，巩固优质粮油、生态禽畜、优质蔬菜等优势产业，增加主要农副产品生产，确保全年粮食总产超过24万吨、蔬菜总产超过37万吨。不断巩固畜牧业重点县地位，在转变畜牧业发展方式、促农增收机制、产业互动上取得新突破，抓好动物疫病防控和农畜产品质量监管，确保畜牧业产值占农业总产值的比重达到52.50%以上。改善农村生产生活条件。以全域灌溉试点县建设为契机，重点推进人民渠31支渠续建配套二期工程、10万亩现代化灌区建设、农村饮水安全工程等项目，完善各类渠系防渗整治109千米，改善灌溉面积2万亩，新增节水能力120万立方米，解决1.70万农村人口饮水安全问题。强化农村绿色通道、农村沼气、农村电力等基础设施建设，有效改善基础设施条件。加快产业化进程。加大农业新品种新技术引进、试验、示范和推广，大力发展特色效益农业，着力培育东湖乡药用菌、德新镇珍稀食用菌等现代农业产业示范基地，着力打造和新镇城郊精细蔬菜，扬嘉镇优质瓜果，双东镇李、杏优质水果等“一镇一品”特色农业主产区。新培育市级以上农业产业化龙头企业2家、农民专合组织6个。认真落实各项强农惠农政策，切实减轻农民负担，建立农民增收长效机制。大力发展劳务经济，实现劳务收入11.30亿元。配合市委、市政府做好国家森林城市和园林城市创建。

二、增强发展支撑力，建设更加充满生机的活力旌阳

我们将努力在重点领域改革创新实现新突破，构建运转高效、充满活力的新机制；全方位融入成都经济圈、成渝经济圈、成德绵经济带，构建大范围、宽领域、高层次的开放新格局。

——*深化重点领域改革*。进一步转变政府职能。理顺管理关系，优化组织结构，形成权责一致、分工合理、决策科学、执行顺畅、监督有力的行政管理体制。按照政事分开、事企分开、管办分离的原则，加快事业单位分类改革。深化要素市场改革。继续深入农村土地管理制度、产权制度、户籍制度等改革，使农村集体产权管理体制和运行机制与市场经济体制更加适应。充分发挥现有投融资平台作用，积极探索市场化、多元化的投融资渠道，解决融资难问题。加大财税、金融、土地、人才支持力度，优化经济发展环境。深化行政审批制度改革。努力提高政务服务效率和水平，营造优质高效的政务环境和公平有序的民生环境。严格按照行政执法的工作标准和程序，规范行政行为，增强办事透明度。加强行政监督，落实行政执法责任制、错案追究制，切实提高政府的公信度，营造规范严明的法治环境。

——*加大对外开放力度*。积极主动扩大对外经济交往，大力发展开放型经济。实施科学招商。以科学招商引领产业发展，充分发挥招商引资完善产业链、优化产业结构的作用，着力承接具有引领性、方向性的高新技术产业，集中力量招大引强。确保全年到位内资70亿元。推进第十三届西博会签约项目全面履约，促进泰玺国际健康养老养生文化产业园、航空产业基地、风发科技垂直轴风力发电设备、德阳重百汉正广场等一批重大项目尽快落地。扩大对外贸易。加快实施“走出去”战略，鼓励有条件的企业到境外投资兴业、深化合作。进一步优化出口结构，推动进出口协调发展，增加具有自主知识产权、自主品牌和高技术含量、高附加值的产品出口。积极开展国际服务贸易，引进和培养外经贸专业人才，深化对外劳务合作，激发社会活力。鼓励和引导民间资本进入基础设施、公共事业、社会事业等领域。巩固发展实体经济，扶持科技型小微企业健康成长。深入实施人才强区发展战略，继续推进“省级人才优先发展试验区”创建工作，完善4个创业园建设，营造人尽其才、才尽其用的人才发展环境。

——*大力推进项目建设*。坚持大项目驱动，始终把项目建设作为拉动投资、稳定增长的重要手段。抢抓机遇谋划项目。主动对接国家、省、市支持投资的重点和方向，引导资金向高新技术产业、环保和生态建设、社会事业建设等领域的优势项目流动。强力推进西部国际商贸城等省市重点产业项目，加强项目包装、强化跟踪落实。狠抓工业集中发展区亭江路配套工程、银山路截污干管等基础设施项目，打造工业经济发展新环境；结合“两新”规划和黄河片区向东向北延伸，加快渭河路东延段（秦岭山路—东一环路）、钱塘江路（孝感大道—银山路）、庐山路北段等城市路网建设，不断完善城市功能配套，打造城市新区。加快速度建设项目。开工项目抓进度、在建项目抓竣工、竣工项目抓达产，将投资额2000万元以上的项目全部纳入全过程动态跟踪管理，策划包装一批高附加值、高科技、带动能力强的大项目，以大项目促进旌阳大发展，力争实现全区社会固定资产投资120亿元。

三、增强发展承载力，建设更加宜居宜业的生态旌阳

我们将坚持经济发展与环境保护同步推进、农村建设与城市建设同步规划、城乡人民生活水平与经济社会发展水平同步提高，建立以工促农、以城带乡的长效机制。

——提高生态文明水平。牢固树立绿色低碳发展理念，加快建设资源节约型、环境友好型社会，实现经济增长与资源环境承载的良性循环。强化节能减排。大力发展循环经济，促进产业结构优化升级，提高节能环保准入门槛，严格执行投资项目环评制度，推进资源节约集约利用，注重培育高科技、低能耗、高产出的产业，健全落后产能淘汰退出机制，实现全年单位GDP能源消耗累计下降达到省市要求，化学需氧量削减2.50%，氨氮削减2%。加大环境保护力度。加强工业企业废水排放的监督与治理，实现工业污染物达标排放。强化饮用水源区保护，继续实施石亭江、绵远河流域污染整治，严厉查处和打击违法开采砂石行为，严肃查处环境污染事故，巩固环境整治成果，不断提高城乡环境质量。抓好生态建设。继续巩固生态区创建和城乡环境综合治理成果，抓好旌西绿带公园、黄许污水处理厂、孝泉污水处理厂等重点生态建设工程和环境治理工程。着手实施柏隆镇、德新镇、袁家场镇、东泰场镇生活污水处理厂（站）建设，全方位抓好生态细胞工程建设、农村面源污染防治和“五乱”治理工作，塑造城乡美好风貌，提升我区整体形象和品位。优化土地利用结构，严格保护基本农田，用好用活城乡建设用地增减挂钩项目指标。

——全域推进城乡统筹。把“两化”互动、统筹城乡发展战略作为推进旌阳科学发展的主路径和主引擎，把城市和农村作为一个整体放到区域经济发展大局中进行科学定位，逐步形成城乡经济社会发展一体化新格局。推进城乡规划一体化。以德阳市区为核心，构建2个卫星小城镇、6个重点场镇、9个中心集镇的新型城镇体系，不断优化城乡空间布局，增强城镇的辐射带动能力和产业、人口承载能力。深化新农村建设。坚持总体规划、分类推进、分步实施的原则推进新农村建设，按照“全域、全程、全面小康”的要求，积极构建城乡互动的新型城镇体系。加快旌西、旌东新农村建设示范片、旌北现代农业示范片项目实施，推进德新镇“西蜀泉乡”城乡统筹示范片建设，积极争取第二批省级新农村建设示范县项目。以新农村示范片建设为载体，积极探索、示范推动新农村综合体建设，打造一批人口聚集适度、产业支撑有力、基础设施完备、环境优美和谐、管理民主科学的新农村综合体。推进公共服务均等化。进一步完善农村基础设施配套，不断改善群众生产生活环境。继续做好农村道路的提档升级，完成古什路（孝感—柏隆段）加宽改造，改造通村道路100千米。完善公共设施服务网络，建立学校、医院、村级阵地等公共服务设施共享共用机制，促进城乡居民平等享受公共服务和社会福利。

四、增强发展凝聚力，建设更加文明和谐的幸福旌阳

我们将坚持民生为本、民生为重，以解决事关人民群众切身利益的突出问题为重点，加大民生改善力度，让人民更加幸福，让社会更加和谐。

——完善社会保障体系。认真落实各项社会保障政策，扩大社会保障覆盖面，逐步提高保障水平。努力扩大就业，积极搭建就业平台，以城镇零就业家庭和就业困难人员为重点，确保新增城镇就业5900人，城镇登记失业率控制在4%以内，加大就业培训力度，实现就业培训全覆盖。以基本养老、基本医疗为重点，进一步完善社会保障体系，实现城乡居民、城乡劳动者社会保险全覆盖。积极发展以扶老、助残、救孤、济困为重点的社会福利事业，实现城乡新型社会救助体系全覆盖。深入推进城乡均等化，实现城乡居民公共卫生和医疗服务保障体系全覆盖。大力实施保障性安居工程，加大经济适用房、廉租房、公租房建设力度，着力解决城市中、低收入家庭住房困难问题，实现城乡保障性住房全覆盖。投入1亿元，新增孝感镇公租房650套。启动黄许、扬嘉、天元等乡镇10个安置房建设项目。

——统筹社会事业发展。完善基本公共服务，让人民群众共享改革发展成果。注重教育惠民，按照“立足后重建，积极融入城乡统筹，大力推进教育均衡”的思路，进一步加强学校干部队伍和教师队伍建设；以教育信息化带动教育现代化，促进优质教育资源普及共享；深入推进素质教育，全面提高教育教学质量；有效整合教育资源，积极推进学前教育三年行动计划，新改扩建13所幼儿园；重点打造文化引领、以文化人的校园环境；解决好农民工子女、留守儿童及困难家庭子女上学问题；巩固发展“两基”成果，不断提升教育发展水平，办好人民满意教育。注重健康惠民，加强医疗卫生服务体系建设，着力解决群众看病难看病贵的问题。注重文化惠民，全面建成覆盖区、乡、村三级公共文化服务体系，在孝泉、双东、德新建设省级示范综合文化站。注重体育惠民，大力发展体育事业，积极开展全民健身运动。注重科技惠民，深入实施《全民科学素质纲要》，带动全民科学素质整体提高。认真落实人口和计划生育政策。加快实施《两纲》，全力保障妇女、儿童合法权益。推进养老服务设施和居家养老服务社会化建设，大力支持老龄事业和残疾人事业发展。

——强化社会管理创新。坚持和谐发展理念，创新社会管理，规范公共秩序，确保社会安定祥和。加快社会管理制度建设，正确处理改革发展稳定的关系，推动保稳定向促和谐转变；以社区规范化建设和服务管理为切入点，加快社会管理重心下移，建立健全新型社会管理体系，形成公众参与的社会管理格局。坚持把社会管理与群众工作有机结合，建立健全维护群众权益机制。进一步深化“大调解”工作体系建设，全面深化稳定风险评估、矛盾纠纷“联动调处”制度，及时排查化解矛盾纠纷。坚决打击损害群众利益的违法行为，切实维护群众合法权益。强化公共安全，树立安全发展理念，加强食品药品监督管理，继续深入开展“安全生产年”专项行动，强力推进企业安全生产标准化建设，创建4个以上省级安全社区。大力开展防震减灾工作，争创全省首批“防震减灾示范区”。完善应急管理体系，提高突发公共事件防控和应急处置能力。深入实施“主动警务”战略，构建多层次、全方位的社会治安防控体系。刑事犯罪、社会治安管控、公安安全监管，全力维护社会安全稳定。

——加强政府自身建设。努力提高依法行政能力、公共服务能力、行政执行能力、拒腐防变能力，建设有责、有力、有效、有为的“四有政府”。深入贯彻《全面推进依法行政实施纲要》，创建全省依法行政示范区，主动接受人大法律监督、工作监督和政协民主监督。广泛听取民主党派、工商联、无党派人士和各人民团体的意见。加快政府职能转变，坚持富民惠民，提升公共服务水平。积极推进学习型机关、学习型政府建设，确保政令畅通、执行有力。建立健全监督制约机制，加大审计、监察力度，严格落实行政问责。严格执行“八项规定”，不断改进工作作风。深入推进廉洁行政，形成勤政务实、平和实干、创先争优、开拓创新的良好风气。

各位代表，站在新的历史起点上，旌阳已经进入加快发展的关键时期，科学发展的任务光荣艰巨，“四个旌阳”的美好前景鼓舞人心。让我们以党的十八大精神为指引，高举中国特色社会主义伟大旗帜，在市委、市政府和区委的坚强领导下，解放思想，开拓创新，团结一致，扎实苦干，为率先全面建成小康社会而努力奋斗！

名词解释：

十大民生工程：2012年全区扎实推进以“就业促进、扶贫解困、教育助学、社会保障、医疗卫生、百姓安居、基础设施、生态环境、文化体育、平安建设”为主要内容的民生工程。

居家养老服务：依托社区力量，为居家的老年人提供生活照料、家政服务、康复护理和精神慰藉等方面的一种服务形式。

两基：国家教育部提出的贯彻《国务院关于进一步加强农村教育工作的决定》（国发〔2003〕19号），进一步推进西部大开发，实现西部地区基本普及九年义务教育、基本扫除青壮年文盲工作目标。

百所数字校园示范建设项目学校：中央电化教育馆2012年提出的贯彻落实《教育规划纲要》“推进数字化校园建设”要求，用4年时间，在全国范围内遴选一批学校信息化基础环境建设和应用效果好的学校，通过实验探索，形成百所国际领先、应用创新、成效显著的数字校园示范校，引领数字校园的建设与发展。

五城联创：以完善城市功能、提高城市品位、提高文明程度、优化经济结构、改善人居环境为核心内容，从2012年开始起步，力争在2013年创建成为省级文明城市、省级环保模范城市、国家级园林城市，在2014年创建成为国家级卫生城市，在2015年创建成为国家级森林城市。

三个专业化：公安突出“刑侦专业化”建设，提升打击犯罪的能力；突出“社区警务专业化”建设，提升派出所基层基础工作的能力；突出“巡防专业化”建设，强化社会面治安防控。

主动警务：公安机关在广纳民意的基础上，把“动态获取、快速响应、高效提升”主线贯穿于一切警务活动的全过程，充分发挥立足于广大人民群众的需求，主动作为，积极顺应人民意愿、回应群众呼声、满足百姓期待，不断提升人民群众对警务活动的需求。

城市综合体：将城市中的商业、办公、居住、旅店、展览、餐饮、会议、文娱和交通等进行组合，并在各部分间建立一种相互依存、相互助益的能动关系，从而形成一个多功能、高效率的综合体。

孵化园：指一个集中的区域，为企业创办初期提供资金、管理等多种便利，旨在对高新技术成果、科技型企业和创业企业进行孵化，推动合作和交流，使企业做大。

八项规定：中共中央政治局于12月4日出台了关于改进工作作风密切联系群众的八项规定。主要是以改进调查研究，精简会议活动，精简文件简报，规范出访活动，改进警卫工作，改进新闻报道，严格文稿发表，厉行勤俭节约为内容的八项规定。

LNG：液化天然气（Liquefied Natural Gas）的英语缩写。

CBD：中央商务区（Central Business District）的英语缩写。

政协德阳市旌阳区常务委员会工作报告

——在政协第四届德阳市旌阳区委员会第二次会议上

徐　蓉

(2012 年 12 月 25 日)

各位委员：

我受政协德阳市旌阳区第四届委员会常务委员会的委托，向大会报告工作，请予审议，并请列席会议的同志提出意见。

2012年工作回顾

2012年，是全区人民齐心协力推动科学发展、全面建设小康社会的奋斗之年，也是人民政协事业与时俱进、蓬勃发展的奋进之年。一年来，区政协在区委的正确领导下，认真贯彻中共十七届四中、五中、六中全会和中共十八大精神，坚持以邓小平理论、“三个代表”重要思想和科学发展观为指导，高举爱国主义和社会主义伟大旗帜，牢牢把握团结、民主两大主题，团结各界人士，凝聚各方力量，切实履行政治协商、民主监督、参政议政职能，充分发挥协调关系、汇聚力量、建言献策、服务大局的作用，为推动旌阳经济社会又好又快发展作出了新的贡献。

一、强化学习，着力筑牢共同的思想基础

工欲善其事，必先利其器。一年来，我们认真学习中国特色社会主义理论，深入贯彻落实科学发展观，通过举办新委员培训会、专题座谈会、“四个年”活动主题学习会等形式，深化理论学习，增强大局意识，巩固合作共事的思想政治基础。我们组织委员认真学习了《中共中央关于进一步加强人民政协工作的意见》、《中国人民政治协商会议章程》、人民政协和统战工作的理论实践成果等，用政协理论指导政协工作；我们组织学习了履职所需要的职业技能，进一步提高委员建言议政、调研视察、撰写提案、收集和反映社情民意的能力；为扎实推进学习型政协组织建设，我们编发了《旌阳政协》和《委员论坛》，建立了全区政协系统移动短信平台、QQ交流平台，不断拓展委员学习交流渠道，形成了崇尚学习、重视学习、鼓励学习、自觉学习的正确导向，为委员把握大势，服务大局提供了理论保障。

二、围绕中心，着力履行“三大”职能

（一）政治协商全面推进

政治协商是社会主义协商民主制度的重要表现形式，也是人民政协的首要职能，是人民政协存在与发展的依据和使命，是推进政协工作制度化、规范化、科学化的重点。我们坚持以全委会、常委会、主席会、专委会等为依托，不断丰富政治协商形式，使人民政协的政治协商更加生动活泼，富有成效。

全委会议的集中协商更加广泛。在四届一次全会上，委员们着眼于科学发展，想全局，议大事，深入讨论区委的重大部署、区政府工作报告和计划、财政、法院、检察院的工作报告，先后就城乡统筹、重点项目、非公有制经济、社会事业、民生工程等重大问题提出意见和建议，并以政协专报的形式送区委、区政府讨论决策。我们重视发挥民主党派和工商联的作用，邀请他们在全委会议上作大会发言，发言材料中一些涉及我区经济发展、社会建设、文化建设、民生改善、环境保护、“三农”工作和社会和谐等方面的重要问题，受到区委、区政府的高度重视。全委会议成为人民政协发扬民主、集中民智的重要场所。

常委会议、主席会议的重点协商更加深入。按照“精选议题、精心组织、突出重点、注重实效”的原则，今年共召开常委会议5次、主席会议9次，邀请区政府及相关职能部门，向常委会通报全区经济社会发展、文明城市创建、民生工程、年度提案办理等工作的进展情况。为提高协商实效，我们坚持“一会一主题”，先后就文明城市创建、社会管理创新、招商引资环境建设、重大项目推进、农村面源污染现状等专题，在常委会上与相关职能部门进行见面协商。常委会议、主席会议成为人民政协参议大事、凝聚共识的重要阵地。

专题会议的对口协商更加有效。我们坚持和完善区政协各专委会与职能部门的对口联系制度。各专委会按照年初制订好的年度协商计划，主动与政府相关职能部门开展对口协商。今年，我们重点就提案办理、非公有制企业发展、企业科技创新、重大项目推进和村（居）两委工作人员待遇及养老保险等方面进行讨论协商，使对口协商成为人民政协议政建言、服务发展的重要途径。

（二）民主监督深入有力

人民政协的民主监督是我国社会主义监督体系的重要组成部分，是在坚持四项基本原则的基础上通过提出意见、批评、建议的方式进行的政治监督。我们积极通过提案办理、反映社情民意、民主评议等形式，深入推进民主监督工作。

充分发挥提案工作的监督作用。今年，我们针对换届后新委员较多的特点，丰富了培训方式，采取专题讲座、会议、座谈、调研、视察等形式，引导委员选题，组织委员事前调研，确保委员提案质量。我们积极探索提案办理新机制，一是经主席会议研究决定，将颜志萍委员“关于加大政府投入，尽快开发农药废弃包装物的回收、处理项目的建议”，杨忠明委员“关于建立丘陵现代农业标准化养殖产业区的建议”，金燕委员“关于加强食品卫生监督的建议”，江旭刚委员“关于促成旌阳清真寺重建项目早日开工建设的建议”，周玲委员“关于在全区村（社区）推行法律顾问制度的建议”等3类、5件作为主席重点督办提案；二是召开提案办理推进会，及时总结经验，查找问题，促进落实；三是对已经答复但关系民生的提案，进行现场督察；四是完善提案工作细则，使提案工作更加科学规范。截至2012年10月底，经有关乡镇、街道、部门的共同努力，区政协四届一次全委会以来收到的67件提案均在规定时间内办结并书面答复，提案办复率为100%，满意率达100%。

充分发挥社情民意的监督作用。关注民生、反映社情民意是政协履行职能的重要内容，也是贯彻落实科学发展观，促进社会和谐的需要。我们坚持把民情需求、民意呼声作为实施民主监督的重要依据和有力抓手，积极鼓励和引导广大政协委员、各民主党派、工商联和人民团体着眼大局，贴近实际、贴近群众，大力加强社情民意的收集、整理，帮助基层和群众解决实际困难。今年共收集社情民意信息20余条，转送乡镇（街道）和相关职能部门办理答复的重要信息10件。其中关于村组道路建设、小区业主通行道路建设、噪声污染、有线电视信号接入等一些涉及群众生产生活的问题，得到较好的办理和落实。我们还组织委员积极参与人民法院热点、难点案件审理的旁听，参与群工部门重大疑难信访案件的听证和案件评议，进一步加强了对司法公正和社会公平的民主监督。

充分发挥民主评议的监督作用。民主评议是发挥政协职能作用的重要形式，也是优化经济发展环境的重要措施。2012年，我们选择了市、区两级党委政府高度重视，关乎德阳城市形象和未来发展，关乎百姓生存环境和文明素养的省级文明城市创建工作入手，与德阳市政协联动，开展了为期近半年的集中评议活动。从3月到7月，我们组织了全区40余名政协委员，组成4个评议工作小组，按照《四川省文明城市评分标准和责任分工表》要求，分为组织动员、调研视察、集中评议、工作总结4个阶段，深入街道、乡镇、部门，采取公开走访、实地暗访、视察调研、查阅资料、发放调查问卷等多种形式，查找梳理出问题五类10条，提出建议意见12条，并形成书面报告报区委、区政府，同时将我区无法解决的如市、区部门权责不明导致市区内综合市场管理不到位，市、区两级费随事转不到位，影响了社区一些工作无法正常开展等情况通过市政协反馈给市里，有效地推动了我区文明城市创建工作，并取得了阶段性成果。

（三）参政议政广泛深入

参政议政是人民政协的重要职能。我们始终坚持围绕区委、区政府中心工作、重点工作，深入开展视察调研，努力做到参政参在点子上，议政议出水平来。

切实加强调研建言。专题调研是委员履行职能的一项基础性工作。今年，我们为了积极推动“四个年”活动，促进“四个旌阳”建设，确立了涉及医疗卫生、社会管理创新、农村面源污染、招商引资项目推进4个重点调研课题，由主席、副主席牵头进行重点调研；确定了涉及农业科技创新运用与推广、德赛尔公司中国皮化基地建设、专家大院建设、村（居）民委员会人员待遇及养老保险、文化发展建设情况5个调研课题，由专委会牵头组织委员开展调研。各调研组成员按照工作要求，深入机关、企业和农村，实地查访，广泛听取意见，充分酝酿，形成了质量较高、有参考价值的调研报告。我们还积极配合全国政协开展了关于农村土地流转的调研工作，配合德阳市政协开展了关于统战工作、农产品深加工情况、农村安全饮用水工程建设、防震减灾工作等主题调研、视察活动。2012年，区政协各重点调研课题进展顺利，共形成了《关于我区乡村医生队伍建设情况的调研报告》、《关于我区农村面源污染现状的调查与建议》、《关于加强和创新我区社会管理工作的调研报告》和《关于我区招商引资项目推进情况的调查与建议》等10篇调研报告，为区委、区政府决策提供了依据。

积极开展视察议政。委员视察是深入实际、开阔视野、对党和国家方针政策增长感性认识的有效途径。今年，我们围绕区委、区政府确定的民生工程及政务服务三级体系建设、旌东旌西新农村示范片建设、工业集中发展区开展“四个年”活动、中国皮化基地建设、重点交通在建项目推进、基层医疗卫生队伍建设、农业科技专家大院建设、农产品深加工企业发展、法院基层组织建设、工商、国税和质监优化纳税人服务环境和企业标准化建设、市区城市学校大班额情况等组织开展了专题视察活动，组织驻区市政协委员就市一小扩校用地情况及我区文化建设情况进行了视察，参加视察的委员达600余人次。委员们深入工厂、机关、学校、村组、社区，通过实地视察，与各界群众面对面地进行交流，了解到不少我区经济社会发展实情，听到了不同利益群体的诸多诉求，结合平时的观察思考，以提案、社情民意的形式，向区政府及有关方面建言献策，促进了相关工作的开展。

三、历练内功，着力提升政协委员素质和机关服务能力

我们坚持以“内强素质、外树形象”为工作核心，以抓管理、促实效为工作着力点，积极打造一支敢于履职、善于履职的政协委员队伍和机关干部职工队伍，努力提升政协委员素质和机关服务水平。

委员履职能力进一步提升。认真开展委员学习、培训和管理工作，切实为委员履职做好服务。举办培训班，对新任政协委员进行了集中培训，聘请专家就政协章程、人民政协理论、委员履职方式方法和提案撰写作专题讲解。加强委员联络，主动为委员做好服务，及时了解信息，协调解决发展难题，让委员们充分感受到政协组织的关怀。

专委会基础作用进一步发挥。今年是旌阳区政协各专委会单设后履职的第一年，我们制定了专委会工作通则，调整充实了各专委会副主任，规范了专委会工作。各专委会组织专题视察、开展委组活动10余次，以老委员带新委员，积极拓展委员履职平台。与区政府相关部门加强协商，认真协调，做到事前摸底调研、事中踊跃发言、事后积极建言。

机关工作机制进一步规范。我们不断健全政协机关学习制度，坚持不懈地抓好机关干部的理论学习。政协机关围绕“一三五八”发展战略，结合“四个年”活动，按照“三分类、三升级”要求，深入开展“学习型党组织”建设活动，机关党员干部先锋模范作用、争先创优意识明显增强。进一步完善了规章制度，修订印发了《政协德阳市旌阳区委员会常务委员会工作制度》、《政协德阳市旌阳区委员会专门委员会工作通则》、《政协德阳市旌阳区委员会主席、副主席、秘书长工作职责》、《政协德阳市旌阳区委员会提案工作规则》等规章制度，使政协机关工作更加规范化、制度化、科学化。

各位委员，一年来，政协工作取得了新的成绩，这是区委正确领导和区人大、区政府大力支持的结果，是政协各参加单位、全体政协委员、社会各界人士和政协机关人员团结奋斗的结果，是各乡镇、街道、区级各部门热情支持、密切配合的结果。在此，我谨代表区政协第四届委员会常务委员会，向大家表示衷心的感谢并致以崇高的敬意！

回顾一年的工作，我们也还存在一些问题和不足，主要是：政治协商的力度仍需加强；民主监督仍然存在薄弱环节；同各民主党派、工商联和有关人民团体的联系有待加强；委员参加活动还不够广泛。所有这些，都需要我们在今后的工作中认真研究，逐步加以改进和解决。

2013年工作任务

2013年，区政协将全面贯彻落实好中共十八大和区四届二次党代会精神，以邓小平理论、“三个代表”重要思想和科学发展观为指导，围绕全面推进“四个旌阳”建设的目标，始终关注民生，始终关注全区经济、政治、文化、社会及生态文明建设中的热点、难点问题，充分发挥人民政协协商民主的重要作用，推进协商民主向广泛、多层、制度化的方向发展。

一、理论学习有新成效

我们要坚持理论先导，主动适应新形势新任务新要求，把学习贯彻中共十八大精神作为首要任务，在全区政协组织掀起学习新热潮，把广大政协委员和政协工作者的思想统一到中共十八大精神上来，把智慧和力量凝聚到实现中共十八大确定的目标任务上来。认真学习省委十届二次会议、市委七届四次会议和区四届二次党代会精神，深刻领会精神实质，指导实践，推动工作。

二、科学发展有新进展

我们要深刻领会科学发展观的精神实质、科学内涵和根本要求，紧密结合履行职能和推进“四个旌阳”建设的具体实践，不断提高服务发展的意识和水平。以创建“学习型、服务型、创新型、和谐型”政协机关为目标，进一步转变观念，开拓视野，积极研究和探索“把政治协商纳入决策程序、完善民主监督机制、提高参政议政实效”的工作机制，使各项工作更加符合科学发展的要求，努力做到谋划工作有新的认识，履行职能有新的突破，服务大局有新的作为。

三、委员作用发挥有新水平

我们要主动为我区各民主党派基层组织参政议政创造便利条件，为各界别有序的政治参与建立畅通渠道，为广大政协委员施展才华提供广阔舞台。进一步深入实际、深入基层、深入群众，把社会各界的力量最大限度地凝聚起来。进一步发动各界别委员着眼于经济社会又好又快发展，围绕人民群众关注、党政部门重视的问题，撰写提案建议，反映社情民意，加强参政议政，广泛调查研究，积极建言献策。认真落实情况办理反馈制度和提案办理考核制度，搞好跟踪督办，跟踪问效。

四、自身建设上新台阶

我们要以中共十八大关于健全社会主义协商民主制度的要求为重点，创新工作方法，抓好队伍建设。加大对委员履职事迹的挖掘、宣传、表彰工作力度，激发委员履职积极性。在发挥界别积极性上下功夫，加强专委会指导、联系各界别的工作，引导各界别立足自身优势开展调研，提出提案，建言献策。突出抓好政协工作的制度化建设，不断推进思想、组织、作风、制度建设。

各位委员，中共十八大报告勾画了在新的历史条件下全面建成小康社会，加快推进社会主义现代化，夺取中国特色社会主义新胜利的宏伟蓝图，刚刚结束的区四届二次党代会为我区全面推进“四个旌阳”建设明确了目标任务。美好蓝图催人奋进，人民政协使命光荣。让我们高举中国特色社会主义伟大旗帜，紧密团结在以习近平为总书记的中共中央周围，在中共德阳市旌阳区委的正确领导下，紧紧围绕全区中心工作，认真履行政协职能，为全面推进“四个旌阳”建设而努力奋斗！

东湖山领地一角

德阳市旌阳区2012年国民经济和社会发展综述

2012年，旌阳区坚持“稳定增势、高位求进、加快发展”的工作基调，积极实施“一三五八”发展战略，以产业提升为核心、以项目攻坚为抓手、以开放突破为途径、以作风建设为保障，坚定信心、爬坡实干，全区经济运行质量稳定，人民生活得到进一步改善，国民经济和社会发展稳步增长。全年地区生产总值实现381.99亿元，同比增长11.16%；财政总收入实现28.35亿元，同比增长4.46%；社会消费品零售总额实现101.51亿元，同比增长16.13%；城镇居民人均可支配收入24729元，同比增长14.38%；农民人均纯收入10139元，同比增长14.39%；辖区全社会固定资产投资实现208.36亿元，同比增长18.40%。

一、农业经济平稳发展

一是落实强农惠农政策，推进粮食生产适度规模经营，完成粮食播面51.40万亩。二是加快农业标准化和特色产业示范片建设，打造“旌北现代农业示范区”1.50万亩、优质西瓜生产示范基地8600亩、优质蔬菜生产示范基地1.50万亩、优质果林3200亩；新建高产示范片小麦1.80万亩，油菜3.40万亩，水稻2万亩。三是加强农业基础设施建设，全年建设高标准农田2.74万亩，改造农田排灌渠系125千米，建设户用沼气池1500口，完成机电提灌站技改工程9处。四是推动农业机械化水平提高，实施机耕作业86万亩，机收41.60万亩，水稻机插秧9.35万亩，机灌25.30万亩次。五是优化畜牧产业结构，提高标准化规模化养殖水平，完成2个省级示范场，10个区级示范场的创建工作，新增规模养殖户400户，实现畜牧业总产值28.23亿元。

全年完成粮食总产24.40万吨，同比增长0.97%；油料总产2.60万吨，同比增长2.96%；蔬菜总产37.69万吨，同比增长1.30%。全年农林牧渔业总产值51.66亿元，同比增长4.50%。

二、工业经济质量提升

一是依托产业特色和竞争优势，推动企业技改升级。全年实施技改项目34项，技术创新项目18项。二是大力培育战略性新兴产业，2012年相关企业发展到44户，其中规模以上企业38户。三是加快工业园区建设，二环路（东海路—银山路段）等5个园区市政基础设施建设竣工，机械加工和机械制造集群新格局已初见雏形。四是加快淘汰落后产能，降低污染排放，提高创新能力和产品科技含量，提高资源利用效率。

全年区属工业总产值完成285.41亿元，同比增长25.65%；全年区属工业增加值完成78.14亿元，同比增长20.60%。

三、商贸旅游业稳步发展

一是积极举办大型商品促销、发展假日经

济，城乡消费日益活跃，全年实现社会消费品零售总额101.51亿元，同比增长16.13%。二是加强农村商贸体系建设，积极实施“万村千乡市场工程”和商贸中心建设，全年乡村市场实现零售总额6.63亿元，同比增长10.27%。三是实施旅游休闲健身项目，加快文化特色旅游区和风景区建设，完成旅游总收入约6亿元，同比增长19.48%。四是实施“走出去”战略，积极拓宽出口渠道。

四、固定资产投资规模扩大

2012年辖区全社会固定资产投资继续保持较快增长，全年完成投资总额208.36亿元，同比增长18.40%。其中，考核口径完成投资118.21亿元，同比增长14.00%。从投资分布看，第一产业投资下降；第二产业完成投资额81.79亿元，同比增长24.39%；第三产业投资平稳，完成投资126.41亿元，同比增长16.81%。全年房地产开发投资完成45.74亿元，增长32.70%。商品房销售面积达到96.91万平米。

五、节能减排工作取得明显成效

一是明确目标责任，落实工作措施，拟订了《旌阳区十二五节能减排工作方案》、《旌阳区“十二五”循环经济发展规划》，分解了节能减排目标任务。二是实施新能源装备科技产业园等节能重点工程建设。三是大力发展循环经济，全年建设户用沼气池1500口。四是关停了“四川德阳佳丰化工有限公司万丰化工厂”等落后产能企业，实施黄许、孝泉污水处理厂建设项目。五是实施“节能产品惠民工程”，推广使用14万只高效节能照明灯具。六是对生猪屠宰场（厂、点）污染管理进行全面整治，规范17家屠宰场污水处理设施。七是组织开展全民节能减排和节能宣传周等专项活动。八是全年削减化学需氧量374.44吨，氨氮4.63吨、二氧化硫56.20吨，氮氧化物维持2011年水平。

六、统筹推进城乡建设

一是旌阳区土地利用总体规划修编工作全部完成，已报请省政府待批，全面完成旌阳区土地整治规划。二是完成市级重点小城镇柏隆镇总体规划编制和修编工作；全面完成我区区域新村建设总体规划和新村规划；组织编制省级重点项目华强沟水库拆迁安置房修建详细规划并通过评审。三是开展传统村落调查工作，完成5个东一环拆迁安置点选址，其中东湖乡欧家湾、和新镇小河村安置点的详规编制和评审已完成。四是制定了《旌阳区集体建设用地管理办法》，加强全区的城乡规划管理。五是新建雨、污水管网9880米。

七、积极稳妥推进社会事业全面发展

教育方面：实施学前教育三年行动计划，3~6周岁学前儿童入园率达到98%。落实教育惠民政策，小学适龄人口入学率和初中阶段入学率达到100%，“三残”儿童入学率达到96.30%，高中阶段入学率达到95.09%。积极开展农村转移劳动力的引导性培训和技能培训，圆满完成向富士康定向输送员工任务。

卫生方面：2012年新农合参合人数25.22万，参合率98.90%，新农合年住院封顶线由6万元提高至10万元。2012年新农合累计发生各类补偿支出7015.38万元，参合农民受益71.44万人次。建成标准化乡镇卫生院2个、规范化村卫生站18个。全区11个乡镇卫生院、7个社区卫生服务中心、5个社区卫生服务站和121个村卫生站均实施国家基本药物制度并零加价销售，基本药物实际销售价格同比下降20%。

科技方面：扶持推进科技成果转化。完成“美伦1号、2号、18号”和“绿宝石番茄”等科技成果转化12项；累计通过国家高新技术企业复查和新认定企业10家；旌阳区工业集中发展区申报四川省高新技术产业园区顺利通过专家评审；完成“国家技术创新工程四川省技术创新试点示范县（市、区）的申报工作。

劳动就业：就业局势稳中向好。全年新增城镇就业5858人，下岗失业人员和失地农民再就业1890人，动态消除“零就业”家庭2户，为再就业人员发放小额担保贷款1045万元。城镇登记失业率为3.40%。

社会保障：城乡基本养老保险面稳中有

增。全区参加城镇职工基本养老保险66605人，新型农村社会养老保险157963人，城镇职工基本医疗保险45956人，失业保险23369人。大力实施保障性安居工程，完成廉租房1028套、公租房1317套，开工建设经济适用房272套、公租房800套。

人口方面：2012年人口出生率8.15‰，死亡率6.36‰，自然增长率1.79‰。在11个乡镇建立标准化村级服务室49个，建立完善人口文化阵地86个，建立流动人口计划生育服务管理示范点4个。

文化事业：区、乡镇（街道）、村（社区）文化服务网络架构基本形成。举办“三下乡、四进社区”和“百乡千村行、文化走基层”等大型文化活动20余次。全年实现文化产值2.70亿元。新发展电视用户6000余户。

统计、物价、科协、企业改制、移民、防震减灾、妇女儿童、档案、扶贫助残、双拥、地方志等各项事业不断发展。

孝泉半边街开街仪式

德阳市旌阳区2012年财政预算执行情况和2013年财政预算报告

——在德阳市旌阳区第四届人民代表大会第二次会议上

德阳市旌阳区财政局局长　张　壮

(2012年12月26日)

各位代表：

我受区人民政府委托，向大会报告德阳市旌阳区2012年财政预算执行情况和2013年财政预算草案，请予审议。

一、2012年财政预算执行情况

2012年，随着宏观经济形势的变化，全省财政经济增幅急转直下，我区财政工作也面临前所未有的考验，形势极其复杂。在这一紧迫的形势下，财政部门在区委、区政府的正确领导下，克难奋进，锐意进取，切实增强工作的主动性、前瞻性和针对性，将增收工作抓紧抓早抓实，一季度财政收入顺利实现了“开门红”，完成公共财政预算收入2.61亿元，超过时间进度；二季度地方财政收入和公共财政收入均提前实现时间任务双过半；三季度财政收入逐步稳固，在此基础上，全年可完成财政总收入28.30亿元（其中地方财政收入19.49亿元，上划中央“两税”收入4.01亿元，均为预计完成数，下同）；支出结构继续优化，重点支出保障有力，财政运行总体平稳。

（一）全区财政预算执行情况

1. 公共财政预算执行情况。全区公共财政预算收入完成92600万元（年初预算为92515万元，区四届人大常委会第六次会议未作调整），为预算的100.09%，比上年增加11888万元，增长14.73%。全区公共财政预算支出完成182574万元（年初预算为115543万元，后经区四届人大常委会第六次会议调整为182978万元，下同），为调整预算的99.78%，比上年增加10955万元，增长6.38%。

全区公共财政预算收支平衡情况：全区公共财政预算收入92600万元，返还性收入7250万元，财力性转移支付收入预计48175万元，专项转移支付收入预计30707万元，地震灾后恢复重建补助收入预计3493万元，上年滚存结余12117万元（减去结转下年支出11608万元，净结余509万元），收入总计194342万元；全区公共财政预算支出182574万元，上解支出4397万元，地方政府债券还本支出5000万元，援助其他地区支出404万元，支出总计192375万元。收支品迭，全区公共财政预算滚存结余1967万元，其中当年净结余1458万元。2012年当年全区公共财政预算收支预算平衡，略有结余。

2. 基金预算执行情况。全区基金预算执行情况均在区级基金预算执行中列报。

（二）区级财政预算执行情况

1. 区级公共财政预算执行情况。区级公共财政预算收入完成78153万元（年初预算为78068万元，区四届人大常委会第六次会议未作调整），为预算100.11%，比上年增加10544万元，增长15.60%。

区级公共财政预算支出完成167974万元

（年初预算为99792万元，调整预算为168378万元），为调整预算的99.76%，比上年增加9723万元，增长6.14%。具体分项如下（以下均与2012年调整预算数和2011年决算数比较）：

（1）一般公共服务支出14562万元，为调整预算的100%，比上年增长14.25%；

（2）国防支出692万元，为调整预算的100%，比上年下降3.49%（上年国防教育基地建设等支出为一次性支出）；

（3）公共安全支出9479万元，为调整预算的100%，比上年下降5.70%（上级公共安全转移支付减少相应较少支出）；

（4）教育支出37786万元，为调整预算的100%，比上年增加18.62%（科目调整及教育投入增加）；

（5）科学技术支出3539万元，为调整预算的100%，比上年增长43.63%（区级科技投入和省市专款增加）；

（6）文化体育与传媒支出1076万元，为调整预算的93.08%，比上年增长27.60%（文化投入增加）；

（7）社会保障和就业支出28143万元，为调整预算的100%，比上年下降9.41%（科目调整）；

（8）医疗卫生支出20083万元，为调整预算的100%，比上年增长5.81%（省市专款和基层卫生医疗机构绩效工资增加支出）；

（9）节能环保支出2992万元，为调整预算的100%，比上年增长66.41%（上年结转的绵远河、石亭江流域环境污染综合整治补助资金增加支出）；

（10）城乡社区事务支出3417万元，为调整预算的100%，与上年基本持平；

（11）农林水事务支出17943万元，为调整预算的100%，比上年增长35.80%（省市专款及本级投入增加）；

（12）交通运输支出6997万元，为调整预算的100%，比上年增长2.70倍（上年结转的地方政府转贷资金4940万元用于芦德路建设项目增加支出）；

（13）资源勘探电力信息等事务支出4379万元，为调整预算的100%，比上年增长70.12%（上年结转及省市专款增加）；

（14）商业服务业等事务支出3461万元，为调整预算的100%，比上年增长65.76%（上年结转及省市专款增加）；

（15）金融监管支出508万元，为调整预算的100%，比上年增长49.80倍（主要是上缴市中小企业直接债务融资发展基金增加支出）；

（16）地震灾后恢复重建支出3518万元，为调整预算的100%，比上年下降64.18%（省市专款减少）；

（17）援助其他地区支出113万元（新增科目，从其他科目调入反映援助方政府安排并管理使用的对其他地区各类援助、捐赠支出），调整预算未安排；

（18）国土资源气象等事务支出490万元，为调整预算的100%，比上年增长49.39%（主要是土地例行督查工作增加支出）；

（19）住房保障支出4881万元，为调整预算的100%，比上年下降48.95%（省市专款减少）；

（20）粮油物资储备事务支出202万元，为调整预算的100%，比上年下降68.97%（省市专款减少）；

（21）国债还本付息支出2286万元，为调整预算的100%，比上年增长3.66倍（根据本年财力情况消化以前年度上级扣收利息）；

（22）其他支出1427万元，为调整预算的76.56%（原在该科目列支的援助藏区支出437万元，按照规定调整支出科目），比上年下降61.19%。

区级公共财政预算的平衡情况是：区级公共财政预算收入78153万元，返还性收入7250万元，财力性转移支付收入预计48175万元，专项转移支付收入预计30707万元，地震灾后恢复重建补助收入预计3493万元，下级上解收入4153万元，上年滚存结余10345万元（减去结转下年支出11608万元，赤字1263万元），收入总计182276万元；区级公共财政预算支出

167974万元，补助下级支出4561万元，上解支出4397万元，地方政府债券还本支出5000万元，援助其他地区支出404万元，支出总计182336万元。收支品迭，区级公共财政预算滚存赤字60万元，其中：当年净结余1203万元。2012年当年区级公共财政预算收支预算平衡，略有结余。

2. 区级基金预算执行情况。区级基金收入完成102264万元（年初预算为143809万元，调整预算为94264万元），为调整预算的108.49%，比上年减少2782万元，下降2.65%。其中：国有土地使用权出让金收入93640万元，国有土地收益基金收入3135万元，农业土地开发资金收入1225万元，地方教育费附加收入1450万元，残疾人就业保障金收入278万元，城市基础设施配套费1779万元，天然气价格调节基金收入590万元，其他基金收入167万元。

区级基金支出完成115716万元（年初预算为143809万元，调整预算为107716万元），为调整预算的107.43%，比上年增加17050万元，增加14.60%。

基金支出分项情况如下（以下均与2012年调整预算数比较）：

（1）教育支出2460万元，为调整预算100%；

（2）文化体育传媒支出36万元，为调整预算100%；

（3）社会保障和就业支出278万元，为调整预算的100%；

（4）城乡社区事务支出111583万元，为调整预算的107.72%；

（5）农林水事务支出367万元，为调整预算的100%；

（6）资源勘探电力信息等事务支出75万元，为调整预算的100%；

（7）其他支出917万元，为调整预算的100%。

区级基金预算收支平衡情况是：区级基金收入102264万元（基金收支均由区级列报），专项转移支付收入预计2860万元，上年滚存结余29647万元，收入总计134771万元；区级基金支出115716万元，按规定结转下年支出19055万元。2012年区级基金预算收支预算平衡。

上述数据是根据预算执行情况所做的预计，待年度财政决算办理完毕后，再向区人大常委会正式报告。

二、真抓实干，扎实开展各项财政工作

2012年，在区委、区政府的正确领导和区人大、区政协的监督支持下，区财政局深入学习科学发展观和十八大会议精神，奋力开拓、积极作为，认真贯彻财政“保运转、保民生、促发展”的方针，采取了一系列“保收入、稳增长、增收节支”的政策措施，经过全区财税部门的共同努力，为推动全区经济社会跨越发展做出了贡献。

（一）狠抓增收节支，推动财政平稳发展

2012年，全区财政收入增幅下降，财政部门立足实际，找准切入点，选准突破口，按照“积极稳妥、分步实施”的原则逐步有序推进工作。一是加强收入征管。切实加强上下联动和部门配合，狠抓税收和非税收入征管，保证了税收收入应收尽收，非税收入实现了稳定增长。二是科学安排支出。按照有保有压的支出原则，认真贯彻落实厉行节约、控制经费支出的政策措施，大力调整支出结构，推行国库集中支付改革，努力降低行政成本，切实保障政权机构正常运转和各项惠民富民政策的落实。三是积极争取资金。认真研究中央、省、市经济发展政策和财政资金扶持投向，建立健全对上、对内的信息联络和共享机制，形成向上争取项目资金的整体合力，争取上级在政策倾斜、项目安排、财政转移支付等方面更大的支持。

（二）推进财政改革，提升科学理财水平

一是强化了预算管理。建立了财政支出绩效考评制度，制定了统一规范的绩效评价管理办法，对财政支出行为过程及其效果进行了客观、公正的综合评价试点，提高了财政资金的使用效益。二是制定了2012年乡镇财政管理体制。根据实际重新确定了各乡镇的收入基数，扩大了乡镇支出保障范围，进一步调动了乡镇增收节支的积极性，从体制上减轻了乡镇财政负担。三是进一步推进了国库集中支付改革。对区级预算单位网上申报支付进行了扩面，实行了公务卡改革，通过“四川省政府财政信息管理系统”公务卡模块办理报销和资金支付，将原来用现金结算的公用经费支出转变为用公务卡进行结算，使我区的集中支付改革工作又向前迈进了一步。四是继续推行医疗卫生体制改革。全面实施国家基本药物制度，2012年各级财政到位实施基本药物补助资金1344万元。落实了基层社区卫生服务补助政策，全年安排基层卫生医疗机构补助资金2074万元，深入实施基本公共卫生服务保障机制，全年补助公共卫生保障经费1465万元。五是深入实施了村级公益事业一事一议财政奖补政策。启动了村级公益事业一事一议财政奖补工作“规范管理年”活动，充分发挥财政资金的辐射、带动作用，全年共投入一事一议财政奖补资金928万元，激发了农民筹资筹劳开展村级公益事业建设的积极性。

（三）坚持以人为本，促进民生持续改善

一是保障“民生工程”资金。在经费支出压力剧增的情况下，区财政千方百计筹措资金，把解决弱势群众实际困难作为民生工程的首要任务，大幅度增加民生投入，全年执行“民生工程”资金5.31亿元，有力地促进了和谐社会的建设。二是做好社会保障工作。全年发放新型农村社会养老保险金2831万元、城镇居民养老保险金220万元、企业职工基本养老保险金23758万元、城市低保补助金8396万元、农村低保补助金1249万元，切实提高了医疗保障和弱势群众生活水平。三是落实各项强农惠农政策。及时发放了粮食直补和农资综合直补资金4237万元，发放水稻、玉米、小麦等良种补贴资金549万元，发放退耕还林补贴资金266万元，发放农机购置补贴资金2500万元，确保了惠农强农目标的实现。四是保障重点项目经费。想方设法筹集和调度资金，保障了教育支出3.62亿元、社保和就业支出2.68亿元、科学技术支出2631万元，切实履行了财政促发展、促和谐的职能。

（四）加强资产管理，防范资产处置风险

一是规范国有资产处置程序。对评估和交易机构备选库进行认真审核，按照公开、公平、公正的原则，随机选择5家中介机构作为评估、交易机构，确保处置程序规范。二是加强国有资产处置、租赁力度。全年处置房地产7宗，汽车6辆，收回以前年度处置尾款1074万元，实现国有资产处置收入20646万元。加大对到期房租的催收力度，全年租金收入完成170万元。三是做好国有资产报废报损、资产划拨和账务调整工作。报废报损21个单位，核销资产金额192万元；划拨资产6个单位，金额132万元。四是做好贷款转贷、申报工作。完成国资公司1.50亿元贷款转贷工作；配合旌海公司完成兴业银行1亿元、农发行11亿元贷款申报工作。

（五）严格财政监管，不断提高财政绩效

一是加强会计质量的监督检查。开展了对保障性住房建设项目的会计质量监督检查工作，进一步规范了经济秩序，维护了财经纪律，提高了单位会计核算和财务管理水平。二是加强政府采购的监督管理。采取全过程监督、网络监督、现场监督等方式，圆满完成了全年政府采购工作任务。在严格有序的监督管理下，全年共下达单位政府采购计划473宗，采购预算9966万元，实际采购金额8666万元，节约财政资金1300万元，资金节约率13%。三是加强财政投资评审的监督管理。加大财政投资评审审核力度，继续执行复审制度，全年审定各类项目403个，送审金额8.57亿元，审定金额7.95亿元，审减金额0.62亿元，审减率7.23%，有效地保证了评审质量。同时积极参与招投标的会审和监督工作，确保了招投标工作的规范性。四是加强财政内部的监督检查。开展了内控制度监督检查，重点检查了财务会计、财政账户、专项资金、绩效管理等方面的内容，并就工作中存在的风险点和不足之处进行查漏补缺和积极整改，强化了内部控制，提高了管理效率，确保了2012年各项财政工作任务顺利完成。

总体来看，2012年全区的财政工作在集中财力办事、着力改善民生、推进财政改革、强化监督管理等方面取得了一定成绩。这是在区委、区政府的正确领导下，各方面理解支持和共同努力的结果。我们也清醒地认识到，当前我区财政改革发展仍然面临不少的困难和问题。一是财政收入结构不尽合理。公共财政收入占地方财政收入比例低，税收收入占公共财政收入比例较低，国有资产处置收入、其他收入等一次性收入占非税收入比例高，较难保持稳定增长。二是宏观经济形势和国家政策调整对税收影响较大。全区地区生产总值、规模以上工业增加值和社会消费品零售总额三大主要经济指标增速逐季下滑，经济整体下行态势导致税收增速明显放缓。三是公共财政收入增幅回落。“5·12”特大地震后，我区公共财政收入保持快速增长，年均增长38.76%，连续的高速增长给2012年及以后年度的持续较快增长带来较大难度。基数增大的同时，灾后重建项目产生的税收、汶川地震捐赠收入和2010年以来预算外收入调入预算内等一次性收入也不复存在，加上整体经济增长趋缓、国家对房地产行业的宏观调控以及结构性减税等综合因素对我区公共财政收入增收产生了较大影响。四是土地基金支出缺口巨大。2012年上半年实现的收入多为以前年度余款，加上征地拆迁、应还贷款本息等刚性支出，土地基金缺口大，造成财政资金支出压力巨大，在资金调度上已对公共财政预算支出执行进度造成一定影响。

三、2013年财政预算草案

根据区委、区政府对全区经济工作的要求，2013年财政预算编制和财政工作的指导思想是：认真贯彻党的十八大会议精神，以邓小平理论和“三个代表”重要思想为指导，深入贯彻落实科学发展观，紧紧围绕跨越发展，按照“保工资、保运转、保民生、促发展”的原则，进一步优化财政支出结构，从实际出发，实事求是，稳妥可靠地编制2013年预算。

（一）全区财政预算草案

根据我区2013年经济增长目标，全区地方财政收入预算为213251万元，比上年增加18387万元，增长9.44%（均与2012年预计完成数比较，下同）。上划中央“两税”收入预计完成44491万元，比上年增加4410万元，增长11%。

全区公共财政预算收入预算为101860万元，比上年增加9260万元，增长10%。其中税收收入预算为78305万元，比上年增加9729万元，增长14.19%；非税收入预算为23555万元，比上年下降469万元，下降1.95%。全区基金收入预算为111391万元，比上年增长9127万元，增长8.92%。

2013年全区公共财政预算收入预算为101860万元，加上税收返还收入和所得税基数返还收入7648万元，财力性转移支付和结算补助19615万元，减去上解支出4813万元，地方政府债券还本支出3500万元，全区可支配财力共计120810万元。按照收支平衡的原则，2013年全区公共财政预算支出预算为120810万元。

全区基金收入预算安排为111391万元，按照收支平衡的原则，相应安排基金支出预算111391万元（基金收支均在区级列报）。

以上全区2013年财政预算草案，是根据2012年全区预算执行情况（预计）和2013年收支政策编制的，待各乡镇预算编制完成并经本级人代会批准后，再将汇总情况报区人大常委会备案。

（二）区级财政预算草案

1. 区级公共财政预算收支预算情况。2013年区级公共财政预算收入预算为85960万元，比上年增加7807万元，增长9.99%。其中税收收入预算62405万元，比上年增加8276万元，增长15.29%；非税收入预算为23555万元，比上年减少469万元，下降1.95%。

区级公共财政预算收入预算为85960万元，加上税收返还收入和所得税基数返还收入7648万元，财力性转移支付和结算补助19615万元，下级上解收入4360万元，减去上解支出4813万元，补助下级支出4789万元，地方政府债券还本支出3500万元，区级可支配财力共计104481万元；按照收支平衡的原则，区级公共财政预算支出预算相应安排104481万元，较2012年区级支出执行数增长7.22%

区级公共财政预算支出按照功能分类科目安排的预算情况如下（不含省市专款支出，以下均与2012年区级支出执行数比较）：

（1）一般公共服务支出14060万元，增长6.13%；

（2）国防支出720万元，增长4.04%；

（3）公共安全支出9912万元，增长4.62%；

（4）教育支出33630万元，下降2.94%（德阳二中高中部上划市级）；

（5）科学技术支出2390万元，增长6.55%；

（6）文化体育与传媒支出925万元，增长6.85%；

（7）社会保障和就业支出10260万元，增长7.14%；

（8）医疗卫生支出7590万元，增长6.78%；

（9）节能环保支出1075万元，增长9.27%；

（10）城乡社区事务支出2520万元，增长4.25%；

（11）农林水事务支出5400万元，增长19.54%（含计提的财政专项扶贫资金925万元）；

（12）交通运输支出1590万元，增长6.50%；

（13）资源勘探电力信息等事务支出2730万元，增长5.41%；

（14）商业服务业等事务支出182万元，增长4.64%；

（15）金融监管等事务支出520万元，增长2.96%；

（16）国土资源气象等事务支出510万元，增长5.35%；

（17）住房保障支出2590万元，增长4.90%；

（18）粮油物资储备事务支出195万元，增长7.14%；

（19）预备费5500万元；

（20）国债还本付息支出693万元，下降69.69%（2012年消化了以前年度上级扣收利息）；

（21）其他支出1489万元，增长7.90%。

2. 区级基金收支预算情况。2013年区级基金收入预算为111391万元，比上年增加9127万元，增长8.92%。其中地方教育费附加收入1600万元，残疾人就业保障金收入270万元，国有土地使用权出让收入102370万元，国有土地收益基金收入4100万元，农业土地开发资金收入1530万元，城市基础设施配套收入600万元，天然气价格调节基金收入820万元，其他基金收入101万元。按照收支平衡的原则，相应安排基金支出预算111391万元。

以上区级预算草案，请予审查批准。

四、稳定增势，努力完成财政工作任务

（一）顺应大势，稳妥可靠

目前宏观经济形势异常复杂，财政收入走势出现重大拐点。按照经济运行的一般规律，收入增幅回落走势在短期内不会出现逆转，甚至可能呈现继续下滑趋势。因此，我区财政收入预算只能按照“稳妥可靠、留有余地”的原则进行安排。

（二）整合资金，零基预算

在经济结构调整时期，全区财政要强化增收节支、过紧日子的理念，对现有支出结构作出合理调整，并大力挖掘存量资金潜力，加大资金统筹整合力度，把零基预算的要求真正落到实处。

（三）突出重点，有保有压

全区财政要认真清理各项支出政策，按照“保工资、保运转、保民生、促发展”的支出序列，优先保障基本支出、法定支出、政策必保支出需要。在此基础上，若尚有余力，重点支持经济社会发展的关键领域、关键环节和重点项目。

（四）深化改革，强化绩效

一是强化预算管理。要用创新的思路和办

法深入推进绩效预算管理，细化预算编制内容，完善支出标准体系，充分应用绩效预算管理工作成果，优化支出结构，合理配置资源，确保预算安排科学、准确、有效。二是继续深化国库集中支付改革。逐步扩大国库集中支付面，推进财政科学化、精细化管理。三是加大公务卡推行力度。结合预算执行动态监控系统，加强预算单位现金支付的审批和监控，执行在公务消费范围内强制使用公务卡进行结算的制度，积极推广公务卡的使用范围，将公务卡改革覆盖到乡镇，进一步提高乡镇财务管理水平。四是深入推进政府非税收入收缴管理制度改革。进一步完善非税收入管理信息系统，加强和规范非税收入征管。五是全面推进财政信息公开工作。明年，我区财政要积极推进财政信息公开工作，初步形成以总预（决）算公开、部门预算公开、专项支出公开为主体，以依申请公开为补充的工作格局。

（五）强化监督，依法理财

一是强化专项监督检查。将预算管理工作的重点逐步向服务和监督管理方面转移，把部门预算编制、执行以及非税收入、单位内部控制制度建设作为年度检查的重点，进一步强化对教育、医疗卫生、社会保障等民生资金的监督检查。利用国库集中支付体系，跟踪财政资金流向，并进行有效监控，提高财政资金使用效益。二是强化会计信息质量监督检查。进一步规范会计秩序，有效履行监管职责。重点对单位会计资料的真实性和完整性进行检查，使会计核算更加规范。三是加强机关内部管理。进一步加强财政干部队伍建设，不断提高财政干部队伍素质，转变机关工作作风，提高工作效率，强化责任意识和服务意识，用出色的工作业绩来树立财政干部队伍的良好形象。

各位代表，2013年财政工作任务艰巨，责任重大。让我们在区委、区政府的正确领导下，在区人大、区政协的监督指导下，在社会各界的支持下，圆满完成全年财政任务，为我区实现科学发展、和谐发展、跨越式发展做出新的更大的贡献！

谢谢大家！

大事记

Da Shi Ji

1月

4日，由区委宣传部、区文体局、区文明办、区总工会联合主办的“第五届区级机关职工迎新年登山活动”在东湖山公园举行，区委书记王箭，区委副书记、区长邓平，区人大常委会主任刘友华，区政协主席徐蓉等四套班子领导出席并参与了此次活动。

5日，旌阳区科教、文体、法律、卫生“四进社区”活动在城南街道辽河社区隆重举行。区委书记王箭，区委副书记、区长邓平，区政协主席徐蓉等出席。

10日，旌阳区开展2012年春节惠民送温暖活动，区委书记王箭，区委副书记、区长邓平，区人大主任刘友华、区政协主席徐蓉等区四套班子全体领导深入各乡镇对专家人才、困难群众、优抚对象进行走访慰问。

11日，国家财政部国际司司长郑晓松率国家财政部考察团一行，在市委常委、副市长左正，区委书记王箭，区委副书记、区长邓平等陪同下，到东湖乡考察卫生院重建项目。

12日，旌阳区召开省、市驻区直属部门工作座谈会。区委书记王箭通报了2011年全区经济社会各项事业发展情况，并提出希望。区委副书记、区长邓平，区委副书记尹显俊等出席会议。

12日，旌阳区召开创建“第三届四川省文明城市”工作动员大会。区委书记王箭强调了三点：一是统一认识，切实增强创建全省文明城市的信心和决心；二是注重内涵，切实明确创建工作的目标任务和具体要求；三是加强领导，建立健全创建工作科学、高效的运行新机制。区委副书记、区长邓平，区委常委、宣传部长邹远骏出席会议。

16日，市政协主席刘哲，市委常委、政法委书记陈行祝一行，在区委书记王箭，区委副书记、区长邓平，区委常委、区委办主任梁仕全等陪同下，到城北街道、城南街道和区儿童福利院看望慰问贫困党员、群众和孤残儿童。

同日，旌阳区老干部迎春团拜会在德阳大酒店召开。区委书记王箭向参加会议的离休干部、副县级以上退休干部、一般退休干部代表通报了一年来全区经济社会各项事业取得的成绩及下一步工作打算。区委副书记、区长邓平等四套班子领导出席。

18日，市委副书记丁成明一行，在区委书记王箭，区委常委、区委办公室主任梁仕全等陪同下，深入旌阳街道看望慰问台属。

19日，区四届人大常委会第一次会议讨论通过了区人大常委会2012年工作要点，任免了国家机关工作人员。

2月

7日，市委常委、纪委书记冯发贵一行，在区委书记王箭，区委常委、区委办公室主任梁仕全，区委常委、纪委书记耿垣合陪同下，到旌阳区调研纪检监察工作。

13日，旌阳区监察局牵头对全区38家具有行政执法职能的部门执法工作开展专项监督检查，对全区现有行政执法资格的各类执法人员1402人，委托执法人员500人，以及各行政执法部门执法工作开展情况、存在的问题及整改措施开展检查。

15日，旌阳区纠风办会同区教育局对网民反映“德阳二中高二年级寒假补课收费”问题进行调查处理，责令德阳二中停止对高二年级的补课行为，并将收取的全部补课费用全部造册退还给学生；对德阳二中校长吕春云及对此事件负有管理责任的分管副校长等相关责任人员进行诫勉谈话；区监察局和区教育局联合印发了《关于进一步加强全区教育收费监管工作的通知》文件。

16日，中石化总经理王天普一行，在市委书记李向志，市委常委、副市长左正，区委书记王箭，区委常委、区委办主任梁仕全等陪同下，到德新镇视察井场建设工作。

17日，四川省扶贫和移民工作局副局长向伟益一行，在市委常委杨建明，区委书记王箭，区委副书记、区长邓平，区委常委、区总工会主席杨晓刚，区政府副区长龚军陪同下，到旌阳区视察移民安置及华强沟水库建设工作。

同日，旌阳区开展“四个年”活动推进会在区文体中心召开。区委书记王箭出席会议并作重要讲话。区四套班子全体领导，全区实职副科级以上领导干部参加了会议。

22日，宜宾市党政代表团一行，在市委书记李向志，市人大主任刘守培，市政协主席刘哲，市委常委、常务副市长刘宏葆，市委常委、市委秘书长张述芬，市委常委杨建明，区委书记王箭，区委副书记、区长邓平等陪同下，到旌阳区工业集中发展区参观考察工业园区建设工作。

27日，区委书记王箭，区委常委、常务副区长唐平，区委常委、宣传部长邹远骏一行，到孝泉镇调研指导古镇建设开发工作。

同日，旌阳区第五届青少年科技创新奖颁奖仪式在华山路学校隆重举行。区委副书记、区长邓平，区委副书记尹显俊等出席。

28日，旌阳区召开经济工作会议，总结和安排部署全区经济工作。区委书记王箭出席并作重要讲话：一是狠抓项目建设与投资，保持增长势头；二是加快产业升级、提升发展质量；三是提高对外开放水平、增强经济发展活力；四是坚持统筹协调、加快新型城镇化进程；五是保障改善民生、维护社会和谐稳定。区人大主任刘友华、区政协主席徐蓉、区委副书记尹显俊等出席。

29日，市委常委、政法委书记陈行祝一行，在区委书记王箭，区委常委、政法委书记刘钢等陪同下，到旌阳区视察调研公安工作。

3月

5日，省政府副省长甘霖一行，在市委书记李向志，区委书记王箭，区委副书记、区长邓平，区委常委、区工业集中发展区党委书记谭德明等陪同下，深入特变电工（德阳）电缆股份有限公司调研企业生产经营和技改扩建等情况。

同日，旌阳区“创先争优当先锋，志愿服务做贡献”学习雷锋主题活动月启动仪式在市图书馆广场隆重举行。区委书记王箭，区委副书记尹显俊，区委常委、组织部长王明英，区委常委、宣传部长邹远骏等出席。

12日，区委书记王箭，区人大主任刘友华，区委副书记尹显俊，区委常委、区委宣传部长邹远骏一行，深入旌阳街道光华社区看望慰问贫困户、残疾人和福利院老人。

同日，德阳市旌阳区志愿者协会成立大会顺利举行。会议审议通过了《旌阳区志愿者协会章程》，明确了协会宗旨，规定了协会主要任务，同时选举产生了协会工作机构。区委书记王箭，区委副书记、区长邓平，区人大主任刘友华，区政协主席徐蓉，区委副书记尹显俊，区委常委、区委办主任梁仕全等出席。

13日，区政协召开四届二次常委会议，传达学习省政协十届五次会议和市政协七届一次会议精神，安排部署相关工作。区政协党组书记、主席徐蓉，副主席严奇，副主席、统战部长王西林，副主席王周勇、李亚平和区政协33名常委出席会议。

同日，区委副书记尹显俊主持召开了区委、区政府民族宗教工作委员会第二次全体会议，区委常委、区政府常务副区长唐平，区委常委、区委宣传部长邹远骏，区政府副区长聂建，区政协副主席、区委统战部长王西林，区民族宗教委员会成员单位负责人和区级相关部门和乡镇、街道负责人出席了会议。会议通报了近期民族宗教领域主要工作，通报了旌阳区民族团结进步创建相关工作情况，审定了受省、市命名的民族团结进步创建示范单位、示范社区和示范户，通报了宗教活动场所灾后重建工作情况，研究了市、区政协关于加快旌阳清真寺建设主席督办提案办理有关工作。

14日，旌阳区召开第一批次领导干部集中廉政教育大会，区委书记王箭出席会议并作廉政谈话、上廉政党课。区委副书记尹显俊主持会议，区人大主席刘友华，区政协主席徐蓉，区委常委、区纪委书记耿垣合以及全区乡镇党委书记、乡（镇）长、人大主席，街道党工委书记、街道办主任，区级各部门实职正科级领导干部，区纪委委员，乡镇（街道）纪（工）委书记，区级各部门纪检组长（纪委书记、纪检员）180人参加了会议。

同日，区纪委召开了四届二次全体会议。会议审议了由区委常委、区纪委书记耿垣合代表区纪委常委会作的《严守党的纪律，维护党的纯洁，奋力开创全区党风廉政建设和反腐败工作新局面》工作报告，并表决通过了全会报告和决议。

15日，中央编办事业单位改革司副巡视员翟安鱼一行，在省委编办副主任高山，市委常委、组织部长朱家德，区委副书记、区长邓平等陪同下，深入旌阳街道文昌社区调研公益性服务工作开展情况。

16日，由区委宣传部，双东镇党委、政府主办的旌阳城乡四季游——双东镇第七届民俗文化赏花节开幕式暨文化、科技、卫生“三下乡”活动在双东镇龙洞村隆重举行。区委副书记、区长邓平，市旅游局副局长王维，区委常委张朝恩，区委常委、宣传部长邹远骏等领导出席并参加了活动。

20日，由中国儿童少年基金会“友邦保险爱心基金”援建的“友邦德阳福利院”正式落成。中国儿童少年基金会秘书长陈晓霞、友邦中国区首席执行官蔡强、省妇联副主席黄莉、市政府副市长钱书模、区委副书记尹显俊、区政府副区长罗春华等出席。

21日，市委常委、市纪委书记冯发贵到旌阳区孝泉镇督查“作风转变年”活动开展情况，并调研指导基层纪检监察组织建设等工作。

23日，旌阳区举办建设畜禽健康养殖产业示范区学术交流座谈会。市政协副主席、市畜牧食品局副局长谢天佑，区委书记王箭，区委常委、区总工会主席杨晓刚，区人大副主任肖辉，区政协副主席严奇出席。

27日，区四届人大常委会第二次会议分别听取和审议了区人民政府关于贯彻执行《中华人民共和国药品管理法》工作、畜牧业发展等情况的报告，任免了国家机关工作人员。

29日，区委在假日酒店召开了第六次统战工作联席会议。区委常委、区委组织部部长王明英，区委常委、区委宣传部部长邹远骏，区政府副区长、民革旌阳区总支主委罗春华，区政府副区长刘秉光，区政协副主席、区委统战部部长王西林出席了会议，联席会议62家成员单位的主要负责人或分管负责人参加了会议。会议传达了《中共中央关于加强新形势下党外代表人士队伍建设的意见》和全市统战工作会议精神，研究了建立旌阳区委、区政府非公有制协调联席会议和旌阳区非公有制经济服务中心有关事项，审定了《旌阳区少数民族流动人口服务与管理工作的意见》和党外代表人士教育培训、民主党派基层组织思想建设、组织发展和政治待遇有关工作，审核了推荐受区委、区政府表彰的中国特色社会主义事业建设者名单。

30日，省港澳办处长郭嘉农，副处长罗蓉一行莅临德阳八中视察了德阳八中新建的教学楼、食堂、图书电教楼、学生宿舍、实验楼、行政楼使用管理情况。市委教育工委书记、市教育局局长尹艳及相关领导陪同。

31日，四川省高级人民法院院长王海萍一行，在市委书记李向志，市中级人民法院院长赵勇，区委书记王箭，区委副书记、区长邓平等陪同下，到区法院调研指导小额速裁试点工作。

同日，区委2012年第一季度中心组（扩大）学习暨干部理论辅导报告会在区政府十二楼会议室举行。会议的主题是：学习贯彻落实全国“两会”精神和中央一号文件精神，深入开展“四个年”建设活动，大力推进“两化”互动发展，不断提升旌阳区域经济综合竞争力。区委书记王箭强调了三点：一是一季度经济运行总体态势良好，基本实现“开门红”；二是大力推进“两化”互动发展，不断提升旌阳区域经济竞争力；三是强化措施，创新载体，推动“四个年”活动向纵深开展。区委中心组成员，区人大、区政府、区政协党外领导干部，法检两长，区人武部部长等出席会议。

同日，市委常委、市纪委书记冯发贵，市纪委副书记、市监察局局长侯富林等一行，到旌阳区东湖乡督查干部作风转变情况，调研指导基层纪检监察组织工作。

3月，国家发展和改革委、农业部发布《全国蔬菜产业发展规划（2011年~2020年）》，四川省含旌阳区共45个县入选《规划》确定的全国580个蔬菜产业发展重点县。《规划》指出，全国蔬菜产区综合考虑地理气候、区位优势等因素，划分为六个优势区域，四川省除四川攀西地区被划分为华南与西南热区冬春蔬菜优势区域外，其余地区被划分为长江流域冬春蔬菜优势区域。

4月

1日，旌阳区召开第二期领导干部集中廉政教育大会，区委常委、区纪委书记耿垣合出席会议并作廉政谈话、上廉政党课，全区相关乡镇、街道和区级部门领导30余人参加了会议。

6日，市委常委、宣传部长杨恩林一行，在区委书记王箭，区委常委、宣传部长邹远骏，区政府副区长罗春华陪同下，到旌阳区调研文化旅游体育工作。

10日，省纪委干部室主任孙文一行在市纪委副书记、市监察局局长侯富林的陪同下，先后到旌阳区东湖乡、天元镇王谊村调研指导基层纪检组织建设工作。

12日，“德阳市老干部牵手留守儿童、老干部工作者情系留守儿童”主题实践示范活动在旌阳区和新思源学校举行。省委组织部副部长、省委老干局局长彭德秋，市委常委、组织部长朱家德，区委副书记尹显俊，区委常委、组织部长王明英等出席。

16日，市关工委常务副主任黄文祺、马俊东等一行，在区委副书记、区关工委主任尹显俊，区关工委执行主任、区政协老领导杨晓岚，常务副主任朱家熙等陪同下，到德阳十中、旌阳街道文昌社区调研指导关心下一代工作。

19日，旌阳区召开财政工作会议，总结部署全区财政工作。区委书记王箭出席会议并作重要讲话：一是要加强学习研究，提高理财水平；二是要勇于争先，强化服务意识；三是要严于律己，增强拒腐防变能力。区委副书记、区长邓平等出席。

同日，安徽省安庆市政协副主席光嘉元、徐晓华一行，在市政协副主席吴玉华，区政协副主席王周勇等陪同下，到旌阳街道文昌社区、东湖乡石桥社区调研社会管理创新工作。

20日，区委书记王箭，区委副书记尹显俊，区委常委、区委办公室主任梁仕全，区委常委、区工业集中发展区党委书记谭德明一行，深入“挂帮包”联系点黄许镇大坝村开展调研活动。

24日，旌阳区在天元镇举行2012年防灾减灾大演练启动仪式，区委书记王箭、区政府常务副区长唐平等区领导及防灾减灾、应急办、安监、消防、公安、卫生等相关部门参加了本次活动。

同日，全国政协常委、人口资源环境委员会副主任汪啸风，全国政协常委、人口资源委员会副主任、中国人民解放军原副总参谋长张黎等一行，在市政协常务副主席巫建平，副主席吴忠金、吴玉华、谢天佑，市政协秘书长陈运兴，区委副书记尹显俊，区政协主席徐蓉，副主席严奇等相关领导的陪同下，到新中镇龙居村调研农村土地资源可持续利用情况，并听取了有关方面的情况汇报。

同日，省卫生厅儿童口腔疾病综合干预项目第三考评组、省疾控中心慢病所所长邓颖等一行，在市卫生局、市疾控中心、区卫生局、区疾控中心、市口腔医院等相关领导的陪同下，对旌阳区儿童口腔疾病综合干预项目执行情况进行检查，经现场考评，专家一致认为市区各级领导重视，项目工作宣传深入，工作细致，措施有力，工作质量较高。

25日，旌阳区举行庆祝“五一”国际劳动节表彰大会。会议表彰了旌阳区中国特色社会主义事业建设者、工会工作先进单位、模范职工之友、依靠职工办企业的好厂长（经理）和模范职工。区委副书记、区长邓平，区人大主任刘友华、区政协主席徐蓉，区委副书记尹显俊等四套班子领导出席。

4月，旌阳区创建2011年度全国国土资源节约集约模范县（市）工作，通过省级专家验收，被评为首届国土资源节约集约达标县(市)。

5月

3日，市委常委、宣传部长杨恩林，在区委常委、宣传部长邹远骏等陪同下，到柏隆初中调研学校少年宫建设工作。

4日，区委书记王箭，区委常委、组织部长王明英，到新中镇调研基层党建促发展情况，并对旌城三农公司伊拉兔养殖基地进行实地考察。

5日，省委书记、省人大常委会主任刘奇葆，省委常委、秘书长陈光志，副省长王宁，在市委书记李向志，市委副书记、市长陈新有，市人大常委会主任刘守培，市委副书记丁成明，区委书记王箭，区委副书记、区长邓平等市、区领导的陪同下，到东佳港机电设备有限公司调研企业发展及基层组织建设情况。

8日，省纪委预防腐败室副厅级主任李清，在区委副书记、区长邓平等陪同下，到旌阳区调研指导惩防体系基本框架构建工作。

同日，全市农业“双抢”现场会在旌阳区孝泉镇涌泉村召开。市委书记李向志、副市长何明俊，区长邓平、区委常委杨晓刚，市农业局、水务局、环保局等部门分管领导出席了现场会。

9日，省商务厅厅长谢开华，在市委常委、宣传部长杨恩林，区委书记王箭，区政府副区长肖静等陪同下，到瑞麟食品有限公司调研企业发展工作。

同日，德阳市南塔化工有限责任公司“年产4.50万吨合成氨项目”举行建成投产仪式。市政协主席刘哲，市委常委、副市长左正，市人大常委会副主任王学军，市工业工作领导小组副组长李思清，区委副书记、区长邓平，区人大常委会主任刘友华，区政协主席徐蓉，区委常委、区工业集中发展区党委书记谭德明，区政府副区长肖静出席。

11日，区委书记王箭主持召开四届区委第15次常委会。会议传达学习了刘奇葆同志在省委九届十一次全会上的重要讲话精神，审议了调整不占职数的科级非领导职务任职资格条件方案、《旌阳区突发新闻事件应急响应工作实施办法》《公务员奖励规定（试行）实施意见》以及武警旌阳区中队迁建、区人武部办公区迁建、成立旌阳区互联网信息工作领导小组、全区乡镇（街道）和部门（单位）2012年目标管理绩效考核办法、“挂、包、帮”工作等有关事项，审定了庆“七一”创先争优活动表彰方案，《关于进一步加强党的基层组织建设的意见》，县级班子创“四好”活动规划，区人大、区政协领导同志政治、生活待遇等有关事项，传达了近期全国、全省、全市宣传思想工作相关会议精神，听取了关于做好省第十次党代会期间信访稳定工作的情况通报。区委常委参加会议，区人大、区政协主要领导，区委统战部部长，区委群工局局长等列席会议。

同日，全区副县级领导干部廉政教育会议在区委常委会议室召开。区委书记王箭主持，区四套班子在家领导出席。

14日，澳门教育暨青年局局长梁励带领“澳门学校领导四川考察团”一行到德阳八中参观考察，考察团主要由澳门青年局暨澳门学校校长共34人组成。

16日，全省油菜机械化收获现场会在孝感镇红伏村召开。省农业厅常务副厅长傅志康，市政府副市长何明俊，区委副书记、区长邓平，区委常委、区总工会主席杨晓刚出席。

17日，市政协主席刘哲，市政府副市长杨震，市政协副主席、市委统战部长余存贵，在区委副书记、区长邓平，区委常委、常务副区长唐平，区政府副区长刘秉光，区政协副主席严奇等陪同下，到旌阳区督办清真寺项目建设提案办理情况。

19日，迪拜穆斯塔法集团到旌阳区东佳港机电设备有限公司，就机械设备加工项目进行了洽谈，并参观和了解该企业生产经营状况。区委书记王箭，区委常委、工业集中发展区党委书记谭德明，区招商局及东佳港机电设备有限公司负责人出席了项目洽谈会。

21日，市委常委、市纪委书记冯发贵在区委副书记尹显俊的陪同下，深入旌阳区东湖乡、天元镇和工农街道调研基层纪检监察组织建设。

22日，区委书记王箭主持召开四届区委第16次常委（扩大）会。会议传达学习了四川省第十次党代会精神，审议了表彰妇女儿童先进集体和先进个人、黄许职中和德外小学等有关事项。区委常委参加会议，区人大、区政协主要领导，区委统战部部长，区委群工局局长等列席会议。

同日，市委书记李向志，在区委书记王箭等陪同下，到东湖乡调研东一环路建设情况。

23日，市委书记李向志，在区委书记王箭，区委副书记、区长邓平等陪同下，深入旌阳街道陕西馆社区调研社区服务管理工作，并看望慰问了贫困户。

同日，北京市东城区副区长汤钦飞，在市委常委、政法委书记陈行视，区委书记王箭等陪同下，到东湖乡石桥社区调研社会管理创新工作。

25日，省委常委、省纪委书记王怀臣，在市委书记李向志，市委常委、市纪委书记冯发贵，区委书记王箭，区委副书记、区长邓平，区委副书记尹显俊，区委常委、区纪委书记耿垣合等陪同下，到东湖乡、天元镇、工农街道调研指导乡镇纪检组织建设工作。

29日，区四届人大常委会第三次会议听取和审议了区人民政府关于贯彻《中华人民共和国种子法》情况的报告，评议区民政局工作，任免了国家机关工作人员、人民陪审员。

31日，市委书记李向志，市委常委、市委秘书长张述芬，市关工委执行主席郭务文及市教育局、市妇联、市民政局、市残联等领导在区委书记王箭，区委常委、区委办主任梁仕全，副区长刘秉光的陪同下，到旌阳区社会福利院看望孩子们，市、区领导给福利院孤残儿童们送去了1.50万元慰问金以及书包、书籍、糖果等礼物。

5月，中石化四川天然气有限责任公司与德阳宏瑞天然气有限责任公司签订合作协议，合资成立注册资金达1.20亿元的四川中京燃气有限公司。该项目位于德新镇新玉村2组，占地150亩，总投资3.60亿元，投产后将实现日产60万方LNG液化天然气的产能，预期效益年产值可达10亿元，实现利税1亿元。

6月

2日，国务院参事室副主任王卫民，在市委常委杨建明，市政府副市长何明俊，区委副书记尹显俊，区委常委、区总工会主席杨晓刚等陪同下，到德新镇调研灾后重建和城乡统筹工作。

3日，国家土地督察成都局副局长殷燚，在区委书记王箭，区委常委、常务副区长唐平等陪同下，到旌阳区开展土地例行督察工作。

4日，省纪委常委郑东风、省纪委干部室主任孙文，在市委常委、纪委书记冯发贵，区委常委、纪委书记耿垣合等陪同下，深入东湖乡调研指导乡镇纪检组织建设工作。

5日，旌阳区召开华强沟水库移民安置小区规划设计初步审查会。市委常委杨建明，区委书记王箭，区委副书记、区长邓平，区委常委、区总工会主席杨晓刚，区政协副主席、区委统战部长王西林出席。

6日，市人大常委会党组书记、主任刘守培一行到旌阳街道文昌社区对《四川省城乡环境综合治理条例》（以下简称《条例》）贯彻执行情况进行检查。区人大常委会主任刘友华、副区长聂建及区城管局主要领导陪同。通过听取汇报和实地查看，检查组一行对文昌社区贯彻落实《条例》情况表示满意。

同日，旌阳区政协召开第四届委员会新任委员培训会。区政协副主席、统战部部长王西林，德阳市政协提案委员会副主任王天翔，市政协常务委员王方明应邀到会分别授课培训，区政协第四届新任委员80余人参加培训会。区政协秘书长于玲主持会议。

7日，中央纪委副书记黄树贤，在省委常委、省纪委书记王怀臣，市委书记李向志，市委常委、纪委书记冯发贵，区委书记王箭等陪同下，到东湖乡调研指导乡镇纪检组织建设工作。

同日，南充市委副书记唐文金，在市委副书记丁成明、市委常委杨建明、区委书记王箭等陪同下，到旌阳区调研统筹城乡发展工作。

同日，“华润万家”、“太平洋旗舰影院”入驻旌阳区黄河新区签约仪式在太平洋酒店隆重举行，市政府副市长卢也，区委书记王箭，区委副书记、区长邓平，区人大常委会主任刘友华，区政协主席徐蓉，区委常委、宣传部长邹远骏，区委常委、区总工会主席杨晓刚，区政府副区长肖静出席。

9日，中纪委研究室副主任孙飞，在省纪委书记王怀臣，市委书记李向志，市委常委、市纪委书记冯发贵，区委书记王箭，区委常委、区纪委书记耿垣合等陪同下，到东湖乡、天元镇调研基层纪检监察组织建设工作。

10日，旌阳区组织开展“德阳体育日”全民健身活动，区委书记王箭，区委常委、宣传部长邹远骏，区政府副区长罗春华参加。

同日，全区首个乡镇党校在德新镇成立，区委副书记尹显俊出席并授牌。

同日，市委常委、政法委书记陈行祝，在区委书记王箭，区委常委、政法委书记刘钢等陪同下，到旌阳街道北光社区调研指导社区建设工作。

11日，日本公益财团法人地球环境战略研究机关和我国环境保护部的专家一行14人在四川省环保厅领导的陪同下，到旌阳区柏隆镇就中日合作小城镇氨氮总量减排示范项目选址进行实地考察，旌阳区对日方到柏隆镇进行污水处理厂建设可行性研究表示欢迎。

12日，区政协党组书记、主席徐蓉，副区长罗春华，区政协副主席严奇、李亚平一行，到市蔬菜专家大院、市食用菌专家大院调研农业科技专家大院建设情况。

15日，区委书记王箭主持召开四届区委第18次常委会。会议审议了德阳二中初中部改扩建工程、德阳九中与景福初中整合、姜家桥水库项目勘测设计、“七一”表彰与慰问、机构编制等有关事项和干部人事事项，审议了旌阳区推荐德阳市首届道德模范候选人名单、《中共德阳市旌阳区关于进一步推进学习型党组织建设的意见》，审定了科级领导班子和领导干部年度考核办法。区委常委参加会议，区人大、区政协主要领导，区委统战部部长，区委群工局局长等列席会议。

16日，四川省港澳援助项目专项督查组到旌阳区督查港澳援助项目。督查组一行在市委常委、常务副市长刘宏葆，区长邓平，副区长刘秉光、肖静以及市区相关部门负责同志的陪同下先后实地查看了德阳五中高中部、区文化中心、区残疾人康复中心、德阳市社会福利综合服务中心项目建设和运行情况。

18日，四川戈壁棉业有限公司“年产2万吨聚酯纤维、3000吨棉胎项目”，德阳市中大运业有限公司机械设备安装、大件物流及仓储基地项目，德阳市华顺物流有限公司综合楼及物流仓储中心建设项目开工典礼在工业集中发展区隆重举行。市长陈新有，市委常委、副市长左正，副市长卢也，区委书记王箭，区长邓平，区人大常委会主任刘友华，区委常委、工业集中发展区党委书记谭德明，副区长肖静等领导出席仪式。区级有关部门、乡镇主要负责人参加。

同日，市委书记李向志一行在区委书记王箭、副区长罗春华的陪同下视察旌阳区非物质文化遗产暨民俗民间文化艺术展示区，听取了旌阳区非遗文化保护情况汇报，并详细询问了旌阳区参展文化项目的发展历史及现状。

19日，在“龙行盛世　大德如阳”2012德阳市第四届端午龙舟文化周—德阳投资推进会暨项目签约仪式上，旌阳区与湛江吉龙公司、重庆百货大楼股份有限公司、重庆市汉正置业公司、四川佳艺美庭公司等多家企业签订协议，引进了重百汉正广场、磷酸铁锂电池等5个项目，总投资达57.20亿元。

同日，德阳投资推介会暨项目签约仪式在太平洋大酒店举行，市委书记李向志，市长陈新有，市委常委、宣传部部长杨恩林，市人大常委会副主任胡宗林，副市长卢也，市政协副主席余存贵，区委书记王箭，副区长肖静等出席推介会。此次推介会共签约26个项目，投资总额130.36亿元。项目涉及新材料、新能源、现代服务业等多个领域，其中投资总额10亿元以上项目3 个，5亿元以上项目8个。二产项目16个，总投资45.66亿元，占总投资35.13%；三产项目10个，总投资84.7亿元，占总投资64.87%。

20日，中央统战部研究室五处处长李德兼，在区委副书记尹显俊，区政协副主席、区委统战部长王西林等陪同下，到旌阳区调研基层统战工作开展情况。

25日，市委常委、宣传部部长杨恩林一行来到旌阳区调研学习型党组织建设工作。杨恩林一行在对德新镇党委、旌阳街道文昌社区以及万兴集团党支部进行了调研，随后参加了旌阳区推进学习型党组织建设座谈会，听取了旌阳区学习型党组织建设情况专题汇报，区委书记王箭、区委副书记尹显俊出席座谈会。

26日，市政协副主席、市委统战部长余存贵一行，在区委副书记尹显俊，区政协副主席、统战部长王西林等陪同下，到钰鑫机械、东升农场、孝泉民族小学、德新镇柏木泉新村等地视察旌阳区统战工作。

27日，区委书记王箭主持召开四届区委第19次常委会。会议审议了《关于2012年党风廉政建设和反腐败工作的意见》，区法院部分业务用房维修（扩建、改造）立项及经费来源，工业集中发展区部分市政道路工程建设项目工程量和造价增加变更，撤销区广电局党委和区文体局党组、建立区文广新局党委和区旅游体育局党组，在区文广新局和区旅游体育局设置纪检组织等有关事项和干部人事事项。区委常委参加会议，区人大、区政协主要领导，区委统战部部长，区委群工局局长等列席会议。

27日，香港特区政府社会福利署刘汉娥女士、黄翊旗先生，香港特区政府发展局邝乐欣女士、陈健勤先生以观察员身份对香港特区政府援建的旌阳区残疾人康复服务中心进行项目工程竣工验收，省卫生厅、市卫生局、市住建局、市质安站、市发改委、市审计局等相关部门领导参加了验收工作。

27日至29日，旌阳区开展庆“七一”集中慰问活动。区委书记王箭，区委副书记、区长邓平，区人大常委会主任刘友华，区政协主席徐蓉等区四套班子全体领导，分组深入各乡镇、街道走访慰问贫困党员。

28日，旌阳区举行德阳北大荒农产品物流园区和华西希望城五星级酒店两大市区于2012年重点商贸流通项目奠基开工仪式。省商务厅副厅长贾壮苗，市委书记李向志，市长陈新有，市委常委、市委秘书长张述芬，市委常委、副市长左正，市委常委、宣传部长杨恩林，市委常委杨建明，区委书记王箭，区长邓平等领导出席了开工仪式。

6月，在全国开展的第二批全国妇联基层组织建设示范单位评选中，旌阳街道文昌社区妇代会、城北街道秦宓社区妇代会、东湖乡高槐村妇代会被授予第二批全国妇联基层组织建设示范村（社区）。

6月，全区首个乡镇党校在德新镇成立，区委副书记尹显俊出席成立大会并为中共德阳市旌阳区德新镇委员会党校授牌。省委党校教授、硕士生导师彭穗宁对全体参会人员进行辅导讲课。

7月

2日，区政协召开四届三次常委（扩大）会议。区委副书记尹显俊，区政协党组副书记、副主席严奇，副主席、统战部长王西林，副主席王周勇、李亚平，副区长罗春华，秘书长于玲及区政协全体常委出席会议。驻区市政协委员，区政协各委、室负责同志，副秘书长、各专委会副主任建议人选列席会议。副区长罗春华代表区政府作“关于2012年上半年全区经济运行情况的通报”和“关于全区文明城市创建工作情况的通报”；副主席严奇通报区政协2012年上半年工作情况；会议审议通过区政协社会法制委《关于加强和创新我区社会管理工作的调研报告》、文教卫体委《关于我区乡村医生队伍建设情况的调研报告》、提案委《政协德阳市旌阳区委员会提案工作规则》。会议通过李茂纯等10名同志分别任政协副秘书长和各专委会副主任的有关人事事项。

5日，区委书记王箭，区委常委、区委办公室主任梁仕全，在区委常委、黄河新区党工委书记、区总工会主席杨晓刚等陪同下，到黄河新区调研指导新区开发建设工作。

9日，旌阳区召开第四次妇女儿童工作会。区委书记王箭在会上强调要重点抓好五方面的工作：一是要有效推进妇女参与民主政治建设和社会管理。二是要大力促进妇女创业就业。三是要切实解决事关妇女儿童的民生问题。四是要认真贯彻“儿童优先”原则。五是要全力保障妇女儿童合法权益。区委副书记、区长邓平，区人大常委会主任刘友华，区委副书记尹显俊，区人大常委会副主任陈明聪，区政府副区长罗春华，区政协副主席严奇出席会议。

同日，四川华力投资控股集团有限公司与区招商局签订投资意向协议书，拟在工业集中发展区投资建设占用土地约80亩，投资约15亿元的“浙商财富中心”总部经济项目。该项目是集总部基地、研发中心、销售中心、甲级写字楼、商务酒店、大型商业中心、生态景观于一体的综合性“企业总部经济园区”。建设周期为3年，建成后预计实现年销售额8亿元，年上缴税收5000万元，增加就业岗位10000个。

10日，区委、区政府召开了旌阳区2012年半年各界人士情况通报会。区委书记王箭，区委副书记、区长邓平，区政协主席徐蓉，区委常委、区委组织部部长王明英，区委常委、区委宣传部部长邹远骏，区人大副主任陈明聪，区政府副区长刘秉光，区政协副主席、区委统战部部长王西林出席了会议。邓平区长做了关于2012年上半年全区经济社会发展情况和下半年工作安排的情况通报，各界人士对旌阳区经济发展、民生改善、城乡统筹、社会稳定、旧城改造等方面提出了许多好的意见和建议。

11日，市委常委、常务副市长刘宏葆在区委书记王箭，区委常委、工业集中发展区党委书记谭德明的陪同下，到工业集中发展区调研。调研组重点视察“旌西千亿经济园区”基础设施规划、建设情况，到德阳深捷科技、钰鑫机械两企业现场调研。随后调研组一行到天元镇调研旧城改造工作，到孝泉镇调研古镇建设工作。

同日，贵州省平塘县委常委、常务副县长

张智勇一行，在区委常委、人武部政委张朝恩，区人大副主任肖辉，区政协副主席严奇等陪同下，到旌阳区调研统筹城乡发展工作。

16日，市委书记李向志，市委副书记、市长陈新有，市人大常委会主任刘守培，市政协主席刘哲等市四套班子领导，在区委书记王箭，区委副书记、区长邓平等陪同下，到旌阳区视察“四个年”活动开展情况。

17日，区委书记王箭主持召开四届区委第20次常委会。会议审议了《人才优先发展试验区建设规划》、《关于在全区纪检监察系统开展“能力素质建设、思想作风建设、基层组织建设”主题活动的实施意见》、《领导干部廉洁从政“早发现、早提醒、早纠正”预警实施细则》以及推荐省、市创先争优先进基层党组织、优秀共产党员和示范窗口单位，建设户外应急宣传（视听）平台，四川中融置业有限公司申请2011年度贷款财政贴息等有关事项和干部人事事项，通报了二、三季度信访稳定工作情况，听取了组织工作满意度民意调查准备工作情况汇报。区委常委参加会议，区人大、区政协主要领导，区委统战部部长，区委群工局局长等列席会议。

19日，市委常委杨建明、市政府副市长何明俊，在区委副书记尹显俊，区委常委、区总工会主席、黄河新区党工委书记杨晓刚等陪同下，到旌阳区调研旌西新农村示范片建设工作。

同日，旌阳区隆重举行非公有制企业服务中心、钢材炉料同业商会和建筑房产同业商会成立授牌仪式。区委副书记、区长邓平，区人大党组书记、主任刘友华，区委副书记尹显俊，区政府副区长肖静，区政协副主席、区委统战部部长王西林出席授牌仪式。

20日，水利部水资源司副司长陈明，在市政府副市长何明俊，区委常委、区总工会主席、黄河新区党工委书记杨晓刚陪同下，深入旌阳区视察节水型社会建设试点工作。

23日，区委书记王箭主持召开四届区委第21次常委（扩大）会。会议传达学习了温家宝同志来川视察重要讲话精神及全省“两化”互动现场会、刘奇葆书记和蒋巨峰省长重要讲话精神。区委常委参加会议，区人大、区政协主要领导，区委统战部部长，区委群工局局长等列席会议。

同日，德阳军分区司令员罗健，在区委常委、人武部政委张朝恩等陪同下，到城南街道视察民兵训练基地标准化建设工作。

24日，区四届人大常委会第四次会议分别听取和审议了区人民政府关于2012年上半年国民经济和社会事业发展计划、财政预算执行与石亭江、绵远河旌阳区段污染治理工作等情况的报告，任免了国家机关工作人员。

27日，区委书记王箭主持召开四届区委第22次常委会。会议审议了旌阳区干部拟任和交流提拔有关事项。区委常委参加会议，区人大、区政协主要领导，区委统战部部长，区委群工局局长等列席会议。

30日，区委书记王箭，区委常委、常务副区长唐平，区政府副区长肖静，到工业集中发展区调研园区建设工作。

31日，区委书记王箭，在区委常委、人武部政委张朝恩，区政府副区长、区公安分局局长聂建，区政府副区长刘秉光等陪同下，到区公安分局慰问公安民警和武警消防官兵。

7月，省政府办公厅发文（川办函［2012］160号）确认四川省第十届四川名牌，旌阳区5家企业品牌新获“四川名牌、四川服务名牌”称号，创历届最好成绩，新增品牌居全市第一。截至2012年，全区已有18家企业的20个产品获得产品名牌，另有1个服务名牌。四川名牌总数21个，排名全市第2位。

8月

1日，区委副书记、区长邓平，区政府副区长刘秉光，到双东镇通江片区调研基础设施建设、便民服务等工作。

4日，2012川渝山地自行车挑战赛暨德阳第二届山地自行车大赛在和新镇隆重举行。区委书记王箭，区委常委、组织部长王明英，区委常委、宣传部长邹远骏，区人大常委会副主任吉庆坤，区政协副主席严奇出席。

8日，市委常委、市纪委书记冯发贵，市政府副市长杨震，到工农街道视察指导分房工作。

同日，德阳市政协副主席、市委统战部部长余存贵、副主席谢天祐率市政协农人资环委委员一行，在区政协副主席严奇，区水务局负责同志等陪同下，就旌阳区农村安全饮用水工程建设情况开展调研活动。

9日，省决策咨询委员会社会发展组组长、省政府办公厅原助理巡视员胡代全，在市委常委、政法委书记陈行祝等陪同下，到旌阳区调研社会管理创新工作。

10日，区委书记王箭，区委常委、区总工会主席、黄河新区党工委书记杨晓刚，到黄许镇调研旧城改造、维稳工作和北大荒物流园区建设情况。

同日，省委老干局正厅级巡视员徐德松率，在德阳市委组织部副部长、市老干局局长何敏，区政协副主席严奇，区委组织部长王明英，区老干局局长杨永文、副局长杨期述，政协秘书长于玲等陪同下，来旌阳区就离退休干部党支部思想政治建设和学习、活动阵地建设、特困帮扶、创先争优等情况开展调研检查活动。

13日，区委书记王箭主持召开四届区委第23次常委会。会议审议了区交通局、黄河新区管委会现办公用地招商，全区土地挂钩项目竣工资料编制费，工业集中发展区安置房二期BT项目，工业集中发展区丹江路等市政基础设施项目采用BT融资模式进行建设，旌海商业业务大楼等三个BT项目招商评审，砂石开采专项整治工作等有关事项以及《2012年民生工程实施方案》、《干部因私出国（境）管理办法（试行)》、科级后备干部推荐方案和科级非领导职务干部事项，听取了关于进一步推进宣传思想重点工作的情况汇报和区文明城市创建领导小组办公室关于赴绵阳市游仙区学习考察及进一步推进文明城市创建工作的情况汇报。区委常委参加会议，区人大、区政协主要领导，区委统战部部长，区委群工局局长等列席会议。

同日，旌阳区召开砂石开采专项整治动员大会。区委书记王箭出席并在会上作重要讲话：一是形势严峻，危害严重，务必下定决心坚决整治；二是理清思路，突出重点，务必有序有力推进整治；三是加强领导，强化责任，务必确保整治取得实效。

16日，旌阳区一环路西半环绿化和栏杆工程第二批7个合同标段的项目通过交工验收，标志着一环路西半环工程的所有建设项目均通过交工验收，全面进入道路养护阶段。

同日，省纪委办公厅副主任、信息中心主任郭东军，省纪委党风室副主任陈静等一行，在市纪委副书记王庆，区委常委、区纪委书记耿垣合的陪同下，到旌阳区东湖乡调研农村“三资”管理工作开展情况。

19日，中央统战部五局副局长刘玉江一行在德阳市委统战部副部长、市工商联党组书记易晓东，区委统战部副部长、区工商联党组书记屈德兵等的陪同下，到旌阳区四川万兴投资集团有限公司调研指导创先争优活动。

21日，清华大学城市品牌研究室德阳项目组，在区委书记王箭，区委常委、宣传部长冉晓云，区政府副区长罗春华等陪同下，到旌阳区调研旅游文化发展及公共文化服务体系建设工作。

22日，旌阳区举行2012年贫困大学新生资助仪式。区领导王箭、邓平、刘友华、徐蓉、尹显俊、杨晓刚、刘秉光出席。

同日，旌阳区2012年困难大学新生资助仪式在区政府12楼会议室隆重举行。区委书记王箭，区委副书记、区长邓平，区人大主任刘友华，区政协主席徐蓉，区委常委、区总工会主席杨晓刚，副区长刘秉光等区领导以及相关部门负责人出席资助仪式。区委副书记尹显俊主持仪式。大会为首批179名困难大学新生提供了共计53.70万元的现金资助。

23日，达州市委书记焦伟侠，达州市委副书记、市长何健率达州市党政代表团，在市委书记李向志，市委副书记、市长陈新有，区委书记王箭，区委副书记、区长邓平等陪同下，到工业集中发展区调研园区建设发展工作。

27日，区委书记王箭主持召开四届区委第25次常委会。会议传达了李向志在全市民政社会管理暨维护稳定工作会议上的讲话精神，审议了西部国际商贸城区域内丹江街等六条市政道路工程采用BT融资模式进行建设、减免德阳西部国际商贸城城市基础建设配套费和白蚁防治费、创先争优总结表彰等有关事项和干部人事事项以及旌阳区党政机关公务用车配备使用管理实施细则。区委常委参加会议，区人大、区政协主要领导，区委统战部部长，区委群工局局长等列席会议。

28日，中航工业贵州黎阳航空动力有限公司董事长王良，在市委副书记、市长陈新有，区委副书记、区长邓平等陪同下，到工业集中发展区钰鑫机械制造有限公司调研企业生产经营情况。

同日，区四届人大常委会第八次主任会议听取了区人民法院关于民事审判、区人民政府关于区四届人大一次会议代表发言建议、重点建议办理和2011年代表建议（B类）跟踪落实等情况的报告。

8月15日至12月31日，区监察局牵头组织区国土、水务等职能部门组成区砂石整治工作清理整顿组，对全区49家砂石开采、加工场（点）进行摸底排查和清理整顿，截止12月31日，已完成42家砂石场（点）清理整顿工作。

8月20日至9月20日，区民宗局在宗教界开展“宗教慈善周”活动，积极引导宗教场所和宗教界人士充分发挥自身优势，探索特色做法，创新载体方式，扶贫济困，奉献社会，扩大宗教界在构建和谐旌阳中的影响力。在为期一个月的活动中，区民宗局收到辖区内宗教团体和宗教活动场所关于宗教界开展“宗教慈善周”活动的捐款统计表。其中，区佛教协会捐款2000元，佛教活动场所捐款1.33万元，基督教活动场所捐款1.51万元，伊斯兰活动场所捐款4670元，天主教活动场所捐款3000元，共计3.81万元。所得捐款全部上报市民宗局一并捐赠。

8月，旌阳区效能室开通“96960”效能举报投诉专线，广泛收集信访案件线索，截至12月底，共受理效能投诉15件，均已督促相关部门限期办结。

9月

3日，省教育厅厅长涂文涛一行，在区委书记王箭、区政府副区长刘秉光、区政协副主席王周勇等陪同下，到华山路学校检查学校安全工作。

4日，省纪委党风室主任沈剑一行，在市委常委、市纪委书记冯发贵，区委书记王箭，区委常委、区委副书记尹显俊等陪同下，到天元镇督查《农村基层干部廉洁履行职责若干规定（试行）》贯彻落实情况。

同日，市政协主席刘哲，副主席张志强、吴忠金、余存贵、吴玉华等一行，在区委书记王箭，区委副书记、区长邓平，区政协主席徐蓉、副主席严奇等陪同下，到德阳火花米业有限责任公司调研粮食订单工作。

5日，市委常委杨建明一行，在区委副书记尹显俊，区政协副主席、统战部长王西林等陪同下，到万兴集团投资有限公司调研指导非公有制企业党建工作。

6日，市委书记李向志，市委常委、市委秘书长张述芬，在区委书记王箭，区委副书记、区长邓平，区人大主任刘友华，区政协主席徐蓉，区委副书记尹显俊，区委常委、区委办公室主任梁仕全，区政府副区长刘秉光陪同下，到德阳中学看望慰问学校教师。

同日，旌阳区庆祝第28个教师节座谈会在旌湖宾馆召开。区委书记王箭，区委副书记、区长邓平，区人大常委会主任刘友华，区政协主席徐蓉，区委副书记尹显俊，区委常委、区委办公室主任梁仕全，区人大常委会副主任吉庆坤，区政府副区长刘秉光，区政协副主席王周勇出席。

8日，受省农业厅委托，绵阳市农业局有关专家对旌阳区承担的农业部2012年水稻高产创建整乡推进项目进行了测产验收。专家组了解了区农业局水稻高产创建工作情况，对项目区黄许镇水稻生产进行了现场踏勘和实收测产。经专家组评议，旌阳区2012年水稻高产创建整乡推进项目实施符合要求，验收单产超过目标单产，完成了各项创建指标，顺利通过验收。

10日，区委书记王箭，区委副书记、区长邓平，区人大主任刘友华，区政协主席徐蓉等四套班子领导，深入到德阳二中、黄许职中等学校开展教师节慰问活动。

11日，区四届人大常委会第五次会议分别听取和审议了区人民政府关于2011年度财政决算、2011年度区级财政预算执行和其他收支审计、区四届人大一次会议代表建议办理、区人民检察院关于未成年人检察工作情况的报告，任免了国家机关工作人员，作出了“关于接受余长清辞职的决定”、“关于批准旌阳区2011年财政决算的决议”。

12日，旌阳区召开区工业集中发展区申报四川德阳高新技术产业园区发展规划专家评审会。省发改委副主任雷开平、综合处副处长陶剑锋、规划处副处长韩斌等9位评审领导及专家进行评审工作。市委常委、副市长左正，区委书记王箭，区长邓平，区委常委谭德明，副区长罗春华、谢坤，市、区两级相关部门主要领导出席会议。评审专家对旌阳区的园区升级工作予以了充分肯定，原则上通过了规划评审，同时提出了意见和建议，希望规划按要求修改后提交省发改委审批。

13日，区政协党组书记、主席徐蓉，在区委常委、工业集中发展区党委书记谭德明，副区长、区政府办公室主任谢坤等陪同下，到深捷科技、瑞能电力、特变电工等公司调研旌阳区招商引资项目推进情况。区政协副主席王西林、李亚平陪同调研。

14日，区委书记王箭主持召开四届区委第26次常委（扩大）会。会议传达学习了市委（常委）扩大会议精神。区委常委参加会议，区人大、区政协全体领导，乡镇（街道）党（工）委书记，区级有关部门主要领导列席会议。

14日起，《德阳市旌阳区城乡重特大疾病医疗救助实施细则（暂行）》正式发布实施。该细则提高了旌阳区患再生障碍性贫血、肾功能衰竭等16种重特大疾病困难群众住院医疗救助比例，取消了住院救助起付线，全面实施门诊救助，减轻了重特大疾病患者的医疗负担。

15日至17日，旌阳区特变电工（德阳）电缆有限公司自主研发的“顶驱钻井专用电缆及其制造方法”专利，凭借其安全、可靠、绿色、环保，各项技术性能稳定的特点在“2012年中国国际专利技术与产品交易会”上获得金奖。

19日，新东方德阳天元烛光小学乔迁仪式在天元小学新校区举行，中国民盟中央社会服务部副部长段海溪、中国民盟中央教育处副处长马向东，新东方教育科技集团董事长俞敏洪，民盟省委秘书长姚其清，市政协副主席、民盟德阳市主委陈小慈，区委副书记尹显俊，区政府副区长刘秉光出席。

20日，旌阳区召开创先争优活动总结表彰大会，区委书记王箭出席会议并作重要讲话，区委副书记、区长邓平，区人大常委会主任刘友华等四套班子在家领导出席。

同日，省经信委党组副书记、副主任伍丕光一行，在区委书记王箭，区委副书记、区长邓平，区委常委、工业集中发展区党委书记谭德明，区政府副区长谢坤等陪同下，到德赛尔化工、钰鑫机械等企业考察旌阳区新兴产业发展情况。

同日，旌阳区2012年三季度项目集中开工仪式在四川德赛尔化工实业有限公司“皮化新材料生产线技术改造项目”主会场进行。市工业发展领导小组副组长李思清、市经信委主任蒲正、区委书记王箭、区长邓平、区人大主任刘友华、区委常委谭德明、副区长谢坤等市、区领导出席了开工仪式。相关区级部门和乡镇主要负责人参加了仪式。这次集中开工仪式以德赛尔化工“皮化新材料生产线技术改造项目”为先声，近期将有14个工业投资项目陆续开工，计划总投资13.17亿元。

21日，“德阳酱油”国家地理标志保护产品新闻发布会在旌湖宾馆举行。“德阳酱油”被国家质检总局批准授予“国家地理标志保护产品”称号，成为旌阳区首个获此殊荣的产品。市政府副市长钱书模，区委副书记、区长邓平，区政府副区长罗春华、谢坤出席。

同日，区四届人大常委会第九次会议听取了区人民政府关于学生上放学接送安全问题工作情况报告。

24日，市委常委、政法委书记陈行祝，在区委书记王箭，区委常委、政法委书记刘钢等陪同下，到旌阳街道调研社会管理创新工作。

24日至26日，区委常委杨晓刚率旌阳区东升农场等8家龙头企业、专合组织参加了第五届青海西宁—四川德阳农畜产品产销合作洽谈会。会上，旌阳区的德阳牌窝笋荣获青海省西德合作会“名优农产品”称号。洽谈会期间，旌阳区8家龙头企业、专合组织与青海几家农畜产品企业和专合组织签订了1.001亿元蔬菜购销意向协议。

26日，第十三届中国西部国际博览会中国西部投资说明会暨经济合作项目签约仪式在成都举行。在本届西博会上，旌阳区签约项目5个，内资项目签约金额60亿元，外资项目签约金额3.15亿美元。签约项目涉及城市综合体、商业中心、天然气钻采、重装配套和数控机床生产、养老养生文化产业园等新型产业项目，其中第二产业2个，第三产业3个。所有内资项目建成后将实现税收6.60亿元，促进德阳第三产业、商贸流通和经济的跨越式发展。

27日，旌阳区领导参加了会见泰国国会主席兼下议院议长颂萨吉素拉暖阁下活动。市委书记李向志、市长陈新有、副市长卢也、区委书记王箭、区长邓平、副区长谢坤等市、区领导出席活动。

29日，市委书记李向志，市委常委、市总工会主席、市委秘书长张述芬，市委常委、政法委书记陈行祝等，在区委书记王箭，区委副书记、区长邓平，区人大主任刘友华，区委常委、区委办公室主任梁仕全，区政府副区长刘秉光等陪同下，到旌阳街道陕西馆社区、和新镇敬老院看望慰问困难群众。

同日，2012德阳孝文化旅游周在孝泉镇开幕，区委书记王箭，区委副书记、区长邓平，区政协主席徐蓉，区委常委、宣传部长冉晓云，区政府副区长罗春华出席。

同日，省委书记刘奇葆在市委书记李向志的陪同下，在第十三届中国西部国际博览会现场参观了德阳市工、农、商业等展台，并肯定了旌阳区以特变电工企业为代表的战略性新兴产业发展成果。

10月

10日，区政协党组书记、主席徐蓉，副主席严奇、王西林、李亚平一行，到旌阳街道办、天元镇等地督办重点提案办理工作。

11日，省妇联党组副书记、副主席吴旭一行，在区委副书记尹显俊、区政府副区长罗春华等陪同下，到城北街道秦宓社区调研妇女基层组织建设情况。

12日，市政协主席刘哲一行，在区委书记王箭，区委副书记、区长邓平，区政协主席徐蓉等陪同下，到旌阳区调研视察防震减灾工作。

15日，区委书记王箭主持召开四届区委第27次常委会。会议审议了省级卫生城市复查评审准备工作经费有关事项，《关于开展人才优先发展实验区创建工作的实施意见》，给予公务员（参照人员）、公务员集体嘉奖、记功有关事项；听取了关于开展党风廉政建设社会评价工作情况和“五城联创”工作情况的汇报；审议了《关于进一步加强和改进市社区党的建设工作的实施意见》、2012年度县级班子民主生活会和科级领导班子民主生活会工作方案、正科级后备干部和副科级后备干部推荐有关事项、2012年统筹公选和干部人事事项。区委常委参加会议，区人大、区政协主要领导，区委统战部部长，区委群工局局长列席会议。

16日，区人大常委会主任刘友华，副主任陈明聪、张黄剑、肖辉、吉庆坤率区人大常委会有关委室负责人视察了全区实施门诊一般诊疗费、完善医疗保障制度工作情况。

17日，旌阳区召开了四川大学、德阳市人民政府产业技术研究院成立暨科技成果转化促进会。区委常委谭德明及区科技局相关领导参加了会议。会议举行了四川大学与德阳市共建产业技术研究院签约和授牌仪式、德阳市技术转移中心授牌仪式、校企合作项目签约仪式。其中，旌阳区德阳威旭锂电科技有限公司、北大荒物流有限公司、森普管材有限公司、旌晶食品有限公司和油研种业有限公司等五家企业分别与四川大学合作签约，签约金额6160万元，投资总金额5.33亿元。

同日，全省加强和改进省直机关纪检监察组织建设工作会议在成都召开。区委副书记尹显俊，区委常委、常务副区长唐平，区纪委领导班子全体成员及区级部门纪（工）委书记、纪检组长等40余人在旌阳区分会场通过高清视频参加了会议。

19日，省委政法委防邪办副主任尹大明一行，在区委副书记尹显俊，区委常委、政法委书记刘钢等陪同下，到城北街道调研维稳、信访、防邪等工作。

22日，市民宗局副局长胡昌奎一行在区委统战部副部长、区民宗局局长王衡陪同下，深入市区各少数民族聚居区、高等院校、少数民族店铺以及少数民族流动摊点，检查指导民族团结进步工作，深入推进文明城市创建活动。

24日，省委组织部副部长、省人才办主任刘东，在市委常委、组织部长朱家德，区委书记王箭，区委副书记、区长邓平，区委常委、组织部长邹远骏，区委常委、工业集中发展区党委书记谭德明等陪同下，到旌阳区调研人才优先发展试验区工作。

25日，区委书记王箭到城南街道辽河街社区调研养老服务社会化示范工作。

30日，德阳市援藏合作项目（畜牧业产销对接）德阳市鑫丰食品有限公司牛羊屠宰生产线投产启动仪式在新中镇举行。市委常委杨建明、市纪委书记冯发贵、区委书记王箭、区长邓平等市、区领导及阿坝州阿坝县、若尔盖县各级领导会同德阳市部分援藏干部出席了项目启动签约仪式。

同日，德阳市召开2011年度节能减排工作先进表彰大会，旌阳区被评为节能工作先进县一等奖，区发改局被评为节能工作先进单位。

31日，第四季度工业项目集中开工仪式在四川阳光装备机械有限公司、四川凯圣钢结构有限公司举行，市委书记李向志、市长陈新有、市工业发展领导小组副组长李思清、市经信委主任蒲正、区委书记王箭、区长邓平、区人大主任刘友华、区政协主席徐蓉、区委常委谭德明、副区长谢坤等领导出席了开工仪式。旌阳区四季度有13个工业投资项目陆续开工，计划总投资16.46亿元。

11月

6日，市委常委、市纪委书记冯发贵一行，在区委书记王箭，区委常委、政法委书记刘钢等陪同下，到工农街道、黄许镇调研信访维稳工作。

同日，德阳市政协副主席张志强、吴忠金，率市政协工商界、经济界、科技界等政协委员50余人，在区政协党组书记、主席徐蓉，副主席李亚平及孝泉镇党委、政府负责同志陪同下，视察孝泉镇场镇建设和孝文化旅游产业建设发展情况，听取有关工作汇报，提出建设性的意见和建议。

9日，德阳市实验小学被授予全国首批“百所数字校园示范校建设项目学校”，成为本次四川省获此荣誉的6所学校之一。

11日，省科技厅组织有关专家对金路公司与中科院金属研究所共同完成的“石墨烯材料的规模化制备技术”进行成果鉴定。鉴定会专家认为，该技术具有产率高、生产周期短、安全性好和生产环境好等特点，一致同意通过省科技成果鉴定。

12日，市委常委、组织部长易杰，在区委书记王箭，区委副书记、区长邓平，区委副书记尹显俊，区委常委、组织部长邹远骏等陪同下，到东湖乡、天元镇调研人才工作和基层组织建设工作。

14日，省民政厅厅长黄明全，在市委副书记、市长陈新有，市人大常委会主任刘守培，区委副书记、区长邓平，区政府副区长刘秉光等陪同下，到孝泉镇敬老院视察调研旌阳区养老服务工作。

同日，省水务厅副厅长刘俊舫、省农田水利局局长王华，在市政府副市长何明俊，区委副书记、区长邓平等陪同下，到德新镇调研现代农业灌区建设工作。

15日，区四届人大常委会第六次会议听取和审议了区人民政府关于2012年区级财政预算调整情况的报告，听取了区人民政府关于2012年区人大常委会审议意见和主任会议建议意见落实情况的报告。评议了区审计局工作。任免了国家机关工作人员。

20日，省旅游局局长郝康理，在市委副书记、市长陈新有，市政府副市长卢也，区委书记王箭，区委副书记、区长邓平等陪同下，到孝泉镇调研文化旅游产业发展工作。

28日，中共德阳市旌阳区委召开2012年第四季度中心组（扩大）学习会议，专题学习党的十八大精神，并就深入开展学习领会、贯彻落实党的十八大精神进行安排部署。区四套班子领导，各乡镇、街道党政主要负责人及分管党务工作的副书记，区级各部门、省市直属企事业单位实职副科及以上干部同志共计450余人参加了学习活动。区委书记王箭主持会议并做重要讲话。

同日，甘孜州炉霍县政协主席吴小平一行，在区政协副主席严奇，副区长龚军等陪同下，到孝泉镇调研文化建设工作。

29日，香港特区政府教育司观察员尹一鸣、麦浩旻在省、市港澳援助协调小组有关领导的陪同下，到市第一小学验收灾后重建工程项目竣工工作。验收组对该项目建设管理工作给予了充分肯定。

30日，市委副书记、市长陈新有，市政府副市长钱书模，在区委副书记、区长邓平，区政府副区长罗春华等陪同下，到区疾控中心慰问艾滋病患者代表。

同日，由德阳市重大传染病防治工作委员会、市卫生局主办，市、区疾控中心等多家单位承办的第25届世界艾滋病日大型集中宣传活动在文庙广场隆重举行。市委书记李向志、市政府副市长钱书模、市卫生局局长杨兆华及旌阳区委书记王箭、区政府副区长罗春华等市、区领导出席活动。

11月，旌阳区企业四川德源电气有限公司申报的“一种检测故障电池的检测方法及装置”发明专利通过中国专利局初审。中国科学技术部科技型中小企业技术创新基金管理中心也批准了该专利的创新基金立项申请，给予了50万元的资金支持。此次四川德源电气有限公司发明的“检测放点暂态过程的特征参数法”达到了国际先进水平，成为世界第三种获得专利批准的故障电池检测方法。在此之前，世界上仅有两种故障电池检测方法申请了专利，分别由美国Arber公司和瑞典LEM公司发明。

11月，旌阳区深捷科技的“镀镍基纳米复合镀层材料产业化开发”、特变电工的“石油钻井平台顶驱电缆及其成套设备产业化”、爱通电子的“3G无线通信用新型物理发泡射频同轴电缆产业化开发”、东佳港“铝合金线缆拉线机组成果转化”等8家企业的项目获得了德阳市2012年度重点科技成果转化资金项目资金的支持，占2012年德阳市重点科技成果转化资金资助项目数的21%，总金额280万元。

11月，由省科技厅、省发改委、省经济和信息化委等11个部门共同评选确定的第六批省创新型企业名单揭晓。旌阳区辖区的德阳市东联机械成套设备厂、德阳金力机械有限公司、四川德源电气有限公司、德阳嘉龙机械制造有限公司4家企业分别被列为创新型试点和培育企业。截至2012年，旌阳区已拥有省级创新型试点、培育企业11家。

11月，省城市公共文明指数测评工作暗访组到德阳市开展2012年全省城市公共文明指数测评工作。暗访组先后到旌阳区花园巷，浦东等多个社区，通过实地考察、翻阅资料、问卷调查等方式，详细查看旌阳区文明城市创建工作的开展情况，旌阳区顺利通过了迎检测评。

11月，旌阳区德阳市金兴农机制造有限责任公司与省农业科学院作物研究所等联合承担的“西南小麦产业提升关键技术研究与应用”项目和德阳景程禽业有限责任公司与四川农业大学等联合承担的“主要鹅种遗传资源的评价与创新利用”项目分别获得了2012年四川省科学技术进步一等奖。

11月，德阳市实验小学被中央电教馆命名为全国首批“百所数字校园示范校建设项目学校”，是四川省仅有的六所上榜学校之一。同时，学校的研究课题《小学生发展性评价信息化机制研究》被列为四川省“十二五”教育信息技术科研课题，代表四川省参加了在深圳会展中心举行的全国“首届中小学信息技术应用成果展演”。

12月

4日，德阳市“12·4”全国法制宣传日暨“三下乡”惠民活动在旌阳区举行，省人大农业与农村委员会副主任张法祥，市委常委、政法委书记陈行祝，市政协副主席吴玉华，市老领导曾庆扬，区委副书记尹显俊，区人大常委会副主任吉庆坤，区政府副区长、区公安分局局长聂建出席。

同日，省委宣传部副巡视员平志英一行，在区委常委、宣传部部长冉晓云的陪同下调研了孝泉镇农村文化建设工作。

5日，市委书记李向志一行，在区委书记王箭，市委副秘书长、市委办公室主任、区委副书记陈万见，区委常委、区委办公室主任梁仕全等陪同下，到“挂、包、帮”联系点旌阳街道陕西馆社区进行调研。

同日，市委常委、经济技术开发区党委书记杨建明一行，在区委书记王箭等陪同下，到新中镇调研指导特色种养殖产业工作。

同日，省委农委副主任刘铁一行，在区委书记王箭，区委常委、区总工会主席、黄河新区党工委书记杨晓刚，区政府副区长龚军等陪同下，到旌阳区调研新农村示范片建设工作。

同日，中国科学院金属研究所与德阳市人民政府的战略性合作协议签约仪式在旌阳区举行。省科技厅副厅长罗治平，市委副书记、市长陈新有，市政府副市长钱书模，区委书记王箭，区政府区长邓平、副区长罗春华及区科技局等有关部门领导出席了签约仪式。旌阳区特变电工、钰鑫机械、东佳港等16家企业负责人参加了会议。会上，旌阳区政府与中国科学院金属研究所签署了共建德阳新材料工程技术研究中心协议。

12日，市委常委、常务副市长朱家德一行，在区委书记王箭，区委副书记、区长邓平的陪同下，到旌阳街道文昌社区宣讲党的十八大精神。

13日，区四届人大常委会第七次会议审议通过了区人大常委会新建和修订的各项制度，讨论通过了区四届人大二次会议有关事项，作出了“关于召开德阳市旌阳区第四届人民代表大会第二次会议时间的决定”。补选刘平为市七届人大代表。

同日，德新镇举办首届“星级文明户”表彰大会，区委副书记尹显俊，副区长罗春华，区政协副主席李亚平出席。

同日，区纪委召开中共德阳市旌阳区纪律检查委员会四届三次全体（扩大）会议。区纪委委员、乡镇纪委书记、区级部门纪检组长（纪委书记、纪工委书记、纪检员）和特邀监察员共计80余人参加了会议。

19日，省环保厅副厅长谢天一行，在副区长、区公安分局局长聂建，区政协副主席严奇等陪同下，到东湖乡、新中镇检查验收农村生态区示范点创建工作。

21日，在区委统战部、区工商联的大力协调下，四川万兴投资集团有限公司为孝感镇和平村捐赠现金10万元，帮助该村修建长约3.20千米的通组道路。区政协副主席、区委统战部部长王西林，区委统战部副部长、区工商联党组书记屈德兵，四川万兴投资集团有限公司董事长冯忠益以及孝感镇党政负责人出席了捐赠仪式。

24日，中国共产党德阳市旌阳区第四次代表大会第二次会议在国鍠宾馆隆重召开。会议听取和审议了区委工作报告、区纪委工作报告，审查了2012年干部选拔任用、党费收缴使用和管理、党代会常任制试点工作及区第四次党代会代表所提议案、建议办理情况四个报告。全区257名党代表和102名列席人员参加会议。

25日，政协德阳市旌阳区第四届委员会第二次全体委员会议在国鍠宾馆隆重召开。会议听取区政协第四届委员会《常委会工作报告》、《提案工作报告》、《区政府工作报告》，书面听取《旌阳区2012年财政预算执行经济和社会发展计划执行情况及2013年计划（草案）的报告》，区人民法院《工作报告》和区人民检察院《工作报告》。212名政协委员出席会议，区级部门、乡镇、企业、学校负责人列席会议。下午，大会审议通过四届二次会议决议，听取区委书记王箭作重要讲话后闭幕。

27日，德新镇政府与中京燃气有限公司举行了液化天然气生产项目投资签约仪式。该项目预计投资3.66亿元，占地145亩。2013年4月进场开工，2014年10月建成投产，预计日产液化天然气60万方，年产值5.70亿元，年上缴税收5200万元，解决农村劳动力200余人。

29日，市委副书记、市总工会主席刘宏葆，在区委书记王箭，区委副书记尹显俊，区委常委、区委办公室主任梁仕全，区委常委、组织部长邹远骏，区委常委、区总工会主席、黄河新区党工委书记杨晓刚陪同下，到新中镇联系村慰问困难群众。

12月，旌阳区林地保护利用规划（2011—2020年）编制工作顺利完成，并通过了省级验收，将成为旌阳区2011—2020年期间林地保护利用的纲领性文件。该规划将旌阳区林地保护利用区划为五个功能区：德阳城市森林景观生态功能区，东湖山水土保持林区，威螺山水土保持林区，旌阳丘陵商品林区，旌阳平原农田防护经济林区。除了划分功能区，该规划还提出到2020年，旌阳区林地保有量将增加到7479.50公顷，同时，林地保护利用结构逐步优化，林地生产力明显提高，林地生产率从2010年的32立方米/公顷提高到39立方米/公顷。

2012年，区委继续抓好党外干部的选拔、推荐、安排、使用及日常管理工作，全年共安排8名党外干部担任副科级以上实职领导干部。全区科级领导干部岗位共配备有党外领导干部36名，其中正科级领导干部3名。同时，进一步加强了对党外后备干部队伍的选拔培养，全区有副县级党外后备干部2人，正科级党外后备干部2人，副科级党外后备干部41人，为配备党外领导干部储备了一批人才。

中共德阳市旌阳区委员会

Zhong Gong De Yang Shi
Jing Yang Qu Wei Yuan Hui

区委工作

【年度特点】 2012年，全区广大党员和人民群众在区委的团结带领下，高举中国特色社会主义伟大旗帜，坚持以邓小平理论、“三个代表”重要思想、科学发展观为指导，在应对挑战中抢抓机遇，在稳定增长中加快转型，在巩固团结中促进和谐，化为危机，主动作为，项目攻坚、产业提升、开放突破等重点工作扎实推进，全区经济社会发展取得了显著成绩。实现辖区生产总值381.99亿元，同比增长（下同）11.16%；财政总收入28.35亿元，增长4.46%，其中公共财政预算收入9.27亿元，增长14.86%；全社会固定资产投资118.21亿元，增长14.00%；农民人均纯收入达到10139元，增长14.39%；城镇居民可支配收入达到24729元，增长14.38%。

【经济发展】 一是工业经济。加快推进加工型工业向制造型、研发型工业转变，坚持把发展特色优势产业和战略性新兴产业作为工业经济转型升级的两大主攻方向，加大对特色优势产业的扶持力度，实施技术改造和创新，延伸产业链条，产业抗风险能力不断增强。建立企业孵化园和各类工程技术中心，加快科技成果转化落地，大力发展新材料、新能源、高端装备制造等新兴产业，全区新兴产业总产值在工业经济中的比重不断提高。园区建设发展取得突破性进展，综合配套水平和承载能力进一步增强，工业集中发展区申报省级高新技术园区已通过省发改委专家组的评审并上报省政府。二是现代农业。加快推进传统优势农业向现代特色农业转变，进一步强化农业产业规划，加大扶持力度，努力在农业产业规模化、集约化方面下功夫，农业产业化龙头企业、农民专合组织辐射带动能力明显增强。农业科技创新能力不断提升，新型农业科技推广服务体系更加健全，农业综合生产能力进一步提高。三是第三产业。加快推进单一型、零散型商贸业向规模化、集约化商贸业转变，以打造德阳市现代物流核心区和全省重要商贸中心为目标，充分发挥主城区优势，不断提升全区商贸服务水平和质量。城市综合体建设、专业市场建设取得明显进展，以点带面、多区域互联支撑的商贸物流体系正逐步形成。围绕旌阳独特优势，积极打造以孝文化为核心的特色旅游品牌和以沿山生态资源为依托的城市近郊休闲旅游产业，第三产业呈现蓬勃发展态势。

【统筹城乡发展】 坚持工业反哺农业，城市带动农村，把城市和农村作为整体放到区域经济发展中科学定位，着力推进基础设施、公共服务等一体化建设，城乡差距进一步缩小。新型城镇化进程加快，城镇化率达64.10%。黄河新区、孝感片区等城市副中心开发建设力度不断加大。区域重点镇建设扎实推进，示范带动作用进一步发挥，全区小城镇建设整体水平不断提高，综合配套能力和承载能力明显增强。新农村建设取得阶段性成果，旌西、旌东新农村示范片通过三年的建设取得明显成效，以点带面全域推进新农村建设的示范带动作用进一步发挥。城乡交通运输体系进一步健全，重要交通干线、农村公路建设力度不断加大，城乡居民出行条件同步得到改善。“全域灌溉”工程全面实施，农村饮水安全工程扎实推进，水利服务体系建设力度加大，水利保障水平进一步提升。城乡公共服务设施不断完善，电网布局更加合理，通信、互联网、有线电视网络等公共配套设施不断完善，城乡均衡发展的公共服务体系逐步建立。

【改革开放】 把深化改革、扩大开放作为旌阳发展的动力源泉，以改革推动创新，以开放增进合作，全区加快发展的动力和活力明显增强。行政管理体制改革、行政审批制度改革、财税体制改革、农村综合改革不断深化，经济社会发展环境进一步优化。在全市率先启动户籍制度改革，有序推进农村土地管理制度改革，积极探索规范土地流转交易的途径及方式，统筹城乡综合配套改革取得重大进展。以

“开放突破年”为契机，实施更加积极主动的开放战略，干部群众开放意识不断增强。加强以工业集中发展区、黄河新区为主体的平台建设，承接产业转移能力不断增强。主动融入成德绵同城化发展，进一步创新招商方式，聚商引资能力明显提高。

【民生事业】 把保障和改善民生摆在突出位置，更加注重群众生活质量提高和社会全面进步。继续加大民生投入，一批重点民生工程先后建成并投入使用。不断健全和完善社会保障体系，城乡低保、农村五保实现应保尽保，城镇养老、失业、医疗保险及新农合、新农保基本实现全覆盖，保障水平和筹资标准大幅提高。加大帮贫扶困、医疗救助、法律援助力度，弱势群体权益得到有效保障。加大保障性住房建设力度，中低收入家庭住房条件得到明显改善。素质教育全面实施，各类教育协调发展，城乡教育差距进一步缩小。有序推进医药卫生体制改革，医疗卫生体系进一步健全，基本医疗保障水平显著提高。文化事业健康发展，公共文化体育设施不断完善，极大丰富了群众文化体育生活。群众性精神文明创建活动蓬勃开展，公民思想道德素质明显提升。人口和计划生育、环境保护、综合治理、老龄工作全面加强。

【社会管理创新】 把推进理念、体制、方法创新作为构建和谐旌阳的重要抓手，加强社会建设，充分调动各方面积极性，营造了政通人和的良好氛围。以加强城乡社区管理服务为切入点，强化社区自治，新型社区管理体系初步形成。进一步创新流动人口和特殊人群服务管理，在非公有制经济组织和社会组织实现管理服务全覆盖。深化社会稳定风险评估工作，加大矛盾纠纷排查调处力度，源头防范力度进一步加大。坚持用群众工作统揽信访工作，不断完善矛盾纠纷“大调解”体系，深入开展领导干部大接访、大下访等活动，一批群众最关心最直接最现实的利益问题得到解决，确保了辖区社会和谐稳定。进一步巩固“平安旌阳”创建成果，夯实安全生产基层基础工作，健全公共安全服务体系，应急管理和危机管理能力明显提升，群众安全感不断增强。

【民主法制建设】 人大及其常委会依法履行职权、实施监督的力度进一步加大。人民政协的政治协商、民主监督和参政议政职能得到进一步发挥。爱国统一战线进一步巩固和发展。深入推进依法行政，“六五”普法全面实施，依法治区取得新进展。完善基层群众自治制度，各级各类公开制度进一步健全。工会、共青团、妇联、残联、科协、工商联等群团组织的桥梁纽带作用得到充分发挥。坚持党管武装，国防后备力量建设、国防教育工作进一步加强，“双拥”共建活动成效明显。民族宗教、外事侨务、政策研究、对台、党史、保密、关心下一代等工作得到加强。

【党的建设】 把推进“四个旌阳”建设作为创先争优活动的重点，深入推进基层组织建设年工作，以改革创新精神全面加强党的建设，基层党组织的创造力、凝聚力和战斗力不断增强。全面加强思想政治建设和理论武装，学习型党组织建设深入推进，广大党员的理论素养进一步提高，宗旨意识进一步增强。领导班子和干部队伍能力明显提升，干部人事制度改革不断深化，干部选拔任用机制不断创新，选人用人公信度进一步提高。深入实施人才优先发展战略，扎实推进“省级人才优先发展试验区”创建工作，人才工作取得新进展。深入实施“四大工程”，基层党组织的战斗堡垒作用和党员干部的先锋模范作用进一步发挥。认真落实老干部政治生活待遇，老干部的作用得到充分发挥。党风廉政建设和反腐败工作深入开展，党风廉政建设责任制进一步落实，惩防体系“三化”建设扎实推进。加大廉政文化建设力度，强化反腐倡廉教育，党员干部廉政意识进一步增强，干部作风进一步转变。加大专项治理和案件查办力度，反腐倡廉建设取得新的成效。

领导分工（一）

德市旌委［2012］13号

王　箭：区委书记

主持区委全面工作。

邓　平：区委副书记、区长

协助王箭同志抓好区委工作，主持区政府全面工作。

分管监察、财政、国资、审计、外事侨务、机构编制等工作。

尹显俊：区委副书记

协助王箭同志抓好党的建设，协助王箭同志处理区委日常工作，做好王箭同志交办的其他工作，担任区委统战联席会议、区信访联席会议召集人。

分管统战、工商联、对台、民族、宗教、群众和信访、共青团、妇联、科协、残联、关心下一代、教育等工作。

联系区人大、区政协、驻军及民营经济等工作。

唐　平：区委常委、常务副区长

负责区政府常务工作。

负责住房和城乡建设、防震减灾、国土、交通运输、税务、行政效能建设、政务公开等工作。

协助区长分管监察、财政、国资、审计、外事侨务、机构编制等工作。

分管区政府办公室、住房和城乡建设局、防震减灾局、交通运输局、工业集中发展区管委会、黄河新区管委会、政府法制办、政务服务中心、政府采购中心、国资委、政府目标办、政府应急办。

联系区人大、区政协、国税局、地税局、国土分局、住房公积金旌阳管理部、人武部、驻军等工作。

张朝恩：区委常委

负责武装、民兵预备役、国防动员、国防教育和双拥工作。

分管国防教育训练基地。

王明英：区委常委

负责区委组织部工作。

分管党建、组织、干部、人才、区直机关工委、党校、党史研究室、老干部等工作。

刘　钢：区委常委

负责区委政法委工作。

分管法院、检察院、公安、司法、维稳、社会管理综合治理、防邪、城乡环境综合管理、民政、老龄、防震减灾、人防等工作。

梁仕全：区委常委

负责区委书记、副书记、区委常委政务活动和区委、区人大、区政府、区政协重大活动的综合协调。协助区委书记、副书记处理区委日常事务。

分管区委办公室、政策研究、保密、机要、接待、目标督查等工作。

协调区内天然气开发工作。

邹远骏：区委常委

负责区委宣传部工作。

分管宣传、意识形态、精神文明建设、文化、卫生、体育、广电、新闻出版、文联、社科联、商务、旅游等工作。

谭德明：区委常委

负责工业经济工作，兼任区工业集中发展区党委书记。

分管工业、科技、知识产权、招商引资、工业集中发展区和亭江新区开发建设工作。

耿垣合：区委常委

负责区纪委工作。

分管纪检、监察、党风廉政建设、食品药品监督管理等工作。

联系质量技术监督工作。

杨晓刚：区委常委

负责区总工会工作。

分管黄河新区和旌东新区开发建设工作。

分管区委农工办和城乡统筹、农业、水务、畜牧、林业、供销、扶贫开发、人口和计划生育、移民等工作。

领导分工（二）

德市旌委〔2012〕88号

陈万见：区委副书记

协助王箭同志工作。

唐　平：区委常委、区政府常务副区长

负责区政府常务工作。

负责住房和城乡建设、防震减灾、国土、交通运输、税务、行政效能建设、政务公开等工作。

协助区长分管监察、财政、国资、审计、外事侨务、机构编制等工作。

分管区政府办公室、住房和城乡建设局、防震减灾局、交通运输局、工业集中发展区管委会、黄河新区管委会、政府法制办、政务服务中心、政府采购中心、土地收储中心、国资委、政府目标办、政府应急办。

联系区人大、区政协、国税局、地税局、国土分局、住房公积金旌阳管理部、人武部、驻军等工作。

邹远骏：区委常委

负责区委组织部工作。

分管党建、组织、干部、人才、区直机关工委、党校、党史研究室、老干部等工作。

余　焰：区委常委、区政府副区长

协助梁仕全同志工作。

负责协调处理区内天然气开发中涉及环保、稳定工作，负责联系协调天然气利用工作。

冉晓云：区委常委

负责区委宣传部工作。

分管宣传、意识形态、精神文明建设、文化、卫生、体育、广电、新闻出版、文联、社科联、商务、旅游等工作。

邓勤俭：区委常委、区政府副区长

协助唐平同志工作。

全体会议

【区第四届委员会第二次全体会议】 2012年12月18日，中国共产党德阳市旌阳区第四届委员会第二次全体会议在区委四楼会议室召开。会议审议了区委工作报告（草案）、区纪委工作报告（草案）和区第四次党代会第二次会议有关事项，审议通过了《区委四届二次全体会议决议（草案）》。四届区委委员、候补委员出席会议，不是区委委员的区人大、区政府、区政协领导，区纪委委员列席会议。

常委会议

【四届区委第六次常委会议】 2012年1月9日下午，区委书记王箭主持召开四届区委第六次常委会。会议传达学习了市委经济工作会议精神，审议了2011年目标管理考核、海川物流有限公司灾后重建用地村组群众安置、规范旌海安居置业投资有限公司、黄许镇孝泉镇污水处理厂项目投资人、拨付德阳西部国际商贸城基础设施建设补助、引进石墨烯战略性新兴产业项目等有关事项和干部人事事项，审议了科级领导干部2011年度考核等次评定、市管干部2011年度考核等次评定、提高乡镇工作人员经济待遇等建议方案和《关于贯彻落实党的十七届六中全会精神奋力推进文化改革发展的实施意见》。区委常委参加会议，区人大、区政协主要领导，区委统战部部长，区委群工局局长等列席会议。

【四届区委第七次常委（扩大）会议】 2012年2月1日上午，区委书记王箭主持召开四届区委第七次常委（扩大）会。会议传达学习了七届市委第十五次常委会议精神，审定了旌阳区出席省第十次党代会代表候选人初步建议人选和旌阳区出席党的十八大代表候选人初步建议人选名单。区委常委参加会议，区人大、区政协主要领导，区委统战部部长，区委群工局局长等列席会议。

【四届区委第八次常委会议】 2012年2月16日上午，区委书记王箭主持召开四届区委第八次常委会。会议审议了开展“作风转变年”“项目攻坚年”“产业提升年”“开放突破年”活动、经济工作会表彰、拨付德阳西部国际商贸中心项目扶持资金等有关事项和《关于在创先争优活动中开展基层组织建设年的实施方案》，听取了群众和信访工作汇报。区委常委参加会议，区人大、区政协主要领导，区委统战部部长，区委群工局局长等列席会议。

【四届区委第九次常委会议】 2012年2月21日上午，区委书记王箭主持召开四届区委第九次常委会。会议审议了区委工作规则，区委常委会议事决策规则，全区政法工作会议，推荐“向雷锋同志学习建设社会主义核心价值体系”先进典型，取消德新镇人民政府市级文明单位荣誉称号，推荐四川省宣传系统先进集体和先进个人、命名2011年度区级文明单位，支持大功率铝—空金属燃料电池项目落地转化，2012年城镇基础设施项目，“五一”表彰等有关事项和干部人事事项，审议了《加强乡镇纪检组织建设的实施意见》。区委常委参加会议，区人大、区政协主要领导，区委统战部部长，区委群工局局长等列席会议。

【四届区委第十一次常委会议】 2012年3月8日上午，区委书记王箭主持召开四届区委第十一次常委会。会议传达了全市宣传思想工作会议精神，审议了全区户籍制度改革、华强沟水库建设占地范围人员搬迁安置、区级领导和区级部门定点联系帮扶等有关事项，审议了《社会稳定风险评估实施细则》、《关于进一步加强基层公安队伍建设的建议》、《关于加强农业科技创新和推广推动农业农村发展再上新台阶的意见》、《区纪委四届二次全会工作报告》。区委常委参加会议，区人大、区政协主要领导，区委统战部部长，区委群工局局长等列席会议。

【四届区委第十三次常委会议】 2012年4月5日下午，区委书记王箭主持召开四届区委第十三次常委会。会议审议了拨付德阳西部国际商贸中心项目基础设施建设补助，磷酸铁锂项目，购买德阳市旌能天然气有限公司标准厂房园作为园区中心企业孵化平台，人口和计划生育工作，洛河小区C、D区区域附属工程增加工程量，统一战线工作和关心下一代工作等有关事项，听取了全区二季度信访稳定工作、全区基层党组织运行现状专题调研和2012年财政支出预算等情况汇报。区委常委参加会议，区人大、区政协主要领导，区委统战部部长，区委群工局局长等列席会议。

【四届区委第十五次常委会议】 2012年5月11日上午，区委书记王箭主持召开四届区委第十五次常委会。会议学习贯彻了刘奇葆同志在省委九届十一次全会上的重要讲话精神，审议了调整不占职数的科级非领导职务任职资格条件方案、《旌阳区突发新闻事件应急响应工作实施办法》、《公务员奖励规定（试行）实施意见》以及武警旌阳区中队迁建、区人武部办公区迁建、成立旌阳区互联网信息工作领导小组、全区乡镇（街道）和部门（单位）2012年目标管理绩效考核办法、“挂、包、帮”工作等有关事项，审定了庆“七一”创先争优活动表彰方案，《关于进一步加强党的基层组织建设的意见》，县级班子创“四好”活动规划，区人大、区政协领导同志政治、生活待遇等有关事项，传达了近期全国、全省、全市宣传思想工作相关会议精神，听取了关于做好省第十次党代会期间信访稳定工作的情况通报。区委常委参加会议，区人大、区政协主要领导，区委统战部部长，区委群工局局长等列席会议。

【四届区委第十六次常委（扩大）会议】 2012年5月22日上午，区委书记王箭主持召开四届区委第十六次常委（扩大）会。会议传达学习了四川省第十次党代会精神。审议了表彰妇女儿童先进集体和先进个人、黄许职中和德外小学等有关事项。区委常委参加会议，区人大、区政协主要领导，区委统战部部长，区委群工局局长等列席会议。

【四届区委第十八次常委会议】 2012年6月15日上午，区委书记王箭主持召开四届区委第十八次常委会。会议审议了德阳二中初中部改扩建工程、德阳九中与景福初中整合、姜家桥水库项目勘测设计、“七一”表彰与慰问、机构编制等有关事项和干部人事事项，审议了旌阳区推荐德阳市首届道德模范候选人名单、《中共德阳市旌阳区关于进一步推进学习型党组织建设的意见》，审定了科级领导班子和领导干部年度考核办法。区委常委参加会议，区人大、区政协主要领导，区委统战部部长，区委群工局局长等列席会议。

【四届区委第十九次常委会议】 2012年6月27日下午，区委书记王箭主持召开四届区委第十九次常委会。会议审议了《关于2012年党风廉政建设和反腐败工作的意见》，区法院部分业务用房维修（扩建、改造）立项及经费来源，工业集中发展区部分市政道路工程建设项目工程量和造价增加变更，撤销区广电局党委和区文体局党组、建立区文广新局党委和区旅游体育局党组，在区文广新局和区旅游体育局设置纪检组织等有关事项和干部人事事项。区委常委参加会议，区人大、区政协主要领导，区委统战部部长，区委群工局局长等列席会议。

【四届区委第二十次常委会议】 2012年7月17日上午，区委书记王箭主持召开四届区委第二十次常委会。会议审议了《人才优先发展试验区建设规划》、《关于在全区纪检监察系统开展“能力素质建设、思想作风建设、基层组织建设”主题活动的实施意见》、《领导干部廉洁从政“早发现、早提醒、早纠正”预警实施细则》以及推荐省、市创先争优先进基层党组织、优秀共产党员和示范窗口单位，建设户外应急宣传（视听）平台，四川中融置业有限公司申请2011年度贷款财政贴息等有关事项和干部人事事项，通报了二、三季度信访稳定工作情况，听取了组织工作满意度民意调查准备工作情况汇报。区委常委参加会议，区人大、区政协主要领导，区委统战部部长，区委群工局局长等列席会议。

【四届区委第二十一次常委（扩大）会议】 2012年7月23日上午，区委书记王箭主持召开四届区委第二十一次常委（扩大）会。会议传达学习了温家宝同志来川视察重要讲话精神及全省“两化”互动现场会、刘奇葆书记和蒋巨峰省长重要讲话精神。区委常委参加会议，区人大、区政协主要领导，区委统战部部长，区委群工局局长等列席会议。

【四届区委第二十二次常委会议】 2012年7月27日上午，区委书记王箭主持召开四届区委第二十二次常委会。会议审议了旌阳区干部拟任和交流提拔有关事项。区委常委参加会议，区人大、区政协主要领导，区委统战部部长，区委群工局局长等列席会议。

【四届区委第二十三次常委会议】 2012年8月13日上午，区委书记王箭主持召开四届区委第二十三次常委会。会议审议了区交通局、黄河新区管委会现办公用地招商，全区土地挂钩项目竣工资料编制费，工业集中发展区安置房二期BT项目，工业集中发展区丹江路等市政基础设施项目采用BT融资模式进行建设，旌海商业业务大楼等三个BT项目招商评审，砂石开采专项整治工作等有关事项以及《2012年民生工程实施方案》、《干部因私出国（境）管理办法（试行）》、科级后备干部推荐方案和科级非领导职务干部事项，听取了关于进一步推进宣传思想重点工作的情况汇报和区文明城市创建领导小组办公室关于赴绵阳市游仙区学习考察及进一步推进文明城市创建工作的情况汇报。区委常委参加会议，区人大、区政协主要领导，区委统战部部长，区委群工局局长等列席会议。

【四届区委第二十五次常委会议】 2012年8月27日上午，区委书记王箭主持召开四届区委第二十五次常委会。会议传达了李向志同志在全市民政社会管理暨维护稳定工作会议上的讲话精神，审议了西部国际商贸城区域内丹江街等六条市政道路工程采用BT融资模式进行建设、减免德阳西部国际商贸城城市基础建设配套费和白蚁防治费、创先争优总结表彰等有关事项和干部人事事项以及旌阳区党政机关公务用车配备使用管理实施细则。区委常委参加会议，区人大、区政协主要领导，区委统战部部长，区委群工局局长等列席会议。

【四届区委第二十六次常委（扩大）会议】 2012年9月14日下午，区委书记王箭主持召开四届区委第二十六次常委（扩大）会。会议传达学习了市委常委（扩大）会议精神。区委常委参加会议，区人大、区政协主要领导，区委统战部部长，区委群工局局长等列席会议。

【四届区委第二十七次常委会议】 2012年10月15日上午，区委书记王箭主持召开四届区委第二十七次常委会。会议审议了《关于开展人才优先发展试验区创建工作的实施意见》、《关于进一步加强和改进城市社区党的建设工作的实施意见》以及省级卫生城市复查评审准备工作经费，给予公务员（含参照人员）、公务员集体嘉奖、记功，正科级后备干部和副科级后备干部推荐，2012年统筹公选等有关事项和干部人事事项，审定了2012年度县级班子民主生活会和科级领导班子民主生活会工作方案，听取了关于开展党风廉政建设社会评价工作情况的汇报、"五城联创"工作情况的汇报。区委常委参加会议，区人大、区政协主要领导，区委统战部部长，区委群工局局长等列席会议。

【四届区委第二十八次常委（扩大）会议】 2012年11月20日上午，区委书记王箭主持召开四届区委第二十八次常委（扩大）会。会议传达学习了中国共产党第十八次全国代表大会精神、全市开展"四个年"活动暨重点工作（第三季度）督察推进会议精神，审议了《德阳市旌阳区地震应急预案》、建立旌阳区中心苗圃基地、深圳市风发科技发展公司投资项目、联纵卓越中小企业孵化园投资项目、峨眉山路与洛河路交汇处东南角二宗国有土地因城市规划调整后使用权减少、确定天元镇搬迁安置房工程BT融资模式建设投资中选人、黄许镇城镇基础设施及安置房小区BT建设项目招商评审谈判、确定工业集中发展区市政道路基础设施工程项目BT融资模式建设投资中选人、德阳衡汇投资有限公司搬迁补偿、在区残疾人联合会派驻纪检组、区政协第四届委员会委员增补等有关事项。区委常委参加会议，区人大、区政协主要领导，区委统战部部长，区委群工局局长等列席会议。

【四届区委第二十九次常委会议】 2012年12月12日下午，区委书记王箭主持召开四届区委第二十九次常委会。会议审议了《政府工作报告》等三个报告、《加快产业发展扶持奖励政策》、《德阳市旌阳区干部作风建设问责暂行办法》以及区委四届二次全会，区四届人大二次会议，区政协四届二次会议，增加村（社区）干部基本报酬、办公经费及党员教育培训经费等有关事项和干部人事事项。区委常委参加会议，区人大、区政协主要领导，区委统战部部长，区委群工局局长等列席会议。

重要决策

2012年3月13日，区委、区政府印发了《关于加强农业科技创新和推广推动农业农村发展再上新台阶的意见》（德市旌委发〔2012〕1号）。

2012年1月18日，区委印发了《关于贯彻落实党的十七届六中全会精神奋力推进文化改革发展的实施意见》（德市旌委发〔2012〕2号）。

2012年1月18日，区委印发了《关于进一步加强和创新社区居民委员会建设工作的实施意见》（德市旌委发〔2012〕3号）。

2012年2月26日，区委、区政府印发了《关于开展"项目攻坚年"活动的实施意见》（德市旌委发〔2012〕4号）。

2012年2月26日，区委、区政府印发了《关于开展“产业提升年”活动的实施意见》(德市旌委发〔2012〕5号)。

2012年2月26日，区委、区政府印发了《关于开展“开放突破年”活动的实施意见》(德市旌委发〔2012〕6号)。

2012年2月26日，区委、区政府印发了《关于开展“作风转变年”活动的实施意见》(德市旌委发〔2012〕7号)。

2012年4月16日，区委、区政府印发了《关于2012年人口和计划生育工作的意见》(德市旌委发〔2012〕8号)。

2012年6月27日，区委、区政府印发了《关于2012年党风廉政建设和反腐败工作的意见》(德市旌委发〔2012〕9号)。

2012年11月21日，区委、区政府印发了《关于推进全区户籍制度改革加快城镇化进程的意见》(德市旌委发〔2012〕10号)。

办公室工作

【年度特点】 2012年，旌阳区委办公室在区委的正确领导和市委办公室的大力支持下，高举中国特色社会主义伟大旗帜，以邓小平理论、“三个代表”重要思想、科学发展观为指导，全面贯彻落实党的十七届六中全会、十八大和省委、市委全体会议精神，切实做好公文处理、会议办理、信息、督查、政研、行政后勤工作和代管工作，求真务实，开拓创新，各项工作均取得了新的成绩。

【公文处理】 严格执行《中国共产党机关公文处理条例》，做好收、发文办理和公文的管理、保密、归档工作，及时、迅速签收电子公文。严格遵循《中共四川省委机关公文处理实施细则》，坚持实事求是的原则，2012年起草各类文件296个。做好报告、重要文稿、汇报材料的起草工作，文稿起草之前均首先集体研究拟定提纲，并进行讨论，部分文稿还经区委主要领导亲自组织修改。及时整理编印下发领导的重要讲话，编发《工作简报》7期。重视办文办会办事留档存案，做到领导交办事项、电话及会议记录完整。

【会议办理】 全年承办全区性大会10余次、区委常委会24次、区委全委会1次、党代会1次及其他工作会议10余次。在参与的重大活动中，提前介入，精心组织，明确责任，狠抓落实，注意协调好各方关系，保证活动圆满进行。在接待工作方面，按照热情、周到、节俭的原则，增强主动性，全方位周密考虑，协调服务。

【信息工作】 高度重视信息工作，明确分管领导，确定专职人员，建立评比表彰、信息采用定期通报等制度，严格执行信息审签制度，开展信息调研工作，形成有部署、有督查、有落实、有反馈的信息工作体系，完成了市委下达的信息工作目标任务。全年编写报送《旌阳区信息》113期，其中信息349条、简讯339条，被省、市信息刊物采用107条。编写报送《情况快报》82期。

【督查工作】 一是抓好决策督查。围绕中央、省、市、区重大决策部署和宣传贯彻落实党的十七届六中全会、十八大、省第十次党代会、市第七次党代会、区第四次党代会等重要会议精神进行督查。二是搞好区委、区政府中心工作督查。开展了“四个年”活动工作督查、文明卫生城市创建工作督查、砂石开采整治工作督查。为推进砂石开采整治专项工作，区委目督办深入现场督查10余次，发放督查通报和简报7期。针对全区文明卫生城市创建、城乡环境综合治理等工作开展暗访13次，根据实际督查情况形成督查通报8期。三是办好领导批示件的办理督查。全年督办领导批示件309件，办结309件，办结率100%。四是抓好干部纪律和机关行政效能督查。对领导干部在岗带班，通讯畅通情况进行了6次突击检查，对个别干部通讯不畅，值班情况较差的单位在全区范围进行通报批评。

【政研工作】 一是组织完成了大力推进

“两化”互动发展的调查与思考、浅谈旌阳区非税收入管理的现状和改进办法等19个区级重点调研课题，并均已形成调研报告，其中部分建议被区委决策采纳。二是围绕区委阶段重点工作，结合旌阳区实际，开展了旌阳区农民专合组织发展、医疗体制改革、乡村卫生队伍建设情况等专项课题调研，为区委决策提供了依据和参考。三是坚持把为中央和省委、市委领导及有关部门来旌阳区调研做好服务工作作为重要职责。四是参加省委、市委开展的优秀调研文章评选活动，组织了5篇调研文章上报参加评选。全年撰写或整理调研报告19余篇，编发《调查研究》6期，有5篇调研文章被市委机关刊物《调查与决策》刊用。

【代管工作】 一是完善目标管理办法和考核激励机制，配强目标管理考核办公室人员，统筹协调全区目标管理工作；对全区各乡镇、街道、部门87个单位逐个分解下达年度目标任务，实行年终考核、半年考核与日常考核及重点工作督查相结合，促进全区各项工作的高效开展。二是突出抓好保密法规的学习宣传，完善保密制度，配置保密设备，加强了国家秘密载体、涉密计算机的管理，强化对各类国家统一考试的保密监督。三是执行《密码工作条例》，狠抓机要局各类规章制度建设，改善机要局的办公条件，及时、准确地完成各种密码传真电报的收发。四是区台办的基础工作建设，做好对台宣传、涉台教育和台属工作。各项代管部门工作都较好地完成了省市下达的目标任务。

（张　鸿　黄建元　涂　寓　王　宁　张小峰　彭晓佼　胥　超）

纪检·监察

【年度特点】 2012年，全区纪检监察工作坚持以邓小平理论和“三个代表”重要思想为指导，全面贯彻党的十八大和十七届五中、六中全会以及中央、省、市纪委全会精神，紧紧围绕区第四次党代会确定的经济社会发展目标，深入贯彻落实科学发展观，切实履行党章赋予的职责，严格执行党风廉政建设责任制，全面推进惩防体系建设，着力转变干部队伍作风，继续强化监督检查和行政效能建设，持续加大案件查办力度，不断加强自身建设，全区党风廉政建设和反腐败斗争取得了新的成效。

【区纪委四届二次全会】 2012年3月14日，区纪委召开四届二次全体会议。区委常委、区纪委书记耿垣合代表区纪委常委会作《严守党的纪律，维护党的纯洁，奋力开创全区党风廉政建设和反腐败工作新局面》的工作报告，全面回顾区第四次党代会以来全区党风廉政建设和反腐败工作，并提出今后的工作建议。会议审议并通过区纪委常委会工作报告和区纪委四届二次全体会议决议。

【区纪委四届三次全会】 2012年12月13日，区纪委召开四届三次全体会议。会议以认真学习领会党的十八大精神为主线，由区委常委、区纪委书记耿垣合代表区纪委常委会向全会作《严肃党的纪律，建设廉洁政治，以创新务实精神深入推进党风廉政建设和反腐败工作》工作报告。报告总结回顾了2012年全区反腐倡廉建设工作，安排部署2013年工作重点。区纪委委员审议并通过区纪委常委会工作报告及决议。同时，邀请市纪委宣教室主任向彤剑就学习贯彻党的十八大精神进行了宣讲。

【惩防体系建设】 坚持以《中共中央建立健全教育、制度、监督并重的惩治和预防腐败体系实施纲要》和《中共中央建立健全惩治和预防腐败体系2008—2012年工作规划》为指南，深入推进惩防体系基本框架构建科学化、廉政风险防控管理规范化、健全长效机制制度化的“三化”建设，将惩防体系“三化”建设纳入全区工作整体规划，把7个支撑体系中24个组成内容120项牵头任务分解到17名班子成员，落实到45个牵头和协办部门。全区各级纪检监察组织充分发挥组织协调作用，把惩防体系建设与落实党风廉政建设责任制结合起来，先后召开各类业务培训会5次，做到责任落实常态化、完善创新常态化、监督检查常态化。全区各单位框架结构和组成要素基本统一，支撑体系结合实际特色鲜明。

【廉政风险防控管理】 加强权力运行监督制约、源头治理预防等7个支撑体系的制度建设，构建起拒腐防变的廉政教育、维护民利的纠风治乱等五项长效机制。探索建立廉政风险防控标准，实现廉政风险点查找、定级的规范化管理。对可能引发腐败的苗头性、倾向性问题进行风险提示、诫勉谈话和责令纠错，健全早发现、早提醒、早纠正预警机制。2012年，全区各乡镇和部门清理职权2804项，查找廉政风险点3967个，廉政风险“A计划”工程扎实推进。

【党风廉政建设责任制】 坚持和完善反腐败领导体制和工作机制，把党风廉政建设101项工作任务分解落实到17名区委、区政府分管领导，明确31个牵头单位的职责和任务，形成“一级抓一级、层层抓落实”的工作运行机制。贯彻落实中央《关于实行党风廉政建设责任制的规定》，把贯彻执行《廉政准则》作为落实党风廉政建设责任制的重要手段，严格执行领导干部个人有关事项报告、述职述廉、诫勉谈话、问责等制度，为评先评优和拟提拔任用干部出具廉政意见687人次。“勤廉双诺双述双评”及村民询问质询等制度，深入推进党务、村务及财务公开等工作，试点推进资金、资产、资源信息化监管新模式，加强农村集体“三资”管理。制定村（居）监委会工作考核办法，落实和兑现全区186个村（居）监委会奖励经费159.80万元。

【作风建设】 通过召开推进大会、制定实施方案、张贴海报、编印简报等多种形式，为“作风转变年”活动营造浓厚的活动氛围。各乡镇、街道及部门“一把手”在区电视台作“书记谈作风、高位谋发展”的公开承诺，引起广泛的社会关注。围绕“领导干部、权力部门、关键岗位、基层一线”4个重点对象，深入开展“大讨论”和“开门评风”活动，查找相关问题135个，收集整理70余条并全部落实。结合查找的问题加强长效机制建设，形成领导责任挂钩、重点项目推进、重点工作督查、年度目标考核、工作落实奖惩及社会群众评价等六项制度机制。开展联系和服务群众各项工作，全区机关干部职工以各种形式为群众“面对面”做好事1200余件。全区8500余名基层群众、管理服务对象参加“千人评风活动”，74个部门综合测评平均满意度为98.39%。出动27批150余人次开展作风督查，发出督查通报8期，提出整改意见50余条，发现并纠正问题50余个，提醒谈话6人，问责处理3人。

【反腐倡廉宣传教育】 针对换届后的工作实际，通过组织全区400余名科级领导干部观看警示教育片、开展知识测试、读剖析材料、听廉政党课等形式进行集中廉政教育，对新任职领导干部开展任前廉政谈话150余人次。利用廉政短信和飞信平台，给各级党员干部发送廉政短信3余万条次。制作、悬挂和播放大型廉政公益广告10余幅（部），各级新闻媒体刊发宣传报道80余篇，编印《廉政党课优秀讲稿选编》，免费赠送给全区各级党政领导干部。制发廉政文化建设实施意见和示范点建设标准，打造东湖乡、天元镇王谊村、工农街道金江街社区等一批示范点，全力推进全区廉政文化“八进”活动。《基于德育方法创新的学校廉洁教育策略研究》课题获德阳市优秀教育科研一等奖。

【专项治理和纠风工作】 开展“三公”消费和工程建设领域突出问题治理，全面推行“公务卡”制度改革，实施领导干部个人收入申报和家庭财产登记制度。落实公务用车配备使用管理办法，纠正超编制、超标准配车和违规借车问题30个。“小金库”治理工作顺利通过上级评价验收。督促落实改善和保障民生政策，建立健全纠正损害群众利益突出问题工作联席会议，组织相关部门对涉农、涉教及涉及民生等收费情况开展监督检查，清退各项违规收费25.20余万元。规范庆典、研讨会和论坛活动的报批程序和机制。对10个重点执法部门政风行风建设情况开展回访复查，在全区12个部门的136个基层执法站所召开民主评议测评会，7000余人参与测评，满意度达97%以上。及时处理群众投诉6件，并对相关责任人进行问责。

【执法与效能监察】 围绕贯彻实施“十二五”规划和加快转变经济发展方式开展重点监督检查，对工程建设领域突出问题、安全环保等法律法规执行、全区38个行政执法单位实施行政执法以及农机购置补贴工作等情况开展专项检查。聘请梁双庆等6个党派的7名人士为第二届特邀监察员，制定工作规范，开展业务培训，先后3次组织其对全区各级各部门开展“四个年”活动等情况进行专项督查。围绕重点项目推进、五城联创等区委、区政府中心工作开展效能督查，深化政务服务中心标准化建设，继续推进电子政务大厅建设，加大电子监察力度，拓展延伸检查范围，强化窗口部门督查问责。开通“96960”行政效能投诉电话和“效能微博”投诉，受理群众电话投诉18件。

【招投标监督】 区招监委办组织招监委成员单位进行《招投标法实施条例》、《德阳市国家投资工程建设项目动态跟踪监管系统一线监管实施方案》等的集中学习和专题讨论。先后两次组织召开系统操作业务培训会和工作推进会，开展招投标案例警示教育。组织对22个投资总额2.57亿元的政府投资建设工程项目施工招标文件和政府采购文件进行会审；牵头组织对8个项目的BT招商公告和招商文件进行会审；对11宗成交价为1.69亿元的国有土地和国有资产出让活动进行监督，累计增加收入4374.71万元，增收率34.85%；对35个项目开展“一线监管”，发现问题100余个，发出整改通知32份；牵头组织调查处理招投标投诉12件。

【砂石开采专项整治】 按照区委、区政府《关于开展砂石开采专项整治行动的通知》要求，区监察局牵头，成立由区国土、水利等职能部门共同参与的砂石开采专项整治工作领导小组清理整顿组。结合实际制定全区砂石整治方案，制定工作流程，制作违法违规问题登记、清理整顿通知书等11个文书材料，印制砂石运输管理单，制发《旌阳区砂石场（点）整顿意见落实工作责任表》和《旌阳区鱼池设施建设规范性要求》，按“一点一策”制定和落实具体整顿意见，并加强对各砂石场（点）履行清理整顿相关承诺情况的督促检查。全区共清理、整顿和规范砂石开采、加工、交易场（点）48家，有力地打击无证开采、破坏耕地（林地）开采、破坏河道开采等违法行为。

【案件查办】 探索联组办案和交叉办案模式，全面推行乡案区审，提升查办案件的工作能力和水平，先后查处农村基层干部套取财政专项资金和失职渎职案等一批发生在群众身边的违法违纪案件。2012年，受理群众投诉举报81件，开展信访监督10件10人，预警谈话2件2人，诫勉谈话3件3人，党政纪立案36件38人（其中乡镇纪委立案25件25人），给予党政纪处分31件31人，移送司法机关处理2件5人，追缴违纪款30余万元。

【干部队伍建设】 利用视频会议系统，组织参加中央、省、市业务知识培训；开展新任纪检监察干部集中廉政教育，规范履职行为。2012年，培训基层纪检监察干部820余人次，轮训村（居）监委会成员633名。在乡镇（街道）设置行政监察室。提拔副科级领导干部1名，调出干部2名。12月，原党风廉政建设室副主任曾飞龙被提拔为天元镇副镇长；6月，阳岳峻调至市民宗局。

【基层纪检监察组织建设】 在村（居）党支部设置纪检委员，党小组设置纪律员；全区所有村（居）均已建立监委会，同时在村（居）民小组设廉情监督员，丰富纪检监察组织的“神经末梢”。中央纪委副书记黄树贤，省委常委、省纪委书记王怀臣，市委书记李向志等领导先后到旌阳区调研指导，对基层纪检监察组织建设工作给予高度评价。

（张　弢）

组织工作

【年度特点】 2012年，全区组织工作在区委的坚强领导下和市委组织部强力指导下，坚持“高效、规范、精细、创新”工作理念，把握迎接党的十八大和省第十次党代会“一条主线”，抓好基层组织建设年和组织工作满意度“两件大事”，实施干部能力素质提升、干部人事制度改革深化和人才优先发展试验区“三个重点”，深入开展新思路、新举措、新形象、新业绩“四新活动”，为建设“四个旌阳”提供坚强的组织和人才保证。

【基层组织建设】 落实“书记抓、抓书记”的工作要求，全面推行基层党建区、乡镇（街道）、村（社区）三级联述联评联考联用制度。做好党的十八大和省第十次党代会代表推荐提名工作，制定党代表推荐提名实施方案，先后组织召开专题研究会2次。以“迎接党代会、争创新业绩”为主题，推进“先锋模范四项工程”，结合机关干部直接联系服务群众工作启动后，全区32名区级领导每人联系1个乡镇（街道）、1个村（社区）、1户贫困户、1个重点企业和1名专家人才，发挥了基层党组织的战斗堡垒作用和共产党员的先锋模范作用。分层次对各领域基层党组织开展现状大调查，评定出一类党组织260个，二类党组织384个，三类党组织70个，占9.80%，全面推行“一、三类党组织结对”、“区内党组织与区外党组织结对”等结对共建活动，并选派70名党务工作经验丰富的领导干部、退职干部到三类党组织担任“第一书记”，所有整改事项进行台帐管理，实行销号整改，基层党组织整改率达90%以上。重点抓好非公企业和社会组织党组织的规范化建设和党员队伍建设，推进社区“网格化管理、组团式服务”，建成4个标准化的街道党员服务中心、76个服务设施齐全的社区综合服务站和党员服务点，面向居民推行“一站式”、“跟踪式”服务。

【领导班子和干部队伍建设】 按照大规模培训干部的要求，强化主体班次培训，围绕“项目攻坚年、产业提升年、开放突破年、作风转变年”活动的总体目标，结合干部培训需求，加大与各部门合作力度，共同整合培训资源，使基层干部队伍的整体素质和应对复杂问题的能力得到提高；贯彻落实“作风转变年”活动有关要求，开展干部作风专项督查15批次，整改问题50余个，为干部监管的规范化提供依据；继续推行“领导接待日”制度，定期安排各级领导干部倾听民声、为民解忧；严格实行科级领导干部个人事项报告制度，出台《德阳市旌阳区干部因私出国（境）管理办法（试行）》，对干部申请事由、具体去向、停留时间严格把关，做到区处级、乡科级干部全覆盖；以考准察实为目标，探索将日常考核与年度考评相结合、将定性评价与定量评价相结合、将班子成绩与个人评价相结合的新方式、新手段。

【人才队伍建设】 实施统筹城乡人才发展计划，推进“科技兴农遍地开花”工程，整合12个涉农部门资源，聘请21名田秀才、土专家作为农民专家服务团、科技特派员，主动指导农业产业发展，促进第一产业快速发展；实施工业强区人才助推计划，推进新材料科技企业创业园建设，完成创业园ABC三个区域挂牌工作，推进“人才发展平台构建”工程，促进第二产业快速发展；实施现代服务人才支撑计划，推进“文化艺术名家培育”工程，组建专兼职群众文化活动辅导员队伍70余支，组建党团员志愿者队伍65支。

【远程教育工作】 全区有75个社区（居委会）被纳入“特殊党费”结余资金援建远教站点项目，75个远教站点已全面竣工并投入使用。区委高度重视对远程教育拓展功能的创新，在旌阳电视台开辟《远教之光》党员教育电视专用频道，开通“远程教育手机报”，将全区2万余名党员的手机号码全部纳入手机报发送对象，建成远程教育专用网和互联网相结合的网络体系，采购和安装党建视频会议系统，实现远程教育上手机、上电视、上互联网、上视频的“四上”目标。9月，全区启动了党员干部现代远程教育“优秀示范站点”、“优秀站点管理员”和“优秀学用标兵”推选工作，推选省级“三优”对象1个，市级“三优”对象5个。

【自身建设】 建立完善全员信息员、信息周报、通报公示和工作考核九项组工信息工作制度，推进信息工作上水平、上台阶。2012年，全区上报组工信息专报300余期、图片信息300余期，编发《旌阳组工信息》100余期，完成市委组织部和区委下达的信息调研任务。开展“开门评部”活动，通过更新部机关网站、设立部长电子信箱、实行部领导接待日制度，推行一周要情公示制，开办组工业务讲坛16期，安排6名组工干部到浙江大学跟班学习，动员6名组工干部攻读在职研究生，提升组工干部能力素质。

（贯仰富）

宣传工作

【年度特点】 2012年，全区宣传思想工作在区委的正确领导下，全面贯彻党的十八大、十七届六中全会和省第十次党代会精神，高举中国特色社会主义伟大旗帜，以邓小平理论和“三个代表”重要思想为指导，深入贯彻落实科学发展观，按照“高举旗帜、围绕大局、服务人民、改革创新”的总体要求，紧紧围绕区委、区政府中心工作，在理论武装、舆论引导、文明创建、文化惠民、文化产业等各方面都取得新进展，为深入贯彻德阳市委“一三五八”、旌阳区委“四个旌阳”发展战略提供了强有力的思想保证、精神动力、舆论支持和文化条件。

【理论学习】 以中心组学习为龙头，以学习型党组织建设为抓手，确保理论武装取得新成效。拟定《中共德阳市旌阳区委中心组2012年度理论学习安排意见》并由区委下发，制定下发了《2012年全区干部理论学习安排意见》和《中共德阳市旌阳区委关于进一步推进学习型党组织建设的实施方案》。建立“导学、督学、用学、述学、评学、奖学”六项制度，构建区委中心组—党委（党组）—党支部—党员“四级联动体系”。组织了十八大精神、十七届六中全会精神、省第十次党代会、2012年中央一号文件、全国全省宣传部长会议、全国经济工作会议、省市区经济工作会议、市委“一三五八”战略、文化体制改革等主题学习活动。全年编发中心组学习资料4期、《旌阳宣传》33期，推荐学习书目20余册，党员干部参学率99%。推进党的十八大精神学习宣传工作，制定下发《关于学习宣传贯彻党的十八大精神的意见》等文件，以指导各级党组织当前和今后一个时期十八大精神宣传工作。以区委宣讲团为主载体，以9个宣讲分团和15支理论宣讲小分队为主力军，开展十八大精神理论宣传，在全区各村社、机关、企业、学校等地开展集中宣讲活动近百场，编发学习宣传党的十八大精神工作简报18期。

【精神文明建设】 开展创建四川省第三届文明城市工作。利用报纸、电视、电台、微博、互联网等媒介，采取宣传手册、宣传画、LED显示屏、宣传橱窗、大型公益广告、调查问卷等形式，纵深推进文明城市创建宣传教育工作，圆满完成2012年创建工作任务。策划组织“公民道德建设宣传月”活动，全区各乡镇、街道，区级各部门捐赠各类资金、物品10万余元，发放各类宣传资料9万余份，举办宣传橱窗90余档，制作相关新闻节目30余条。加强未成年人思想道德建设。制定并印发了《2012年旌阳区未成年人思想道德建设工作实施意见》，明确各责任部门职责和任务分工，开展“做一个有道德的人”美德少年评选等主题实践活动；开展净化社会文化环境工作，“扫黄打非”、“网吧和电子游戏厅整治”等重点专项活动，加大文化市场检查力度，全面落实巡查制度，为未成年人健康成长提供一个绿色空间。深入推进农村精神文明建设，广泛开展“星级文明户”、“文明家庭”创评活动，加强文明单位、文明村镇、文明社区等文明细胞建设，促进农民思想道德素质进一步提升。

【对外宣传】 全年在各级主流媒体策划推出专题宣传报道30余篇（次）。全区各级组织和单位在中央、省、市主流媒体刊发新闻宣传稿件 1800余篇（次），其中，国家、省级主流媒体刊播230余篇（条），策划制作《旌阳》主题邮册400余份，举办《奋进旌阳，辉煌巨变》大型主题展览，摄制《大孝故里，大美旌阳》等形象宣传片3部。开通“微旌阳”、“旌阳发布台”政务微博和旌城手机报等新媒体，以贴近群众的信息内容设计和网络的语言文字，及时回应网络关切的民生问题，初步建立起旌阳区互联网宣传新格局。完善全区新闻管理和应急响应制度体系，制定并下发《关于完善新闻发言人制度的规定》、《旌阳区对外宣传联席会议制度》、《关于开展清理互联网不良信息活动的通知》、《关于加强网络舆情引导、应对、管理的通知》等指导性文件。协调组织重大外宣活动，为学习宣传党的十八大精神、建党91周年、建国63周年、区四次党代会、公共文明指数测评、五城联创、双东民俗文化赏花节、孝文化旅游周、川渝山地自行车挑战赛等重大活动，营造浓厚的社会舆论氛围。策划制作大型公益广告牌30余块，张贴、悬挂固定标语800余幅，插道旗1000余面，做好了征兵宣传、禁毒宣传等社会宣传工作。

【群众文化】 加强社区和乡镇综合文化站（室）、农村文化墙、社区文化长廊、农民健身路径等公共文化服务设施的建设使用和管护，构建“城镇一刻钟文化圈”、“农村半小时文化圈”，丰富群众文化活动内涵，满足群众精神文化需求。截至2012年年底，全区建成村级文化活动室106个、社区文化活动室52个、农村书屋106个、文化信息资源共享工程服务点182个、文化广场7个、农民健身工程村15个、全民健身路径33条，全区农村村级文化体育服务网络架构基本形成。建成规范化村广播室87个，完成11个乡镇的广播联网工作，建起5个乡镇广电服务中心，组建6个电影放映队，完成农村公益性放映1700余场，观众达50余万人次。成功举办孝文化旅游周、健康养生活动月、孝泉“上九会”、双东民俗文化赏花节等特色文化活动；开展“三下乡”、“四进社区”、“家庭才艺大赛”、“社区优秀文艺节目展演”、“炫舞旌阳”舞蹈大赛、“送川剧下乡”等群众性文化活动。2012年开展“三下乡”、“四进社区”大型活动10余场次，捐赠资金和物资50余万元，开展义检义诊2万余人次，发放科技和宣传资料40万余份，送图书近10万册，开展科技、法律咨询5万余人次，张贴宣传标语（画）3万余张，举办宣传橱窗200余期。深入挖掘和培育基层文艺队伍和文艺人才，全区乡镇街道有200余支文艺文体队伍和3600余名文体骨干，组织创作《火红的旌阳》、《我是一名社区主任》等一大批高质量文艺节目。

（苏晓磊）

统战工作

【年度特点】 2012年，区委统战部在区委的正确领导和市委统战部的大力指导下，坚持以邓小平理论、“三个代表”重要思想和科学发展观为指导，以大团结大联合为主题，以深入开展“四个年”活动为契机，紧扣德阳“一三五八”发展战略和区委建设“四个旌阳”的总体目标，充分发挥统一战线的自身优势，不断开创全区统战工作的新局面。

【重要会议】 在第六次区委统战工作联席会议上，传达了《中共中央关于加强新形势下党外代表人士队伍建设的意见》和全市统战工作会议精神，研究了建立区委、区政府非公有制协调联席会议和旌阳区非公有制经济服务中心有关事项，审定了《旌阳区少数民族流动人口服务与管理工作的意见》等；筹备召开了各界人士迎春团拜会和半年情况通报会；以区委、区政府名义召开了6次党外人士座谈会、党外代表人士对话会和政治协商会；组织全区各民主党派基层组织、工商联负责人专题学习胡锦涛总书记在省部级主要领导干部专题研讨班发表的重要讲话；组织民主党派、工商联负责人和其他方面代表人士专题学习了中共十八大精神。

【民主党派】 2012年，全区6个民主党派共有成员173人（不含民进德阳中学支部成员和部分党派市属支部在旌阳区的成员），另有中国致公党党员2人。各民主党派基层组织现任主委为：民革旌阳总支主委为副区长罗春华、民建旌阳支部主委为区交通局副局长李松发、民进旌阳支部主委为区文体局副局长金燕、民盟旌阳支部主委为区老龄委办主任米明芳、九三学社旌阳支社主委为区畜牧局局长蒲江涛、农工民主党旌阳支部主委为区农业局副局长范云聪。从2012年起，各民主党派基层组织主委，凡已担任副科级领导职务满3年，未担任正科级领导职务的，全部享受正科级领导干部待遇。各民主党派基层组织活动经费逐年增加。推荐近20人参加市委统战部在德阳社会主义学院举办的党外人大代表、政协委员进修班等培训班学习。组织全区各民主党派基层组织赴山西省就文化改革发展进行了专题学习考察，并形成考察报告，供区委决策参考。

【党外干部】 继续抓好党外干部的选拔、推荐、安排、使用及常规管理工作。2012年，区委共安排8名党外干部担任副科级以上实职领导干部。全区科级领导岗位配备有党外领导干部36名，其中，正科级领导干部3名，在全市名列前茅。加强对党外后备干部队伍的培养，全区有副县级党外后备干部2人，正科级党外后备干部2人，副科级党外后备干部41人。加大党外干部教育培训力度，推荐30余名党外干部、党外代表人士参加学习培训，并协助民主党派、工商联培训干部2次。坚持政治上多要求，工作上多支持，生活上多关心，全区无党外干部违法乱纪事件发生。

【工商联队伍建设】 2012年，组织建立了旌阳区工商联柏隆分会、旌阳区房地产同业商会、旌阳区钢材炉料同业商会，创新建立了“旌阳区非公有制企业服务中心”。区工商联现任主席、副主席21人，执委56人（其中担任市、区人大代表、政协委员43人）；有（乡镇）工商联分会5个（孝泉、黄许、天元、扬嘉、柏隆），行业商会4个（机械同业商会、钢材炉料商会、房地产商会、煤炭协会）；有会员267名，其中团体会员9户。

【“两新”组织管理】 一是切实抓好新经济组织和新社会组织（简称“两新”）组织党建工作。2012年，全区规模以上非公有制企业和规模较大企业基本实现了党组织全覆盖，已建立党组织233个，其中党委4个、党总支2个、单独建党支部168个、联合建党支部59个，党员2147人。在全区创先争优总结大会上，全区有13个非公有制企业党支部被评为“创先争优先进基层党组织”，5名非公有制企业主被评为“创先争优优秀党务工作者”，19名非公有制企业人员被评为“创先争优先锋模范党员”。二是加强对非公有制经济人士的教育培训。2012年3月1日，区委统战部、区工商联在国锃宾馆举行非公有制经济工作培训会，全区200多名非公有制企业主参加了培训，会议就宏观经济形势、银企对接、政务服务、民间借贷中的风险防控等作了讲解；8月，区委统战部、区工商联举行非公有制企业主政策法规知识培训会，70余名非公有制企业主参加了培训；9月，组织旌阳区部分工商联会员企业赴天津经济技术开发区参观考察，在考察报告中，针对旌阳区实际，提出了推动经济发展“三要”（要着力打造产学研对接平台，要下大功夫不断完善投资环境，要努力夯实人才引进培育平台）的建议，受到区委王箭书记的批示肯定。2012年4月25日，旌阳区委、区政府在区文体中心召开庆祝“五一”国际劳动节暨表彰大会，表彰了全区10名“优秀中国特色社会主义事业建设者”。

【帮扶工作】 为孝感镇和平村、共和村和联合社区贫困老党员和贫困户送去2.50余万元慰问金；引导非公有制企业捐赠资金10万元，为和平村3组修建通户道路；帮助2户贫困户解决子女学费2.40万元，并帮扶联合社区修建社区文化活动中心。

【信息调研工作】 2012年，区委统战部报送的信息中，被区委采用30条，被德阳市委统战部采用25条，被德阳市政府采用2条，被《德阳日报》采用1条，被四川统一战线采用6条，被四川省民委采用3条。进行调查研究工作，编辑情况反映9期。在深入旌阳区非公企业调研后，形成的《旌阳区机械行业发展现状堪忧》、《旌阳区非公有制企业发展现状及对策建议》的调研文章引起了王箭书记、邓平区长的高度重视，并受到市委统战部的好评，被转发至各县市区统战部学习。在赴天津经济技术开发区学习后，形成的《关于赴天津经济技术开发区参观考察的情况报告》受到市委统战部、区委主要领导的好评。九三学社旌阳支社围绕旌阳区社会和经济发展的相关问题，有针对性地开展调查研究，撰写的《德阳市旌阳区现代畜牧业发展情况的调研报告》受到区委领导的好评。

（邹　莉）

党史与地方志

【年度特点】 2012年，区委党史研究室、区地方志办公室在区委、区政府的正确领导下，在市委党史研究室和市地方志办公室的指导下，以求真务实的工作作风，以对历史高度负责的工作态度，切实抓好各项工作，圆满完成工作目标任务，取得了较好的成绩。

【党史工作】 一是做好《中共旌阳历史》的编修工作。在2011年的基础上，对已经形成的《中共旌阳历史（1921—1984年）》（第一卷）的初稿，组织编纂人员采取深入实地调查，走访当事人等多种方式，查阅大量资料，并对收集的资料反复比对，集体研讨，在2012年7月形成《中共旌阳历史（1921—1984年）》（第一卷）征求意见稿。并送所有编纂委员会成员（含原德阳县、德阳市中区、旌阳区部分老领导），区级各部门党委、党组和乡镇（街道）党委（党工委）征求完意见，下一步组织力量对征求到的意见进行梳理，着手修改，做最后打磨；《中共旌阳历史(1985—1996年)》（第二卷）全面展开资料的搜集、查阅工作，并逐步开展编纂工作。二是2012年7月《裂变—旌阳抗击“5·12”特大地震和灾后重建纪实》正式出版发行。三是做好《旌阳区区级领导干部名录》的编纂工作。该书稿所涉及的内容，自1949年起到2011年年底，时间跨度60余年，涉及人物数百人。从德阳县到德阳市市中区再到德阳市旌阳区，人事变动较为频繁，有的个人档案已远在外地，查阅工作难度较大。2012年，区委党史研究室在组织摸清全区历任县级领导干部底数的基础上，正有序开展此项工作。

【地方志工作】 一是做好《汶川特大地震旌阳抗震救灾志》的编纂工作。通过近3年的努力，2012年12月完成《汶川特大地震旌阳抗震救灾志》的初稿编纂工作，并向全区发出征求意见稿，广泛征求意见。二是做好《德阳市旌阳区年鉴（2012)》的编纂工作。2012年8月，完成资料收集、整理和组稿工作，并通过区政府审定；10月，按程序做好出版、发行工作。同时完成《四川年鉴》、《德阳市年鉴》的资料报送工作。三是撤并乡镇志的编纂工作。2012年在完成《袁家镇志》审定工作的基础上，《东泰镇志》、《孟家镇志》的编纂工作进展顺利，完成初稿的修改和征求意见工作，并对书稿进行终审，力争年底定稿。

【帮扶工作】 2012年，区委党史研究室、区地方志办公室主任胡凤斌组织开展“挂、包、帮”和“面对面”做好事活动。一是春节来临之际，到帮扶村和新镇福兴村，看望吴世金、郑和安、陈婆婆3户困难家庭，并分别为各户家庭送去40斤大米、5千克食用油和200元慰问金；二是在重大节假日期间，为和新镇福兴村残疾人邓太全、东湖乡黄河社区癌症病人黄龙云送去大米150斤、食用油15千克和慰问金1500元。并针对黄龙云的情况，联系相关部门为其申请办理医疗救助；三是在春播之际到帮扶村看望了郑和安、何前礼、何前才3户困难家庭，并为各贫困家庭送去300元慰问金，用于购买肥料、农药和种子。

【史志队伍建设】 2012年组织全体编辑人员学习《中共中央关于加强和改进党史工作的意见》、《国务院地方志工作条例》以及党的十七届六中全会和十八大会议精神，从思想上引起重视，以高度的历史责任感，本着对历史负责的态度，开展党史、地方志的编修工作。全年举办各次各类学习、研讨会20余次；1人次受市委表彰；在两年一度的四川省社会科学奖评选中，《旌阳年鉴（2010）》荣获三等奖，《孝泉神韵》荣获优秀奖；党史工作，受到德阳市委肯定；在全市党史工作会上，旌阳区委被德阳市委授予“2007—2011年度党史工作先进单位”称号。

（黄海英）

保密工作

【年度特点】 2012年，区保密局在区委、区政府的领导下，在市保密局指导下，坚持以邓小平理论和“三个代表”重要思想为指导，紧紧围绕区委、区政府中心工作，以“四个旌阳”发展战略为主题，突出重点，狠抓宣传，强化管理，加强防范，为促进旌阳区经济、科技、文化和社会稳定起到了积极推动作用。

【加强保密工作领导】 在区委常委（扩大）会和全区干部会上传达《德阳市“十二五”时期保密事业发展规划》，为全区“十二五”期间的保密工作指明方向；调整保密委领导班子和专（兼）职保密干部，健全工作机构，使保密工作与其他业务工作同安排、同检查，做到有领导分管，有人处理日常事务工作；区委常委、区保密委主任梁仕全高度重视保密工作，经常听取保密工作情况汇报，主持保密工作安排部署会议；制定2012年全区保密工作要点和保密工作目标考核责任制，将保密工作纳入区委、区政府的目标考核内容。

【保密宣传教育工作】 落实《“六五”保密法制宣传教育规划》，采用多种形式和途径，开展保密宣传教育培训，抓好领导干部、重点涉密人员和干部职工的保密法制宣传教育；按照新修订的《中华人民共和国保守国家秘密法》，完善相应的保密条款，新出台了《旌阳区保密工作制度》，并在全区开展广泛的宣传教育；把保密教育工作列入乡镇、部门党组织的中心组学习和民主生活会、党性教育、党风建设的内容，纳入干部培训和干部政绩考核内容，提高保密法制宣传教育的实效性；采取学习、以会代训等形式开展保密法律法规的教育培训，提高保密法制宣传教育的针对性。

【重点工作的保密管理】 出台各种文件措施，对重点涉密单位、涉密部门、涉密人员的管理；加强现代办公条件下国家秘密载体的保护和管理，特别是涉密计算机、移动存储介质、办公网络的安全以及手机使用的保密管理；增加保密经费投入，加快保密技术的发展，在区委领导的高度重视下，保障资金，添加各类全新的保密设备。

【督促检查】 结合全年重点工作以及当前的形势，加强对网络的监督和管理，对全区保密工作进行督促检查，区级机关的涉密载体、涉密信息网络、网上公文传输和涉密人员的教育管理工作进行专项督查，针对督查中出现的问题，在全区进行通报，提出整改意见和要求；全力保障对各类国家统一考试的指导、监督和检查，在2012年全国高考期间，对高考试卷的运输过程，对辖区内各考点采取高规格的监督和检查，全程参与监督本次重大任务，为本次高考的顺利进行提供有力的保障；对全区上三级文件资料和涉密文件资料进行清理、清

退和监销。（邱　涛）

机关党建

【年度特点】2012年，区直机关工委在区委的正确领导下，坚持以邓小平理论、“三个代表”重要思想为指导，深入贯彻落实科学发展观，按照构建社会主义和谐社会的要求，紧紧围绕发展稳定的大局，继续深入学习党的十七届六中全会和省、市、区委全会精神，以党的执政能力建设和先进性建设为主线，按照区第四次党代会确定的奋斗目标，促进机关各项工作任务的完成，努力打造“四个旌阳”，即富裕繁荣的实力旌阳、充满生机的活力旌阳、宜居宜业的生态旌阳、文明和谐的幸福旌阳。

【基层党组织规范化建设】整合党员教育资源，各党委、总支、支部建立和完善党员电化教育机制，开展正反两面的典型教育活动，增强教育党员的针对性和实效性；开展学习和遵守党章活动，增强党员意识和党性观念；按照《党章》、《中国共产党党和国家机关基层组织工作条例》和《中国共产党基层组织选举工作暂行条例》的规定，指导各基层党组织进行换届选举。2012年撤销党支部7个，新建党总支4个，党支部15个，党支部更名1个；有81个党组织完成换届、改选工作。调整党组织设置2个，其中区总工会设置为设委员会的支部，区政务中心设置为不设委员会的支部。

【创先争优活动】以“迎接党代会，争创新业绩”为主题，推进“先锋模范四项工程”，做好公开承诺、践诺、评诺工作。9月底，全区创先争优活动总结表彰大会召开，区直机关14个基层党组织、24名个人获得表彰、3个基层党组织被确定为创先争优示范点、5个基层党组织被确定为党建综合示范点、2个共产党员志愿服务队被评为优秀服务队。

【三分类三升级活动】按照分类定级评分标准，年初区直机关102个党组织中40个党组织被确定为一类，57个党组织被确定为二类，5个党组织被确定为三类。在5个三类党组织落实了“第一书记”，“第一书记”均由相关部门分管党务工作的实职领导担任，确保年底“三类党组织”换新貌目标的实现。对照分类定级标准，各党组织提出了切实可行的升级目标和措施。为调动广大党员的积极性，区直机关工委在区直各单位开展了“我为机关党建献一策”征文活动和一、三类党组织结对共建活动。经审查，区直机关102个党组织中2个党组织被确定为省先进党组织，3个党组织被确定为市先进党组织，32个党组织被确定为区先进党组织，63个党组织被确定为一类，3个党组织被确定为二类。

【党组织工作】12月12日至14日举办了2012年度区级机关入党积极分子培训班。全年发展新党员10人，预备党员转正24人。区直机关各党支部（总支）党费收缴、管理和使用情况良好，2012年收党费18.90余万元。全年办理党员转接组织关系267人次。按要求完成了2012年度党内信息统计工作，截至2012年12月20日区直机关有党员1543名。

【帮扶工作】坚持与联系的和新镇新民村领导班子交心谈心，为党组织建设提供指导性意见，为当地经济发展出谋划策。为支持该村的产业发展，为其提供3000元资金支持。在重阳节到来之际看望慰问该村的百岁老人，在国庆节前夕看望慰问该村的部分老党员，在春节前夕看望该村生活困难的村民。为扶持联系的贫困户发展生产，为他们提供价值2400元的生产资料。

【党风廉政建设】按照区委、区政府开展“作风转变年”活动提出的作风建设工程要求，分阶段逐步开展，完成各阶段的目标任务。制定了区直机关工委作风转变年实施意见、组织全体干部学习了区作风转变年活动领导小组办公室编印的学习资料、组织广大干部深入开展大讨论、对照三类突出问题开展检查、征求服务对象的意见、制定整改方案、建立作风转变机制、召开满意度测评会，开展“回头看”活动。结合党员干部身边的人和事，加强党员干部的党纪国法和廉洁从政教育。抓好党风廉政建设责任制的落实，加强对机关基层党组织民主生活会的指导与检查。落实廉政风险防控管理，健全惩防体系建设。

【三项建设】 开展“能力素质建设、思想作风建设、基层组织建设”主题活动（即“三项建设活动”），制定了实施意见，健全了基层组织，在区直机关106个基层党组织中增设纪检委员，确保“哪里有党的组织，哪里就有纪检监察组织”、“哪里有权力运行，哪里就有监督检查”，实现监督始终与权力同行。开展了以“七个一”为载体的“党性教育月”活动，推进纪检干部的思想作风建设。参加区纪委组织的各类学习和培训，推进纪检干部的能力素质建设。

（谢晓红）

老干部工作

【基本情况】 区委老干部局是宏观管理协调服务全区老干部工作的职能机构，归口区委组织部。下设办公室、老干部活动中心，在编职工5人，临时工3人。截至2012年底，老干部局管理服务的离休干部45人（2012年去世4人），副县级以上退休干部135人（2012年新增5人），异地安置在旌阳区的老干部8人，代管人员1人。

【年度特点】 2012年，全区老干部工作在区委、区政府的领导下，在区委组织部和省、市老干部部门的指导下，在全区各部门的配合支持下，认真落实离退休干部两个待遇，注重为老干部办实事、办好事，注重发挥活动阵地作用，组织老干部发挥余热，开展有益于身心健康的各种非药物保健疗养活动。2012年全区老干部工作被省委老干部局评为全省老干部宣传工作先进单位，被市委老干部局评为全市老干部工作先进单位，被区委组织部评为全区人才工作先进单位，被区财政局评为全区财政预算工作先进单位。

【两项待遇落实】 一是老干部政治待遇落实。旌阳区制定了离休和副县级以上退休老干部工作制度；区委、区政府坚持每年2次向老干部通报全区工作情况；老干部局坚持每月2天政治学习，传达中央、省、市、区的重要文件和有关领导的讲话精神；各单位给离休干部订阅“三报一刊”即《四川日报》、《德阳日报》、《晚霞报》和《晚霞》杂志，给副县级以上退休干部每人订阅《晚霞报》和《晚霞杂志》各1份；区四套班子领导坚持不定期上门看望慰问老红军、老领导；区委、区政府投资60余万元，在现老干部局院内开工新建钢结构会议室；二是老干部经济待遇落实。区财政安排6万元帮扶专项资金，专门用于帮扶困难离退休干部和离休干部无工作遗孀；提高了离休干部无工作遗孀每月生活补助和部分离休干部的医疗待遇和住院护工费报销标准。

【为老干部办实事】 协调处理老干部生病住院后护理费报销、工资待遇问题以及老干部去世后有关问题等；热情接待老干部咨询有关老干部政策方面的事宜；多次到卧床或行动不便和家居农村的老同志家中看望慰问；征求异地和代管老干部意见，帮助其解决问题和困难；凡老干部“逢十”生日，都上门祝贺，凡老干部生病住院，都到医院看望慰问；在重大节假日前，开展集中慰问和走访上门慰问活动；利用社区为老干部服务的做法和经验，继续开展好老干部工作进社区活动。

【开展非药物保健活动】 注重离退休干部发挥余热，服务社会，50余名老干部参与老干部牵手留守儿童活动，共牵手留守儿童90余名；组织老干部积极参加广播电视宣传、各项座谈会和各级征文活动，李跃廷等老干部参加了市委老干部局举办的诗书画展活动；举行乒乓球比赛2次，象棋比赛2次，麻将比赛3次，钓鱼活动3次，卡拉OK演唱2次；老干部合唱团坚持每周一、周三、周五上午合练；3月份组织老干部到东湖山公园进行了踏青赏花活动；组织全区副县级以上离退休干部在德阳市医院进行了体检；组织曾任过四套班子领导、法检两长的老干部，分别到陕西、山西两省和江西、湖南两省的红色线路参观考察；分两批组织全区副县级以上离退休老干部赴四川省峨眉山老干部疗养院进行健康疗养；“重阳节”组织全区离休和副县级以上退休干部沿着108国道—孝黄路—德茂路—西一环—108国道路线，参观了黄许镇老城改造和廉租房建设，参观了孝泉古镇及半边街回民小区建设。

（唐桂英）

精神文明建设

【年度特点】 2012年是党的十八大胜利召开的喜庆之年，也是大力开展创建“第三届四川省文明城市”的攻坚之年。这一年，区文明办在区委、区政府的正确领导下，在市文明办的具体指导下，坚持以邓小平理论和“三个代表”重要思想为指导，深入学习践行科学发展观，认真贯彻落实党的十八大精神及省、市、区相关会议精神，按照高举旗帜、围绕大局、服务人民、改革创新的总体要求，扎实开展各项精神文明建设工作，提升了群众文明素养和社会文明程度，为建设“四个旌阳”提供了强大的思想保证和精神动力。

【文明素质提升工程】 2012年3月12日，成立旌阳区志愿者协会，协会下辖21支志愿者服务队，志愿者人数近6000人，全年全区开展志愿服务200余次，服务群众1.50余万人次；选取区法院、区卫生局、旌阳街道文昌社区、青云山路学校、万兴集团作为“建设践行社会主义核心价值体系示范区”活动示范点，集中开展以“中华经典诵读”为主要内容的全民阅读活动，大兴读书学习之风、文明礼仪之风、勤俭节约之风；组织开展第十一个“公民道德建设宣传月”活动，通过开展“送温暖·献爱心”、“雷锋天天在身边”、“植树造林绿化祖国”等形式多样的实践活动；组织各单位参与“德阳市首届道德模范”和“德阳好人”评选活动，旌阳区推荐的刘和坤、杨功富、张荣芳、曾召菊、廖成菊被评为“德阳市首届道德模范”，杨洪国获“德阳市首届道德模范”提名奖，穆建国、陈晓玉被评为“德阳好人”，受到市上的表彰；区文明办为旌阳区首届道德模范刘和坤送去2万元慰问金和生活用品；从4月开始，德新镇在全镇范围内启动“星级文明户”评选活动，产生“星级文明户”4983户。

【文明创建】 成立由区委书记、区长任组长的“旌阳区创建文明城市领导小组”，并针对创建文明城市要求的“八大环境”建设，确定了牵头单位；1月12日，区委、区政府组织召开创建“第三届四川省文明城市”工作动员大会，由区政府与各责任单位签订目标责任书，同时印发《德阳市旌阳区开展创建“第三届四川省文明城市”工作的实施方案》，明确创建任务和工作步骤；制作以“共建文明城市 共享幸福生活”、“我知晓、我参与、我支持文明城市创建”为主题的宣传画册，以及创建“第三届四川省文明城市”倡议书，利用各种活动节点，广泛发放给辖区群众，提高群众的知晓率；7月31日，区委宣传部、区文明办在钟鼓楼广场举办以“文明旌阳 共建共享”为主题的大型主题宣教活动，近1000人在印有“共建文明城市，共享幸福生活”的大型横幅上签名，展示广大干部群众的创建热情；推进“文明家庭”创建活动，命名“文明家庭”1.50余万户，以家庭的文明促进社会文明进步；区文明办联合区妇联在天元镇、城北街道等乡镇、街道开展以“文明城市　共建共享”为主题的文明礼仪培训，全年培训社区（村）居民2000人；2012年，全区有省级文明单位10个、市级文明单位63个、市级文明社区13个、区级文明单位128个、区级文明社区11个、区级文明集镇1个、区级文明村1个。在对各级文明单位的规范化管理中，注重引导文明单位发挥示范带头作用，多次组织区工商局、特变电工（德阳）电缆股份有限公司、区卫生局、区司法局等各级文明单位参与到“三下乡”、“四进社区”、“科技之春”等惠民活动中，全年向辖区困难群众捐赠各类物资、慰问金3余万元。

【城市公共文明指数测评】 2012年9月，区文明办组织志愿者在辖区人口密集地发放调查问卷1000余份，并组织社区干部入户发放调查问卷2.50余万份，全面摸清了旌阳区在城市公共文明指数测评工作中存在的问题；为做好迎接全省城市公共文明指数测评工作的准备，区文明办联合区纪委、区城管局、区卫生局、区药监局、区总工会等多家单位，从环境卫生、群众知晓率、宣传氛围等方面，连续3周对旌阳区确定的城区实地测评点进行督查暗访，并公开通报督查情况。在旌阳区的积极配合下，2012年德阳市在全省17个市州的城市公共文明指数测评中排名第二，完成“保五争三”的工作目标。

【未成年人思想道德建设】 一是持续开展净化社会文化环境工作。区文明办协调公安、工商、广电、文化等部门，开展“扫黄打非”、“网吧和电子游戏厅整治”等专项工作，全年出动检查人员3264人次，执法车辆176台次，检查网吧196家次，检查出版物经营单位、音像制品经营单位、夜市50家次，查处无照经营网吧2户，收缴低俗音像制品52盒、涉嫌非法出版物3本。全区所有网吧、歌舞娱乐场所及游艺娱乐场所都按要求设立未成年人限入标志，中小学校周边200米内无互联网上网服务场所、电子游戏经营场所和经营性娱乐场所。二是继续做好乡村学校少年宫建设。2012年，新建5所乡村学校少年宫，全区乡村学校少年宫总数达15所。区文明办为旌阳区每所学校落实3万元的启动资金，并为德新初中、孝泉民族小学申请中央专项彩票公益金支持。三是加强育人机制建设。区公安局选派147人在各学校担任法制副校长和法制辅导员，到校园工作945人次，开展法制宣传300余次，发放宣传资料5000余份，创建“青少年维权岗”9个，优秀“青少年维权岗”5个（其中省级1个，市级3个）；区教育局、卫生局在48所区属中小学校、职业中专中，配备57名专（兼）职心理健康辅导员。四是丰富未成年人文化生活。组织开展“我们的节日”知识竞赛活动，增强爱党、爱国、爱社会主义情感；以“六一”国际儿童节为契机，以网上签名寄语活动为载体，开展“童心向党”网上节目展播活动；指导各街道办开展“文明小公民”和“学先进、学典型，争做时代小先锋”活动，引导广大未成年人做一个有道德的人。

（王文丽）

编制管理

【年度特点】 2012年，区委编办在区委、区政府和区编委的正确领导下，在上级业务主管部门的关心指导下，坚持以邓小平理论和“三个代表”重要思想为指导，全面贯彻落实科学发展观，紧紧围绕区委、区政府的决策部署和上级业务部门的中心工作，结合年度工作计划，切实加强自身建设，不断提高机构编制工作水平，为促进全区经济社会又好又快发展提供了坚实的体制机制保障，有效完成了全年的各项工作。

【政府机构改革】 继续深化政府机构改革，明确政府部门的职责分工，启动了文化、旅游、体育、广播影视、新闻出版等部门职责整合及机构合并的各项工作，按时完成此项改革任务。

【严控人员编制】 对全区72家机关行政单位、25家参公事业单位、173家事业单位进行了《人员编制管理册》的年度审核，审核合格率100%。建立起一整套较完善的机构编制管理制度，把各单位机构设置、编制核定、人员进出等工作严格规范起来，从根本上杜绝机构编制管理工作的随意性。全年审核办理用编计划379名，办理上下编832人次。用好用活现有机构编制资源，保障重点领域和关键岗位机构编制需求。

【实名制管理】 全区1703名行政编制人员及5209名事业编制人员均通过证书年检。通过人员实名制证书的发放、管理、年检等一系列工作，做好实名制分类管理的基础工作。完成全区72家机关行政单位的实名制数据录入工作。

【监督检查】 在全区开展机构编制、“三定”执行情况、机改执行情况和事业单位登记管理的监督检查。2012年6月至10月对全区各乡镇、区级各部门及所属事业单位86家的机构编制管理情况、“三定”落实情况、事业单位登记管理情况开展了全面的实地监督检查。对发现的问题及时指出，并督促进行纠正和整改。

【事业单位登记管理】 办理事业单位法人登记和年检，建立受理人初审、审核人复审、负责人终审的“三审制度”，重点把好材料关、审核关、公告关。加强宣传，做好政务与公益中文域名注册工作，2012年，全区注册域名78个。规范年检程序，完成2012年度事业单位法人年检任务。2012年网上年检率100 %，年检合格率100%。办理事业单位设立登记7个，变更登记35个。

【党风廉政建设】 加强学习，全面贯彻中央、省、市、区纪委全会精神；开展“四个年”活动和创先争优活动，坚持一手抓业务工作，一手抓队伍建设，加强干部作风转变，提高机关行政效能；健全机制，严格落实党风廉政建设责任制，制定《2012年纪检监察工作要点》、《2012年党风廉政建设和反腐败工作责任制》，做到反腐倡廉工作人人参与、齐抓共管；推进机关作风建设，开展好廉政文化进机关活动；制定廉政风险防控监管方案，落实防控措施，推进编办惩防体系建设，加强对廉政风险点的防控监管。

【事务工作】 召开区委编委会会议2次，审议议题38项。完成非领导职务职数的核定工作。建立健全网络平台建设和政务公开栏工作，及时更新机构编制政策法规、工作动态和具体要求，将政务公开工作做到信息公开、内容到位、项目到位、规范性到位、各类数据更新到位。参与文明城市、卫生城市创建工作和平安创建工作。开展“领导挂点、部门包村、干部帮户”工作，帮助黄许镇泰康村争取到12.80万元项目资金，提供帮扶资金1万元，赠送价值500元的书籍，为结对帮扶的困难户送去价值1.25万元的慰问物品和慰问金。

（刘洁莲）

德阳市旌阳区
人大常委会

De Yang Shi Jing Yang Qu
Ren Da Chang Wei Hui

东湖山领地风景

重要会议

【概况】 2012年召开人代会1次；召开常委会会议7次，听取和审议“一府两院”工作报告、议案25项，作出决议、决定4项，职务任免77人次，常委会主任会议听取“一府两院”工作报告11项。

【四届人大二次会议】 2012年12月26日至27日，召开区四届人民代表大会第二次会议。会议听取和审查了区人大常委会、“一府两院”工作报告，审查和批准了旌阳区2012年国民经济和社会发展计划执行情况及2013年计划(草案)、2012年财政预算执行情况和2013年财政预算（草案）的报告。

【四届人大常委会第一次会议】 2012年1月19日，召开区四届人大常委会第一次会议。会议讨论通过了区人大常委会2012年工作要点，任免了国家机关工作人员。

【四届人大常委会第二次会议】 2012年3月27日，召开区四届人大常委会第二次会议。会议分别听取和审议了区人民政府关于畜牧业发展、贯彻执行《中华人民共和国药品管理法》工作情况报告，任免了国家机关工作人员。

【四届人大常委会第三次会议】 2012年5月29日，召开区四届人大常委会第三次会议。会议听取和审议了区人民政府关于贯彻《中华人民共和国种子法》情况的报告，评议了区民政局工作，任命了国家机关工作人员、人民陪审员。

【四届人大常委会第四次会议】 2012年7月24日，召开区四届人大常委会第四次会议。会议分别听取和审议了区人民政府关于2012年上半年国民经济和社会事业发展计划、财政预算执行与石亭江、绵远河旌阳区段污染治理工作情况的报告，任免了国家机关工作人员。

【四届人大常委会第五次会议】 2012年9月11日，召开区四届人大常委会第五次会议。会议分别听取和审议了区人民政府关于2011年度财政决算、2011年度区级财政预算执行和其他收支审计、区四届人大一次会议代表建议办理等情况的报告，听取和审议了区人民检察院关于未成年人检察工作情况报告。

【四届人大常委会第六次会议】 2012年11月15日，召开区四届人大常委会第六次会议。会议分别听取和审议了区人民政府关于2012年区级财政预算调整情况的报告，听取了区人民政府关于2012年区人大常委会审议意见和主任会议建议意见落实情况的报告，评议了区审计局工作。

【四届人大常委会第七次会议】 2012年12月13日，召开区四届人大常委会第七次会议。会议审议通过了区人大常委会新建和修订的各项工作制度，讨论通过了区四届人大二次会议有关事项，作出了关于召开德阳市旌阳区第四届人民代表大会第二次会议时间的决定。补选刘平为德阳市第七届人大代表。

【四届人大常委会第三次主任会议】 2012年3月15日，召开区四届人大常委会第三次主任会议。会议听取了区人民政府关于“千亿经济园区”发展情况的报告。

【四届人大常委会第四次主任会议】 2012年4月27日，召开区四届人大常委会第四次主任会议。会议听取了区人民政府关于流动人口计划生育管理工作情况的报告。

【四届人大常委会第五次主任会议】 2012年 5月16日，召开区四届人大常委会第五次主任会议。会议听取了区人民政府关于农民专合组织发展情况的报告。

【四届人大常委会第六次主任会议】 2012年6月13日，召开区四届人大常委会第六次主任会议。会议分别听取了区人民政府关于黄河新区建设发展与全区交通运输管理工作情况的报告。

【四届人大常委会第七次主任会议】 2012年7月10日，召开区四届人大常委会第七次主任会议。会议听取了区人民政府关于黄许物流园区建设发展情况的报告。

【四届人大常委会第八次主任会议】 2012年8月28日，召开区四届人大常委会第八次主任会议。会议分别听取了区人民法院关于民事审判工作、区人民政府关于区四届人大一次会议代表发言建议、重点建议办理和2011年代表建议（B类）跟踪落实等情况的报告。

【四届人大常委会第九次主任会议】 2012年9月21日，召开区四届人大常委会第九次主任会议。会议听取了区人民政府关于学生上放学接送安全问题工作报告。

【四届人大常委会第十一次主任会议】 2012年11月7日，召开区四届人大常委会第十一次主任会议。会议听取了区人民政府关于2008年以来征供地及拆迁安置工作情况的报告。

监　督

2012年，区人大常委会根据监督法加强了对“一府两院”的监督工作力度。常委会先后听取和审议了区人民政府关于畜牧业发展，《中华人民共和国药品管理法》、《中华人民共和国种子法》贯彻执行，财政，审计，区级财政预算调整，石亭江、绵远河旌阳区段污染治理工作，区四届人大一次会议代表建议办理，2012年区人大常委会审议意见和主任会议建议意见落实情况，区人民检察院关于未成年人检察工作等情况的报告；评议了区民政局、区审计局工作。常委会会议共提出审议意见26条。

区人大常委会主任会议分别听取了区人民政府关于“千亿经济园区”发展、流动人口计划生育管理、农民专合组织发展、黄河新区建设发展、全区交通运输管理、黄许物流园区建设发展、区四届人大一次会议代表发言建议、重点建议办理和2011年代表建议（B类）跟踪落实等情况、学生上放学接送安全问题、2008年以来征供地及拆迁安置工作，区人民法院关于民事审判工作等情况的报告。常委会主任会议共提出建议意见29条。

视　察

2012年5月16日，区人大常委会主任刘友华，副主任陈明聪、张黄剑、肖辉、吉庆坤，区人大常委会驻会委员黄燕、刘朝晖、李伟、钟世玉，视察了孝泉法庭、黄许法庭建设情况。

2012年5月25日，区人大常委会组织部分区人大代表集中视察了司法工作。

2012年6月13日，区人大常委会主任刘友华，副主任陈明聪、张黄剑、吉庆坤，率区人大常委会相关委室负责人，视察了旌阳区交通运输管理工作。

2012年7月11日，区人大常委会主任刘友华，副主任陈明聪、张黄剑、肖辉，率区人大常委会有关委室负责人，视察了工农街道社区建设情况。

2012年7月17日，区人大常委会主任刘友华，副主任陈明聪、张黄剑、肖辉，率区人大常委会有关委室负责人，视察了城北街道办工作。

2012年7月20日，区人大常委会组织部分区人大代表视察了文化建设工作。

2012年9月26日，区人大常委会组织辖区内的市人大代表视察了旌阳区保障性住房建设工作。

2012年10月16日，区人大常委会主任刘友华，副主任陈明聪、张黄剑、肖辉、吉庆坤，视察了全区实施门诊一般诊疗费，完善医疗保障制度工作情况。

2012年10月17日，区人大常委会主任刘友华，副主任陈明聪、张黄剑、肖辉、吉庆坤，率区人大常委会相关委室负责人，视察了区质量技术监督工作。

2012年11月9日，区人大常委会主任刘友华，副主任陈明聪、肖辉、吉庆坤，率区人大常委会有关委室负责人，调研了区工商行政管理工作。

2012年11月21日，区人大常委会主任刘友华，副主任陈明聪、肖辉、吉庆坤，视察了区交通运输局工作。

重大决定

2012年，区人大常委会先后作出了《关于批准旌阳区2011年财政决算的决议》、《关于接受余长清辞职的决定》、《关于批准旌阳区2012年区级财政预算调整报告的决议》、《关于召开德阳市旌阳区第四届人民代表大会第二次会议时间的决定》。

人事任免

2012年，区人大常委会任命国家机关工作人员68人次（其中：任命49人次，免职19人次），任命人民陪审员9人，接受辞职3人，补选德阳市第六届人大代表1人。

（刘朝晖）

德阳市旌阳区人民政府

De Yang Shi Jing Yang Qu Ren Min Zheng Fu

东湖山领地一角

领导分工（一）

德市旌委〔2012〕13号

邓　平：区委副书记、区长

协助王箭同志抓好区委工作，主持区政府全面工作。

分管监察、财政、国资、审计、外事侨务、机构编制等工作。

唐　平：区委常委、常务副区长

负责区政府常务工作。

负责住房和城乡建设、防震减灾、国土、交通运输、税务、行政效能建设、政务公开等工作。

协助区长分管监察、财政、国资、审计、外事侨务、机构编制等工作。

分管区政府办公室、住房和城乡建设局、防震减灾局、交通运输局、工业集中发展区管委会、黄河新区管委会、政府法制办、政务服务中心、政府采购中心、国资委、政府目标办、政府应急办。

联系区人大、区政协、国税局、地税局、国土分局、住房公积金旌阳管理部、人武部、驻军等工作。

罗春华：副区长

负责科技、知识产权、卫生、食品药监、质监、妇儿工委、文化、旅游、体育、广电等方面工作。

分管区科技局（知识产权局）、卫生局、药监局、妇儿工委办、文体局、广电局、红十字会等。

联系质监局、妇联、科协工作。

聂　建：副区长

负责公安、司法、城乡环境综合管理、环保、安全生产、稳定、信访等工作。

分管公安分局、司法局、环保局、安监局、城乡环境综合管理局、信访局等。

联系区法院、检察院工作。

刘秉光：副区长

负责教育、民政、人力资源和社会保障、街道、民族宗教事务、残联等工作。

分管区教育局、民政局、人社局、旌阳街道、城南街道、城北街道、工农街道、民族宗教事务局、残联等。

联系区委统战、民主党派、团区委、社科联工作。

肖　静：副区长

负责发改、工业、信息产业、统计、工商行政、商务、招商引资、物价、粮食、金融、保险等工作。

分管区发改局、工信局、统计局、商务局、招商局等。

联系区总工会、工商局、工商联、城区供电局、烟草公司、邮政局、电信公司、移动公司、联通公司、金融及保险机构工作。

刘　军：副区长

协助肖静同志工作。

龚　军：副区长

负责农业、扶贫开发、人口和计划生育、移民等工作。

分管区农业局（移民办）、水务局、林业局、人口局、畜牧食品局、供销社、保密局、档案局、地方志办等。

联系区委农工办工作。

张天伟：副区长

协助唐平同志工作。

领导分工（二）

德市旌委〔2012〕88号

邓　平：区委副书记、区长

协助王箭同志抓好区委工作，主持区政府全面工作。

分管监察、财政、国资、审计、外事侨务、机构编制等工作。

唐　平：区委常委、区政府常务副区长

负责区政府常务工作。

负责住房和城乡建设、防震减灾、国土、交通运输、税务、行政效能建设、政务公开等工作。

协助区长分管监察、财政、国资、审计、外事侨务、机构编制等工作。

分管区政府办公室、住房和城乡建设局、防震减灾局、交通运输局、工业集中发展区管委会、黄河新区管委会、政府法制办、政务服务中心、政府采购中心、土地收储中心、国资委、政府目标办、政府应急办。

联系区人大、区政协、国税局、地税局、国土分局、住房公积金旌阳管理部、人武部、驻军等工作。

邓勤俭：区委常委、区政府副区长

协助唐平同志工作。

罗春华：副区长

负责科技、知识产权、卫生、食品药监、质监、妇儿工委、文化、旅游、体育、广电等方面工作。

分管区科技局（知识产权局）、卫生局、药监局、妇儿工委办、文体局、广电局、红十字会等。

联系质监局、妇联、科协工作。

聂　建：区政府副区长

负责公安、司法、城乡环境综合管理、环保、稳定、信访等工作。

分管公安分局、司法局、环保局、城乡环境综合管理局、信访局等。

联系区法院、检察院工作。

刘秉光：副区长

负责教育、民政、人力资源和社会保障、街道、民族宗教事务、残联等工作。

分管区教育局、民政局、人社局、旌阳街道、城南街道、城北街道、工农街道、民族宗教事务局、残联等。

联系区委统战、民主党派、团区委、社科联工作。

龚　军：副区长

负责农业、扶贫开发、人口和计划生育、移民等工作。

分管区农业局（移民办）、水务局、林业局、人口局、畜牧食品局、供销社、保密局、档案局、地方志办等。

联系区委农工办工作。

谢　坤：区政府副区长

负责发改、工业、信息产业、统计、工商行政、商务、招商引资、安全生产、物价、粮食、金融、保险等工作。

分管区发改局、工信局、统计局、商务局、招商局、安监局等。

联系区总工会、工商局、工商联、烟草公司、邮政局、电信公司、移动公司、联通公司、电力、金融及保险机构工作。

全体会议

【四届一次全体会议】 2012年3月8日，区政府召开四届一次全体会议。会议就2012年工作进行了安排部署。

【四届二次全体会议】 2012年12月7日，区政府召开四届二次全体会议。会议审议了《政府工作报告（征求意见稿）》、《旌阳区2012年国民经济和社会发展计划执行情况及2013年计划的报告（征求意见稿）》、《旌阳区2012年财政预算执行情况和2013年财政预算报告（征求意见稿）》。

常务会议

【四届一次常务会议】 2011年12月27日，召开区人民政府四届一次常务会议。会议审议了德阳市旌阳区农村信用合作联社免征2011年度房产税事项。会议审议了申请区政府综合办公区安防监控系统升级改造经费事项。会议审议了申请更换机关办公楼二楼接待大厅电子显示屏经费事项。会议审议了《旌阳区政府规范性文件清理目录》事项。会议审议了规范旌海安居置业投资有限公司事项。会议审议了引进石墨烯战略性新兴产业项目事项。会议审议了引进爱心单位管理社会福利中心老年公寓事项。会议审议了追加2011年社会抚养费征收工作经费事项。会议审议了公布《德阳市旌阳区不可移动文物名录》事项。

【四届二次常务会议】 2012年1月13日，召开区人民政府四届二次常务会议。会议审议通过了谢坤等同志职务任免事项。会议审议并原则通过了增加天元镇天鹤路、银山路市场工程投资概算有关事项。会议审议并原则通过了报批《德阳酱油地理标志产品保护管理办法》有关事项。会议审议并原则通过了旌阳区2012年农村小额人身保险实施方案有关事项。会议审议并原则通过了2012年保障性安居工程目标任务分解有关事项。会议审议并原则通过了旌阳区住建局关于BT建设项目减免建设行政规费有关事项。会议审议并原则通过了黄许镇滨河街雨污水整治工程变更增减工程造价有关事项。会议审议并原则通过了德阳市旌阳区社会稳定风险评估实施细则有关事项。会议审议并原则通过了学校灾后重建工程变更项目实施有关事项。会议审议并原则通过了孝泉民族小学申请解决一分部灾后重建工程追加立项投资有关事项。

【四届三次常务会议】 2012年2月15日，召开区人民政府四届三次常务会议。会议审议并通过了张铭同志任职事项。会议审议并原则通过了旌阳区“项目攻坚年”、“开放突破年”、“产业提升年”活动实施意见事项。会议审议并原则通过了2012年全区经济工作会表彰事项。会议审议并原则通过了《旌阳区政府投资工程建设项目BT投资模式审批及实施管理办法》事项。会议审议并原则通过了黄河广场景观绿化改造（南广场停车场部分）增加工程量事项。会议审议并原则通过了洮河路等10条道路沥青砼路面工程增减工程量事项。会议审议并原则通过了确定2012年城镇基础设施项目事项。会议审议并通过了确定保障性住房公积金贷款借款人事项。会议审议并原则通过了生猪定点屠宰厂（场）和小型生猪定点屠宰场点关闭整改奖励方案事项。会议审议并原则通过了给予德阳西部国际商贸中心荣获“中国品牌市场实验示范基地”奖励事项。会议审议并原则通过了拨付德阳西部国际商贸中心项目扶持资金事项。会议审议并原则通过了支持大功率铝空金属燃料电池项目落地转化事项。会议审议并原则通过了《德阳市旌阳区妇女发展纲要(2011—2020年)》和《德阳市旌阳区儿童发展纲要（2011—2020年)》事项。会议审议并原则通过了命名2011年度区级文明单位事项。会议审议并原则通过了解决德阳市水务投资有限公司首期注册资金事项。会议听取了群众和信访工作汇报事项。

【四届四次常务会议】 2012年3月5日，召开区人民政府四届四次常务会议。会议审议并原则同意了天台山路道路（东海路至银山路）工程设计图纸变更增加工程造价有关事项。会议审议并原则同意了泰山社区卫生服务中心灾后重建项目增加投资有关事项。会议审议并原则同意了解决旌阳区公共机构高效照明产品推广工作经费事项。会议审议并原则同意了《德阳市旌阳区“十二五”节能减排综合性工作方案（送审稿)》。会议审议并原则同意了全区户籍制度改革有关事项。会议审议并原则通过了《德阳市旌阳区村镇规划建设管理所管理办法(试行)》。会议审议了孝泉电影院变更工程量有关事项。会议审议并原则通过了召开全区2012年安全生产工作会议有关事项。会议审议并原则通过了启动成绵高速公路旌阳段沿线绿化工程有关事项。会议审议并原则通过了表彰2011年度统计工作目标考核先进单位有关事项。会议审议并原则通过了表彰旌阳区第六次全国人口普查先进集体和个人有关事项。会议审议并原则通过了2011年招商引资目标任务考核奖励有关事项。会议审议并原则通过了区委、区政府《关于加强农业科技创新和推广推动农业农村发展再上新台阶的意见（送审稿)》。会议审议并原则通过了华强沟水库建设占地范围人员搬迁安置方式事项。

【四届五次常务会议】 2012年3月21日，

召开区人民政府四届五次常务会议。会议组织学习了《中华人民共和国行政强制法》。会议审议了2011年度机关事业单位工作人员年度考核事项。会议审议了洛河小区C、D区区域附属工程增加工程量事项。会议审议并原则通过了石桥新村二期自建小区（A区）及石桥新村一期中区基础设施附属工程增减工程量核定有关事项。会议审议了对黄河大桥进行维修加固有关事项。会议审议了妥善解决黄河片区移交安置房小区社区管理日常经费事项。会议审议并原则通过了《德阳市旌阳区公共租赁住房管理办法》事项。会议审议并原则通过了《德阳市旌阳区行政规范性文件制定和备案管理办法》事项。会议审议并原则通过了黄许镇旧城改造（文博项目一期）实施方案。会议审议并通过了取消老水厂取水口保护区事项。会议审议了拨付德阳西部国际商贸中心项目扶持资金事项。会议审议了德阳伯康机械有限公司项目扶持政策事项。会议审议并原则通过了磷酸铁锂电池生产线项目框架协议。会议审议并原则通过了做好2012年人口和计划生育工作的意见。会议审议了芦德公路双东场镇段增加绕道工程事项。会议审议了提高农村五保供养标准及敬老院管理运行经费事项。会议审议并原则通过了购买德阳市旌能天然气有限公司标准厂房园作为园区中小企业孵化平台有关事项。会议审议并原则确定了220伏寿丰、秋月变电站土地价格有关事项。

【四届六次常务会议】 2012年4月9日，召开区人民政府四届六次常务会议。会议审议了柏隆镇人民政府综合办公楼（重建）附属工程增加工程量有关事项。会议审议了孝泉镇优美乡镇压缩式垃圾中转站增加工程费用有关事项。会议审议了解决2009年土地整理项目遗留问题有关事项。会议审议了采用BT建设模式修建孝感镇拆迁安置房（翠竹小区C区）有关事项。会议审议了廉租住房建设工程增加工程量有关事项。会议审议了德阳市佳欣油脂化工有限公司拆迁补偿协议。会议审议了拟对德阳市原肉类冷冻厂住宿区进行整体拆迁有关事项。会议审议了追加商务局2012年预算经费有关事项。会议审议了区内公路大桥检测鉴定经费有关事项。会议审议了旌阳区农村公路亚行贷款灾后重建项目完善安保设施等资金使用有关事项。会议审议并原则通过了旌阳区公务员奖励规定（试行）实施意见。会议审议了南塔化工公司20户撤离地震板房户实行住房过渡办法有关事项。会议审议了召开旌阳区2012年度金融生态环境建设工作会议经费有关事项。会议审议并原则通过了评选旌阳区中国特色社会主义事业建设者有关事项。会议审议并原则通过了农村低保和扶贫开发两项制度有效衔接工作实施方案。会议审议并原则通过了乡镇兽医管理体制改革遗留问题有关事项。

【四届七次常务会议】 2012年4月25日，召开区人民政府四届七次常务会议。会议审议并通过了聂建等同志职务任免事项。会议审议并原则通过了全区乡镇（街道）、部门（单位）2012年目标管理绩效考核办法。会议审议并原则通过了安排中央农房灾后恢复重建补助结余资金事项。会议审议并通过了提高村（社区）办公经费等补助标准事项。会议审议并原则通过了引进业主建设德阳市黍森生态园事项。会议审议了帝君堰渠道整治工程变更增加投资事项。会议审议并原则通过了獐子堰渠道整治工程变更增加投资事项。会议审议并原则通过了加快推进标准化工作的实施意见事项。会议审议并原则通过了成立工农街道办旌南苑等3个社区居民委员会事项。会议审议并原则通过了2012年上半年BT项目申报情况事项。会议审议并原则通过了解决成绵高速市区段隔音墙建设工程资金事项。

【四届八次常务会议】 2012年5月18日，召开区人民政府四届八次常务会议。会议传达了国务院、省政府廉政建设工作会议及国务院纠风工作会议精神。会议审议了解决黄许职中和德阳外国语小学相关问题事项。会议审议并原则通过了天元镇公租房建设工程增加工程资金有关事项。会议审议并原则通过了区政府与国土资源部土地整治中心签订土地整治规划编制及战略合作意向书和编制《德阳市旌阳区土地整治规划》所需工作经费有关事项。会议审议并原则通过了高速路口扩道拆迁所需资金有关事项。会议审议并原则通过了电子政务外网网络租用经费有关事项。会议审议并原则通过了区劳动、民政、人口、残联综合服务中心变更增加工程有关事项。会议审议并原则通过了《德阳市旌阳区平坝河道禁采砂石资源工作实施意见》。会议审议并原则通过了表彰妇女儿童工作先进集体和先进个人有关事项。会议审议并原则通过了四川德赛尔化工实业有限公司申请创建“中国皮化基地”专项资金有关事项。

【四届九次常务会议】 2012年6月4日，召开区人民政府四届九次常务会议。会议组织学习了《关于城乡统筹发展的政策与法律问题》。会议审议了洛河小区B区33号、34号楼转角单元及地基处理工程建设方式事项。会议审议并原则通过了姜家桥水库项目勘测设计相关事项。会议审议并原则通过了《旌阳区农村科技特派员聘用管理办法》。会议审议了调整黄许镇污水处理厂建设规模事项。会议审议并原则通过了《德阳市旌阳区2012年禁毒工作要点(送审稿)》等4个文件。会议审议了天网工程建设所需经费事项。会议审议并原则通过了德阳九中与景福初中整合及新九中建设方案。会议审议了解决四川德阳孝泉粮食储备库主库区职工住房问题事项。会议审议并原则同意德阳二中初中部改扩建工程方案。会议审议了黄许镇拆迁安置工作事项。会议审议并原则通过了对“怡警花园”项目给予财政贴息扶持事项。会议审议了实施天元镇天马小区维修改造和景福场镇排污沟维修工程（和谐社区）事项。会议审议了解决灾后重建项目嘉泰路增加工程费用事项。会议审议并通过了对旌阳区2011年度农村客运给予财政补贴事项。会议审议了给予德阳深捷科技有限公司银行贷款利息补贴申请事项。

【四届十次常务会议】 2012年6月27日，召开区人民政府四届十次常务会议。会议审议并通过了关于张燚等同志的人事任免事项。会议听取了关于全国加强基层纪检组织建设工作推进会议精神和旌阳区相关工作开展情况的汇报。会议审议并通过了区监察局关于给予何首奎行政开除处分的决定。会议审议并原则通过了部分区级部门调整办公区域及相关经费事项。会议审议并原则通过了《关于进一步加强全区国家建设项目审计监督的通知》。会议审议并原则通过了区法院扩建、改造和维修工程有关事项。会议审议了工业集中发展区部分市政道路工程建设项目工程量和造价变动事项。会议审议并原则通过了德阳深捷科技有限公司税收优惠政策有关事项。会议审议了关于工业集中区市政基础设施项目工程建设模式有关事项。会议审议并原则通过了四川中融置业有限公司申请2011年度贷款财政贴息有关事项。会议审议了区卫生局关于解决卫生应急设施设备经费的请示。会议审议并原则通过了旌阳区法治文化广场建设有关事项。会议听取了区禁毒委办公室关于全区毒情形势及工作部署的汇报。会议审议并原则通过了适当增加政府购买村级就业和社会保障公共服务经费标准事项。会议审议了区第一次全国水利普查人民渠灌区灌溉面积有关事项。会议审议并原则通过了铁路专用线租赁合同有关事项。会议审议了“孝感商业中心”项目相关扶持事项。

【四届十一次常务会议】 2012年7月9日，召开区人民政府四届十一次常务会议。会议审议并通过了余焰等同志人事任免事项。会议审议并原则通过了四川省人才优先发展试验区建设规划。会议审议并原则通过了调整旌阳区公共卫生和基层医疗单位工作人员绩效工资标准事项。会议审议了孝感镇澜沧江西路BT项目投资人事项。会议审议并原则通过了拨付德阳国剑机电设备制造有限公司基础设施建设补助资金事项。会议审议并原则通过了拨付四川凯瑞汽修有限责任公司基础设施建设补助资金事项。会议审议了西部国际商贸城项目临时用电施工定额补助事项。会议审议并原则通过了德阳市香港马会第五中学周边增设移动警务岗亭事项。会议审议并原则通过了德阳市旌阳区“十二五”卫生事业发展规划事项。会议审议并原则通过了建设旌阳区户外应急宣传（视听）平台相关事项。会议审议并原则通过了东湖乡、工农街道办敬老院一期工程变更事项。

【四届十二次常务会议】 2012年7月31日，召开区人民政府四届十二次常务会议。会议审议并原则通过了杨晓波等同志任免有关事项。会议审议并原则通过了工业集中发展区“碓窝河”改线有关事项。会议审议并原则通过了石亭江变电站至南塔化工10千伏电缆管道工程量变更增加投资有关事项。会议审议并原则通过了工业集中发展区安置房二期BT项目有关事项。会议审议并原则通过了《德阳市旌阳区2012年民生工程实施方案》。会议审议并原则通过了拨付成绵高速公路黄许进出口道路改造工程经费有关事项。会议审议并原则通过了区交通局、黄河新区管委会现办公用地招商事宜有关事项。会议审议并原则通过了孝感镇翠竹小区搬迁安置房BT投资协议转让有关事项。会议审议并原则通过了2011年度“守合同重信用企业”有关事项。会议审议并原则通过了德赛尔化工实业有限公司申请新型无铬鞣剂开发项目资金有关事项。会议审议并原则通过了黄许镇蜀风苑小区协议转让有关事项。会议审议并原则通过了全区挂钩项目（土地整理复垦）竣工资料编制费有关事项。会议审议了德阳钰鑫机械制造有限公司拟用地块缴纳土地出让金有关事项。会议审议并原则通过了旌海商业业务大楼等三个BT项目招商评审有关事项。会议审议并原则通过了解决旌阳区2010年现代灌区项目用地有关事项。会议审议并原则通过了《旌阳区全域灌溉建设十二五规划》。会议审议并原则通过了华强沟水库工程筹融资有关事项。会议审议并原则通过了解决区内所辖公路新增交通安全设施所需资金有关事项。会议审议并原则通过了对德阳市天河建材有限公司企业发展扶持资金事项。会议通报了和新镇开展山地自行车赛有关事项。会议通报了全区汛期值班的检查情况，安排了区政府领导汛期值班工作。

【四届十三次常务会议】 2012年8月22日，召开区人民政府四届十三次常务会议。会议学习了《四川省城乡规划条例》。会议审议并原则通过了谢坤等同志职务任免有关事项。会议审议并原则通过了芦德路新增工程和变更事项。会议审议并原则通过了德柏路改建项目工程变更事项。会议审议并原则通过了西部国际商贸城区域内丹江街等6条市政道路工程采用BT融资模式进行建设事项。会议审议并原则通过了四川爱通电子线缆制造有限责任公司搬迁重建事项。会议审议了绵竹瑞福房地产开发有限公司申请2011年度贷款财政贴息事项。会议审议了增加孝感镇拆迁安置房建设规模事项。会议审议并原则通过了减免德阳西部商贸城城市基础设施配套费和白蚁防治费事项。会议审议并原则通过了旌阳区党政机关公务用车配备使用管理实施细则事项。会议审议并原则通过了《德阳市旌阳区医疗卫生机构设置规划（2011—2015年）》。会议审议并原则通过了国际技术创新工程四川省试点德阳市旌阳区实施方案。会议审议了旌阳区涪江路小学等学校整合事项。会议审议了拟引进天韵阳光天元大酒店事项。

【四届十四次常务会议】 2012年9月3日，召开区人民政府四届十四次常务会议。会议审议并原则通过了孙卓凤等同志职务任免事项。会议审议并原则同意退返德阳市天运劳动服务有限公司建设规费事项。会议审议了孝泉镇孝绵路建设项目增加工程费用事项。会议审议并原则同意成立四川德阳泉泰投资开发有限公司。会议审议了申请追加安排2012年灾后恢复重建项目市政道路工程建设费用财政支出预算事项。会议审议了灾后重建卫生项目资金调整事项。会议审议了解决澳门援建项目国有土地使用权价款的经费事项。会议审议了表彰张嵘同志见义勇为行为事项。会议审议了加快推进黄许污水处理厂建设有关事项。

【四届十五次常务会议】 2012年9月21日，召开区人民政府四届十五次常务会议。会议学习了《农村基层干部廉洁履行职责若干规定(试行)》。会议审议了《关于开展人才优先发展试验区创建工作的实施意见》。会议审议了《德阳市旌阳区政府投资建设项目管理暂行办法（送审稿)》、《德阳市旌阳区政府投资建设项目资金监督管理暂行办法（送审稿)》。会议审议并原则通过了《德阳市旌阳区政府投资工程建设项目BT投资模式审批及实施管理试行办法补充通知》。会议审议了申请远程视频监控工地安全管理工作经费补助事项。会议审议并原则通过了解决全区公路铁路河道沿线水域环境治理工作补助资金事项。会议审议并原则通过了补缴四川现代科技职业技术学校经济适用房土地价款事项。会议审议了拨付天元镇和谐社区工程资金事项。会议审议并原则通过了解决财政投资评审经费事项。会议审议了推荐德阳市首届“政府质量奖”申报单位事项。会议审议了省级卫生城市复查评审准备工作经费预算事项。会议审议了对公务员（含参照人员)、公务员集体给予嘉奖、记三等功事项。会议审议了旌阳区天元镇中心小学更名事项。会议审议了补助四川攀化科技有限责任公司租用场地费用事项。

【四届十六次常务会议】 2012年10月16日，召开区人民政府四届十六次常务会议。会议审议通过了袁敏等同志职务任免有关事项。会议审议并原则通过了《德阳市旌阳区地震应急预案（送审稿)》。会议审议并原则通过了区地震观测站区域配套工程建设有关事项。会议审议了解决2012年财政现代农业生产发展项目配套建设资金有关事项。会议审议了落实水利建设项目区级财政资金有关事项。会议审议并原则通过了《德阳市旌阳区水土保持总体规划(送审稿)》（2011—2030年)。会议审议了德阳市冶金机械厂有主土地拆迁方案。会议审议并原则通过了建立旌阳区中心苗圃基地有关事项。会议审议并原则通过了《德阳市旌阳区食品安全违法行为举报奖励办法（试行)》（送审稿)。会议审议了追加旌阳区科协2012年度经费有关事项。会议审议了调整“省级专项资金补助项目”方案有关事项。会议审议了提高全区农村居民最低生活保障标准有关事项。会议审议并原则通过了调整2012年区重点项目计划有关事项。会议审议并原则通过了深圳市风发科技发展公司投资有关事项。会议审议并原则通过了《德阳市旌阳区公共机构节能“十二五”规划》事项。

【四届十七次常务会议】 2012年11月7日，召开区人民政府四届十七次常务会议。会议组织学习了《国有土地上房屋征收与补偿条例》。会议审议并原则通过了黎仁忠同志免职事项。会议审议了解决扬嘉镇安置房小区建设前期费用事项。会议审议并原则通过了德阳市新园建筑有限责任公司基地土地变更为住宿、商业综合用地事项。会议审议并原则通过了确定德阳市旌阳区天元镇搬迁安置房工程BT融资模式建设投资中选人事项。会议审议并原则通过了拨付德阳文泰投资有限公司2011年度财政贴息资金事项。会议审议了黄许镇政府办公楼附属设施建设项目工程量变更事项。会议审议了旌阳区黄许镇城镇基础设施及安置房小区BT建设项目招商评审谈判情况事项。会议审议了新河改道青新线美丰阀室至美丰管线管道迁改增加迁改补偿费用事项。会议审议了审批申报四川德阳高新技术产业园《规划环境影响书》编制合同事项。会议审议并原则通过了衡汇投资有限公司搬迁补偿事项。会议审议并原则通过了联纵卓越中小企业孵化园投资项目事项。会议审议并原则通过了峨眉山路与洛河路交汇处东南角二宗国有土地因城市规划调整后使用权减少问题事项。会议审议并原则通过了解决“三个专业化”建设车辆及装备资金事项。会议审议了解决德阳商城重大火灾隐患整治资金缺口事项。会议审议并原则通过了学校灾后重建工程变更项目实施事项。会议审议了德阳市第九中学原址扩建项目采用BT方式建设事项。会议审议了政府公益性岗位相关问题事项。会议审议并原则通过了德阳市旌阳区循环经济发展规划(2011—2015年）事项。会议审议了启动西部国际商贸城区域公共绿地公园建设事项。

【四届十八次常务会议】 2012年11月30日，召开区人民政府四届十八次常务会议。会议审议并原则通过了《政府工作报告》、《旌阳区2012年国民经济和社会发展计划执行情况及2013年计划（草案）的报告》、《旌阳区2012年财政预算执行情况和2013年财政预算报告（草案）》事项。会议审议了调整公务员津补贴标准事项。会议审议了芦德路旌阳段改造项目增加路面封层事项。会议审议并原则通过了天元镇公租房增加投资事项。会议审议并原则通过了四川戈壁棉业有限公司厂区建设土地平整事项。会议审议了德阳龙蟒磷制品有限公司申请免征2012年度房产税事项。会议审议并原则通过了收储四川爱通电子线缆制造有限责任公司国有土地使用权事项。会议审议了给予石油工程配套设施建设征地优惠事项。会议审议了廉租房建设工程孝泉小区（二期）天然气安装采用“E方式”直接确定施工单位事项。会议审议了2012年城市基础设施配套费分配方案事项。会议审议并原则通过了拨付德阳市中大运业有限公司企业基础建设补助资金事项。会议审议了沿泉景观路建设项目追加立项投资事项。会议听取了区环保局关于全区环保工作的专题汇报。会议审议并原则通过了开展城市管理相对集中行政处罚权工作事项。会议审议了重金属铬排放量有偿出让及出让资金使用范围事项。会议审议并原则通过了增加村（社区）干部基本报酬、办公经费及党员教育培训经费事项。会议审议并原则通过了黄许镇城南新区地名规划方案评审事项。会议审议了加快产业发展扶持奖励政策事项。会议审议了促进工业经济发展的实施意见事项。会议审议了110千伏孟电线新建工程房屋拆迁安置费用事项。

【四届十九次常务会议】 2012年12月21日，召开区人民政府四届十九次常务会议。会议组织了会前学法，主要学习了处理劳动合同纠纷应注意的几个问题。会议审议并通过了阳勇等同志职务任免事项。会议审议了变更孝泉镇三宗国有土地使用权性质及类型事项。会议审议了德阳特鸿酒业有限公司变更土地用途有关事项。会议通报了市政府下达旌阳区欠缴被征地农民社保财政补助资金2012—2016年补缴任务。会议审议并原则通过了解决旌阳区公共机构高效照明产品推广工作经费事项。会议审议并原则通过了忠孝街等五条道路工程追加立项投资事项。会议审议并原则通过了表彰尹保成同志见义勇为事宜。会议审议并原则通过了表彰旌阳区第三届教学成果奖和教育科研先进集体事项。会议审议并原则通过了《德阳市旌阳区社会贫困精神病患者救助暂行办法》。会议审议并原则通过了开展创建幸福家庭活动试点工作的实施意见和开展免费孕前优生健康检查试点工作的实施意见。会议审议了汽车4S服务基地和总部经济项目事项。会议审议并原则通过了北大荒物流园区项目补充协议事项。会议审议了黄许铁路物流园区项目有关事项。会议通报了清理规范性行政审批及公共服务有关事项。

办公会议

2012年3月30日，区政府召开2012年全区卫生暨医改工作会议。会议总结了2011年卫生暨医改工作，并表彰血吸虫病防治工作先进单位、狂犬病防治先进单位、新农合工作先进单位，安排部署2012年全区卫生暨医改工作。

2012年4月6日，区政府召开全区一季度重点项目推进会，专题研究2012年全区34个重点项目中加快推进问题。会议针对各重点项目推进中的具体问题，逐一梳理研究，明确责任单位，落实工作任务，限定完成时间。

2012年4月20日，区政府召开2012年大春用水暨防汛抗旱工作会议，会议安排部署2012年大春用水和防汛抗旱工作。

2012年5月8日，区政府召开2012年“双抢”暨秸秆禁烧与综合利用会议，会议安排布置全区2012年“双抢”暨秸秆禁烧与综合利用工作。

2012年6月11日，区政府召开区长办公（扩大）会议，专题研究全区重点项目推进有关事项。会议听取了肖静副区长有关全区1月~5月重点项目进展情况的通报，并对做好下一阶段工作进行了安排部署。

2012年6月14日，区政府召开新农合“两委会”会议，专题研究旌阳区2012年新型农村合作医疗补偿政策调整工作。会议听取了区农合办关于2008—2011年新型农村合作医疗工作情况和调整2012年新型农村合作医疗补偿政策的汇报。

2012年8月3日，区政府召开全区城乡建设用地增减挂钩试点项目推进工作会议，会议通报了全区城乡建设用地增减挂钩试点项目工作进展情况，并由区国土分局安排部署了相关工作。

2012年10月8日，区政府召开三季度全区重点项目推进工作会，专题研究2012年全区重点项目加快推进有关事项。会议听取了区发改局局长张忠玖关于全区1~9月重点项目进展情况的通报，并对下一阶段工作进行了安排部署。

2012年10月29日，区政府与区总工会召开第八次联席会议。会议听取了区总工会2012年工作汇报，研究了区总工会提请区政府解决的问题。

2012年11月16日，区政府召开2012年新农合工作总结暨2013年新农合筹资工作会议。会议总结了2012年新农合工作，安排部署了2013年新农合筹资有关工作。

2012年12月7日，区政府召开四季度重点项目工作协调会，专题研究加快推进全区重点项目有关事宜。会议听取了区发改局局长张忠玖关于全区1~11月重点项目进展情况的汇报，并对下一阶段工作进行了安排部署。

重要决策

2012年2月6日，区政府办公室印发关于《德阳酱油地理标志产品保护管理办法》的通知。

2012年2月9日，区政府公布关于《旌阳区不可移动文物名录》的通知。

2012年2月25日，区政府办公室印发关于《德阳市旌阳区政府投资工程建设项目BT投资模式审批及实施管理试行办法》的通知。

2012年3月26日，区政府印发关于《德阳市旌阳区行政规范性文件制定和备案管理办法》的通知。

2012年4月12日，区政府办公室印发关于《德阳市旌阳区农村敬老院规范管理实施细则》的通知。

2012年4月12日，区政府办公室印发关于《德阳市旌阳区2012年地质灾害防御预案》的通知。

2012年4月20日，区政府印发关于《德阳市旌阳区公共租赁住房管理办法（试行)》的通知。

2012年6月6日，区政府办公室印发关于《2012年食品安全工作要点》的通知。

2012年7月4日，区政府办公室印发关于《德阳市旌阳区2012年度重金属污染防治实施方案》的通知。

2012年9月22日，区政府办公室印发关于《德阳市旌阳区政府投资建设项目管理暂行办法》的通知。

2012年9月22日，区政府办公室印发关于《德阳市旌阳区政府投资建设项目资金监督管理暂行办法》的通知。

2012年10月11日，区政府办公室印发关于《德阳市旌阳区政府投资工程建设项目BT投资模式审批及实施管理试行办法补充通知》的通知。

2012年11月15日，区政府印发关于《德阳市旌阳区全民健身实施计划（2011—2015年）》的通知。

2012年12月26日，区政府办公室印发关于《德阳市旌阳区社会贫困精神病患者救助暂行办法》的通知。

重要政事

2012年3月5日下午，副省长甘霖一行到特变电工（德阳）电缆股份有限公司进行视察调研，详细了解了该企业技改扩建情况、目前生产经营状况和企业发展规划。省工商局局长李柏云，市委书记李向志，旌阳区委书记王箭，旌阳区委副书记、区长邓平，旌阳区委常委、工业集中发展区党委书记谭德明等省市区领导陪同视察。

2012年3月15日上午，省商务厅副厅长贾壮苗到旌阳区调研商贸流通工作，区政府副区长刘军陪同调研。贾壮苗副厅长一行先后参观了孝泉古镇特色商业街建设、黄许镇生产资料市场项目及西部国际商贸城，并提出了指导性意见。

2012年3月15日下午，国家编委领导在市委常委、市委组织部部长朱家德、旌阳区区长邓平的陪同下，到旌阳街道文昌社区调研社会管理创新工作，并对文昌社区的服务工作表示了充分的肯定。

2012年3月22日，商务部市场秩序司副司长王镇钢率国家、省各相关部门领导到旌阳区督导生猪定点屠宰资格审核清理工作，市政府副市长卢也、市商务局局长陈若愚、区政府副区长肖静等市区领导陪同。

2012年3月30日下午，省水利厅副厅长刘俊舫、省水产局局长卿足平等领导一行到旌阳区视察水产渔业工作，市水务局局长许飞地，区政府副区长刘军、区水务局相关领导等陪同视察。视察组先后前往旌阳区天元镇白江村藕鱼示范养殖场、德新富兴村小龙虾养殖示范基地和黄许镇富新村“稻鳖鱼菜”示范养殖基地。全面了解旌阳区特种水产套种养殖模式。刘副厅长对旌阳区水产养殖业不断创新，深化改革的做法给与了高度评价并就渔业投入和创新力度方面提供了指导性建议。

2012年4月24日，全国政协常委、人口资源环境委员会副主任汪啸风，全国政协常委、人口资源委员会副主任、中国人民解放军原副总参谋长张黎等一行，在市政协常务副主席巫建平，副主席吴忠金、吴玉华、谢天佑，市政协秘书长陈运兴，区委副书记尹显俊，区政协主席徐蓉，副主席严奇等相关领导的陪同下，到新中镇龙居村调研农村土地资源可持续利用情况，并听取了有关方面的情况汇报。

2012年4月26日，省委第五巡视组到旌阳区开展巡视调研工作。省委第五巡视组组长胡水生，副组长谢成、曾惠平及巡视组全体成员参加巡视调研。巡视组采取听取汇报、召开座谈会等形式，对旌阳区经济社会发展、领导班子和干部队伍建设、党风廉政建设和作风建设、改善民生和维护稳定等方面的工作进行了集中巡视调研，了解集中巡视后旌阳区在整改落实、新班子运行及全区经济社会发展等方面的相关情况，并专题听取了区委书记王箭就全区经济社会发展情况及下一步工作打算的汇报。区委副书记、区长邓平，区人大常委会主任刘友华，区政协主席徐蓉，区委副书记尹显俊等区四套班子领导参加座谈会。巡视组组长胡水生代表巡视组，客观评价了旌阳区的各项工作，充分肯定了2011年以来旌阳区经济社会发展及党政领导班子建设取得的成效。

2012年5月5日，省委书记、省人大常委会主任刘奇葆在市委书记李向志，市委副书记、市长陈新有的陪同下到德阳东佳港机电设备有限公司调研指导基层党建工作，省委常委、秘书长陈光志，副省长王宁参加调研，市、区领导刘守培、丁成明、刘宏葆、张述芬、左正、朱家德、梁晓军、吴玉华、王箭、邓平、王明英、梁仕全、谭德明等陪同调研。

2012年5月9日上午，省商务厅厅长谢开华到旌阳区瑞麟食品有限公司，就外贸进出口进行专题调研，并指导民营企业在做好基地建设、外贸出口、壮大品牌等方面，加快企业发展。市委常委、宣传部长杨恩林、市商务局局长陈若愚、区委书记王箭、副区长肖静、区商务局等市区领导陪同调研。

2012年5月14日，国家粮食局王黎明司长率国家联合检查组，在副区长肖静的陪同下，到旌阳区黄山路省粮食储备库检查粮食库存情况。检查组对旌阳区粮食储存管理、制度建设、存储安全等工作给予了充分肯定。

2012年5月16日，全省油菜机械化收获现场会在旌阳区孝感镇红伏村召开。省农业厅常务副厅长傅志康，副市长何明俊，区委副书记、区长邓平，区委常委、区总工会主席杨晓刚，市、区农业局及全省各市（州）有关部门负责人参加了会议。与会领导参观了油菜机收、机械化插秧、小麦机收现场及金阳农机公司生产车间，对旌阳区农业机械化和农机工作给予充分肯定。

2012年5月22日，市委书记李向志在区委书记王箭的陪同下，到东一环路东湖乡段调研开工情况。

2012年5月23日，市委书记李向志在区委书记王箭，区长邓平，区委常委、区委办公室主任梁仕全，副区长刘秉光等领导的陪同下，到旌阳街道陕西馆社区慰问贫困户，并就社区建设等问题进行了座谈。

2012年5月25日，省委常委、省纪委书记王怀臣一行在市委书记李向志、区委书记王箭陪同下，到工农街道及其金江街社区调研基层纪检监察组织建设。

2012年5月30日，中国疾病预防控制中心妇幼保健中心书记徐春梅、省卫生厅农卫处副处长许邦贵及12个省基本公共卫生服务联系县的领导、专家一行40余人，在区政府副区长罗春华，市、区卫生局有关人员的陪同下，到孝泉镇卫生院视察国家基本公共卫生服务开展情况。视察组对孝泉镇卫生院在实施国家基本公共卫生服务项目工作的“八统一”管理经验给予充分肯定。

2012年5月31日，市委书记李向志，市委常委、市委秘书长张述芬，市关工委执行主席郭务文及市教育局、市妇联、市民政局、市残联等部门领导在区委书记王箭，区委常委、区委办主任梁仕全，副区长刘秉光的陪同下，到旌阳区社会福利院看望孩子们，市、区领导给福利院孤残儿童们送去了1.50万元慰问金以及书包、书籍、糖果等礼物。

2012年5月31日、6月1日，区四套班子主要领导携全区22个部门分别组成 5个“六一”慰问小组，分赴四川美丰寿丰实验学校、袁家可育学校、柏隆一小、儿童友好家园、东泰小学、青云山路小学开展慰问活动，送去慰问金及学习用品共计6万余元。

2012年6月7日，中纪委副书记黄树贤在省委常委、纪委书记王怀臣，市委书记李向志，市纪委书记冯发贵，区委书记王箭，区委副书记尹显俊，区委常委、常务副区长唐平的陪同下到东湖乡调研纪检监察组织建设工作。

2012年6月9日，中纪委研究室副主任孙飞在省委常委、省纪委书记王怀臣，市委书记李向志，市纪委书记冯发贵，区委书记王箭，区纪委书记耿垣合的陪同下到东湖乡和天元镇检查指导纪检监察工作。

2012年6月18日，市委书记李向志一行在区委书记王箭、副区长罗春华的陪同下视察旌阳区非物质文化遗产暨民俗民间文化艺术展示区，听取了旌阳区非遗文化保护情况汇报，并详细询问了旌阳区参展文化项目的发展历史及现状。

2012年6月20日，中央统战部研究室五处处长李德兼率调研组一行，在区委副书记尹显俊，区政协副主席、统战部长王西林的陪同下，到旌阳区与基层民主党派座谈，调研基层统战工作开展情况。调研组对旌阳区贯彻执行中央统战工作的做法表示肯定。

2012年6月27日，香港特区政府社会福利署刘汉娥女士、黄翊旗先生，香港特区政府发展局邝乐欣女士、陈健勤先生以观察员身份对香港特区政府援建的旌阳区残疾人康复服务中心进行项目工程竣工验收，省卫生厅、市卫生局、市住建局、市质安站、市发改委、市审计局等相关部门领导参加了验收工作。

2012年7月11日，省林业厅厅长王平在市委常委杨建明、区长邓平等领导的陪同下，到和新镇长寿村就国家森林资源清查调查工作进行检查指导，并就保护开发崴螺山省级森林公园工作提出意见和建议，表示将加大对和新林业发展的支持。

2012年7月16日，市委书记李向志、市长陈新有率全市各县市区主要领导及市级部门主要负责人100余人到旌阳区工业集中发展区视察“四个年”活动第二阶段的情况，区委书记王箭、区长邓平等区领导陪同。

2012年7月20日，国家水利部水资源司副司长陈明、水利部水资源司节水处博士杨聪等节水型社会建设试点工作验收组一行，在市政府副市长何明俊、副秘书长钟家华、区委常委杨晓刚等领导的陪同下，到旌阳区视察验收节水型社会建设试点工作。

2012年7月19日，省农工委副主任张法祥一行到城南街道调研指导社区建设工作。在对辽河街社区民兵训练基地、群众文化中心、养老服务社会化示范基地等社区阵地建设和居民旧房改造项目进行调研后，对社区服务品牌建设给予了充分肯定，并就进一步创新社区社会管理工作提出建议。

2012年8月4日，由四川省登山户外运动协会、德阳市体育局主办，市体育总会、区旅游体育局、和新镇人民政府、市自行车运动协会（筹）承办的2012川渝山地自行车挑战赛暨德阳第二届山地自行车大赛在和新镇圆满举行。市委宣传部副部长、德阳日报总编辑陈远坤，市体育局副局长田凯，区委书记王箭，区委常委、组织部长王明英，区委常委、宣传部长邹远骏，区人大副主任吉庆坤，区政协副主席严奇，四川登山户外运动协会秘书长高敏等领导莅临活动现场，川、渝两地百余名自行车运动员参加了比赛。

2012年9月6日，市委书记李向志到德阳中学看望慰问教育工作者。市委常委、市委秘书长张述芬，市教育局局长尹艳，区委书记王箭，区长邓平，区人大常委会主任刘友华，区政协主席徐蓉，区委副书记尹显俊，区委常委梁仕全，副区长刘秉光等领导陪同。

2012年9月12日，旌阳区召开区工业集中发展区申报四川德阳高新技术产业园区发展规划专家评审会。省发改委副主任雷开平、综合处副处长陶剑锋、规划处副处长韩斌等9位评审领导及专家进行评审工作。市委常委、副市长左正，区委书记王箭，区长邓平，区委常委谭德明，副区长罗春华、谢坤，市、区两级相关部门主要领导出席会议。评审专家对旌阳区的园区升级工作予以了充分肯定，原则上通过了规划评审，同时提出了意见和建议，希望规划按要求修改后提交省发改委审批。

2012年9月19日，天元镇举行新东方德阳天元烛光小学乔迁仪式。中国民盟中央社会服务部副部长段海溪，中国民盟中央教育处副处长马向东，新东方教育科技集团董事长俞敏洪，民盟省委秘书长姚其清，民盟省委社会服务处处长徐铁军，市政协副主席、民盟德阳市主委陈小慈，德阳市委统战部副部长尹全斌，德阳市教育局副局长刘晓艳，区委副书记尹显俊，副区长刘秉光，区政协副主席、统战部部长王西林等中央、省、市、区相关领导及新东方教育集团主要负责人出席了仪式。

2012年9月20日，省经信委党组副书记、副主任伍丕光一行在市经信委主任蒲正、副主任李小凡、区委书记王箭、区长邓平、区委常委谭德明、副区长谢坤及区工信局有关领导的陪同下，到德赛尔化工、钰鑫机械、东佳港机电、特变电工等企业考察旌阳区新兴产业发展情况。对旌阳区战略性新兴产业的发展方向、水平和成效给予了充分的肯定，同时要求旌阳区继续大力发展新能源、新材料等新兴产业，为实现调整产业结构、提升产业水平的目标不懈进取。

2012年9月29日，省委书记刘奇葆在市委书记李向志的陪同下，在第十三届中国西部国际博览会现场参观了德阳市工、农、商业等展台，并肯定了旌阳区以特变电工企业为代表的战略性新兴产业发展成果。

2012年9月29日，市委书记李向志在市委常委、秘书长张述芬，市委常委、政法委书记陈行视，区委书记王箭，区长邓平，区人大主任刘友华，市公安局副局长李先和等领导的陪同下，到区公安分局慰问基层一线执勤民警。

2012年10月23日，国家安全监管总局职业健康监督管理司副司长周永平一行在省安监局职卫处处长蒋兴飞、德阳市安监局副局长丁道泉陪同下，到旌阳区调研全市职业病防治标准化企业试点活动。调研组实地查看了辖区内的金利家具厂、德赛尔化工实业有限公司，对旌阳区在职业病防治方面所取得的成效表示了肯定。

2012年10月24日，省委组织部副部长、省人才办主任刘东在市委常委、组织部长朱家德，区委书记王箭，区委副书记、区长邓平，区委常委谭德明，区委常委、组织部部长邹远骏等领导的陪同下，到工业集中发展区深捷科技有限公司调研人才工作。

2012年11月20日，省旅游局局长郝康理一行在市长陈新有、副市长卢也、市旅游局局长李霞、区委书记王箭、区长邓平等市、区领导及孝泉镇主要领导的陪同下，到旌阳区孝泉镇调研旅游文化产业发展情况。

2012年11月27日，市委书记李向志，市委常委、市纪委书记冯发贵一行到区政务服务中心视察。到区公安局、区工商局等窗口了解行政审批及服务事项的办理情况，对政务服务中心的工作表示了肯定。

2012年12月5日，市委书记李向志在区委书记王箭，市委副秘书长、区委副书记陈万见，区委常委、区委办主任梁仕全等领导的陪同下到旌阳街道陕西馆社区调研。

办公室工作

【政务服务】 严格执行和完善公文处理程序，以来文受理、发文处理、批示办理三项核心工作为重点，限时办结文电会务各环节工作。对区政府及区政府办公室近1100余份发文进行了综合把关，对国、省、市及上级部门来文，各乡镇及部门、请示和报告、工作简报和函件等进行了综合处理。同时，认真做好19次区政府常务会、17次区长办公会、20次各级视频会议和若干综合性会议、专题会议的服务工作，并具体筹办了各类合作协议签字仪式等大型活动。

【政务调研】 紧扣科学发展这一主题和加快转变经济发展方式这一主线，深入实践开展调查研究，完成了《工业经济发展战略的若干政策措施》、《政府工作报告》等相关综合材料200余篇，为区委、区政府提供决策参考。同时，组织开展《加快产业结构调整，大力发展新兴产业》等重大课题研究，组织协调区政府领导深入基层，调查研究，并结合各自的分工撰写调研报告10份；科学安排领导活动，对全区性的重要会议和区政府领导的活动，由办公室提出意见，统一安排，为领导集中精力抓大事，抓落实创造了条件。

【目标管理】 及时分解下达目标任务、加强过程监控和督促、加大民生工程宣传力度等，扎实推进“十大民生工程”。围绕城乡环境综合治理、保障性安居工程建设、招商引资、重点项目建设等中心工作，狠抓相关督办工作，组织和开展区人大代表建议和政协委员提案。2012年承办市政府督办件32件，印发《督办通知》139 份，上报督办报告32份。承办市、区人大代表建议和政协委员提案188件，办结率达100%，满意率、基本满意率达100%。

【应急管理】 督促各乡镇、部门根据各专项应急预案、有关法律、行政法规和各自工作职责，开展突发公共事件的应急管理工作；加强应急预案的编制、修订和完善工作，逐步形成相互衔接、完整配套的应急预案体系；坚持24小时值班制度，做好日常值守应急和信息汇总工作，严格执行重大事项报告制度和值班登记、交接班制度；协调组织相关乡镇和部门实施了2012年“5·12”防灾救灾综合实战演练。

【政务信息】 区政府办加大信息报送力度及政务信息的采编力度，在提高信息质量、确保信息时效、拓宽信息来源、发挥网络优势等方面进行了一系列加强和改进，为领导科学决策提供服务。全年编发《每日信息》211期，上报市政府信息731条，采用163条，其中，上报省政府39条。

【法制工作】 推进依法行政，规范行政执法主体及其行为，全面落实行政执法责任制和执法过错责任追究制。受理行政复议案件5件，办结率100%。对全区行政执法部门800余人的行政执法证件进行了年检，组织238人参加全市统一行政执法资格考试。

（袁敏 田婷 杨文琦 肖杰文 郑佳 杨帆 潘航 曾魁 李奎 刘晓蔚）

政务中心

【年度特点】 2012年，在区委、区政府的领导和上级政务服务中心的指导下，区政务服务中心始终坚持以邓小平理论和“三个代表”重要思想为指导，深入贯彻落实科学发展观，紧密围绕区委、区政府中心工作，扎实开展“项目攻坚年、产业提升年、开放突破年、作风转变年”活动，以“创造西部最优政务环境、建设西部经济发展高地”为主题，以“深化政务公开、加强政务服务”为重点，推进投资项目并联审批和政务服务体系标准化建设，加强电子政务大厅运行管理，为旌阳区构建“四个旌阳”营造更加规范、透明、优质、高效的政务环境。

【标准化建设】 推进政务中心审批项目、审批流程、办事制度、服务模式、场地建设等标准化建设，实现审批效率、服务质量动态提速。2012年1月，区药监局正式入驻，区级独立窗口增加到19个，各审批服务窗口受理办结行政审批及服务事项7.93万件，按时办结率100%，群众满意率100%，承诺件提前办结率99.90%，有效投诉为“零”。

【政府采购工作】 区采购中心采取公开招标、邀请招标、竞争性谈判、询价、单一来源以及定点采购、协议供货等形式，组织集中采购133次，定点采购368次，实现采购金额1.11亿元，节约资金1159万元，资金节约率10%。

【电子政务大厅建设】 区政务中心制定了《旌阳区电子政务大厅管理制度》，将行政审批及服务事项、办理流程、承诺时限、所需材料等在审批服务窗口、政务外网和电子政务大厅对外公开。专人负责电子政务大厅的日常维护、咨询、解答等工作，实现电子政务大厅“互联网业务受理，政务外网业务办理”的目的，为服务对象提供网上查询、咨询、预审和表格下载等服务，逐步将电子政务大厅建设向乡镇（街道）延伸。2012年，旌阳区电子政务大厅系统安全、运转正常，群众在线咨询366件，回复366件，咨询满意率100%，无网上投诉案件。

【ISO9001质量体系认证】 2012年5月30日，区政务中心荣获上海质量技术认证中心颁发的“质量管理体系认证合格证书”，这是德阳市第一个也是唯一一个县级政务中心获此殊荣。

【行政审批项目清理】 在国务院第五批、第六批取消调整行政审批项目和旌阳区2009年清理基础上，政务中心组织各部门开展行政审批项目清理工作，对上报的清理结果逐项审核，注重与市法制办和各部门沟通，经过多次修改后与区法制办、区监察局联合会审，初步形成旌阳区行政审批及公共服务等事项目录，并报经区政府四届十九次常务会议审查通过。

经过此次清理，全区具有行政审批及公共服务等事项的单位34个（2012年增加防震减灾局、质监局），有行政审批、日常监管、公共服务事项353项，总数比2009年增加3项。其中：行政审批145项，日常监管81项，公共服务127项；依据相关法律法规增加事项26项，取消事项15项，涉及到分类、名称调整及合并的事项37项。

【“一窗式”全程代办】 优化投资项目“一窗式”全程代办并联审批机制及服务措施，搭建覆盖审批部门、招商部门、项目业主和中介机构的信息共享平台，全年为新建和在建企业集中组织3次项目审批培训会。对招商引资及重大投资项目实行提前介入、专人跟踪服务，推行对投资项目全程指导、全程协调、全程推进、全程督促、全程反馈“五个全程”工作法，印制《投资项目并联审批服务指南》分送项目业主、乡镇和有关部门。每半月印发项目专报，送区委、区政府领导掌握项目审批进度。2012年，“一窗式”全程代办企业准入183项，注册资金3.73亿元；“一窗式”全程代办基本建设项目45个，计划投资154.52亿元。

【政务服务体系建设】 在全区15个便民（政务）服务中心，197个村（社区）便民服务代办点（站）全面建立的基础上，各乡镇（街道）明确分工、整合职能、落实人员，完善管理考核制度和代办机制。开展业务培训，充实服务功能，提高为民服务质量和水平，全面推广全程代办、延时服务、预约服务、服务上门等便民措施。6月22日，省委常委、纪委书记王怀臣，市委书记李向志到东湖乡便民服务中心视察，并给予高度评价。4月10日上午，区政协深入区政务中心、东湖乡便民服务中心、石桥社区、黄连桥社区视察政务服务体系建设工作，高度肯定了区政务中心服务人民群众、服务经济建设所取得的成绩。

【机关作风建设】 狠抓《四川省行政审批违法违纪行为责任追究办法》的学习和落实，规范首问责任岗、去向留言、一次性告知等制度，完善政务服务中心管理考核办法，细化落实政务服务工作目标任务，对窗口实行月度和年度绩效考核评分，强化服务承诺的公开和落实。利用行政效能电子监察系统、视频监察系统、短信评议系统，实行群众背靠背评议，主动接受群众的监督。2012年，短信平台发出短信1430条，反馈524条，满意度100%。收到群众锦旗8面，感谢信7封。

（李泽金）

民政工作

【年度特点】 2012年，旌阳区民政局本着“以民为本、为民解困、为民服务”的宗旨，发挥社会管理和公共服务职能作用，较好地完成了各项工作任务，保障了人民群众的基本生活权益和民主政治权利，维护了社会稳定，推进了社会文明进步。

【“一站式”医疗救助】 2012年年初，区民政局全面推广“一站式”医疗救助服务，扩大医疗救助定点医院覆盖面，简化程序，规范操作，实现医保报销和医疗救助同步结算。全年救助城镇低保、困难群众1.84万人次，发放救助金969.48万元，人均救助237元，完成目标任务的148%；救助农村低保、困难群众1.38万人次，发放救助金557.45万元，人均救助金额408.50元，完成目标任务的255%。

【社区管理创新】 按照区委、区政府《关于进一步加强和创新社区居民委员会建设工作的实施意见》，区民政局对社区综合管理服务、网格化管理、居民自治、社会力量参与、社区管理工作考评和社区管理保障六大体系提出细致的要求。为加强城乡“三委一站”建设，实施“双百工程”，下发关于贯彻落实《德阳市旌阳区“十二五”社会管理创新发展规划2012年实施方案》，落实38个村和社区的示范任务。截至年底，旌阳区有30%以上的村和社区可达到规范化标准。

【社会救助】 截至2012年年底，全区有城镇低保户4.03余万人，发放低保金9697万元，月人均补差197.60元，完成目标任务的116%；全区有农村低保户1.18万人，发放低保金1319.27万元，月人均补差90.90元，完成目标任务的125%。建立五保供养自然增长机制，将符合条件的“五保”对象全部纳入供养范围。全区有五保对象1566人，其中集中供养953人，分散供养613人，集中供养率61%。集中供养标准由2011年的280元提高到2012年的330元，分散供养标准由215元提高到230元。

【灾后重建】 2012年由香港特区政府投资5880万元的德阳市社会福利综合服务中心建成并投入使用。天元镇敬老院、柏隆镇敬老院附属工程、东湖乡敬老院3个乡镇敬老院建设完工。

【社会事务】 2012年办理结婚登记7407对，离婚登记2735对，补发结婚证1651对，离婚证127对，出具无婚姻登记证明4652人次，收养登记39件；办理惠民殡葬补助2580例，发放惠民殡葬补助金221.88万元。

【区划地名和社团组织】 开展旌阳区行政区划调整工作，完成了“两调一改”（调整天元镇、东湖乡区划，改八角井镇为街道办事处）资料上报等事项；指导黄许、孝泉、孝感等乡镇做好地名规划工作，完成黄许镇的地名规划上报区政府审批工作。2012年全区91家社团组织，22家福利企业均按要求进行了年检，年检合格率100%。

【政区大典全面完成】 为推进《中华人民共和国政区大典》（四川分卷旌阳区部分）词条编纂工作，旌阳区和各乡镇、街道办均成立了编纂领导小组，抽调得力骨干，集中时间全面系统地对区级和镇级政区的综合情况进行调研，于2012年8月底前完成编纂任务。

【优抚安置】 2012年全区接收退役士兵191人，其中农村籍143人，城镇籍48人，发放退役士兵地方经济补助金302.90万元，发放自谋职业补助金和待安期间生活费249.82万元，为3名服役满12年的转业士官安置了工作岗位；2012年年初，旌阳区全面启动对年满60周岁的农村籍退役军人发放生活补助工作，通过调查摸底，认定1638名农村退役士兵享受老年生活补助金。

【双拥工作】 在春节、八一等重大节日期间，旌阳区对360余名优抚对象和9个驻军单位、1个军休所送去慰问金26余万元。全区各乡镇、街道办和各部门普遍开展拥军优属走访慰问活动，对4000余人次的优抚对象进行了慰问，发放慰问金、物资80余万元。

【居家养老服务】 2012年，新建辽河社区、黄连桥社区2个“四川省一级养老服务社会化示范社区”。全区有100余位符合条件的孤寡老人享受到由政府购买服务，聘请养护员上门为老年人提供养老服务。

【慈善工作】 开展送温暖、献爱心慈善募捐活动，2012年接受捐款49.40余万元，与上级慈善部门、教育部门共同开展了“四个一万”慈善·福彩助学活动，为72名困难家庭大学生发放助学金31.32万元；与热心慈善事业的社会团体携手开展形式多样的慈善公益活动，宣传慈善理念，增加全社会慈善意识。

（王剑锋）

群众信访

【基本情况】 2012年，全区受理群众来信来访1323批2706人次，同比下降7.29%，办结率98.79%。其中受理来信（含网上信箱）777件，同比下降15.08%，办结率98%；接待来访546批1911人次，同比上升42.93%，回546批次，回复率100%（其中集体访88批1177人次，办结率99.06%）。

【年度特点】 区委群工部在市、区两级党委、政府的正确领导下，2012年群众信访工作总体态势良好，呈现出“两降三提高”特点。即群众来信来访总量同期明显下降、群众来信总量同期有所下降；来信来访办结率同期明显提高、积案化解率同期明显提高、群众满意率同期明显提高。在全市群众和信访工作总结表彰大会上，聂建、王明建、曾德全、周晓莉4名同志被市委、市政府评为德阳市群众和信访工作先进个人，区委、区政府被市委、市政府评为群众和信访工作一等奖集体，旌阳区群众和信访工作取得了有史以来的最好成绩。

【基层群众服务体系建设】 一是区委、区政府制定了《构建维护群众权益机制的实施意见》，在区级层面，整合有关工作力量，在党委序列设立群众工作部，挂区政府信访局牌子。6月15日，“旌阳区群众工作局”正式更名为“中共德阳市旌阳区委群众工作部”，其主要职能也由原来简单的转交信访件向统筹、协调、牵头处置重要涉稳信访事项等方面扩大。二是在乡镇（街道）设立党委群众工作办公室，由党政副职专任或兼任群众工作办公室主任，配备1名专职或兼职副主任（股级）。3月底，全区15个乡镇（街道）均设立党委群众工作办公室。三是在村（社区）层面，设立党支部（党总支、党委）群众工作委员。四是强化基层信息员队伍建设。在村（社区）和重要企事业单位设置信息员，全区设置1000余名基层信息员。2012年上半年，区委群工部聘请专业人士对基层信息员进行业务轮训，内容涉及《信访条例》、征地拆迁、社保医保、土地承包等法律知识和相关政策，培训面达98.40%。

【积案化解】 对全区信访积案进行梳理，制定专门方案，建立多部门联动机制，加大积案化解力度。年初市信联办交办的4件积案全部办结。5月份，市委书记、市长交办6件突出信访和稳定问题，区信联办召开专题会议安排部署，按照“一个案件、一名领导、一套班子、一个方案、一抓到底”的思路，明确责任主体、承办人员、化解措施、办结时限，2012年年底，6件突出信访稳定积案化解工作全部化解。

【信访工作创新】 一是求突破，探索处置信访问题新途径。为早日妥善处理久拖不决的信访事项，分别于4月5日和6月1日召开了谢传碧、颜太良信访事项公开听证会和案件评议会，邀请了区党代表、区人大代表、区政协委员代表、区纪委、区委组织部及区公安分局和区司法局代表对信访人提出的信访事项进行公开听证和公开评议，并据此终结了谢传碧和颜太良信访事项。此项工作开创了全市及旌阳区群众和信访工作采用听证、评议解决群众信访事项的先河，对民主、公开、透明处理信访问题的新途径进行了有益的探索和尝试，得到各级各部门的好评。二是抓稳控，全力确保敏感时段稳控工作到位。2012年，全国“两会”、省第十次党代会和党的十八大相继召开，区委群工部全体干部在重要敏感时段均实行延时工作制（早上8：00到岗、22：00离岗），每天对乡镇、街道实行“三次电话点名制”（每天10：00、15：00、20：00），具体抽查掌握乡镇、街道领导值班情况和重点人员稳控情况，同时，每天不定时派员到部分乡镇、街道对重点人员稳控情况、信访事项的化解情况进行督促检查，杜绝了重点人员失控和脱管现象的出现。通过全区各级、各部门的共同努力，旌阳区实现了“四个确保”（确保不发生较大规模到省进京集体上访，确保不发生信访恶性事件，确保不发生群体性事件，确保全区社会大局稳定）目标，同时取得了省第十次党代会和党的十八大期间，旌阳区无一人到省进京上访的优异成绩（全市仅旌阳和绵竹无人到省上访）。三是重接访，扎实开展领导干部接访活动。将区级领导接访和区级部门接访日程形成文件，并向全社会公布，促进领导干部接访常态化、制度化，促使领导干部走进基层、深入群众，推动“事要解决”，维护了群众合法权益。全年全区147人次领导干部参与接访，接待群众198批次686人次，解决信访问题158件；全区有37人次区级领导干部下访62次，解决信访问题37件次。

【作风转变年活动】 结合创先争优及能力建设，实行以“四个一”（进门送上一声问候、台前送上一张笑脸、座前送上一杯热茶、临走送上一声祝福），“三个强化”（强化纪律、强化效率、强化秩序），“两个促进”（促进群工干部包片督导常态化、促进群工干部包片回访制度常态化）为内容的“432”工作法，转变工作作风，增强服务意识，提高办事效率，做到为群众办好事、做实事；同时，将学雷锋活动与群众信访工作有机结合。从4月1日起，区委群工部组织全区百余名群工干部利用工作之余，以信访户、困难户为重点走访对象，开展“走千户家庭、访万名群众”送温暖大走访活动。及时排查化解基层矛盾纠纷，反馈群众关心的热点难点问题，为群众排忧解难，从源头上化解信访事项，为区委、区政府的科学决策提供了第一手资料。

（吴清华）

安全生产

【年度特点】 2012年，区安委会各成员单位在区委、区政府的正确领导下，贯彻落实全国、省、市、区安全生产工作会议精神，坚持“安全第一，预防为主，综合治理”的方针，以科学发展观和安全发展的指导原则统领安全生产工作，以推动“安全生产年”活动为主线，着力民生，着力民心，加强基层基础，完善安全生产目标责任体系，落实年度安全生产控制目标，加强安全生产法制体制机制，切实落实政府、部门“一岗双责”和企业安全生产主体责任。持续排查治理事故隐患，防范各类安全生产事故发生，确保全区安全生产形势总体保持平稳态势。

【基本情况】 全区发生各类安全事故123起，同比下降3.50%；死亡29人，同比下降19%；受伤67人，同比下降21%；直接经济损失524.45万元，同比下降33.60%。其中道路交通事故86起，同比下降5.40%；死亡24人，同比上升4.30%，受伤67人，同比下降19%。消防火灾事故32起，同比上升33%，无伤亡。工矿商贸企业发生5起，同比下降58%；死亡5人，同比下降61.50%，受伤0人，同比下降100%。水上交通、农机均未发生安全生产事故。全年未发生较大安全生产事故，各项指标都在市政府下达的控制指标内。

【基层基础建设】 全区健全了乡镇（街道）安办机构和镇、村两级监管体系，落实人员，建立社区（村）安全生产协管制度，强化乡镇（街道）、部门安全监管人员的培训，提升安全生产监管水平和履职能力。2012年，完成5个市级安全社区的创建申报备案工作。开展和推进工业集中发展区规范化创建工作，并于11月29日顺利通过市政府相关部门的检查验收。

【企业标准化建设】 开展以“企业达标升级”为主要内容的安全生产标准化创建活动。全区按时完成全区42家企业标准化达标任务，其中危化生产企业和烟花爆竹生产经营企业14家，非煤矿山企业8家，工矿商贸企业20家。

【重点时段隐患排查】 在元旦、春节、“五一”、“汛期”、国庆期间对全区道路交通、公共安全、火灾隐患、非煤矿山、危险化学品、特种设备等行业和领域进行拉网式排查，发现隐患，责令相关单位整改，做到防患于未然。特别是针对党的“十八大”召开期间，加大隐患排查整治，加强值班值守工作，坚持领导值班带班制度，做好带班记录，并及时处置和解决突发问题，确保党的“十八大”期间社会平安稳定。

【安全执法】 2012年查处安全事故11起，对相关责任单位、人员实施经济处罚40余万元；严厉打击非法违法行为，责令停产整顿生产企业2家；接到安全生产事故隐患举报投诉6件，处置6件。制定并下发《德阳市旌阳区集中开展安全生产领域“打非治违”专项行动的实施方案》，在全区集中开展安全生产领域“打非治违”专项行动。2011年全区共排查出非法生产经营单位及场所119家，重大安全隐患12处，各部门积极整治，基本得到解决。

【综合治理】 协调建设、公安、消防、交警、教育、卫生、城管等相关部门，重点加强对建筑施工现场脚手架搭设、临边洞口防护、施工用电、塔吊和施工电梯、施工机械及安全管理的监督检查；在全区开展整顿建筑市场秩序、拆除危及公共安全建筑专项行动，消除一大批安全隐患；加大公众聚集场所消防监督检查，重点整治突出火灾隐患，确保全区火灾形势持续平稳；加强学校的安全监管工作，对全区中小学校、幼儿园等进行专项检查和整治。

【职业健康危害】 对企业职业健康管理负责人120人次进行培训；对317家企业进行职业危害网上申报；推动93家企业进行职业健康体检，体检2618人，检测企业118家。在德赛尔等两家公司试点的职业病危害防治标准化建设工作得到国家安监总局和市局领导的肯定。

【宣传教育】 2012年4月，在南塔化工有限公司组织危化品泄漏应急救援演练；6月10日，在旌阳区黄许镇开展“安全生产月”宣传活动，发放资料10余万份；组织全区安全员、村（社区）安全协管员、企业负责人安全培训1000余人次；举办培训班6期，培训生产经营单位负责人、安全生产管理人员480人、从业人员680人、特种作业人员100余人次、烟花爆竹经营网点负责人230人。

（刘　肃）

档案管理

【年度特点】 2012年，区档案局深入开展“作风转变年”活动，积极提高干部队伍素质，树立勤政、为民、务实、清廉的单位形象，构建“忠诚、敬业、高效、守纪”的工作氛围，推进全区档案事业与时俱进、持续发展。

【归档整理工作】 加大全区档案工作业务指导和检查力度，各单位2011年归档文件整理工作于2012年6月底全面完成，全区机关单位报送归档文件目录3.60余万件。

【规范化管理工作】 开展档案工作规范化管理的等级认定和复查评审工作，完成对区烟草专卖局、德新小学、东湖乡等20个单位规范化管理的复查验收，东湖乡石桥社区、凯江社区达到档案规范化管理省三级标准。截至2012年底，全区机关及企事业单位达档案规范化管理省一级标准的有18个、省二级10个、省三级48个。加强档案信息化建设，推进民生档案数字化录入工作，于2012年11月开始进行馆藏档案全文数字化扫描。

【馆库管理工作】 推进档案馆“基础业务建设年”活动，按照2010—2012年全区档案移交计划，接收30个区级部门移交的1991—2001年度档案1.10余万卷。加强档案馆的安全检查，对部分库存档案进行抢救性保护整理，对全库档案进行翻整、杀虫，放置杀虫药。

【查阅利用工作】 接收区民政局移交的2011年度婚姻档案1.25万件，并进行全文数字化处理。开展好档案及政府公开信息利用服务工作，2012年接待查阅利用2000余人次，提供利用档案、资料2300余卷次。

（叶　华）

房改房管

【年度特点】 2012年，房改房上市交易量较上年有所下降。职工住房维修较上年有所增多，主要是使用年限长久的住房，共用部位主水管道锈蚀、主线路老化、楼顶屋面渗漏、化粪池堵塞等实际问题更加凸显，住户要求急需维修，并且反映强烈，不同程度的存在一些安全隐患和不稳定因素。因各种原因未办理房屋产权证的历史遗留问题也亟待解决。多处经济适用房的竣工、增建、报建工作使房委办工作量急剧增加。房委办克服各种困难，实现了房改房遗留问题处理扎实推进的良好局面。

【房改现状】 在完成房改各项日常业务工作的前提下，着重清理房改历史档案资料，做好房改数据库的基础工作，完善全区房改住房档案管理系统。贯彻国家建设部、发改委等七部委印发《经济适用住房管理办法》精神，规范经济适用住房的报建审批程序，使各项监管工作有章可循。按照国务院《物业管理条例》有关规定，宣传和指导各产权单位成立业主委员会，实施业主自治管理，规范住房维修基金的使用和管理，推动住房社会化管理进程。

【房改工作】 全年审核办理房改房上市许可132户、变更房屋产权41户，归集售房款和上市房面积补差款77万元；审核并建立住房维修基金15.40万元。审批23个业主委员会申报的住房维修方案，涉及974套房改房，按规定使用维修基金130.22万元。妥善处理了德阳中学、特变电工公司、区法院、德阳亚麻厂4个单位办理房屋产权证遗留问题。审批省农科院稻粱所办理经济适用住房分户房屋产权证234套。全年有1个单位开工修建经济适用住房一期304套，二期计划2015年开始修建；另有2个单位向建设部门办理经济适用住房报建手续。全年完成2012年房改房档案资料数据的录入工作。按区委、区政府领导批示，办理“市长信箱”交办件1件。接待咨询房改政策及处理房改遗留问题200余人次。

（姚　宇）

住房公积金

【年度特点】 德阳市住房公积金管理中心成立旌阳管理部紧密围绕“中心”的安排部署，以“热情周到，严谨务实”的“中心”精神为指导，以“全心全意为人民服务”的理念为行标，进一步解放思想、开拓创新。在工作中重点加强住房公积金增量扩面工作，改进住房公积金服务工作，扩大住房公积金贷款规模，强化贷后管理，逐步实现了财务管理、个贷管理、综合管理等工作的标准化管理要求。

【管理工作】 管理制度出台后，管理部按需设岗，按岗设人，人员持证上岗。管理部所有工作人员均取得会计从业资格证，其中中级会计师1名，助理会计师1名，形成了一个专业的工作团队。

【归集工作】 旌阳区开始建立住房公积金制度时，全区仅有238个单位8500余人建立了住房公积金。为维护广大职工的合法权益，夯实住房公积金制度基础，管理部印制宣传指南，对共性问题形成书面答疑，解答职工对住房公积金缴存的各种疑问；上门走访多家未建立住房公积金制度的单位，详细解释政策，部分民营、私营企业开始建立住房公积金制度。住房公积金缴存范围由机关单位延伸到乡镇、医院、学校、企业。2012年管理部实现归集单位431个，归集人数 3.44余万人，增长幅度305%，归集总额由5897.23万元增长到8.20亿元。

【服务工作】 作为中心对外服务的“窗口”，管理部始终坚持“全心全意为人民服务”的宗旨，坚持微笑服务，将广大缴存户的利益放在首位；严格执行办事公开制、首问责任制，第一时间处理群众的来电咨询和在线咨询业务，做到有问必答且准确回答；实行业务操作“咨询、审核、下账、开支票、复核”一站

式办理，提高办事效率，优化业务流程；增设排号机、饮水机、自助查询机、LED显示屏等多个便民设施。窗口自2008年5月进驻旌阳区政务服务中心以来，连续53个月被评为“先进服务窗口”；多次被授予“窗口服务先进”、“巾帼文明岗”的光荣称号；王莉 、牟莉、朱珊等先后多次被评为“窗口明星”。

【信贷工作】 管理部印发宣传资料，到多个单位给职工现场讲解信贷政策，使住房公积金贷款深入人心；为提升业务水平，制作了一套数据详细的电子台账，为资金安排提供依据；制定了一套严谨的审核制度，提高对个人征信报告的审核标准；改进委贷录入方式，通过excel表格中的函数将银行账号与系统账号进行匹配，避免手工录入错误的发生；多次到其他管理部学习先进方法，沟通业务技巧。从2004年管理部个贷业务实现零的突破，到2012年发放贷款2134户，放贷3.62亿元，贷款余额由74.95万元增加到3.06亿元。

（杜　丹）

政协德阳市旌阳区委员会

Zheng Xie De Yang Shi
Jing Yang Qu Wei Yuan Hui

重要会议

【四届一次全委会议】 2011年12月13日至16日，旌阳区政协四届一次全委会议，在德阳国鍠宾馆召开。中共德阳市委常委、旌阳区领导班子换届指导小组组长杨建明，副组长肖同华、唐华，区委书记王箭，副书记、代理区长邓平，副书记尹显俊，区委、区人大、区政府其他领导和区人武部、区法院、区检察院负责同志，上届区政协主席谢智源，四届一次会议主席团成员，212名区政协委员出席会议。区级部门、辖区直属机构、乡镇、学校、企业负责同志60人列席会议。杨晓岚代表区政协第三届委员会常务委员会作《工作报告》；廖传堂代表区政协第三届委员会常务委员会作《提案工作报告》；大会听取区委副书记、代理区长邓平通报政府工作，听取区财政、发改、法院、检察院工作报告的说明；委员们分组讨论“一府两院”《工作报告》、区政协《常委会工作报告》和《提案工作报告》，学习《全国政协章程》。大会选举徐蓉为区政协第四届委员会主席，严奇、王西林、王周勇、李亚平为副主席，于玲为秘书长，丁传旭等27名同志当选为常务委员。大会审议通过区政协提案委员会关于四届一次会议提案审查情况的报告；审议通过区政协四届一次会议决议。中共德阳市旌阳区委书记王箭同志作了重要讲话。

【四届一次常委会议】 2011年12月16日，区政协在国鍠宾馆召开四届一次常委会议。区政协党组书记、主席徐蓉，副书记、副主席严奇，副主席、统战部部长王西林，副主席王周勇、李亚平，秘书长于玲及27名政协常委出席会议。办公室及各专门委员会主任列席会议。会议通过了区政协第四届委员会各专门委员会主任、办公室主任人事任命。

【四届二次常委会议】 2012年3月13日，区政协召开四届二次常委会议。区政协党组书记、主席徐蓉，副书记、副主席严奇，副主席、统战部部长王西林，副主席王周勇、李亚平，秘书长于玲及27名政协常委出席会议。办公室和各专门委员会负责同志列席会议。会议传达了省政协十届五次会议和市政协七届一次会议精神，组织学习区委书记王箭、区长邓平在全区经济工作会议上的讲话，通报区政协第四届委员会主席、副主席和党组成员分工，区政协四届一次会议提案交办和2012年主席会议督办的重点提案情况，并征求对《2012年区政协工作要点》、《区政协常务委员会工作制度》和《区政协各专门委员会工作规则》的意见和建议。

【四届三次常委会议】 2012年7月2日，区政协召开四届三次常委会议。区政协党组书记、主席徐蓉，区委副书记尹显俊，政协党组副书记、副主席严奇，副主席、统战部部长王西林，副主席王周勇、李亚平，副区长罗春华，秘书长于玲及政协常委出席会议。驻区市政协委员，区政协各委、室负责同志，副秘书长、各专委会副主任建议人选列席会议。会议的主要内容是副主席王西林传达四川省第十次党代会精神，听取副区长罗春华所作的“关于2012年上半年全区经济运行情况通报”和“关于全区文明城市创建工作情况通报”；副主席严奇通报区政协2012年上半年工作情况；会议审议并通过区政协社会法制委《关于加强和创新我区社会管理工作的调研报告》、文教卫体委《关于我区乡村医生队伍建设情况的调研报告》、提案委关于《政协德阳市旌阳区委员会提案工作规则（审议稿）》，通过李茂纯等10名同志分别任政协副秘书长和各专委会副主任的有关人事事项。

【四届四次常委会议】 2012年10月17日，区政协召开四届四次常委会议，区政协党组书记、主席徐蓉，党组副书记、副主席严奇，副主席、统战部部长王西林，副主席王周勇、李亚平，秘书长于玲及常委出席会议。副区长谢坤，区招商局局长张锐、区农业局局长丰小奎应邀参加会议。政协各委、室负责人列席会议。会议组织学习省政协主席陶武先在省政协学习会上题为“深入贯彻落实科学发展观，努力提高人民政协工作科学化水平”的讲话；副区长谢坤向常委会通报区政协四届一次会议委员提案办理情况；区招商局局长张锐通报全区招商引资工作及项目推进情况；区农业局局长丰小奎通报全区农业科技创新运用与推广情况。会议审议通过了政协农人环资委《关于我区农村面源污染现状的调查与建议》、政协经科委《关于我区招商引资项目推进情况的调查与建议》的调研报告。

【四届五次常委会议】 2012年12月10日，区政协召开四届五次常委会议，区政协党组书记、主席徐蓉，党组副书记、副主席严奇，副主席、统战部部长王西林，副主席王周勇、李亚平，秘书长于玲及常委出席会议。徐主席组织传达了党的十八大会议精神，学习了中共中央办公厅有关“八条规定”；审议通过《政协德阳市旌阳区第四届委员会第二次全体会议工作报告》，《第四届德阳市旌阳区委员会常务委员会关于四届一次会议以来提案工作情况的报告》，德阳市旌阳区第四届委员会第二次会议议程，德阳市旌阳区第四届委员会第二次会议主席团建议名单、德阳市旌阳区第四届委员会第二次会议秘书长、副秘书长建议名单，德阳市旌阳区第四届委员会第二次会议提案审查委员会建议名单，德阳市旌阳区政协第四届委员会委员增补建议名单，《政协旌阳区委员会关于表彰四届一次会议以来优秀提案和先进承办单位、先进个人的决定》。区政协副主席、统战部长王西林就新增补7名政协委员建议名单作说明。

【民主评议全区文明城市创建工作动员会】 2012年3月30日，区政协召开民主评议全区文明城市创建工作动员会。区政协党组书记、主席、文明城市创建活动民主评议领导小组组长徐蓉，区委副书记尹显俊，副区长罗春华，政协党组副书记、副主席、民主评议领导小组副组长严奇，副主席、民主评议领导小组副组长王周勇，秘书长、民主评议领导小组办公室主任于玲，政协民主评议文明城市创建活动四个评议工作组全体成员，47个区级部门、11个乡镇、4个街道办事处等被评议单位的分管领导参加会议。党组副书记、副主席、民主评议领导小组副组长严奇主持会议。党组书记、主席、文明城市创建活动民主评议领导小组组长徐蓉就2012年3月~7月，区政协组织近百名政协委员，分成四个组，民主评议全区文明城市创建工作作动员讲话并安排部署文明城市创建民主评议工作。

【提案工作座谈会】 2012年5月25日，旌阳区政协召开提案工作座谈会。党组副书记、副主席严奇，副主席、统战部部长王西林，副主席李亚平，部分政协委员、提案承办单位代表、提案委成员、办公室和各专委办主任近50人参加会议。秘书长于玲主持会议。副主席李亚平传达学习2012年全国、省、市政协提案工作座谈会议精神；提案委主任周礼生通报区政协四届一次全委会委员提案办理情况；区政府办、区公安分局、区农业局负责同志就办理政协提案工作作经验交流发言；副主席严奇充分肯定旌阳区近年来提案工作取得的成绩，就学习贯彻全国、省市政协会议精神和进一步做好新形势下区政协提案工作，提出八点要求。

【第四届委员会新任委员培训会】 2012年6月6日，旌阳区政协召开第四届委员会新任委员培训会。区政协副主席、统战部部长王西林，区政协第四届新任委员80余人参加会议。秘书长于玲主持会议。副主席王西林就《全国人民政协章程》的相关内容进行辅导学习，并特别邀请市政协提案委副主任王天翔、市政协常务委员王方明分别就提案的撰写方法、技巧和委员如何履职等作专题讲座。

【民主评议全区文明城市创建工作总结会】 2012年9月7日，区政协召开民主评议全区文明城市创建工作总结大会。区政协党组书记、主席、民主评议领导小组组长徐蓉，区委副书记尹显俊，区委常委、宣传部长冉晓云，副区长罗春华，党组副书记、副主席、民主评议领导小组副组长严奇，副主席、统战部部长王西林，副主席王周勇、李亚平，区政协民主评议领导小组全体成员，47个区级部门、11个乡镇、4个街道办事处的负责同志等90余人出席会议。副主席王周勇主持会议。主席徐蓉就区政协开展的民主评议全区文明城市创建工作作了全面总结，就旌阳区下一步继续做好文明城市创建达标工作提出四点意见和建议。区委副书记尹显俊作重要讲话。

重要活动

2012年1月10日，旌阳区开展2012年春节惠民送温暖活动，区委书记王箭，副书记、区长邓平，区人大主任刘友华，区政协党组书记、主席徐蓉等四套班子领导，法、检两院院长，分组到各乡镇（街道），对专家人才、困难群众、优抚对象等进行走访慰问。

2012年2月16日，市政协副主席、市工商联主席张志强一行，在区委常委、区工业集中发展区党委书记谭德明，区政协副主席、统战部部长王西林陪同下，到旌阳区视察四川春雷钢结构有限公司高压输电线迁建工作。

2012年3月20日，市政协副主席余存贵、谢天佑一行10余人，在区政协副主席严奇，副主席、统战部部长王西林陪同下，先后到德阳市瑞麟食品有限公司、德阳市宏霸饲料有限公司、四川省再生源面粉有限公司，就旌阳区农副产品深加工情况进行调研视察，区政协办、区委农办相关领导陪同视察。

2012年4月10日，区政协党组书记、主席徐蓉率副主席、统战部部长王西林，副主席李亚平，秘书长于玲以及社会法制委27名委员，视察区政务服务中心、东湖乡石桥村社区综合服务站、天元镇黄连桥社区综合服务站“三级政务服务体系”建设，听取区政务服务中心建设工作情况汇报，区招商局、工业集中发展区分管领导、企业代表先后发言。委员们就旌阳区政务服务三级体系建设情况的现状、完善政务服务机制、如何进一步提高便民服务的效能等方面提出意见和建议。区政务服务中心主任龚德智，副主任罗军，东湖乡党委书记曾学武、乡长曾锐，天元镇党委书记王全贵、镇长任伟陪同视察。

2012年4月16日，市关工委常务副主任黄文祺、马俊东等一行，在区委副书记、区关工委主任尹显俊，区关工委执行主任杨晓岚，常务副主任朱家熙等陪同下，到德阳十中、旌阳街道文昌社区调研指导关心下一代工作。

2012年4月19日，安徽省安庆市政协副主席光嘉元、徐晓华一行，在市政协副主席吴玉华，区政协副主席王周勇等陪同下，到旌阳街道文昌社区、东湖乡石桥社区调研社会管理创新工作。

2012年4月24日，全国政协常委、人口资源环境委员会副主任汪啸风，全国政协常委、人口资源环境委员会副主任、中国人民解放军原副总参谋长张黎等一行，在市政协常务副主席巫建平，副主席吴忠金、吴玉华、谢天佑，区政协党组书记、主席徐蓉，区委副书记尹显俊，区政协副主席严奇等陪同下，到新中镇龙居村调研视察农村土地资源可持续利用情况。

2012年5月17日，市政协主席刘哲，副市长杨震，市政协副主席、市委统战部长余存贵一行，在区委副书记、区长邓平，区委常委、常务副区长唐平，副区长刘秉光，区政协副主席严奇等陪同下，到旌阳区督办清真寺项目异址重建推进工作。

2012年6月5日，市政协副主席巫建平、文教卫体委主任杨晓青、副秘书长杨轻抒、文卫处处长吴高、市文明办科长冷红等到旌阳区调研视察民主评议文明城市创建工作。区政协副主席王周勇，文教卫体委主任张小兰等陪同。巫建平一行，到城北街道办秦宓社区视察了社区开展文明城市创建工作情况，听取文教卫体委主任张小兰关于区政协开展民主评议省级文明城市创建工作情况汇报，听取区文明办、城北、城南、旌阳及工农4个街道办负责同志关于开展省级文明城市创建工作的情况汇报，并提出建议。

2012年6月8日，区政协党组书记、主席徐蓉，老领导杨晓岚、廖传堂，副主席严奇，副主席、统战部部长王西林，副主席李亚平，秘书长于玲，办公室主任及各专委会主任一行，就旌阳区人民法院工作开展视察。

2012年6月12日，区政协党组书记、主席徐蓉率副主席严奇、李亚平，秘书长于玲及经科委30余名政协委员，在副区长罗春华和区科技局局长阳勇等陪同下，到德阳市蔬菜专家大院和德阳市食用菌专家大院，调研旌阳区农业科技专家大院建设情况。

2012年6月13日，市政协社法委主任刘洪庆，副主任肖玫、廖克，社会处处长刘晓红，区政协副主席王西林率21名市、区政协社法委委员，到旌阳区联合调研视察村（居）委会、社区工作人员待遇及养老保险工作情况。

2012年6月26日，市政协副主席、市委统战部部长余存贵一行，在区委副书记尹显俊，区政协副主席、统战部长王西林等陪同下，到钰鑫机械、东升农场、孝泉民族小学、德新镇柏木泉新村等地视察旌阳区统战工作。

2012年7月5日，旌阳区政协组织30名政协委员就旌阳区德赛尔化工公司创建中国皮化基地建设情况开展视察。区政协党组副书记、副主席严奇，副主席、统战部部长王西林，副主席李亚平，副区长肖静参加视察活动。

2012年7月11日，贵州省平塘县委常委、常务副县长张智勇一行，在区委常委、人武部政委张朝恩，区人大常委会副主任肖辉，区政协副主席严奇等陪同下，到旌阳区调研统筹城乡工作。

2012年8月8日，德阳市政协副主席、市委统战部部长余存贵，副主席谢天祐率市政协农人资环委委员一行，在区政协副主席严奇，区水务局负责同志等陪同下，调研旌阳区农村安全饮用水工程建设情况。

2012年8月10日下午，省委老干局正厅级巡视员徐德松一行，在德阳市委组织部副部长、老干局局长何敏，区政协副主席严奇，区委组织部长王明英，区老干局局长杨永文、副局长杨期述，秘书长于玲等陪同下，调研离退休干部党支部思想政治建设和学习活动阵地建设、特困帮扶、创先争优等工作。

2012年9月3日，省教育厅厅长涂文涛一行，在区委书记王箭，副区长刘秉光，区政协副主席王周勇等陪同下，到华山路学校检查学校安全工作。

2012年9月4日，市政协主席刘哲，副主席张志强、吴忠金、余存贵、吴玉华等一行，在区委书记王箭，副书记、区长邓平，区政协党组书记、主席徐蓉，副主席严奇、王西林等陪同下，到德阳火花米业有限责任公司调研订单农业工作。

2012年9月13日，区政协党组书记、主席徐蓉，副主席、统战部部长王西林，副主席李亚平，秘书长于玲带领区政协委员和相关委、室负责人，先后到旌阳区工业集中发展区的深捷科技、瑞能电力、特变电工等公司，调研旌阳区招商引资项目推进情况。

2012年9月28日，区政协党组书记、主席徐蓉，副主席王周勇，秘书长于玲带领部分政协委员，到德阳八中和实验小学淮河路校区，调研旌阳区解决义务教育阶段城市学校大班额工作情况。

2012年10月10日，区政协党组书记、主席徐蓉，副主席严奇、统战部部长王西林，副主席李亚平，在秘书长于玲，提案承办单位区民宗局局长王衡等陪同下，视察旌阳清真寺异址重建进展情况。

同日，区政协党组书记、主席徐蓉，副主席严奇、李亚平，在秘书长于玲，有关委、室主任和区司法局领导陪同下，就政协委员联名提出的《建议在全区村（社区）推行法律顾问制度》（59号）提案开展现场督办。

2012年10月31日，旌阳区在工业集中发展区召开第四季度重点项目集中开工仪式，市委书记李向志、市长陈新有，区委书记王箭，区政协党组书记、主席徐蓉等参加活动。

2012年11月6日，德阳市政协副主席张志强、吴忠金，率市政协委员50余人，在区政协党组书记、主席徐蓉，副主席李亚平及孝泉镇党委政府负责同志陪同下，视察了孝泉镇场镇建设和孝文化旅游产业建设发展情况，听取有关工作汇报，提出建设性的意见和建议。

同日，区政协党组书记、主席徐蓉，秘书长于玲，办公室主任李国金，在扬嘉镇党委书记张顺友等陪同下，到扬嘉镇扬嘉村、青花村开展“挂、包、帮”和“送温暖”活动。为6户贫困党员和群众送去慰问金，为两个村送去价值2.60万元的办公桌椅、文件柜、会议桌等物品。

2012年11月10日，区政协副主席李亚平率提案委主任周礼生，经科委主任吴国成，社法委主任张学会，区环保局副局长黄安慧等同志，就政协委员提案——《加大政府投入，尽快开展农药废弃包装物的回收处理工作》到旌阳区工业集中发展区，进行现场督办，分别听取承办单位区商务局局长邵开泉、四川元丰化工股份有限公司副总经理许堃有关元丰再生资源市场的选址、新建规划情况汇报，并提出两点建议。

2012年11月28日，甘孜州炉霍县政协主席吴小平一行，在区政协副主席严奇，副区长龚军等陪同下，调研孝泉镇古镇文化建设工作。

2012年12月19日，省环保厅副厅长谢天一行，在副区长、区公安分局局长聂建，区政协副主席严奇等陪同下，到东湖乡、新中镇检查验收农村生态区示范点创建工作情况。

2012年12月21日，四川万兴投资集团有限公司董事长冯忠益一行，在区政协副主席、统战部部长王西林陪同下，到孝感镇和平村捐赠修建通组道路资金。

提案·建议

2012年2月25日，区政协提案委会同区委办、区政府办，对政协旌阳区第四届委员会一次会议以来收到的77件建议与意见进行审查、分类和立案，确定立案67件，作建议意见转有关单位办理10件。其中，属工业经济方面提案4件，农业经济方面提案11件，第三产业方面提案7件，科技文化方面提案10件，教育卫生方面提案12件，城市建设交通方面提案12件，统战政法方面提案3件，其他方面提案8件。

区政协按照分级负责、归口办理的原则，将委员提案和意见转交给区委办、区政府办办理。经区政协主席会议研究，决定将颜志萍委员“加大政府投入，尽快开发农药废弃包装物的回收、处理工作”（13号提案），杨忠明委员“关于建立丘陵现代农业标准化养殖产业区的建议”（15号提案），金燕委员“关于加强食品卫生监督的建议”（43号提案），江旭刚委员“关于促成旌阳清真寺灾后重建项目早日开工建设的提案”（57号提案），周玲委员“建议在全区村（社区）推行法律顾问制度”（59号提案）等3类5件作为主席会议重点督办提案，这5件提案由区政协主席和各位副主席督办。

干部任命

根据《中国人民政治协商会议章程》第四十七条规定，经区政协三届十九次常务委员会议及区政协第四届委员会常务委员会第一次会议研究决定：

张学会同志任区政协社会法制委员会主任；

吴国成同志任区政协经济科技委员会主任；

李国金同志任政协德阳市旌阳区第四届委员会机关办公室主任；

郭洪杰同志任区政协办公室副主任；

周礼生同志任政协德阳市旌阳区第四届委员会提案委员会主任；

蒲江涛同志任政协德阳市旌阳区第四届委

员会农村人口环境资源委员会主任；

张小兰同志任政协德阳市旌阳区第四届委员会文教卫体委员会主任；

胡凤斌同志任政协德阳市旌阳区第四届委员会学习文史委员会主任。

经区政协第四届委员会常务委员会第三次和第六次会议研究决定：

李茂纯同志兼任政协德阳市旌阳区委员会副秘书长；

王雪红同志任政协德阳市旌阳区委员会专职副秘书长；

屈德兵同志兼任政协德阳市旌阳区委员会经济科技委员会副主任；

林敏同志兼任政协德阳市旌阳区委员会社会法制委员会副主任；

赖小平同志兼任政协德阳市旌阳区委员会提案委员会副主任；

刘艳同志兼任政协德阳市旌阳区委员会文教卫体委员会副主任；

肖红同志兼任政协德阳市旌阳区委员会文教卫体委员会副主任；

张文同志兼任政协德阳市旌阳区委员会学习文史委员会副主任；

范云聪同志兼任政协德阳市旌阳区委员会农村人口环境资源委员会副主任；

黄安惠同志兼任政协德阳市旌阳区委员会农村人口环境资源委员会副主任；

李运泉同志任政协德阳市旌阳区第四届委员会农村人口环境资源委员会副主任，保留正科级。

芦德路双东段一瞥

政法·军事

Zheng Fa Jun Shi

东湖山领地一角

政法综述

【年度特点】2012年，在区委、区政府的正确领导下，全区政法各部门以营造和谐稳定的社会环境迎接党的十八大胜利召开为目标，以坚决防止发生重大政治性事件、民族分裂事件、非法聚集事件、暴力恐怖事件为重点，以深化三项重点工作为着力点，以开展政法干警核心价值观教育实践活动和“警民亲”活动为抓手，努力争创“三个一流”，全面提升政法工作水平，为全面推进“四个旌阳”建设作出了应有的贡献。全区政法各部门有120余个集体，460余人次获得各级表彰奖励，其中荣立集体二等功1个、荣立集体三等功3个。旌阳区再次被评为全市“维护社会稳定”、“社会治安综合治理”和“防范和处理邪教问题”先进集体。

【维稳工作】2012年维稳工作的重中之重是确保十八大召开前后社会稳定。旌阳区将全年维稳工作分成三个阶段。1~3月是基础工作强化阶段，重点狠抓不稳定因素大排查、出台社会稳定风险评估实施细则和分级应急处置预案、狠抓维稳信息平台建设、开展好维稳信息员培训等基础性工作；4~8月是不稳定因素化解攻坚阶段，在化解各类突出涉稳和信访问题的同时，加大力度排查各类新的不稳定隐患，并对排查出的突出问题，实行建档动态管理和挂牌跟踪督办；9~12月是确保十八大顺利召开阶段，及时妥善处理各类突发事件，强化重点人员、重点群体、重点场所和重点领域的稳控。2012年，全区排查出新的不稳定因素27件，加上2011年42件遗留问题，共计69件。妥善处理44件，及时有效处置10人以上聚集事件10件，确保了节庆假日和各级重大会议、活动期间全区社会政治持续稳定。

【队伍建设】通过开展“警民亲”、政法干警“核心价值观”、作风转变年等主题教育实践活动，打造出旌阳特色的法院“无讼社区”、检察院“两法衔接工作”、公安分局“五小警务”、司法局服务群众“八件实事”等各具特色的活动亮点。2012年，政法各部门共交流、提拔和使用副科以上领导干部13人，选拔使用和调整中层干部47人，新增后备干部7名，全区政法干警总数达601人，基层政法力量进一步增强。

【涉法涉诉工作】认真贯彻落实中央、省、市关于《党委政法委员会对政法部门执法活动进行监督的规定》，全年由区委政法委牵头组织综合执法巡视2次，进行案件评查110件，推进了全区政法各部门的执法规范化建设。2012年全区政法各部门受理涉法涉诉群众信访案件195件，区委政法委督办、转办各类案件56件，直接协调处理重大、疑难案件8件。

（李　易）

审　判

【年度特点】2012年，区法院在区委坚强领导、区人大有力监督、区政府、区政协及社会各界的大力支持和民主监督下，认真贯彻党的十七届五中、六中全会和十八大会议精神，深入贯彻落实科学发展观，坚持从严治院、公信立院、人才兴院，着力在服务大局上下功夫，在中心工作上求突破，在关键工作上重改进，扎实开展“争创一流”工作，为建设“四个旌阳”提供了有力的司法保障。2012年，区法院受理各类案件9538件，同比增长45.20%，办结9348件，同比增长52.70%，结案率达98.30%。

【司法服务】一是深化司法服务，助推经济转型升级。制定《为加快建设“四个旌阳”提供司法保障的实施意见》，就妥善审理重点工程建设、重点项目推进等领域的案件制定具体意见；审结企业买卖合同、股权转让等案件585件；审结融资、保险、担保等金融纠纷案件359件，兑现金融债权730余万元。二是强化保障职能，维护社会和谐稳定。依法审理刑事及刑事附带民事案件576件，判处640人，其中，判处故意伤害、危险驾驶、两抢一盗等危害人民群众人身、财产安全的多发性犯罪案件212件，判处246人；依法严惩章某、李某诈骗百万财产、王某多次强奸环卫工人等重大刑事案件；依法审理劳动保障、土地征收等行政案件77件，帮助行政机关执行企事业单位所欠社会保险费103余万元；执行结案2165件；由政法委牵头协调公安、金融等部门，有力打击“老赖”97人，集中兑现财产价值600余万元；高效执行重庆某建筑劳务公司与四川省某建筑工程公司劳务纠纷一案，为54位农民工追回劳动报酬42万元。三是拓展参与范围，践行社会管理创新。制定《法院参与创建法治区实施方案》，抓好服务基层、化解矛盾、帮扶群众三项工作，开展巡回审理、创建无讼社区、加强司法建议等活动；开展市、区重点区域征地拆迁司法调研，走访20余家拆迁户，帮助政府做好拆迁安置工作；送法进医院，就减少医疗纠纷、改善医患关系提出法律意见；开展劳动争议专项调研，就规范用工行为、减少劳务纠纷提供法律咨询；开展未成年人专项审判，审理75人，缓刑46人，一一回访帮教。

【关注民生】 一是妥善审理各类民生案件。快审快结产品质量、医疗纠纷、交通事故等损害赔偿案件1621件；审慎处理商品房、小产权及自建房买卖、房屋租赁、物业纠纷等案件1148件；黄许、孝泉两个法庭，就地巡回审理农民工追索劳动报酬、土地承包、宅基地纠纷等涉农案件573件；妥善调处婚姻家庭、赡养抚养等民事纠纷1592件。二是细化便民利民举措。初步形成“调解贯穿全程、便民质效并重、案后跟踪回访”的旌阳特色速裁机制；专设小额速裁立案窗口和速裁庭，对基本事实清晰，诉讼标的额在10万元以下的案件即受即审；推进“诉讼服务中心”建设，建立健全诉讼引导、首问负责、诉讼风险告知等制度；开展司法救助，为经济困难的当事人减、免、缓交诉讼费66.20万元，为21名当事人申请司法救助金7.30万元。三是高度重视信访稳定工作。规范“信访接待窗口”建设；坚持领导干部随时接访、法官带案巡访，全年接待信访群众206人（次），悉心释疑解惑，促进息诉息访；将调解作为化解涉稳纠纷的重要手段，妥善调处3岁儿童黄某食用果冻噎死案、出租车运营权转让案、杨某死亡家属围攻医院等纠纷。

【提升案件质效】 一是发起清积会战。面对收案大幅增长的态势，5月、10月党组带头发起“争创一流、质效看我”的号召，两次打响“清积会战”。从分管领导到庭长，加班研究判决，带头办理疑难案件；青年法官自发组成“突击队”，不分节假日阅卷核据、撰写审理报告；全院人均结案155件，办案超200件法官17人。二是整合审判资源。公开考调8名优秀人才充实法官队伍，把有审判职称的人员尽可能安排在审判业务部门，充分保障一线办案；树立“以业绩服人、凭实干上位”的用人导向，评选22名“质效能手”、“调解能手”、“速记能手”；通过竞争上岗，逐步将一批业务骨干推向中层领导岗位，充分调动法官干事创业的积极性、主动性。三是完善审管机制。着力构建“网上办案、流程管理、质效评估”的审管工作机制，实行定期通报、质效考评、末位淘汰，审判管理格局由静到动、由粗到细。在案多人少的情况下，案件质效稳步提升，结案率同比上升5.10个百分点，各类审判案件平均结案周期缩短四分之一，70%的案件在一半审限内结案。坚持全员调解、全域调解、全程调解的工作模式，案件平均调撤率达55.10%，其中，婚姻家庭案件为68.50%、刑事附带民事案件为84.60%。四是重视案件评查。组织从庭长岗位退下来，或不再从事一线审判的资深法官对未上诉、未抗诉、未申诉的9000余件案件自行评查，审委会对136件疑难案件重点评查，评查结果记入法官业绩档案。坚持“边查边改、边改边建”的原则，发出13期评查通报，及时整改一些案件庭审笔录不规范、裁判说理不充分、卷宗装订不达标等问题。2012年，区法院在全省188个基层法院中，案件质量、效率、效果综合指标排名位居33名，跃进全省先进法院行列。

【加强队伍建设】 一是抓好党组织建设。开展新老党员谈心、院长讲党课等活动；开展政法干警核心价值观教育，学习宣传党的十八大精神，教育和引导干警树立正确的世界观、权力观、事业观，不断夯实队伍的组织基础、思想基础。二是创新司法廉洁举措。首创《法官勤廉监督卡》，实行一案一卡，公布举报电话和网上信箱，邀请当事人监督法官，未随案送达该卡的，实行案件质量一票否决。此项举措受到省法院充分肯定，要求在全省推广；做到日常开展审务督察，每月开展集中警示教育；充实惩防体系，出台《岗位目标绩效考核办法》，工作量化奖惩到人；建立《法官勤廉档案》，档案载入工作绩效、信访投诉等情况，作为法官晋职晋级、评先竞优的重要依据；推出《待岗学习暂行办法》，对在岗工作表现差的人员，采取离岗接受教育的组织措施。三是提升法官能力素质。开展法官、书记员业务培训，以老带新，传授审判技能和经验；选送12名青年法官直接服务乡镇、街道，办理片区人大代表、政协委员的意见建议；举办“法官论坛”、出版《旌阳法官》、开展学术研讨。四是推进法院文化建设。组织干警认真学习有关司法礼仪规定，切实抓好干警仪容仪表、基本礼节、文明用语的规范和养成；通过征文比赛、书画摄影、主题演讲等活动，陶冶法官情操；大力推进科技法庭、干警阅览室、老干部活动中心建设，为推进法院文化建设创造更好条件。五是加强法治宣传力度。利用人民网、新华网、德阳日报、晚报、手机新闻等媒体，刊登、转载旌阳法院审判案例50余篇，工作动态128篇；利用法官走基层、法治宣传日等途径，开展法律咨询、诉前调解、法制宣传等活动；充分发挥庭审教育功能，以案普法，庭审说法，向当事人和来旁听的群众作司法宣传和法律解释。

【接受监督】 一是接受人大监督。向区人大常委会主任会议报告2010—2012年民事审判工作；开展“邀请代表、委员走进法院”活动，邀请人大代表、政协委员旁听庭审、视察法庭、监督执行50余人（次）。二是畅通监督渠道回应群众呼声。提请人大常委会任命9名陪审员，注重听取人民陪审员意见建议，强化合议庭功能，全院普通程序案件陪审率达90%以上；向人大代表、政协委员印送3期《联络专刊》，主动汇报法院阶段性工作；完成有关部门督办、交办事项34件。

（王亚玲）

检　察

【年度特点】 2012年，区检察院在区委和上级检察机关的正确领导下，认真贯彻落实全国、省、市、区政法工作会议和检察长工作会议精神，突出“强化法律监督、维护公平正义”的检察工作主题，紧紧围绕区委工作大局履行职能，以开展政法干警核心价值观教育实践和“作风转变年”等活动为契机，扎实推进各项检察业务工作和队伍建设，为旌阳社会和谐稳定和经济发展作出了贡献。

【查办和预防职务犯罪】 立案查办职务犯罪案件6件10人，对8人依法提起公诉，有5人被人民法院作出有罪判决。开展查办涉农惠民职务犯罪专项行动。出台《关于强化渎职侵权犯罪案件线索收集的实施意见》等文件，与区安监部门共同制定了《关于加强行政执法与刑事司法衔接的工作意见》。抓好预防职务犯罪宣传教育工作，到区工商局、城北街道办等单位举办法制讲座7次，组织工农街道办等单位所属领导及重点岗位300余名工作人员到广元监狱和成都女子监狱进行警示教育4次。与有关单位合作，在市区城北片区增设预防廉政公益大型广告牌1块。加强对重点工程的监督，参与黄许镇基础设施及安置小区建设项目BT投资招商等有关项目现场招投标监督6次，提供行贿犯罪档案查询4次，接受预防咨询30余次。

【打击刑事犯罪】 受理各类刑事批捕案件344件488人，依法批准（决定）逮捕288件382人，不批准（决定）逮捕56件106人。受理各类审查起诉案件570件784人，审查后，依法提起公诉452件609人，不诉29件35人。对严重刑事犯罪保持高压态势，批准逮捕黑社会组织犯罪、严重暴力犯罪、“两抢一盗”犯罪和毒品犯罪嫌疑人276人，提起公诉369人。依法维护市场经济秩序，严厉打击扰乱和破坏社会主义市场经济秩序各类犯罪，批捕犯罪嫌疑人12人，起诉37人。依法对主观恶性较小、犯罪情节轻微的未成年人、初犯、偶犯、过失犯等轻微犯罪嫌疑人不捕52人，不起诉33人。对达成刑事和解并履行民事赔偿的10名犯罪嫌疑人依法作出不起诉决定，对确需起诉的4名犯罪嫌疑人向人民法院提出宽缓量刑建议。

【诉讼监督】 加强立案监督工作，增强监督实效，对侦查机关应当立案而不立案的监督成案8件，纠正不应当立案而立案2件。依法监督纠正各种违反诉讼程序、侵犯人权的违法行为，发出《纠正违法通知书》6份。改变公安机关对案件定性24件39人。推进行政执法与刑事司法相衔接的工作机制，建议行政执法机关移送刑事案件6件8人。加强对刑事审判活动监督，按规定派员出席法庭840人次，审查刑事判决、裁定441份，向人民法院发出量刑建议138份。强化对民事和行政诉讼监督，受理不服人民法院民事、行政案件生效判决16件，审查后立案7件，决定不立案9件并做好息诉服判工作。依法提请上级检察院抗诉4件。针对人民法院民事、行政案件诉讼活动中存在的不规范情形，发出《检察建议》4份。监督检察诉讼环节无超期羁押，监督其他诉讼环节“零超期”，对26起安全隐患及时发现并予以纠正，确保监管场所无重大安全事故发生。监督纠正刑罚执行和监管活动违法情形14件，发出《检察建议》5份。加强监外执行及社区矫正检察工作，监督纠正违法或不当情况9起。

【队伍建设】 加强领导班子思想、组织、作风和素质建设，提高班子的领导水平。以各项学教活动为契机，抓好干警的学习教育工作。通过各级、各类岗位练兵和业务比武活动，有计划地组织干警在院内不同岗位锻炼学习，促进干警的业务能力提高。加强作风建设，抓好“禁酒令”、上下班考勤、首办责任制等规章制度贯彻落实情况的监督检查，经常性开展检务督察和专项督察活动，针对执法办案中容易出现问题的阶段和薄弱环节，组织干警签订《执法承诺书》。于6月中下旬开展了中层干部竞争上岗，增强中层干部力量。及时为20余名符合条件的干警解决检察官职务任命和检察官等级晋升等相关待遇问题，激发干警工作积极性。

【创新社会管理】 制定《德阳市旌阳区人民检察院关于进一步推进社会管理创新工作的意见》，对旌阳检察机关参与加强和创新社会管理作出安排部署；抓紧办理在黄许和孝泉两镇设立检察室，实现延伸法律监督触角、促进检力下沉，以期更加有效地联系群众、服务民生；开展“检调对接”工作，化解社会矛盾纠纷，在严格依法办案的原则内体现出和谐执法、柔性办案的人性化，使执法办案的过程变成化解社会矛盾、促进社会管理和社会和谐稳定的过程；9月中旬，向区人大常委会专题报告未成年人检察工作，得到充分肯定；重视案件风险评估工作，预防和减少风险发生，建立由检察长负总责，分管检察长和办案部门负责人在其职责范围内各负其责，控申部门牵头协调和督促检查的案件风险评估工作体系，案件风险评估预警机制在全院推行，并落实到检察工作的具体环节和各个方面；推动检察执法办案的信息化、网络化、科学化，成立案件管理办公室，并于2012年10月22日起运行，案件管理工作快速有序推进。

（王永奇）

公 安

【年度特点】 2012年，区公安分局在区委、区政府和市公安局的坚强领导下，以深入贯彻落实科学发展观为统领，以加强公安机关能力建设为主线，以服务全市“一三五八”发展战略，打造“实力旌阳、活力旌阳、生态旌阳、幸福旌阳”和达到“上级肯定、民警认可、群众满意”为目标，以“三个一流”为标准，开拓创新、多措并举，全面加强公安队伍建设和推进各项公安业务工作，为全市、全区经济社会发展提供了稳定的社会环境、平安的治安环境、优质的服务环境，为迎接党的十八大胜利召开做出了贡献。

【维护社会政治稳定】 全年共收集各类情报信息780条，提前向党委政府及上级公安机关预警报警93起；妥善处置群体性事件40起；查获邪教组织等案件5起，抓获违法犯罪人员9人，刑事拘留1人，治安拘留5人，批评教育3人，收缴宣传品856份。

【处理群众信访问题】 分局全年共接待人民群众来信、来访191件（其中刑事案件类24件，治安类94件，户口类20件，经侦类11件，交通类8件，法律咨询类9件，求助类3件，投诉类22件），办结191件，办结率100%。通过信访渠道发现和处置不安定因素事件苗头25起，获取各类违法犯罪线索28条，通过查证，从中破获刑事案件7宗，查处治安案件94宗，抓获各种违法犯罪人员46人，整治比较突出的治安问题和场所36类（处）。

【打击各类刑事犯罪】 全区共立刑事案件5208起，同比上升10.74%，破案1748起，同比上升5.62%。其中侦破八类暴力案件117起，破获各类侵财案件1238起。全年共立命案6起，同比去年（11起）下降45.50%，侦破7起（其中积案1起），现案破案率达100%；侦办侵犯人身权利类案件15起；打掉6个恶势力犯罪团伙，抓获恶势力团伙成员42名；组织开展“打击盗抢机动车”、“打击多发性侵财犯罪”等专项行动，破获侵财类案件1238起，同比去年692起上升78.90%；全年共破获涉毒刑事案件25件，抓获涉毒犯罪嫌疑人35人，抓获外省涉毒逃犯2名；全年共破获经济案件56件（其中2011年案件2件），同比上升16.70%，为受害单位和群众挽回经济损失300余万元，打击处理犯罪嫌疑人768人；受理行政案件6414件，同比上升79.70%，查处5846件，同比上升43.20%。

【完善社会治安防控体系】 通过平安建设工程，维修完善监控点位46个，在商铺、公共场所布建电子联网报警点25个，逐步形成以城区主要道路全天候监控、重点单位全方位设防、热点部位多元化防控的技术防控网络。将城区辖区内82个社区、6个企业家委会，整合为46个警务区。依托重点人员管控系统，密切掌握重点人员动态，严防漏管失控，影响社会稳定。组织开展市汽车站及周边公交站“反扒”专项整治行动，深入开展“防骗”专项宣传活动和整治“黄赌毒”违法犯罪专项整治行动，破获涉黄涉毒刑事案件28起，抓获违法犯罪人员124人。深入推进“打四黑除四害”专项行动，破获“四害”刑事案件58起，查处治安案件135起，抓获违法犯罪人员242人，铲除黑窝点52个、黑作坊4个，收缴假烟价值40余万元。深入开展治爆缉枪行动，检查涉爆、涉枪、涉危单位120家次，排查整改安全隐患7起，破获涉枪、涉爆刑事案件2起，查处治安案件11起，抓获违法犯罪嫌疑人13人，收缴枪支21支，管制刀具30把，子弹125发，PP弹4000颗。

【强化安全监管工作】 组织开展打击“酒驾”、整治“两超”、校车安全排查等专项工作，强化道路交通安全管理。全区共发生交通事故3398起，同比下降10.34%，死亡63人，同比下降23.17%，财产损失138.64万元，同比下降5.61%，未发生一起死亡3人以上特大道路交通事故。强化民爆和危化物品管理，大力开展涉危单位安全检查，发现隐患11起，落实整改11起；对全区两家烟花爆竹厂、43家烟花爆竹经营店开展不定期检查，发现并整改安全隐患12起，查获无合格证的烟花爆竹60余饼。严格大型活动安全监管，确保活动安全，按照“谁主办，谁负责”的原则，严格落实主办方的安全管理责任。全年共出动警力1.60余万人次，完成各类重大活动安保、警卫任务186场次。强化消防管理，深化“防火墙”工程建设，深入开展“清剿火患”等专项行动，全区全年共发生火灾18起，直接财产损失75.80万元，未发生人员死伤的火灾事故。加强监所管理，全年未发生一起越狱、逃跑、自杀和在押人员非正常死亡事件。

【推进公安工作专业化】 一是推进刑侦专业化建设。按照一级加强技术室要求，增配现勘技术人员16名，负责辖区内所有的刑案现场勘察工作，基本实现辖区刑案现勘全覆盖；组建案审中队，负责全局各部门采取强制措施后的案件再侦工作；以旌阳、泰山路、凯江路派出所辖区为单位，抽调了36名警力，建立3个责任区刑警中队，由刑警大队直属管理，负责辖区派出所移交的除轻伤案件以外的各类刑事案件。二是强化巡防专业化建设。按照管辖范围，把城区辖区划分为17个巡区，将巡警大队156名警力全部下放至派出所，成立了7个派出所巡逻防控中队。由派出所分管巡防的副所长兼任中队长，下派巡警由派出所直接管理。巡防中队实行由各派出所负责组织巡逻，治安大队（巡警大队）负责业务指导、考核督导的工作模式；在农村建立、完善了派出所交巡警中队。将原有的5个农村派出所交警中队改为交巡警中队，实行交警大队、治安大队（巡警大队）进行业务指导、考核督导的工作模式，主要负责辖区内县级以下道路交通安全管理及巡逻防控工作。三是深化社区警务专业化建设。在16个派出所全面成立社区（农村）警务中队，由派出所分管副所长兼任中队长。在城区，以警务区为单位，以社区居委会办公地点为依托，全面建立了社区警务室；在中心警务室覆盖的社区、学校、规模以上企业、较大居民小区、医院、重点要害部位全面设立了警务工作站；在所有的企事业单位及其他重点部位建立了警务联系点。在乡镇，以行政村为单位，以村委会办公地点为依托，全面设立了警务工作站；以村民小组为单位，全面设立了警务联系点。全年全局共整合设置社区警务室46个、警务工作站557个、警务联系点2535个。

【队伍管理】 以作风转变年活动为抓手，强力推进思想纪律作风教育整顿，坚持对民警违纪“零容忍”。全年主动查处违纪违规民警6人，其中免职1人、降级使用3人、警告1人，将不适应公安工作的1名民警调离了公安机关。坚持从优待警，通过落实民警的休假制度、食堂改革、修建民警活动中心，兑现在职民警学历教育奖励、完善生日问候等措施。

【宣传工作】 2012年，在各级媒体刊登各类稿件265条，其中在国家级媒体刊发稿件19条，省级媒体刊发稿件24条，市级媒体刊发稿件149条，区级媒体刊发稿件73条。印制各类宣传单、宣传册20余万份，制作各类展板16幅，编发《旌阳公安手机报》51期。

【表彰先进】 全年共有22个（次）集体、99人（次）受到上级表彰。其中3个（次）集体受到省厅表彰，19个（次）集体受到市局表彰，1人荣获“全省优秀人民警察”称号，8名个人荣立三等功，公安分局先后被省公安厅、省政法委评为“全省公安机关信访清欠先进集体”、“全省优秀公安基层单位”和“四川省政法系统先进集体”，在2012年度区级部门目标管理考核中，公安分局荣获一等奖。

（廖　波）

司　法

【年度特点】 2012年，全区司法行政工作在区委、区政府的坚强领导下，在上级司法行政部门的指导下，坚持以邓小平理论、“三个代表”重要思想和科学发展观为指导，紧紧围绕区委、区政府工作中心，不断创新工作思路和方法，以“创先争优”，政法干警核心价值观教育和“作风转变年”活动为载体，紧扣司法行政各项工作，完成了年度各项目标任务，为维护社会和谐稳定，促进经济持续健康发展提供有力的法律服务和法律保障。

【普法工作】 一是加强普法工作领导。及时对区法建领导小组进行调整，由区委书记任组长，区人大、区政府、区政协相关领导任副组长，有成员单位39个。二是营造全区法治文化氛围。由区财政投入20万元，建成全市第一个法治文化广场。督促乡镇（街道）、村（社区）在辖区设置普法宣传栏，宣传法律法规知识。三是开展各类普法宣传教育活动。抓好领导干部学法用法，坚持党委（党组）中心组学法，干部任前法律知识考试考核，领导干部法制培训等制度，将“法治短信”作为开展领导干部，公务员学法的新手段；通过组织公证员、律师、法律工作者、机关干部深入乡镇（街道）、村（社区）、学校、企业，采取放映法制电影影片，发放法制宣传资料，悬挂普法宣传挂图，为在校学生上法制课等形式搞好公民法治教育。先后组织和配合开展各类法治宣传活动20余场次，解答群众咨询3800余人次，印制法律知识读本2万余册，挂历1万余副，发放宣传资料4.25余万份，开展法律知识问答2000余人次，放映法制电影360余场。

【依法治理工作】 一是推进法治区创建工作，于2013年2月通过市法建办的初检。二是开展全区“民主法治村”创建活动，经各乡镇（街道）推荐，区法建办检查验收，19个村（社区）被区司法局、区民政局命名为旌阳区首批区级“民主法治村（社区）”，其中4个村（社区）被市司法局、市民政局命名为市级“民主法治村(社区)”。

【基层基础工作】 做好人民调解工作。一是抓好人民调解组织建设。2012年全区建立乡镇(街道)、村（社区）、行业调解委员会222个，有各类调解人员952名。二是抓好调解员培训。年内举办调解人员业务培训班（会）8场次，培训人数952人次。三是加强人民调解指导协调工作。指导各基层司法所主动参与乡镇（街道）重大、疑难纠纷调处，先后参与指导城北街道办蜀香茶楼燃气爆炸人身伤害赔偿、新中镇岩页砖厂因改制重组中拖欠农民工工资等重大、疑难纠纷55件。四是搞好民间纠纷排查调处。2012年，全区发生各类民间纠纷2296件，调解2296件，调解率100%，调解成功2291件，调解成功率99.70%，涉及调解协议金额1632.87件，防止民间纠纷引起自杀1件，防止民间纠纷转化为刑事案件1件，防止群体性上访20件703人次，防止群体性械斗2件30人。

做好安置帮教工作。一是搞好安置工作。2012年全区回归刑释解教人员106人，其中刑释人员102名，解教人员4名。安置95人，其中，落实农村责任田25名，从事个体经营9人，安排就业29人，自谋职业32人，安置率达90%以上。二是搞好帮教。采取一帮一，多帮一的方式对106名“两劳”回归人员落实责任人，帮教率100%。对思想反复大，可能出现重新犯罪的重点对象，督促相关单位确定专门人员具体负责帮教，有效防止重新违法犯罪，重新违法犯罪率为零。三是搞好帮扶培训。全年为32名生活困难的刑释解教人员落实了低保，29名纳入一次性社会救济，申请发放救助金1.96万元，申请减免税费2.10万元，为1名刑释人员申请特困救助金3000元，结对帮扶服刑在教人员未成年人子女68人次。搞好刑释解教人员培训，先后组织了专业电焊工、电脑、电工、维修工、烹饪、家政服务等培训，参加培训人数93人次。

做好社区矫正工作。2012年全区新增社区矫正人员37名，到2012年底有社区矫正在册人员203名，其中缓刑93人，剥夺政治权利76人，假释23人，暂予监外执行11人。严格执行社区矫正“接收”、“矫正”程序，应用GPS定位手机对矫正人员实施网络化管理，做到六个到位(即交接接收到位、责任落实到位、走访谈心到位、工作计划到位、保障工作到位、矫正力量组合到位），实现了“两避免、一转化”（即避免脱管漏管，避免重新犯罪，将矫正对象真正转化为社会有用之人）的目标，全年有50名矫正人员期满解除矫正。

【法律服务】 一是法律援助工作。完善区法律援助中心、乡镇（街道）、村（社区）三级法律援助服务网络，建立健全法律援助工作管理制度，推进法律援助能力建设和效能建设，扩大法律援助覆盖面；教育、指导法律援助工作人员、律师、法律工作者、公证员履行法律援助职责义务，以负责的态度承办好各类法律援助案件，维护受援人的合法权益。2012年受理法律援助案件300件，办结210件，办理法律咨询，调查取证、公证等法律援助事项1850件，为各类受援人避免或挽回经济损失700余万元。二是公证、律师法律服务工作。在基层政府和村（社区）推行法律顾问制度，引导律师队伍为基层服务，参与法律援助民生工程；以年检注册为契机，加强对法律服务机构和法律服务执业人员进行诚信教育、职业道德、执业纪律教育，规范执业行为，严格执行财务、档案等各项管理规定，维护法律服务市场正常秩序；引导全体法律服务执业人员不断提升法律服务质量，开拓法律服务领域。截至12月底，公证处办理各类公证1860件，提供公证援助40件；律师事务所办理各类案件850件，担任常年法律顾问21家；基层法律服务所代理民事诉讼案件255件，代理非诉讼案件367件，担任常年法律顾问35家，提供法律援助95件，解答法律咨询2180余人次，代写法律事务文书77份。

【队伍建设】 一是抓好党建工作。2012年7月区司法局支部委员会，经向区直机关工委请示并批准，撤销原区司法局党支部，成立中共德阳市旌阳区司法局党总支，下设局机关党支部、退休党支部、三目律师事务所党支部；对申请加入中国共产党的积极分子及时发现和培养，一年内有4名积极分子向支部提出书面申请，并推荐到区入党积极分子培训班培训；定期召开支委会、支部大会、党小组生活会，向党员传达上级党委的有关文件会议精神；开展党的宗旨教育、党员先进性教育、时事政策教育，引导党员牢固树立正确的人生观、价值观，增强党组织的战斗力和凝聚力。二是抓干警队伍建设。组织开展“作风转变年”活动，制定实施方案，提出具体要求，成立由局主要领导任组长的领导小组。二是认真开展“忠诚为民、公正廉洁”政法干警核心价值观教育实践主题活动，深入开展“亲民、为民、惠民”活动。年终局机关基层和社区矫正股、孝泉司法所被评为文明单位，6名干警分别被评为“勤奋学习、务实工作、遵章守纪、维护团结”标兵，2012年度周玲、郭豫川、龚学强、叶红考核为优秀公务员。

（胡昌文）

武装·民兵

【思想政治建设】 一是抓好理论武装。着重组织民兵预备役人员学习国防和军队建设主题主线重大战略思想，党十八大报告和修改后的《党章》，用十八大精神统一思想，坚定政治信念。二是抓好政治教育。开展“赞颂科学发展成就、忠实履行历史使命”教育活动和“讲政治、顾大局、守纪律”集中教育。组织干部职工到黄继光纪念馆参观见学，观看专题电视片，开展学习体会交流和组织党员过组织生活等；采取集中教育和个人自学、参观见学与实践交流相结合的方式，在全体人员中开展“三比三知三珍惜”教育和培育当代革命军人核心价值观教育。三是狠抓新闻宣传工作。2012年，在各类报刊上稿23篇，其中《解放军报》上稿3篇，《中国国防报》上稿1篇，《战旗报》上稿11篇，《中国军网》上稿2篇，其他报刊上稿6篇，完成了年度新闻报道任务。

【军事斗争准备】 一是落实战备工作。完善战备设施，修订各类应急处突预案，组织开展应急演练，提高应急处突能力；加强民兵情报信息员队伍建设，将各乡镇的信息员纳入民兵信息队伍，集中组织进行业务培训。二是抓好民兵整组。为检验民兵组织和建设情况，加强民兵的军政素质和应对突发事件的集结反应能力，2012年3月下旬，旌阳区人武部对区民兵应急连和全区17个乡镇（街道）基干民兵连进行了实名制点验。三是开展军事训练。2012年6月28日至7月22日，组织区民兵应急连、地面油料保障分队、地面防卫分队、防化连等分队，分层次、按专业、成建制的组织训练，分两批组织387名民兵，围绕军事理论、技能及抗洪抢险、应急处突等科目集中开展训练。10月下旬，通过省军区工作组的考核验收。

【后勤保障工作】 一是突出后勤科学化管理。认真执行《后勤工作条例》和《后勤管理条例》，严格抓管理，狠抓标准制度落实；以经费和物资管理为重点，完成年度经费预算，加大后勤保障科学化建设，提高后勤科学化管理水平。二是加强营区规范化建设。落实门卫值班登记制度，严格出入营区人员车辆的管理，对营区水电气线路、防火设施和出租房进行安全检查，更新完善安全设施设备，建成营区视频监控系统。三是重点强化车辆管理。结合“条令学习月”活动，开展车辆安全管理专项整治、驾驶员作风纪律整顿和技能培训，定期对车辆进行技术检测和维护保养，组织学习车辆安全管理法规制度、《道路安全法》等相关法律规定，聘请交警部门专业人员讲授车辆事故的处置方法，并制定私家车安全防范管理规定，保证车辆的安全稳定。

【防灾减灾演练】 2012年4月上旬至5月中旬，按照市、区两级的统一部署，组织民兵2000余人次，参与应急集结、抗洪抢险、抗震救援、应急疏散等内容的防灾救灾演练，提升防灾救灾能力；广大民兵通过广播电视宣传，普及防灾避险、救援常识，提高了自救互救能力。

【国防动员工作】 结合年度民兵整组、训练、征兵和纪念建党91周年，组织民兵开展宗旨意识和优良传统教育，利用国防报刊进行刊授教育，并采取以点带面的方式，深入乡镇、街道、社区和学校发放国防教育宣传资料，对广大群众进行国防知识的宣传。做好平时征兵准备工作，结合民兵整组、应届高中毕业生报考军队院校和国防生等时机，深入辖区内的大专院校、职业技校进行预征宣传，广泛宣传《兵役法》、《国防教育活动》等兵役法规。全区报名应征人数1075人，上站体检1001人，合格率近60%，完成471名新兵（其中女兵30名）征集任务。

【正规化建设】 2012年3月至11月，旌阳区人武部认真贯彻落实依法治军、从严治军方针，以两级军区、军分区关于加强正规化建设的一系列指示精神为依据，按照条令严格规范战备、训练、工作和生活秩序，把贯彻落实正规化要求渗透到各项工作和日常生活之中，推进部队的正规化建设，在军分区组织验收中取得第一名。

（杨　凡）

社会治安综合治理

【年度特点】 2012年，旌阳区的社会管理综合治理工作在区委、区政府的领导及上级综治部门的具体指导下，加强和创新社会管理，开展社会治安重点整治，化解社会矛盾纠纷，全区社会治安形势进一步好转，人民群众安全感进一步增强，社会治安满意率达到95.60%，比2011年上升1.46个百分点。

【基层建设】 加强乡镇（街道）综治委（办）、综治维稳工作中心、矛盾纠纷“大调解”协调中心、村（社区）综治工作站（室）、治保会、调委会等基层综治组织建设，全区建立了横到边、纵到底，覆盖全社会的综治工作网络。区财政每年将综治工作经费、群防群治工作经费和见义勇为基金纳入财政预算。

【“大调解”工作】 加强和完善“大调解”

工作体系建设。通过健全完善矛盾纠纷排查和社会稳定风险评估机制，全面推进诉调、检调、公调、访调、援调五大机制建设，集中开展化解社会矛盾“攻坚破难”活动，切实将矛盾化解在基层，处理在萌芽状态。

【社会管理创新工作】 抓好城乡社区综合管理服务，探索户籍制度改革，加强对流动人口和特殊人群的服务管理。2012年，全区已建成4个重点青少年群体教育帮扶工作志愿者服务站、20个留守学生之家；全区411名刑释解教人员衔接率和帮教率100%，安置率90%；203名社区矫正对象无一人脱管、漏管和重新违法犯罪；38名易肇事肇祸精神病人得到免费治疗；15个社区戒毒（康复）点和定点美沙酮药物维持治疗门诊对816人进行了治疗。同时，通过强化国家安全意识，加强公共安全管理体系建设，使全区各级各部门处置公共突发事件、防震减灾、应急管理和危机管理能力进一步增强。

【综合治理】 实施主动警务战略，健全以视频监控系统、网格化巡控和全天候快速处警的勤务机制以及单位、小区自防机制为主要内容的立体化治安防控网络。全年，全区受理治安案件6068件，查处5508件，查处率与2011年相比上升53.41%；立刑事案件5208件，破案1664件，破案率与2011年相比上升0.54%。

（江　丽）

芦德路双东金锣村段

社会团体

She Hui Tuan Ti

东升农场绿色蔬菜基地

工 会

【年度特点】 2012年，旌阳区总工会以围绕中心、服务大局为首要任务，以开展“项目攻坚年、产业提升年、开放突破年、作风转变年”活动为契机，以打造品牌工会、维权工会、帮扶工会、效能工会为抓手，以“面对面、心贴心、实打实服务职工在基层”为工作主线，围绕“一个率先、两个突破、三个提升、四个旌阳”的发展目标，充分发挥了主力军作用。

【劳动竞赛】 全区各级工会组织动员职工在企业围绕创建“和谐劳动关系企业、和谐工业园区”，深入开展以“当先锋、促转变、构和谐、立新功”为主题的劳动竞赛和经济技术创新活动。在机关事业单位和行政服务窗口开展比思想、赛党性、看谁服务意识强；比技能、赛本领、看谁服务业务精；比作风、赛口碑、看谁服务态度好；比机制、赛规范、看谁服务效能优；比业绩、赛奉献、看谁夺旗争星多的“五比五赛五看”为主题的劳动竞赛活动。参赛职工6.76万人次，提合理化建议1876条，劳动竞赛和提合理化建议节约和创造可计算价值3678万元。

【劳模管理】 做好劳模的管理和服务工作。春节期间，对全区49名劳模进行了慰问，送去慰问金3.43万元；做好全国劳模、省部级劳模“三金”的发放和劳模有关政策的落实；组织劳模开展疗休养活动；“五一”期间，在旌阳电视台开辟“劳模风采”专题栏目，宣传旌阳区劳模的先进事迹。

【表彰先进】 2012年4月25日，中共德阳市旌阳区委、德阳市旌阳区人民政府，在旌阳区文体中心演艺大厅隆重召开旌阳区庆祝“五一”国际劳动节暨表彰大会。表彰了全区中国特色社会主义事业建设者10名，工会工作先进单位8个，模范职工之友8名，依靠职工办企业的好厂长（经理）10名，模范职工10名。

【基层组织建设】 在2011年普遍建立工会组织的基础上，2012年重点向从事公共服务类非公企业拓展和做好区域性联合工会的组建工作。2012年全区有基层工会871家，联合工会85家，会员9.34万人，基层工会涵盖非公企业3843家。

【职工维权】 以“创建劳动关系和谐企业、和谐工业园区”活动为载体，深化劳动合同、集体合同工作，使全区劳动合同签订率达91%，集体合同和工资集体协商签订率达100%，企事业单位劳动争议调解组织组建率为88%。参与基层民主管理，认真贯彻落实《企业工会工作条例》和《四川省职工代表大会条例》，加强企事业单位的民主管理工作。开展厂（校）务公开工作，实现民主管理制度化、规范化。全区非公企业实行厂务公开达87.60%，校务公开达100%。

【帮扶活动】 坚持春送岗位，3月，同用工单位搭建就业平台，让216名下岗失业人员实现再就业；坚持夏送“清凉”，7月，为12家高温作业企业和建筑工地的职工送去价值3.40余万元的防暑降温物品、药品和饮料；坚持金秋助学，8月，筹集资金48.52万元，资助224名困难职工子女上学；坚持冬送温暖，元旦、春节期间，筹集资金67.69万元，为全区2142名困难家庭送去党和政府的温暖。筹资6.15万元，对172名困难职工进行了帮扶。开展技能技术帮扶，对710名农民工和社区失地农民进行种养殖、建筑、维修技术和创业能力培训。开展困难职工免费健康体检活动，为全区2200名困难职工进行了健康体检，其中困难职工1000人，接触职业病危害职工800人，环卫工人400人，投入资金66万元。

【文体活动】 组织广大干部职工参加区级机关干部登山活动；举办“咱们工人有力量”—“五一”颂歌歌咏比赛；举办旌阳区“凝聚职工力量，建设美好旌阳”为主题的职工文艺演出活动。全区各级工会举行各种形式的文化体育活动413场次，参加职工2.87余万人次。

（余长海）

共青团

【年度特点】 2012年，全区共青团组织在区委和团市委的领导下，深入学习贯彻团的十六届五中全会和区第四次党代会精神，紧紧围绕全区“四个旌阳”建设总体目标要求，结合青年成长成才需求，不断完善多层次的青年思想政治工作体系、多样化的青年品牌活动体系、多渠道的青年事务参与体系、多形式的组织建设体系，努力做到“思想教育有新举措，品牌活动有新发展，服务青年有新突破，组织建设有新提高”，不断提高做好新形势下党的青年群众工作的能力和水平，团结带领广大团员青年为旌阳区经济发展和社会和谐做出了积极贡献。

【组织建设】 推进团组织建设，通过分片落实两新组织团建工作责任，实行建团工作周报制，狠抓建团工作落实。全区新建团组织85个，其中：“两新”组织建团70个，驻外团组织15个。紧抓村两委换届契机，配齐配强村级团干部，改善村级团干部的文化年龄结构，多次采取以会代训方式，对全区新任职基层团干进行培训。

【青少年思想教育】 以“高举团旗跟党走、创先争优做贡献”为主题，依托青年文明号、青年岗位能手开展为民服务实践活动，开展“五四”红旗团委、优秀团干、优秀少先队员、优秀志愿者等评选表彰。4月，以纪念“五四”运动93周年暨建团90周年为主题，举行了“旌阳新跨越 青年当先锋”表彰活动；5月，团区委联合有关单位举办“六一”表彰大会暨少年儿童“喜迎党的十八大”文艺演出活动。活动先后对优秀少先队辅导员、优秀少先队员和少儿国学经典诵读获奖学校进行了表彰。

【创业成才】 全区各级团组织邀请成功企业家、增收成才带头人、各方面专家共举办创业专题培训会3次，其他各类培训12次，培训青年500余人次；帮助青年解决资金“瓶颈”，发放创业贷款资金32万元，帮助8名青年成功创业；利用网络新媒体开设就业创业栏目2个，开展就业创业交流活动3次，联系就业对口企业6家；2012年上半年帮助18名青年顺利就业或成功创业。

【志愿者工作】 一是创新志愿者队伍建设。2012年区青年志愿者协会招募注册志愿者361名。全区下辖各乡镇、街道、社区、机关、企事业单位团委单独组建的志愿者服务队伍65支，志愿者3765人，其中30岁以下青年3021人，占总人数80%，大专以上学历2749人，占总人数73%。二是志愿者服务活动。持续开展“除陋习、树新风、讲文明”活动，引导群众参与绿化美化和环保实践活动；3月，联合区委组织部、宣传部、工农街道等单位在德阳图书馆广场举行旌阳区“创先争优当先锋 志愿服务做贡献”学习雷锋主题活动月启动仪式；5月，参加旌阳区防灾减灾应急综合实战演练志愿者活动，不断提升志愿者队伍在防灾救灾中的应急志愿服务能力；6月，参加了“快乐学校”暑期关爱农民工子女专项志愿服务；7月，组织志愿服务队参与以“文明旌阳 共建共享”为主题的德阳市旌阳区文明城市创建大型主题宣教活动；9月，重阳节组织志愿者到旌阳街道社会福利院为老人进行志愿服务等。三是扎实推进西部计划志愿者项目。团区委进一步强化了志愿者日常管理制度，成立了旌阳区西部计划志愿者团支部，加强志愿者的自我管理和相互交流。2012年，新招募9名大学生西部计划志愿者，有24名西部计划志愿者服务于旌阳区。

【帮扶活动】 继续开展“金秋助学，爱心圆梦”助学活动。申请到四川省青基会“我要上大学—希望工程助困入学关爱行动”助学金3万元，资助旌阳区6名特困优秀大学新生；争取到德阳市“金秋圆梦 情满德阳”助学公益金，得到四川新力葆房地产集团有限公司等爱心企业捐助13.80万元，资助46名新考入大学的贫困学生。加强“留守学生之家”建设；带领志愿者到金江街社区看望留守儿童，为他们带去大米、粮油、牛奶等生活用品，了解他们的近期生活情况；区住房和城乡建设局支部和双东镇团委到双东镇翻身村看望邓洁、刘静雯等4名农民工子女，并送去书包、玩具等价值600余元的物品；发动志愿者结对帮扶留守学生400余对，发放慰问金、慰问品14余万元；招募青年志愿者组成志愿服务队开展暑假关爱农民工子女专项志愿服务活动。

（段炬玲）

妇 联

【年度特点】 2012年，区妇联紧紧围绕中心工作，紧扣党的十八大发展主题，积极履行组织妇女、引导妇女、服务妇女和维护妇女儿童合法权益的职责，努力把妇联建设成为广大妇女姐妹的“坚强阵地”和“温暖之家”，在推进旌阳经济社会又好又快发展中充分发挥桥梁纽带作用，妇女工作实现了新发展。

【统筹城乡妇女发展】 一是深化“巾帼建功”活动。对创建的3个国家级、6个省级、14个市级、5个区级“巾帼文明岗”逐一开展复查、自评；全区各级妇联表彰妇女工作先进集体16名、妇女工作先进个人20名，推出各行业岗位标兵、优秀妇女典型52名。二是开展“读书明理、传承德孝、持家创业、共创和谐——文化旌阳与你分享”读书活动，向全区妇女干部、妇女姐妹、妇女家庭发出读书倡议1万余份，向妇女代表推荐赠送学习读本5000余册。三是推进“双学双比”活动。联合区畜牧局，分赴东湖乡拱桥村、新沟村，新中镇龙居村、茶店村开展养猪、獭兔、土鸡养殖和辣椒、核桃种植流动培训讲座10期；联合区残联组织百余名残疾人、留守妇女参加养猪创业实用技术培训2期；开展“挂、包、帮”和计划生育“三结合”工作，为贫困、留守妇女创业就业创造条件、营造环境，向5名贫困计划生育户妇女赠送价值4000元的猪苗；争取“送温暖，献爱心”慰问金2.20万元，慰问贫困妇女55名；以“项目+基地+协会+农户”的模式，培育、巩固东升蔬菜、新中镇肉兔、和新镇辣椒等“妇”字号品牌示范基地15个，安排和吸收4800余名妇女实现就地就近居家灵活就业，妇女人均收入近万元。四是全区命名“巾帼示范村”12个，表彰“双学双比”先进个人50人。同时，推荐黄许镇“女致富能手”邓绍品荣获“全国城乡妇女岗位建功”先进个人荣誉称号。五是扎实开展妇女财政贴息小额贷款工作。狠抓贷款政策宣传、协调沟通，多次召开联席会议，对贷款对象、贷款额度和期限、担保方式、贷款申请程序、贷款贴息等政策进行系统讲解，并与财政、人社、就业、银行等部门沟通和协调，建立月度信息反馈、季度统计汇总工作机制，及时衔接工作进度。全区发放妇女财政贴息小额贷款1627.35万元，超额完成市政府下达1500万元目标任务，惠及262名城乡妇女。

【妇联组织建设】 一是实现妇女组织组建率100%。全区11个乡镇、4个街道办、7个区级机关大口、各学校、所有规模企业均建立妇女组织，做到区、乡镇（街道办）、村三级妇女组织有牌子、有办公场所、有经费；工作有计划、活动有记录。二是推动女性进“两委”实现100%。制定并下发《关于认真做好全区村妇代会换届选举工作的通知》。换届后，全区87个社区居委会有女性246名，109个村委会有女性210名，实现100%的村居（两委）中至少有1名女性。三是全区“妇女之家”挂牌率100%。按照“统一制作、统一挂牌、全面铺开”的实施步骤，区妇联组织在全区109个村、87个社区全面规范化建设“妇女之家”，挂牌率100%。

【文明城市和谐家庭建设】 一是结合实际制措施，在全区下发《关于文明城市创建“百日攻坚”实施方案》、《关于进一步开展“文明家庭”创建通知》。启动全区“文明城市·文明家庭”创建主题宣讲活动，先后在建成区4个街道、3个乡镇举办7场专题培训，培训乡镇、街道，村、社区妇女干部和家庭代表800余人，发放“践行家庭美德 争创文明城市”倡议书等创建资料12万余份，组织张贴宣传画、海报20万份，统一制作“文明家庭”户牌7万余个。全区表彰命名区级“文明家庭”1.49万户。二是组织“和谐之美”家庭才艺比赛。来自全区乡镇、街道24户家庭踊跃参加，经过激烈角逐，10户家庭参加专场复赛，3户家庭代表旌阳区参加全市总决赛，荣获“和谐幸福”家庭荣誉称号。三是推荐区地方税务局赖军家庭荣获第八届全国“五好文明家庭”荣誉称号；推荐城南街道办脑瘫儿冠军母亲谢小兰，荣获四川省优秀母亲、德阳市优秀母亲、德阳市孝老爱亲模范提名奖；推荐孝泉镇廖成菊、德新镇曾召菊荣获“德阳市道德模范”荣誉称号。四是巾帼志愿者服务队伍组建率100%。成立以女性为主体，区妇联牵头，7大口妇委会、11个乡镇、4个街道妇联干部为成员的旌阳区巾帼志愿者服务总队，下设各乡镇、街道，村、社区服务小分队191支，分妇女儿童服务站、邻里互助、青少年服务站、残疾人康复中心、社区家庭志愿者巾帼志愿服务队，有志愿者2390人，骨干志愿者450人，开展妇女儿童服务、便民利民、关爱困难家庭、健身娱乐等各类志愿服务活动280余次。五是开展“三八”、“六一”庆祝活动。举办“和谐旌阳 幸福女性”庆祝“三八”节文艺汇演，以歌舞、小品、情景剧的文艺表现形式，展示妇女时代风采，表彰16个妇女工作先进集体、20名妇女工作先进个人。开展市、区四套班子“六一”慰问活动，慰问5所乡村学校、儿童友好家园及区社会福利院，赠送慰问金和慰问品7.50万元，组织发动区级各部门为妇女儿童办实事、办好事300余件，赠送慰问金、慰问品68万元。

【维护妇女儿童合法权益】 一是宣传全区10年来妇女儿童工作取得的成就，表彰17个妇女儿童工作先进集体，17名妇女儿童工作先进个人。同时，下发《全区妇女儿童发展纲要（2010—2020年）》学习手册及目标责任分解书，面向各级领导干部和社会各界宣传新“两纲”主要内容、总体目标、具体任务和策略措施；宣传男女平等基本国策和“儿童优先”原则；宣传促进妇女儿童发展和维护妇女儿童权益的法律法规，营造有利于妇女儿童协调和可持续发展的社会氛围。二是联合公、检、法、司巾帼志愿者、巾帼文明岗等60余个部门开展维权周集中宣传咨询活动。围绕继续深化“十万妇女学法律、家庭平安促和谐”，强化妇女维权服务，向妇女群众发放各类宣传资料3万余份，接待法律咨询1500余人，义诊义检600人次，发放健康处方500余份。三是开展妇女儿童工作专题调研。深入新中镇、和新镇、德新镇、城北街道办、旌阳街道办实地调研“妇女之家”运行情况，对“妇女之家”挂牌、功能设置、软件资料整理、活动开展等方面进行指导，了解基层妇女儿童工作现状，把妇女关心、关注的问题进行统一整理，形成妇女儿童专题调研报告。

（吕佳芮）

科 协

【年度特点】 2012年，旌阳区科协在区委、区政府正确领导下，在市科协的指导下，以邓小平理论、“三个代表”重要思想和科学发展观为指导，认真学习贯彻落实党的十八大、中国科协八大会议、四川省科协八大会议和区“三会”精神，认真履行“三服务一加强”工作职责，紧紧围绕区委、区政府中心工作，圆满完成了区委、区政府和上级科协下达的各项目标任务，多项工作受到国家和省级科协的表彰和奖励。

【科普宣传】 在全区城乡组织开展“科技之春”、五月科技活动周、九月“金秋科普”暨全国科普日等大型科普宣传（月）活动，全区各乡镇、街道开展科普宣传、科技讲座活动70次，发放科普宣传资料30余万份，举办各类培训84期次，悬挂宣传标语、挂图1700余幅，受益人群达24余万人次。

【防灾减灾科普活动】 在2012年5月12日第四个“防灾减灾日”，全区科协系统组织了“防灾减灾”专题科普活动，100余名科普志愿者参加了在市体育场开展的“德阳市2012防灾减灾社区居民应急疏散演练”活动；区科协同防震减灾局、教育部门联合在中小学校举办防震减灾手抄报评奖活动。

【青少年科技教育】 开展科普大篷车进校园活动；组织青少年参加全国、省、市科技创新大赛，获四川省第二十七届青少年创新大赛基层优秀组织奖；筹备旌阳区第五届青少年科技创新评奖工作；与四川新闻网德阳频道联合在东升农场科普示范基地举办“小记者”科普采风活动。

【社区科普益民行动】 新建社区科协2个；城北街道泰宓社区、城南街道蒲东社区被命名为省级科普示范社区，其中秦宓社区被中国科协、财政厅表彰为社区科普益民计划先进集体，获奖励金20万元；组织有关社区科普员到宜宾市兴文县考察社区科普工作。

【科普惠农兴村计划】 以“科普惠农兴村”项目实施、申报，引导农技协规范化建设。成立农技协联合会；新建区级农技协5个，市级示范农技协3个；结合村两委会组织阵地建设，把科普惠农兴村“站、栏、员”建设作为农村科普阵地建设的主要内容，改变单一宣传形式，联合区司法、残联、农业、计生、卫生等部门在孝泉镇涌泉村新建科普画廊30余米，科普内容涉及农业技术、卫生健康、安全保障、节能减排、防灾减灾、残联等内容。

【金桥工程】 区科协组织科协系统，申报德阳市第21批“金桥工程”项目38个，筛选后推荐11个项目；受市金桥办委托，区科协对全区实施完成的14个市级金桥工程项目进行了验收，全部合格，预计年创产值1.16亿元，年增利税5500万元，年增税收297万元。

【区级学（协）会】 指导区级学（协）会按《章程》开展活动，开展学术交流、技术培训、技术咨询；全区对区级学（协）会秘书长进行培训；组织科技人员撰写学术论文，推荐12篇优秀科技论文参评德阳市第二届学术大会，获二等奖2篇，三等奖4篇；组织区计生协会、畜牧兽医协会按《章程》规定进行换届工作。

【企业科协】 区科协把企业科协组织建设作为企业人才组织建设的重要平台，组织动员企业做好院士（专家）工作站筹建申报工作，向德阳市科协申报德赛尔化工、深捷科技2家企业院士专家工作站，经专家评审，成为德阳市第二批院士专家工作站；在企业深入开展“讲理想、比贡献”活动；2012年，新成立四川东联新能源科技有限公司科学技术协会。

（申　丹）

工商联

【年度特点】 2012年，区工商联在区委、区政府的正确领导下，在市工商联大力支持及区委统战部的指导下，区工商联认真履行职责，坚持“团结、服务、引导、教育”的基本方针，充分发挥桥梁纽带和助手作用，做好非公有制企业经济人士思想政治引导工作，加强非公有制经济人士队伍建设，围绕中心，服务大局，帮助和引导广大会员企业稳定、健康、协调发展，扎实推进各项工作，推动了旌阳区非公有制经济的健康发展和非公有制经济人士的健康成长。

【商会建设】 一是夯实基础，做好商会的组建工作。2012年成立柏隆镇商会，建立天元、孝泉、黄许、扬嘉、柏隆等乡镇商会；成立区建筑房产行业商会和区钢材炉料行业商会，逐步健全商会服务功能，拓展商会服务领域。二是商会自身建设。区机械行业商会组织企业高管赴德国考察学习，参加了德国汉诺威工业博览会；扬嘉商会组织到西昌学习考察；柏隆商会组织企业家代表参加了在昆明国际会展中心举行的“2012年中国昆明进出口商品交易会暨第五届南亚国家商品展”；区钢材炉料商会举办乒乓球比赛。

【创新服务非公有制企业】 一是搞好调研。通过走访工业集中区、天元镇、扬嘉镇、孝泉镇、德新镇的企业，形成《旌阳区机械行业发展现状堪忧》的调研文章，区委书记王箭批示相关部门制定旌阳区的应对办法，帮助企业解决各种问题。二是银企对接。邀请旌阳区信用联社、德阳银行为区工商联执委、重点企业负责人和财务负责人，各乡镇、街道、工业集中发展区分管领导230余人宣讲融资政策。并会同银行到急需资金的企业了解情况，多渠道、多形式地为民营经济发展开展融资服务。三是参观考察。组织旌阳区工商联会员企业和相关部门负责人，赴天津经济技术开发区管委会和管委会直属的泰达科技发展集团公司就风险投资、孵化园区建设及企业合作等方面内容进行座谈，先后参观了空客A320总装线、森普管材天津分公司等企业。针对旌阳区实际，提出推动经济发展“三要”（要着力打造产学研对接平台、要下大功夫不断完善投资环境、要努力夯实人才引进培育平台）的建议，供区委作决策参考。四是引导非公企业转变发展方式。3月，组织18名非公有制企业家参加了德阳市第四期非公有制经济代表人士培训班；4月，邀请北京大学李振一教授作《中小企业转型升级》专题报告，帮助中小民营企业分析经济发展形式，了解国家发展政策，加深民营企业转变发展方式的认识。

【非公有制经济服务体系建设】 一是建立非公有制经济工作协调联席会议机制。成立区委、区政府分管领导牵头，统战部、工商联、发改、工信、住建、国土等部门参加的非公有制经济工作协调联席会议，定期通报对非公有制企业管理和服务工作的情况，研究解决非公有制发展中存在的困难和问题。二是成立非公有制企业服务中心。该中心通过与相关部门的协作，主动为非公有制企业服务，印发《投资项目并联审批服务指南》600份，让企业主更好地了解国家相关法律法规；与区质监局协调，为区钢材炉料商会规范行车管理搭建网络平台。

【非公有制经济代表人士思想政治工作】 一是引导非公有制企业树立义利兼顾、以义为先的理念，投身光彩事业和社会公益慈善事业，扎实推进“百企帮百村联千户”活动。3月，成立旌阳区企业家志愿者服务队。二是开展非公经济人士综合评价工作。加强非公有制经济人士思想政治工作，完善对非公有制经济人士政治思想、经营能力、社会贡献、道德品质等方面的常态综合评价。经过22个项目的综合评价，陈星、冯忠益、沈洪、彭先成、薛小平、林顺茂、陈长松、江泽佩、李兴国等10名企业代表人士荣获了旌阳区优秀中国特色社会主义事业建设者的荣誉称号；健全和完善非公有制经济代表人士资料库，全面掌握代表人士的基本情况，引导非公有制经济人士坚定不移地走建设中国特色社会主义道路。

【非公有制企业党建工作】 引导企业把党组织活动与企业生产经营管理紧密结合起来，实施“双向互动”，实现共促共赢。一是党支部与企业管理层互动。建立党支部书记参加企业管理层重要会议制度、党支部成员与企业管理层沟通协商和恳谈的双向互动工作机制。二是党支部与工会、妇委会、团支部、科协工作互动。实行党支部与工会班子成员交叉任职，坚持把维护员工合法权益作为党组织发挥作用的一项重要任务来抓；发挥好党支部对妇委会、团支部等组织的引领作用，组织开展各类健康向上、丰富多彩的文体活动，增强党组织的凝聚力、向心力和战斗力。三是把发展党员与培养生产经营骨干互动。坚持在企业生产经营骨干中培养党员，把党员培养成生产经营骨干。在党支部的带动下，党员以公司为家，爱岗敬业，政治上坚定、业务上精通、作风上过硬，在企业发展中发挥党员的先锋模范作用，促进企业做强、做优。四是支部建设与企业发展经营互动。发挥党支部在企业发展中的政治引领和在职工群众中的政治核心作用，树立非公有制企业党组织和党员新形象，实现党建工作与企业经济效益双赢目标。五是万兴集团率先在非公有制企业中建立惩预体系，东联机械率先在非公有制企业中建立关心下一代工作委员会，主动承担起社会责任。

【工商联机关自身建设】 一是开展“作风转变年”活动。建立健全机关工作管理制度，深化学习型党组织建设和创先争优活动，落实党风廉政建设责任制。围绕增强工商联干部参政议政、团结凝聚会员、帮助非公有制企业发展、引导教育非公有制经济代表人士健康成长和协调落实能力等五种能力，加强干部队伍建设，强化干部岗位责任意识、能力席位意识和执行落实意识。二是继续做好部门帮村、党员帮户工作。为孝感镇联合居委会7户贫困户、受灾老党员送去2400元慰问金；为7户会员企业困难职工送去3500元慰问金；“八一”建军节，与企业家一道为旌阳区武警中队送去慰问金2万元。

（李成哲）

残　联

【年度特点】 2012年，区残联以为残疾人提供“量体裁衣”式个性化服务为主线，以涉及残疾人的六项民生工程为重点，认真落实党和政府关心残疾人的优惠政策，宣传组织社会各界开展扶残助残活动，帮助残疾人实现就业康复，维护残疾人的合法权益。

【特色工作】 一是量体裁衣。为残疾人提供“量体裁衣”式个性化服务是2012年残疾人工作重点。区残联把目标任务层层分解，将量服工作落实到乡镇（街道）残联和村（社区）残协，充分发挥专职委员的作用；确定专门工作人员负责量服工作，定期检查量服工作情况，分析量服工作中存在的问题；从2012年开始，每月召开一次全区残疾人工作者培训会，通报各乡镇（街道）量服完成排名情况，并请完成较好的乡镇介绍经验，完成相对较差的乡镇说明其情况和困难；不定期的利用网络抽查和电话回访等方式对各乡镇（街道）量服工作情况进行督查；领导班子深入基层，重点走访存在问题的乡镇（街道），与乡镇（街道）分管残联工作领导和残疾人工作者交流，共同查缺补漏。截至2012年12月，为1.97万名残疾人提供了“量体裁衣”式个性化服务，二抽落实覆盖率达104%，服务总项次40.84余万次，人均服务项次24.55次。二是开发型扶贫。区残联2012年扶贫工作由以往的救济型扶贫转变为开发型扶贫。聘请农业专家向种植户讲解种植辣椒的知识，并由辣椒协会统一向种植户发放幼苗，收成后由协会联系买家上门收购，做到一站式为残疾人服务。通过和新镇辣椒种植协会扶持了50户贫困残疾人。

【民生工程】 一是区残联与旌阳区人力资源和社会保障局一起组织专场残疾人招聘会，帮助残疾人就业；同有关单位联系，向企业推荐残疾人，并帮助残疾人个体开业。全年扶持城镇残疾人新增就业154人。二是做好扶贫工作，扶持农村残疾人生产。全年资金扶持568户，并为1000户贫困农村残疾人家庭赠送鸡仔和饲料，共计扶持贫困残疾人家庭1568户。三是“阳光家园”重度残疾人居家托养。2012年初旌阳区开始启动“阳光家园”重度残疾人居家托养项目，制定了具体实施方案，细化配套措施，最终确定符合条件的183名重度残疾人居家托养，并给予补助。四是残疾人居家无障碍改造工作。通过逐户实地勘查、征求意见，对有需求的残疾人家庭制定个性化的改造方案，并组织进行改造。2012年旌阳区在黄许镇、和新镇为100户贫困残疾人家庭实施了无障碍改造工作。五是脑瘫儿童康复救助。旌阳区组织17名脑瘫儿童参加手术筛查，有5名脑瘫儿童通过手术筛查并送往四川省八一康复中心实施免费手术治疗。同时区残联通过与旌阳区中医院协商，将旌阳区脑瘫儿童康复训练安排在区中医院康复科进行，康复治疗经费全部由各级财政配套解决。2012年旌阳区为45名贫困家庭脑瘫儿童提供了康复救助。六是区残联组织聋儿筛查工作，帮助聋儿进行申报评估，通过多方努力，旌阳区1名聋儿获得人工耳蜗助听救助。

【扶残助残】 一是2012年春节前夕，区残联组织开展了“温暖万家行”大规模慰问活动。全区慰问贫困残疾人家庭938户，送现金和慰问品价值22.48余万元；二是在2012年5月20日第二十二次“全国助残日”期间，全区慰问贫困残疾人763户，送去大米105袋，油105桶，慰问金8.24万元，为旌阳街道办西小区社区和城北街道办秦宓社区捐赠书籍价值3000元。为残疾人养殖户送去幼鸡4000只，其中区残联慰问残疾人家庭33户，送慰问金1.32万元。同时结合农忙双抢季节，各乡镇、各部门组织为残疾人家庭助耕、助种、助收，全区组织助耕队197个，参加助耕人数3800余人，帮助残疾户收割小麦4427.40亩，收割油菜8782.60亩，栽秧2180.70亩；三是区残联组织成立“旌阳区春晖助残志愿者服务队”。3月12日，旌阳区志愿者协会在旌阳区文体中心对志愿者服务队进行了授旗。3月12日下午，春晖助残志愿者服务队在旌阳街道办事处光华社区开展“献爱心送温暖”活动，队员们慰问了5户贫困残疾人，为他们送去必需的生活用品，帮助残疾人解决生活中的实际困难。

【康复工作】 2012年，旌阳区为205名贫困白内障患者实施了复明手术，其中全免费手术187例，部分补助手术18例；为3名贫困肢残人装配假肢；为115名肢体残疾人免费捐赠轮椅；为205名贫困精神病患者提供免费服药1年。

【技术培训】 2012年5月，区残联在东湖乡拱桥村和新中镇茶店村对两个村100余名残疾妇女及残疾人家属，通过聘请专家开展技术讲座、实地指导、技术咨询等形式进行创业就业养猪技术培训，并向部分贫困残疾人赠送猪仔。2012年，各乡镇、街道举办残疾人实用技术培训18期，有3876名残疾人及其亲友参加了种植、养殖、家电维修、家政服务、电脑操作等多项实用技术培训。

（何　晴）

红十字会

【年度特点】 2012年，旌阳区红十字会在区委、区政府的正确领导下，在市红会的具体指导下，在区级各部门和社会各界的积极支持与配合下，以作风转变为主线，围绕“四个年”、“四个旌阳”的核心目标，认真贯彻执行《中华人民共和国红十字会法》、《国务院关于促进红十字事业发展的意见》等法律法规，结合实际，扎实推进全区红会工作。

【宣传教育活动】 2012年4月28日，在城北街道办举行了“世界红十字日” 有奖知识问答宣传活动，社区居民、工作人员500余人参与，发放小礼品200余份；5月8日，组织旌阳区中医院、保健院、泰山社区卫生服务中心、天元卫生院、孝感卫生院、东湖乡卫生院等6家红会会员单位，在文庙广场开展专家免费义诊、义检、健康咨询等系列活动，向过往群众散发健康防病、无偿献血、防灾减灾知识、造血干细胞捐献、大病医疗救助等宣传单5000余份，接受群众咨询3000余人次；5月9日，联合城北街道办、泰山社区卫生服务中心红十字救护站，川渝采输处德阳服务分公司等单位在城北街道举行了消防救灾救护综合实战演练。

【帮扶工作】 旌阳区红十字会参加旌阳区“三下乡”、“四进社区”大型惠民活动，为贫困家庭募集善款6000元，为和新镇、德新镇、城南街道15户贫困户送去新年的温暖；开展“红十字博爱送温暖”活动，为旌阳区城北街道办、旌阳街道办发放400个博爱箱，价值11.78万元，惠及群众800余人；持续做好重大疾病儿童关爱工作，2012年旌阳区红十字会有

2名患儿申报救治，1名先天性心脏病患儿，1名贫困矮小症患儿；为云南省昭通市彝良县地震受灾群众募集善款1.28万元，并上报市红会。

【品牌项目申报】 区红会主动与黄许、孝泉、天元、东湖、德新、旌阳街道办、扬嘉等党委党工委、镇乡政府和办事处联系协调，争取国家总会的民生项目。截至2012年10月，旌阳区红十字会争取的博爱家园项目，经过上级的初选、审查，拟定的13个项目通过市红会分别向中国红十字总会、中国红十字基金会申报。

【志愿者服务】 开展关爱空巢老人及孤残儿童活动，在城北街道办成立一支关爱空巢老人的志愿者队伍，志愿者轮流定期到辖区空巢老人家中进行义诊义检、专业护理、心理咨询等，从身心上关爱老人，用行动营造有利于红十字事业发展的舆论环境。

【对外交流】 2012年5月，应韩国红十字会、韩国友利银行盛情邀请，红会援建项目单位金山街学校的5名学生赴韩国首尔参加第二届韩国国际少儿绘画比赛，并与当地学生展开交流。

（曾　志）

通江场镇洗马滩　肖方春 摄影

工业·商贸

Gong Ye Shang Mao

健身秧歌大赛在德阳石刻展演

工业经济

【年度特点】 2012年，受国内经济增速进一步下滑和国内外有效需求下滑双碰头及流动性短期紧缺等因素影响，部分工业企业订单大幅减少，销售趋缓，成本、费用增加，盈利能力下降，工业产销、利润等主要经济指标持续回落。为“稳定增势、高位求进、加快发展”和深入实施“一三五八”发展战略及开展“四个年”活动，旌阳区工业经济以“产业提升”和“项目攻坚”为主线，深挖潜力求突破，加快产业结构调整，提升工业经济总量和质量，完成市委、市政府下达的工业经济目标任务。规模以上工业总产值首次突破300亿元大关。

【基本情况】 区属大、中、小、微型工业企业发展到1415户。其中大型企业1户，中型企业9户，小型企业380户，微型企业1025户。小、微型工业企业户数占区属工业企业户数的99.29%，主要分布在机械、天然气化工、电线电缆、食品、建材、纺织等行业，是承载社会就业、税收贡献的主要力量。

【规模以上工业经济】 辖区（考核口径）规模以上工业企业214户，同比净增17户，实现工业总产值313.48亿元，同比增长25.06%；工业增加值80.97亿元，同比增长20.30%；主营业务收入297.85亿元，同比增长 22.94%；利润总额20.81亿元，同比增长52.92%；利税总额32.53亿元，同比增长71.69%；万元增加值综合能耗（吨标煤）同比下降10%；重工业比重87.26%，轻工业比重12.74%。区属规模以上工业企业197户，实现工业总产值285.40亿元，同比增长25.65%；工业增加值78.14亿元，同比增长20.60%；主营业务收入271.19亿元，同比增长 24.82%；利润总额19.16亿元，同比增长54.29%；利税总额29.27亿元，同比增长77.74%；重工业比重86.80%，轻工业比重13.20%。

【支柱产业】 机械、电线电缆、天然气化工三大支柱产业规模以上工业企业127户，占规模以上（考核口径）工业企业户数的59.34%。其中机械102户，电线电缆7户，天然气化工18户。实现总产值176.38亿元，同比增长24.90%；主营业务收入164.95亿元，同比增长22.35%；利润总额12.50亿元，同比增长44.34%；利税总额17.38亿元，同比增长56.52%。三大支柱产业实现的总产值、主营业务收入、利润总额、利税总额分别占规模以上（考核口径）工业经济总量的56.27%、55.38%、60.07%、53.43%。三大支柱产业经济总量占据全部工业经济总量的半壁江山。

【重点企业】 旌阳区重点培育、扶持的工业企业有30户，主要分布在机械、电线电缆、天然气化工等行业，实现总产值149.86亿元，同比增长25.51%；主营业务收入137.26亿元，同比增长25.47%；利润总额10.28亿元，同比增长103.54%；利税总额15.30亿元，同比增长131.07%。总产值超20亿元的企业1户，超10亿元的企业2户，超5亿元的企业5户，超1亿元的企业21户，超5000万元的企业1户。

【产业提升】 区工业和信息化局以“龙头企业—重大项目—产业链条—产业集群”模式，调整产业结构，加快传统产业转型升级。随着德阳深捷科技有限责任公司的双金属合金复合材料制造技术研究、开发和应用，东深科技有限责任公司的铝空金属燃料电池，金路公司与中科院沈阳金属研究所合作研发的电池极石墨烯，攀化公司的纳米级磷酸铁锂电池，德赛尔化工环保型皮革用加脂剂、复鞣剂制备技术，特变电工（德阳）电缆股份有限公司自主研发生产海洋电缆、风机电缆及光纤复合电缆特种电缆；德阳钰鑫机械制造有限公司自主研发生产航空航天发动机关键零部件；德源电气有限责任公司与西华大学汽车工程学院合作研发的纯电动汽车等一大批高新技术项目的相继实施，旌阳区的战略性新兴产业企业发展到44户。其中规模以上新兴产业企业36户，形成旌阳区工业经济增长的新亮点，全区工业经济结构进一步得到优化。

【项目攻坚】 区工业和信息化局组织乡镇、工业集中发展区、国土局、住建局、环保局、招商局等部门召开项目进场协调会3次。为10余个企业解决20余个涉及基础设施、报建手续、环评、办证等方面的难题；推进34项重点技术改造项目、18项技术创新项目的建设、6个重大项目集中开工；完成技术改造和技术创新投入38.27亿元，创灾后重建以来工业企业固定资产投入新高。

【政策扶持】 区工业和信息化局协助工业企业争取国家、省、市项目资金4337万元。其中国家级项目资金170万元，省级项目资金3335万元，市级项目资金832万元。创造了旌阳区工业企业争取国家、省、市项目资金的历史最好纪录，增添企业发展的信心。

（王爱民）

商务经济

【基本情况】 2012年，旌阳区辖区服务业增加值首次突破百亿元，达105.76亿元，增长14.80%；社会消费品零售总额实现60.10亿元，同比增长16.20%。受欧债危机等国际市场不利因素影响，2012年全区外贸出口较2011年有明显下滑趋势，全区出口总额完成1.04余亿美元，完成目标任务的74.60%，同比下降14%。利用外资完成1650万美元，完成目标任务的103.10%，同比增长3.10%。对外工程承包劳务合作营业额完成42万美元，完成全年目标的105%，同比下降29.60%。

【产业规划】 为提升产业层次，完善城市配套功能，实现产业集群发展，区商务局委托北京建工建筑设计研究院启动了生产资料市场概念规划编制工作，拟在城北108国道线两侧规划建设德阳市生产资料综合交易专业市场，该规划通过了初评。

【重点项目】 全年有德阳市中大运业有限公司机械设备安装、大件物流及仓储基地项目；德阳市华顺物流有限公司综合楼及物流仓储中心建设项目；新希望集团五星级酒店项目；黄许物流园区4个重点物流项目参加了全区重点项目集中开工仪式。另有堰塘坝农贸市场、屏山街市场等重点项目先后开工建设；华西希望城、西部国际商贸中心正在加紧施工建设；德阳恒大国际商贸城竣工并投入使用；黄许职业中专学校被批准成为德阳市第二家外派劳务培训中心。

【商贸体系建设】 对全区“万村千乡市场工程”农家店严格按照标准进行整改，存活率达98%以上。新增四川丰联超市连锁有限公司为旌阳区“万村千乡市场工程”承办企业。同时指导四川富江商贸有限公司充分发挥其物流配送中心的作用，提高对农家店的综合配送能力。德阳元丰农资配送中心在黄许镇建成并投入使用。

【经贸活动】 组织有关企业和部门相继参加了“第111届中国进出口商品交易会（广交会）”、“巴西国际机械和工业装备展览会”和“第20届中国昆明进出口商品交易会”、“2012四川—台湾名品博览会经贸交流会”、“第三届中国（四川）—南亚经贸合作研讨会”、“第九届中国—东盟博览会”、“第十六届中国国际投资贸易洽谈会”、“第十三届中国西部国际博览会”等大型投资贸易洽谈会，企业充分利用展会、洽谈会这一平台寻求商机，取得显著成效。

【培训指导】 组织开展了旌阳区商务工作培训会、座谈会、推进会，组织企业参加德阳市商务局举办的“风电和电力控制行业拓展北美市场认证专题培训班”、“德阳市银贸战略合作签约仪式暨出口退税政策培训”、“国际贸易术语解释通则培训”、“出口风险防范与贸易融资培训”、“出口信用保险培训”等活动，提高相关人员的业务水平。加强对瑞麟食品、润宝印染、特变电工、泰华鞋业等外贸骨干企业的服务。帮助企业协调解决外贸出口存在的资金、用工等问题，确保重点外贸企业保持稳步发展。

【文明城市创建】 配合公安、文化、工商等部门开展综合执法，合力治理校园周边环境。按照《德阳市旌阳区商务局政务服务窗口标准化建设实施方案》开展行政审批工作，公开商务行政审批服务事项办理须知及办理流程，公开投诉举报电话，实施行政审批服务过错责任追究制度、限时办结制度、首问责任制度等，做到服务规范，诚信守法。开展辖区内创建“百城万店无假货”示范街的建设工作，进一步规范食品市场和酒类流通市场。依据区治理办统一安排，按照“清洁化、秩序化、优美化、制度化”评价体系标准，制定商贸秩序组《2012年城乡环境综合治理工作意见》。

【生猪屠宰管理】 通过了旌阳区生猪定点屠宰厂（场、点）整改压点奖励政策，以“以奖代补”的方式给予资金扶持。旌阳区19家生猪屠宰厂（场、点）自愿放弃和取消屠宰资格的有5家，剩余14家除德阳市瑞麟食品有限公司和德阳市泰山食品有限责任公司2家通过市级验收，其余正在进行整改。

【市场秩序整顿】 根据商务部、国家发展改革委、公安部、税务总局、工商总局联合召开清理整顿大型零售企业向供应商违规收费工作电视电话会议精神，区商务局组织联合检查组对国美电器德阳分公司等大型零售企业向供应商收费情况进行专项检查，促进市场公平交易、切实维护消费者合法权益。制定《旌阳区商务局2012年食品安全管理工作方案》明确全年食品安全管理工作目标和主要工作措施。制定食品安全重大事故应急预案，与生猪定点屠宰企业、酒类经营企业、食品经营企业签订了食品安全责任书；五·一黄金周期间开展为期半月的打击“假冒伪劣”和肉食品安全专项整治活动，确保了猪肉食品安全。落实酒类经营“登记备案制度”和“酒类流通随附单”制度，建立旌阳区酒类商品流通管理体系，规范酒类市场流通秩序，提高行业经营管理水平。

（刘姝楠）

供销合作

【开展“四个年”活动】 2012年2月20日区供销社召开机关全体干部职工大会，学习传达区委、区政府关于开展“四个年”活动的有关文件精神，成立由区供销社党组书记、主任廖乾模为组长，党组成员陈鸿为副组长，各股室领导为成员的领导小组，研究制定活动实施方案。悬挂宣传标语2幅，编辑印发学习宣传资料100份，在醒目位置张贴“作风转变年”活动宣传海报8张，在党务公开栏进行公开承诺，确保认识到位、措施到位、工作到位。

【农产品流通体系建设】 以旌城三农公司和德阳市联隆农产品营销专业合作社牵头，与全区农民专业合作社建立直接的“产销对接”、“农超对接”，加快全区鲜活农产品流通体系建设。在德阳市庐山路239~241号建成德阳市农产品展示展销窗口；与6家农民专业合作社签订农副产品购销合同，确保农产品展示展销店有稳定的货源；全区内建成20个农产品直销店；在天元镇建立1个农产品批发交易市场，正在建设中；在新中镇龙居村建立种养殖基地，一期法系伊拉兔养殖场建成，同时与青岛康大兔业发展有限公司签订战略合作伙伴协议，引进康大祖代种兔2000只以及相关技术服务，2012年出栏商品兔5万只，产值200万元。

【再生资源回收体系建设】 区供销社开展宣传发动工作。印发各种培训资料1000余份，张贴宣传画200余份，结合网络、电视等宣传农村再生资源回收利用的国家政策、科普知识，动员群众广泛参与，打牢体系建设的社会基础。按照“七统一、一规范”要求新建、改造垃圾回收站点，集中力量对公司原有的80余个再生资源回收站（点）和分拣加工中心进行规范，统一制作“中国供销合作社—CHINA-CO—OP”标识、标牌和德阳市农村再生资源站（点）《安全责任制度》、《经营管理制度》、《经营承诺制度》。对农村再生资源回收站（点）、分拣中心的80余位负责人进行业务培训。2012年9月5日，对农村再生资源回收站点、分拣中心建设工作进行督查。

【春耕农用物资供应】 发挥农资供应主渠道作用，做到早计划、早安排、早部署，年底前即督促所属企业做好市场需求调查，筹集资金、组织货源，切实抓好农资淡季储备工作，满足农业生产需要。要求各农资经营企业及时将各种适销对路的农资商品下摆到乡村网点，采取赊销、农产品换购、预约订货、送货上门等形式，使农民足不出村就能买到质优价廉的化肥。化肥进货渠道，从源头上严把质量关，杜绝假冒伪劣化肥进入供销社农资流通网络，确保群众买到放心农资。全年组织供应碳铵1.57万吨，尿素5678吨，种子种苗饲料类29.90万元，农膜19.30吨。

【营销管理人员培训】 2012年4月19日，在德阳文化娱乐城水城举办全区农民专业合作社管理人员营销知识培训班。对全区各乡镇及有关街道办的农民专业合作社分管领导和具体工作人员60余人进行培训。邀请四川省教育厅财经委员会副主任、四川省商贸校高级讲师杨丽君授课。11月10日至18日，举办“农民专业合作社骨干人员”培训班，免费对农民专业合作社骨干人员进行培训。培训合格后，颁发国家人力资源与社会保障部统一印制的职业资格证书。

【科技“三下乡”】 参与市供销社在绵竹市齐天镇举办的“合作经济知识、技能、服务三下乡”活动。开展农资技术服务及农业科技技术咨询，接受群众咨询人数4000余人。现场免费发放种、养殖技术资料3000余册、科技资料2000余份，赠送各种蔬菜种子和其他物资价值3余万元。还配合市级部门参加在旌阳区柏隆、德新、黄许等乡镇举办的科技“三下乡”活动，为当地群众赠送物资和科技资料。

【帮扶活动】 分别对弱势群体和困难群众开展集中统一帮扶活动。活动中为困难群众赠送米、油等生活物资，还为其捐款1600元，解决春耕购买农用物资所需。为帮扶村送去慰问金1200元，化肥1吨。

【安全工作】 强化对全区烟花爆竹经营行为的归口管理，加强对烟花爆竹经营公司、网点的安全教育及安全检查。春节期间，区供销社配合区级有关部门对全区烟花爆竹经营进行安全巡查，查处违法经营行为，维护市场经营秩序。做好来信来访工作，实行开门接访、领导接访制度，妥善处理好每一封来信，接待好每一位来访人员。全年接待原黄许供销社、原孝泉供销社、废旧公司改制分流职工，代管的集体商业新中综合店、孝泉服务社等职工上访6批90余人次，为维护社会稳定尽一份力。

（唐华楷）

招商引资

【年度特点】 2012年，区招商引资工作在市招商局的指导和支持下，在区级相关部门的配合和共同努力下，认真贯彻落实区委、区政府有关会议精神，发挥主城区优势，全面实施“一三五八”发展战略，深入开展“四个年”活动，围绕加快“实力旌阳、活力旌阳、生态旌阳、幸福旌阳”建设的目标，紧盯大产业，主攻大项目，创新招商引资思路、方式和体制机制，拓宽招商渠道，承接产业转移，不断增强招商引资实效。

【基本情况】 一是完成市外国内到位资金75.77亿元，占目标任务116%，同比增长30.45%，完成国内省外到位资金61.50亿元，占目标任务123%，同比增长31.32%。二是第十二届西博会省政府督办项目8个，履约项目8个，履约率100%；开工项目8个，开工率100%；到位资金26.80亿元，资金到位率47.02%。三是新引进过亿元项目10个（市下达目标任务为7个），其中新材料、新能源项目4个，现代服务业项目4个，先进制造业项目1个，现代农业1个。四是集中签约目标全面完成，在第十三届“西博会”上，签约项目11个，签约金额134亿元。

【行业特色】中心城区优势日益显现。围绕旌阳区发展规划和产业布局，推进一、二、三产业共同发展，不断优化产业结构，突显中心城区强力发展现代服务业的特点。聚商引资能力明显提高。华润万家、中石化、中船重工、万科房产、万达地产等数十家上市公司、世界（国内）500强企业到旌阳区参观考察；依托一批在本区落户的投资规模大、带动能力强的项目，吸引其上下游产业项目、关联项目；通过以商招商方式争取项目近10个，吸引资金逾20亿元。服务经济作用不断增强。新兴产业发展有大的突破，新材料、新能源等战略性新兴产业加快发展，石墨烯产业园区项目、铝—空金属燃料电池项目、磷酸铁锂生产及电动自行车磷酸铁锂电池生产项目顺利推进，形成了新的经济增长点；重大项目储备保障充分，全区储备过亿元重大产业项目19个，投资总额350亿元以上，项目洽谈成功竣工投产后，将带来良好的经济效益。对外开放形象更加亮丽。来自长三角、珠三角、环渤海湾以及成渝地区的150批次客商先后到旌阳区洽谈项目、考察投资环境。

【领导重视】区委、区政府主要领导，分管领导多次带队赴外开展“小分队招商”活动，亲自参与项目洽谈和重要客商接待，协调解决项目推进中的重大问题；大力扶持新能源、新材料等战略性新兴产业，适时给予资金、场地、税收等方面的优惠政策，最大限度地体现旌阳区对外开放的决心和招商引资的诚心。

【措施有力】一是突出重点，形成强大引力。围绕省、市、区产业发展规划，重点引进一批先进制造业、新能源、新材料、现代服务业、现代农业项目；依托旌西城市副中心建设，发展专业市场、总部经济、城市综合体、汽车贸易等服务业；借力黄河新区开发，引进理念新、实力强、创意足的大项目，提升黄河新区的城市功能和居住品质；结合黄许物流园区建设，将圣风村至黄许场口、108国道两侧规划为德阳各类生产资料的物流市场；发挥历史文化优势，推出孝泉古镇孝文化、泉文化、伊斯兰文化旅游开发项目；围绕现代农业产业化发展，引进新中镇“兔产业园区”等现代农业产业化项目，打造农业环保观光旅游精品项目；对接旌东新区建设，将新建的姜家桥、华强沟水库作为商业、旅游开发项目。二是完善机制，聚集推动合力。按照招商引资项目落地流程，开展投资服务无缝对接实行“一个项目一个方案、一个项目一跟到底”和“一事一议、特事特办，重大项目一把手负责”的工作模式，落实专人跟踪服务，限时办结；成立分管副区长任组长的区工业企业招商引资工作协调小组，定期深入项目现场了解情况，组织相关职能部门协调解决项目推进中遇到的困难，确保项目顺利推进；搭建产业对接平台，准确掌握长三角、珠三角、京、津、冀及泛渤海湾产业转移情况，加强与成都、绵阳等省内地区的企业对接，寻求优势产业进行转移；实行重大项目动态管理，定期通报项目情况，制定考核办法，加大对相关单位和工作人员的考核力度，对履职不力的行为严厉追责。

（李明和）

工业集中发展区

【年度特点】2012年，区工业集中发展区在区委、区政府的正确领导下，全面贯彻实施“一三五八”发展战略，围绕“四个旌阳”建设目标，深入开展“四个年”活动；强力推进园区“跨越、集约、创新、和谐”发展，不断增强园区发展承载力和对外投资吸引力。工业集中发展区管委会荣获区委、区政府综合目标考核一等奖，市政府园区建设工作二等奖。

【工业经济】园区规模企业达100户（新进8户，含天元）。全年实现工业总产值238.50亿元，同比增长35%；实现工业销售收入

230.51亿元，同比增长34.40%；实现利润10.38亿元，同比增长9.20%；实现利税15亿元，同比增长9.10%。全社会固定资产投入24.30亿元。

【项目建设】 产业项目西部商贸、华顺物流、宏霸饲料、中大运业、深捷科技2号厂房、万达机械等20余个项目开工建设。杰创线缆等6家企业投产运营。招拍挂项目供地1283亩，农用地转用11个项目838.52亩，新材料科技企业孵化园进入规划实施阶段。基础设施建设重点项目19个，总投资19.93亿元。其中二环路（东海路至银山路段）等5个项目全面竣工，滦河路（二环路至银山路段）等9个项目开工建设，厂西排洪渠绿带公园等5个项目启动前期准备工作。

【产业提升】 特变电工（德阳）电缆股份有限公司“重大装备用特种电缆、节能环保双绝缘电线电缆项目”、“船用通信电缆产品线”，德阳东佳港机电设备有限公司“连铸连轧机组系列、拉制设备系列”产品线、“强电网和智能电网输电线缆成套设备产业化项目”，德阳钰鑫机械制造有限公司“60万及100万千瓦发电机组油涡轮国产化”产品线，四川德腾科技有限公司“高速公路、高速铁路隔音屏技术改造”产品线等一批项目完成技术改造升级；东深新能源铝空气金属燃料电池、四川金路集团石墨烯、德阳威旭锂电科技有限责任公司磷酸铁锂储能电池、深圳风发科技发展有限公司西部垂直轴风电成套设备、开关磁阻电机与控制系统总装基地等一批战略性新兴产业项目入园孵化。建成东佳港和特变电工2个省级工程技术研究中心，建成1家市级技术中心。

【招商引资】 园区引入市外到位资金22亿元，完成目标任务的102%，引入省外到位资金20.14亿元，完成目标任务的113.10%，引进亿元以上项目5个，完成目标任务的100%。

【企业服务】 协调建设银行、德阳银行解决16户企业贷款11.45亿元。组织入园企业申报国家、省、市战略新兴产业、重大技术装备、技术创新、工业节能项目24个，争取各级财政扶持资金3244万元。

【拆迁安置】 完成15处3.54万米通信管线、9处8924米输气输油管道迁改，27处2.37余万米电力线路迁建，灾后重建供水管道9500米的整改完善。完成有主土地搬迁资产盘点4户，评估工作2户，达成搬迁补偿协议2户，完成拆迁1户。

【综合治理】 清理建成道路沿线建筑垃圾和土方，清扫和保洁新增一环路西侧等7条道路155.60万平方米，清理厂西排洪渠9千米。完成银河小区人行道铺设2200平方米和新安装九龙江路、长白山路等4条道路路灯73盏。改造贺兰山路、青海路老化、锈蚀的路灯设施28柱，补植东海路、长白山路等重点地段绿化树木80余株，灌木草坪2.01余万平方米，日常管护绿化草坪19万平方米，灌木2.49余万平方米，乔木5.37余万株。绿化种植韶山路南段、天鹤路、大渡河路东段、黄海路接一环路段、青海路接一环路段、玉山街等路段两侧行道树1830余株。

【安全生产】 制定《园区安全生产管理考核制度》、《安全监督检查制度》等12项安全制度，健全园区企业应急救援体系，园区安全规范化建设通过市安委会的考核验收。组织企业职工700余人次参加职业安全健康竞赛和全国危险化学品安全法规知识竞赛等活动，完成“两重点一重大”危化企业和重大危险源的调查清理等各专项工作，动员2038名企业员工和组织177名困难职工参加职业健康体检；协调化解企业生产矛盾，挽回经济损失30万元。园区全年未发生重特大安全生产事故。

【党建工作】 完成35个非公企业党组织分类定级、整改提高和晋位升级工作，实现辖区内191个非公企业党组织及党的工作全覆盖，培训入党积极分子65人，新发展党员34人。因企制宜抓好特变电工、东佳港、东联、福康、森普等企业党建工作示范，以点带面助推企业加快发展。

【专项工作】 “四川德阳高新技术产业园区”申报进入最后审批阶段，完成《德阳市旌阳区工业集中发展区土地集约利用评价》、《四川德阳高新技术产业园区发展规划》、《德阳天元片区控制性详细规划编制》、《工业集中发展区社会稳定风险评估》等一系列规划编制申报资料准备和专家评审工作；完成国土资源部国土例行督察、土地款欠款催缴和闲置土地清理工作；完成园区税收清理，建立746户企业税收台账；完成园区2008—2011年度基础设施建设资金使用审计调查。

（彭登友）

黄河新区

【基本情况】 黄河新区南起北泉路，北至二环路，西临绵远河，东靠东湖山。规划面积19平方千米，建成城区面积6平方千米，常住人口6万人，有各级行政机关单位60余家，德阳中学等20余所教学和科研机构，魅力城、黄金海岸、山海天、希望城等30余个高品质小区，初步形成了以“黄河新区为中心，覆盖城乡、辐射周边的区域商贸经济圈”。

【新区规划】 2012年，根据德阳市旌东新区总体规划以及近中期“向北向东向山要地建设北部新城”的大方针，黄河新区规划面积增至19平方千米，未来将重点发展镇江组团、拱桥组团、水库组团及双东龙凤组团，其中镇江组团和拱桥组团为黄河新区沿绵远河向北发展，打造成为新区的中央商务区；水库组团和龙凤组团则是向东部浅丘发展，形成郊野公园带和休闲宜居带。

【基础设施建设】 投资120万元，完成三国文化长廊光亮工程；投资430万元，完成三国文化长廊雕塑工程；投资650万元，完成黄河广场景观绿化改造工程；投资1100万元，完成洛河小区B区33号楼、34号楼安置房建设；投资500万元，完成石桥二期B区18号楼安置房工程；投资3000万元，基本完成秦岭山路（黄河路—青衣江路）工程；投资3000万元，启动渭河路东延段道路工程；投资6亿元，占地240亩的宝兴河小区安置房建设，可安置农转非居民5000人。青衣江路以南片区的洛河小区、石桥新村等安置房及小区的物业管理工作全部移交东湖乡人民政府。

【出让土地情况】 新区拍卖土地二宗，天山路与沁河路交汇处东北角农贸市场用地27.62亩，拍卖金额3208.50万元；天山路与洛河路交汇处西南角居住用地16.88亩，拍卖金额5620.40万元。

【招商引资】 完成招商引资任务6亿元，到位资金4.20亿元。成功引进希望城商贸中心、华润万家、太平洋影院。

【城乡环境综合治理】 建立规范临时占用市政道路设施的审批程序，集中对背街小巷、高速公路沿线、排洪沟、城乡结合部的脏乱差进行专项治理。清理垃圾、建渣36吨；维修破损人行道彩砖5600平方米，道路750平方米，围墙267平方米，路沿石4635米；顺利通过省级卫生城市复查工作。

（庄　冬）

农业经济

Nong Ye Jing Ji

旌城民乐乐队在石刻公园为群众演奏喜洋洋

三农工作

【年度特点】 2012年，区委农工办围绕“强科技保发展、强生产保供给、强民生保稳定”的总体思路，按照“稳定增势、高位求进、加快发展”的要求，以确保农民持续稳定增收为核心，统筹城乡发展为根本要求，推进新农村建设为战略任务，突出农业科技支撑作用，着力构建现代农业服务体系，强化农业基础设施建设，创新农村发展体制机制，全面推进农村各项事业快速发展。

【指标完成情况】 全年完成粮食生产24.40万吨、油料总产2.60万吨、蔬菜生产37.69万吨、水果生产2.93万吨；生猪出栏60.31万头，小家禽出栏2873万只，肉兔出栏183万只，肉牛出栏9710头，肉羊出栏1.06万只，成鱼产量1.30万吨，肉类总产量达到8.09万吨，禽蛋产量2.27万吨，畜牧业总产值28.47亿元，占农业总产值比重达到55.10%。全区农民人均纯收入达到1.01余万元，较去年增加1276元，增长14.39%。

【基础设施建设】 新增和恢复蓄引提水能力6万立方米，改善灌面2.70万亩，新增节水灌溉面积3.50万亩，新增节水能力150万立方米。完成各类渠系防渗整治171.92千米，新建蓄水池253口，整治山坪塘58口、石河堰15处；解决1.78万农村人口饮水安全问题；完成病险水库整治5座；维修加固堤防1.63千米，维修养护堤防及管理（含防洪闸）90.61千米；综合治理水土流失面积17平方千米。建设高标准农田2.74万亩，改造农田排灌渠系125千米，推广测土配方施肥技术46万亩次，维修提灌站2009台2.58万千瓦，改造提灌站9处188.50千瓦，新建机耕便民道路128千米；建设户用沼气池1500口、养殖小区沼气820立方米，新建沼气服务网点15个。

【新农村建设】 完成新农村示范片建设49个项目，总投资4073万元。旌西示范片建设项目30个，总投资3157万元，其中市级财政资金800万元，区级财政资金1233万元，业主和农户自筹1124万元；旌东示范片建设项目19个，总投资916万元，其中区级财政资金566万元，整合项目资金40万元，业主和农户自筹310万元。完成华强沟水库移民安置点、和新镇小河村及东湖乡新华村拆迁安置点规划，启动双东、和新等5个乡镇6个新农村综合体建设。开展农村文化示范镇（乡）、村培育，并成功组织申报省级农村文化示范乡镇——孝泉镇。

【农业产业化经营】 新培育产业化重点龙头企业7个，市级及以上农业产业化经营重点龙头企业达到39个，其中省级农业产业化龙头企业6个，规模以上农产品深加工企业年主营收入达到37.50亿元；新发展农民专业合作社16个，农民专业合作经济组织达到112个，其中省级示范社6个；龙头企业、专合组织、农村经纪人和农业生产大户带动农户9.30万户，促进农民户平增收300余元。完成农村土地流转面积4.81万亩。组织龙头企业和专合组织参加德阳市第四届国际农业博览会，52个优质农产品荣获“名优农产品”称号、41个产品获得“德阳市消费者喜爱产品”。完成新型农民培训1200人，阳光工程培训1360人，劳务品牌培训350人。

【其他工作】 人工影响天气全年共实施实弹作业7次，用弹125枚，其中试炮作业1次，用弹5枚，增雨作业3次，用弹60枚；消雹作业3次，用弹60枚。在高炮控制范围内无雹灾，并获得化雹为雨的对比效果，增雨30毫米。人工影响天气作业开发空中水源470万立方米，获得直接经济效益203万元。

（石　强）

农业生产

【年度特点】 2012年，旌阳区农业局在区委、区政府的坚强领导下，在区人大、区政协的关心支持下，在上级业务主管部门的精心指导下，贯彻落实科学发展观，按照“强科技保发展、强生产保供给、强民生保稳定”的思路，以“四个年”活动为载体，抢抓发展机遇，创新工作举措，克服不利影响，出色完成各项工作目标任务，推动全区现代农业发展跃上了新的台阶。旌阳区荣获省政府首批认定的“沼气化县”殊荣，被列为“省级农机化示范县”和“全国蔬菜产业发展重点县”。

【生产发展】 全区种植业生产总值20.56亿元，比上年增长4.50%；粮食总产量24.40万吨，比上年增长0.97%；油料总产2.60万吨，比上年增长2.96%；蔬菜总产量达37.69万吨，比上年增长1.30%；水果总产量2.93万吨，比上年增长6.93%；基地农产品商品率平均70%以上，优质商品率平均85%以上。

【强农惠农】 全区兑现农户良种补贴资金667.27万元。其中水稻372.04万元，小麦154.56万元，玉米22.73万元，油菜117.94万元。兑现农户购机补贴资金2926.04万元。补贴推广农业新机具3356台。其中耕整地机械1394台，插秧机47台，田园管理机械861台，收割机388台，动力机械521台，排灌机械75台，畜牧水产机械55台，其他机械15台。

【建立示范片】 在黄许镇、德新镇建立1.50万亩的“旌北”现代农业示范区和8600亩的优质西瓜生产示范片；在孝泉镇、东湖乡建立1.50万亩的优质蔬菜生产示范片；在双东镇、黄许镇建立3200亩的果树新品种、新技术推广示范片；在德新镇、黄许镇、城北街道建立5000亩的优质花卉生产示范片；在天元镇、东湖乡建立1万亩的优质油菜高产创建示范片；在黄许镇建立2.40万亩的优质油菜高产示范片和2万亩的优质水稻高产示范片；在天元镇建立1.80万亩的优质小麦高产示范片；在城北街道、黄许镇、天元镇、扬嘉镇建立1万亩的小麦条锈病、水稻螟虫、稻瘟病专业化统防统治核心示范片和1万亩的绿色防控示范片。

【基础建设】 农业基础设施建设固定资产投资2358余万元。新建高标准农田2.74万亩；农村户用沼气池1500口，养殖小区沼气820立方米，沼气服务网点15个；机耕便民道路128千米；维修提灌设备2009台2.58万千瓦；改造农田排灌渠系125千米，提灌站9座。

【农机发展】 农机总动力30万千瓦。提水保灌面积20万亩，完成机耕86万作业亩，机灌25.30万亩次，机收41.60万亩，水稻机插秧9.35万亩，主要农作物耕种收综合机械化水平达65%。

【秸秆利用】 旌阳区投入财政资金170万元，重点在成绵高速、108国道、孝黄路、德茂路等主要公路沿线的乡镇、街道建立秸秆综合利用示范片5万亩，辐射带动全区秸秆综合利用面积25万亩。

【农经管理】 新增流转土地7145亩，审批“一事一议”筹资1个乡镇，总金额11.32万元；审核村级公益事业建设“一事一议”奖补项目255个，“一事一议”筹资筹劳919.89万元；培育和扶持标准化合作社8个。其中旌阳区普度果蔬专业合作社被评为省级示范社，德阳市农诚天下蔬菜专业等4个合作社被评为市级示范社。

【安全监管】 完成区农产品质检站的实验室资质认定和考核认证。“三品”的抽检合格率100%，蔬菜、水果样品的抽检合格率98.79%；通过四川省无公害农产品产地整体认定，认定的无公害粮油、蔬菜、水果产地面积为29.53万亩；完成拖拉机、联合收割机年检审1546台，核查上户643台，补办原应上户机械16台，补审机具31余台；开展“打非治违”、“打击涉牌涉证”等专项检查活动14次。会同区级相关部门出动执法人员370人次，对3个种子生产企业、11个肥料生产企业、362个经营单位开展检查，市场检查面达99%。

【科教培训】 开展基层农技人员继续教育84人次，各类农业实用技术培训19.12万人次，发放技术资料34万份，参加科技赶场46次，完成新型农民培训1200人，阳光工程培训1360人。

【移民扶贫】 接访移民33批次67余人次，兑付三峡、瀑电、宝电等1340人移民后扶直补资金80.34万元，完成贫困人员脱贫4365人。开展了华强沟水库建设的实物调查工作，参与了《华强沟水库建设征地实物调查细则及工作方案》和《华强沟水库工程建设征地移民安置办法》的草拟、修改和移民搬迁安置费用测算、移民安置规划制定等工作，编制了《旌阳区农村扶贫规划纲要（2011—2020年）》。

（刘　兵）

畜牧食品

【基本情况】 2012年，出栏生猪60.31万头，出栏小家禽2873万只，出栏肉兔183万只，出栏肉牛9710头，禽蛋产量2.27万吨。畜禽出栏规模养殖比重80%以上，生猪良种率85.40%，家禽良种率94.79%，畜牧业总产值28.47亿元，占农业总产值的55.10%，畜牧业在农民人均收入1920元。全年未出现重大动物疫情和畜产品质量安全事故。

【产业水平】 形成以“生猪、肉鸡为主导，名、特品种为补充”的畜产品产业格局。2012年全区生猪产值12.02亿元，占畜牧业产值比重的48.08%，优质率85.20%；肉鸡产值8.48亿元，占畜牧业产值比重的33.90%，优质率94.66%。全区新发展专业合作社2个，规范发展专业合作社6个，带动农户户均收入6000余元。

【基地建设】 全区新增规模养殖户400户，新改扩建畜禽标准化养殖小区10个，新增生猪养殖万头村（场）2个。完成2个省级示范场，10个区级示范场的创建工作。推进畜禽规模养殖场的科学管理，对全区畜禽规模养殖场档案（备案）管理实行“四个统一”（即统一标准、统一数据信息、统一数据报送程序、统一数据更新和使用）。创建畜禽生产预警监测信息平台，录入全区3000余户畜禽规模养殖场的基本信息和动态信息。

【污染治理】 建立“以奖促治”的工作机制，与环保部门共同抓好2012年度新中镇佳鑫生猪专业合作社和扬嘉镇青花养殖场的限期挂牌整治工作。推进“生态养殖+沼气+绿色种植”循环经济模式发展，加强畜牧面源污染治理，全区规模养殖场畜禽养殖粪便综合利用率达87.20%。

【科技推广】 全区良种母猪存栏量提高5个百分点。开展“新型农民培训”和“科普宣传月”活动，开展培训16期，编印、发放畜牧科技资料6万份，提高畜牧科技成果的入户率、到位率和覆盖率。

【惠民政策】 争取国家、省、市畜牧业生产和动物防疫资金，2012年先后争取到现代畜牧业重点县以奖代补专项资金、生猪调出大县奖励资金、生猪标准化养殖小区（场）建设等项目资金1204万元；引进200万元以上畜牧业项目3个，吸引社会畜牧业投资2332.40万元。完成全区1.34余万头能繁母猪的统计核查和补贴发放工作，补贴金额134.13万元，惠及农户4701户；推进生猪政策性保险工作，能繁母猪参保1.15万头，育肥猪参保8万余头。

【疫病防控】 全区高致病性禽流感等重大动物疫病强制免疫的群体免疫密度常年维持在90%以上，其中应免畜禽免疫密度达到100%，平均抗体水平80%以上。发放消毒药品6吨，消毒面达到100%。耕牛血吸虫病采血监测7896头，阳性率为0.43%，比去年下降0.09%；粪检耕牛34头，未检出阳性病牛。限养区犬只狂犬苗注射率99%以上，农村犬只疫苗注射率96%以上；犬脑组织采集52头份，捕杀并无害化处理流浪犬947只。监测奶牛布病、结核病427头，监测猪血清 985份、牛血清212份、家禽血清1451份。全面落实检疫申报制度，畜禽产地检疫、屠宰检疫均达100%。

【畜产品安全】 全年动物卫生监督执法出动执法人员179人次，检查畜禽养殖户121户次，屠宰点71个次，畜禽及畜禽产品交易市场134个次，动物及动物产品经营的摊点401个，未发现违规违法行为。检测“瘦肉精”1.21万头份，同比增长180%，占年出栏生猪的2%；抽检“三聚氰胺”350头份、“黄曲霉毒素M1”35头份，同比增长18%、130%；呋喃唑酮兽药残留监测80份，以上检测结果全部合格。开展无公害畜产品及绿色食品专项监测，未发现证书、标志违规、逾期等现象；引导和配合三丰原、中德牛业等10家畜产品生产加工单位申报“无公害畜产品”。实行安全承诺制，签订《畜产品质量安全承诺书》1603份、《饲料生产企业质量承诺书》11份；配合辖区内11家饲料企业完成饲料产品增值税免税的审核报送资料及抽检工作；推进《药品经营质量管理规范》实施，巩固了前期兽药经营整治成果。

【自身建设】 推进作风建设，开展“转作风、树形象、促发展”大讨论，查找四类4个问题，完善17项制度，建立健全6项长效机制，促进畜牧系统干部职工作风不断优化，工作效能、服务质量逐步提高。开展“挂、包、帮”活动，发挥职能优势，依托畜牧项目建设引导帮扶村培育发展畜牧特色产业，提高了帮扶村综合经济效益，带动农户增收。

（刘　琴）

林业生态

【年度特点】 2012年，区林业局贯彻党的十八大和十七届五中、六中全会及中央、省、市林业工作会议精神，用科学发展观统揽全局，坚持“区划分类、依法管理、科学经营、绿山富民”的工作原则。抓住创建国家级“森林城市”和“园林城市”的契机，以产业发展为重点，以助农增收为核心，巩固退耕还林成果，推进天然林资源保护工程，全区林业工作再上新台阶。绿化覆盖率22.40%，比2011年增加0.30个百分点。

【义务植树】 以“3·12”植树节为契机，利用广播、电视、墙报、标语、宣传车等宣传国务院《关于开展全民义务植树运动的实施办法》、《四川省绿化条例》、《森林防火条例》等法律法规。市、区有关单位及乡镇出动宣传车27辆；张贴标语416条，发放宣传资料3.24万份。全区参加义务植树11.60万人次，义务植树适龄公民尽责率达86.90%。义务植树52万株（折合面积5723亩），新建植树基地8个，成片造林800亩，零星植树38.58万株，幼林抚育2347亩。

【重点工程】 一是天然林保护二期工程稳步实施。完善旌阳区天然林保护工程二期实施方案；编制旌阳区天然林保护工程二期补充实施方案。落实公益林管护面积1.97余万亩，补充方案落实公益林生态效益补偿面积1419亩。落实27个专业管护人员，生态效益补偿资金202.29万元，森林管护人员五险补助202.40万元，管护面积全部落实到山头地块。二是巩固退耕还林成果专项建设。完成2011年度低效林品种改造934亩，总投资46.70万元，退耕农户中发展养殖业2.27万平方米，总投资38.60万元。组织财政、审计、农业等部门对项目进行综合检查验收，确保项目建设进度、质量和项目资金的及时兑付。将特色经济林1033亩，品种改良改造969亩，工业原料林309.60亩，全部落实到山头地块。三是城乡绿化有效推进。完成成绵高速路沿线环境整治，投入资金220.51余万元。完成成绵高速路两旁的树木补植和节点打造，栽植水杉2700株、岩桂3100株、桂花300株、杨树615株、巨桉4000株、油麻藤和爬山虎8000窝、扁竹根2600平方米。年底完成成绵高速路二期绿化规划，规划总投入362万元，新增绿化面积840亩。四是灾后重建生态修复建设工程。举办灾后重建生产技术培训班2期，加强林业灾后重建技术指导；对落实的造林面积进行一次清理，完成灾后重建人工造林700亩，完成投资52万元。

【有害生物防治】 全区林业有害生物防治面积8.30万亩。其中蜀柏毒蛾生物防治2.60万亩，云斑天牛化学防治7000亩，物理防治（灯光诱杀防治）5万亩。全区林业测报准确率

90.50%、有害生物成灾率为零、无公害防治率91.50%、种苗产地检疫率100%。根据省林业厅病虫防治检疫总站的统一部署，抢在蜀柏毒蛾二龄段与三龄段的有利时机实施飞机科学防治森林病虫工作，通过飞机喷洒生物防虫制剂，阻碍害虫正常生长发育，控制旌阳区蜀柏毒蛾、云南松毛虫等害虫的发生态势。从4月12日开始，对和新、双东、新中和东湖等4个主要乡镇进行飞机防治，飞行40架次，防治面积2.60万亩。

【森林资源保护】 由森林公安局牵头、林政科配合，重点查处一批无证运输木材、非法采集活立木、无证加工木材和乱砍滥伐林木案件。全年出动警力400余人次，受理各类林业案件25起，立案22起，处理22起，处理各类涉林违法人员22人；没收木材540余立方米，没收无证运输国家重点保护的银杏等活立木14株，挽回经济损失16万余元。

【森林防火】 2012年，全区发生森林火灾2起，均为一般森林火灾，过火面积3亩。利用"森林防火宣传周"、"科技三下乡"等活动，开展形式多样的森林防火宣传教育活动，向群众发放森林防火手册、森林防火环保袋等宣传资料1500余份。与丘陵乡镇、龙井公墓、东湖山公园等13家重点单位签订《森林防火责任书》，层层落实森林防火责任。加大巡山管火力度，在春节、元宵、清明等重大节日期间，安排管火人员，加强巡逻检查，严防失火。重大节日、森林火险等级较高的时段，组织人员对全区进行拉网式检查排查，对存在火灾隐患的部位提出整改意见并督促整改，严防森林火灾事故。坚持 24小时值班和领导带班制度，确保火情信息及时上传下达，火情处置快速有序。

【林业科技推广】 举办培训班5期，培训林农1000余人次。引进美人指、猪腰枣大枣品种2个，引进竹柳、香椿等品种各1万株；推广富硒SOD功能大枣100亩，SOD芽孢杆菌接种技术一项，经市"金桥工程"领导小组验收合格，并作为推广项目；完成核桃新品种香玲和辽核品种500亩的示范推广。

（赵洲海）

水利·水产

【水利建设】 2012年，旌阳区投入水利建设资金8641.41万元。新增和恢复蓄引提水能力6万立方米；改善灌面2.70万亩，新增节水灌溉面积3.50万亩，新增节水能力150万立方米；完成各类渠系防渗整治171.92千米，新建蓄水池253口，整治山坪塘58口、石河堰15处；解决1.78万农村人口饮水安全问题；维修加固堤防1.63千米，维修养护堤防及管理（含防洪闸）90.61千米； 综合治理水土流失面积17平方千米。中央财政小型农田水利专项"五小水利"工程建设方案及补充方案项目，总投资1403.47万元。在和新镇高治村、福兴村、永兴村、白腊村实施，新建蓄水池253处、整治山坪塘58处、引水堰15处，改造渠道49.70千米，渠系建筑物160处。新增供水能力2.78万立方米；恢复灌溉面积2900亩；改善灌溉面积4170亩；新增补充灌溉面积1570亩；灌溉水利用系数达到0.55；年新增粮食生产能力959吨。全域灌溉试点建设项目，总投资1020.33万元。在柏隆镇红花、青进、清和、松柏、南桂、果园、隆兴桥、向阳8个村实施，整治末级渠系73.50千米。新增节水能力169.78万立方米；改善灌面1.06万亩；新增节水灌面1.01万亩；新增粮食生产能力40万千克；节水灌溉率提高到65%。

【农业用水服务】 由于气温原因，小春作物成熟期集中，机械化收割进度快，泡田栽秧用水集中，人民渠来水波动较大，形成用水集中打挤的局面，灌区用水矛盾突出。针对严峻的用水形势，区水务部门干部职工放弃休息时间深入用水第一线，做好用水协调工作，并向四川省都江堰管理局、人民渠第一管理处争取水量，得到大力支持。合理科学调配水量，采取错峰用水和轮灌等办法，缓解用水集中打挤的矛盾。截至6月1日，平坝灌区泡田栽秧实现满栽满插；丘陵灌区6月8日圆满完成栽秧任务。

【防洪演练】 由旌阳区水务局承办，区防汛抗旱指挥部开展全区防洪抢险救灾实战演练，投入人力337人，抢险工程车辆48台，演练实施了决策指挥、人员疏散、危害化工品转移、溃坝抢险排危等科目。

【防洪度汛】 2012年8月17日晚至18日8时，绵竹、什邡山区遭受特大暴雨，致使旌阳区境内绵远河、石亭江河水斗涨，过境流量绵远河超过1200立方米/秒，石亭江超过1500立方米/秒，均超警戒流量。德阳市防汛抗旱指挥部办公室启动德阳市防汛蓝色（Ⅳ级）预警应急响应和德阳市防汛黄色（Ⅲ级）预警应急响应后，区政府主要领导亲自深入绵远河绵河村出险堤段现场指导抢险，区水务局于18日凌晨3时赶赴两条河流检查指导防御工作，清点物资储备、人员到位情况，联动各乡镇村组干部。区防办、水务局通过山洪预警系统，及时收集雨情、汛情，畅通信息通道，提前预警，启动防汛应急预案；及时与财政、发改等部门和相关乡镇到水毁堤防现场查勘，并全力展开应急抢险，及时控制灾情，保障老百姓生命财产安全。整个汛期，抗洪抢险救灾组织投入抢险人数30人次，投入动力4台班，运输4台班；铅丝笼100个、编织袋1万条、土工布1600平方米、铅丝0.5吨、汽油6吨等抢险物资，应急抢险投入5万元；治理江河防洪隐患和排洪闸隐患13处，治理内涝隐患2处，水库大坝白蚁危害隐患17处和溢洪道不畅通隐患5处，投入隐患治理资金200余万元。“8·18”洪峰过境，造成全区水利设施部分受损，其中绵远河、石亭江堤防受损760米，40支渠引水拦河坝冲毁150米，直接经济损失达570.05万元。全区因洪涝灾害造成直接经济损失1725.75万元。

【水土保持】 全区完成水土流失综合治理17平方千米，总投资2177万元。其中完成国家农业综合开发水土保持项目7.50千米（即，旌阳区齐家堰项目区两河口小流域项目），植树造林6.67平方千米，生产建设项目实施水土保持措施2.83平方千米。

【民生工程】 一是百姓安居工程。在黄许镇和孝泉镇新建集中供水工程1处、扩网2处，总投资500 万元，解决1万人的饮水安全问题。二是基础设施工程。实施龙亚、观音洞、柳沙、普庵寺4座病险水库除险加固，4座病险水库除险加固工程分别在和新镇、新中镇实施，完成总投资925.03万元。工程的实施，消除水库安全隐患，新增恢复蓄水能力5万立方米。两项民生工程均在12月底完工。

【砂石专项治理】 2012年5月29日，区政府发布区内平坝河道禁止开采砂石资源通告，对旌阳区4条河道实行3年全面禁采。其中石亭江、射水河、马尾河（旌阳区管辖段）禁采期为2012年6月1日至2015年5月30日；绵远河（旌阳区管辖段）禁采期为2012年12月1日至2015年11月30日。区水务局一是成立由党组书记、局长为组长，副局长为副组长的砂石开采专项整治领导小组，加强组织领导，明确责任；二是在3年禁采期限内，停止河道采砂行政审批；三是落实河道管护责任制，做好河道监管，建立河道协管人员队伍，调动人民群众参与监督工作，加强节假日及夜间河道巡查力度，设立公开举报电话，建立举报奖励制度，加大舆论监督；四是对下河引道的撤除和封堵，对洗砂高台、砂场进行清理，对开采到期的砂石业主，严格按照合同进行验收，要求其将开采范围恢复原状；五是加大执法打击力度，一经发现违法盗采砂石行为，从严从重处罚。在治理工作中，张贴公告1000余份，制作宣传光碟10张，书写固定和警示标语28处，出动车辆50台次，出动人员100人次，拆除和封堵下河道路、道口30处，清理违规高台、砂场17家并进行规范。

【水资源管理】 严格落实水利部强化水资源管理相关要求，加大宣传教育、工业用水监督管理力度，开展调查研究，编制完成《水资源综合规划》及《地下水调查评价》报告，合理开发利用水资源；严格执行取水许可制度和年审制度，催办辖区用水单位进行办证年审登记，加强水资源管理工作，推进节水型社会建设。全年换发新办证9户，征收水资源费49.30万元。

【水政、渔政执法】 全年处理各类水利行政案件24件，处罚金10.20万元。其中下发责令通知7件，立案查处案件6件，河道采砂案件7件，水事违法采砂机具6件，案件查处准确结案率达100%，无一件被提起行政复议。渔政方面，没有发现电、毒、炸鱼等违法现象。

【水利普查】 于2012年底全面完成河湖基本情况、水利工程、灌区专项、水行业能力、地下取水井、水土保持、塘堰、河道采砂、水利文物、用水效率等方面的外业调查和数据的审核工作，数据间的平衡、分析整理评估工作完成。截至2012年年底，全区水利普查的阶段性工作全面完成，进入归档、验收准备。

【重点水源工程】 2012年，全面完成华强沟水库建设征地范围内的实物调查、公示、与各级签字确认工作，配合编制完成华强沟水库建设的《移民安置规划大纲》和《移民安置规划报告》，并上报省扶贫移民局及省政府等待审查批准。姜家桥水库建设项目，于2012年4月11日完成项目勘测设计服务的招标工作，设计单位正在编制可研阶段勘察设计大纲及勘察设计方案等相关工作。同时，与水利部、长江水利委员会、省水利厅及市水务局的沟通衔接，申请将姜家桥水库建设项目列入全国“十二五”大中型水库建设规划，争取在“十二五”期间立项建设。

【渔业生产】 2012年，区水务局加大观赏鱼基地和优势健康水产基地建设，对天元镇歇月、白江和花景村以及黄许镇富新村原有鱼池进排水渠等基础设施进行综合整治，引进新品种，推进水产业发展；在扬嘉、天元、黄许等乡镇发展套种生态水生蔬菜养殖2200余亩，在双东、和新等丘区推广生态鳖养殖，投放苗种4万余只，收生态鳖3.20万千克，总产值640余万元，农民增加纯收入70余万元；采用“龙头企业+科研院所+专合组织+农户”的技术推广和产业化经营模式，在全区示范和带动农户，推广稻田“鳖、鱼、稻、菜”生态循环生产面积218亩，普遍亩收入2.50万元以上，利润5000元以上；推广稻田生态养殖鲶鱼、“莲藕+泥鳅”、生态养殖小龙虾等综合养殖，种养面积800余亩。全年完成水产品总产量1.30万吨（含八角井镇），人均占有水产品19.69千克，实现渔业产值1.80亿元，农民人均纯收入1150余元，比2011年增收26元。

【党员教育】 结合基层党组织建设活动和创先争优活动，按照“作风转变年活动”总体要求，开展党员干部作风转变公开承诺、群众评议、领导点评、评优评先等活动；发展党员，注重把业务骨干培养成党员、把党员培养成业务骨干；组织党员干部集中学习和电化教育10余次。

【帮扶工作】 帮扶联系双东镇东美村、清泉村，并开展城北街道办五里堆社区的帮扶联系工作。2012年，区水务局为帮扶联系村帮扶户、新增计生户、东美枣种植基地等送去化肥3吨；在“六一”儿童节前夕到双东镇小学帮扶联系村看望留守儿童和贫困学生，为其送去学习用具，鼓励他们好好学习；在节假日开展帮扶户及慰问困难党员活动，送去慰问品及慰问金。

【新闻、法制宣传】 配合市、区媒体完成贯彻落实中央一号文件和中央、国务院《关于加快水利改革发展的决定》，宣传水务体制改革，节水型社会、全域灌溉和现代化灌区建设以及重点水源工程建设等知识。在省、市报刊及网站上刊载旌阳区水务建设的报道20篇，中央、省、市、区电视台及报刊网络报道旌阳水利建设、华强沟水库建设、姜家桥水库建设、渔业生产等工作50余次。利用世界水日、中国水周以及法制区创建活动等，发放各类资料40余万份，摆摊设点20余场（次），现场答疑2500人（次），出动宣传车80辆（次），出动检查车110辆次，书写固定标准80余幅。禁渔期间在区电视台播放禁渔公告1周，打禁鱼字幕1

个月，广播滚动宣传198次。新闻、法制宣传投入15余万元。

【领导视察】 2012年3月30日下午，四川省水利厅副厅长刘俊舫、四川省水产局局长卿足平等领导一行到旌阳区视察水产渔业工作，德阳市水务局党组书记、局长许飞地，旌阳区副区长刘军，旌阳区水务局党组书记、局长曾远国等陪同视察。视察组查看了天元镇白江村藕鱼示范养殖场、德新镇富兴村小龙虾养殖示范基地和黄许镇富新村“稻鳖鱼菜”示范养殖基地。省市领导一行对旌阳水产养殖业不断创新，深化改革给与了肯定和高度评价。

5月18日下午，国家水产技术推广总站副站长李可心、全国水产技术推广总站高级工程师钱银龙等一行5人在四川省水产局副局长漆乾余、德阳市水务局副局长杨成斌、旌阳区常委杨晓刚等领导的陪同下调研旌阳区基层水产技术推广体系改革与建设工作。调研组一行先就德阳市、旌阳区两级水产业发展现状及所取得的成果进行了座谈，听取了旌阳区基层水产技术推广体系改革与建设及水产业发展情况汇报；并到黄许镇、天元镇实地查看了稻鳖鱼菜养殖示范场和藕鱼养殖示范基地，对旌阳水产事业的发展壮大给予高度评价和赞扬。

7月20日上午，国家水利部水资源司副司长陈明、水利部水资源司节水处博士杨聪等一行9人，在德阳市副市长何明俊、副秘书长钟家华、德阳市水务局局长许飞地、旌阳区委常委杨晓刚等陪同下，深入旌阳区视察节水型社会建设试点工作。视察组一行查看了旌阳区现代化灌区节水建设示范工程邻姑泉水资源综合利用水利工程和高效节水农业示范项目，对旌阳区节水型社会试点工作给予高度评价和赞扬。

（顾　敏）

通江场镇和尚堰 摄影 肖方春

交通·通讯

Jiao Tong Tong Xun

旌阳·孝文化旅游周

交通运输

【交通重点建设】 2012年，旌阳区交通局一是完成德阳市一环路西半环天马加油站拆除，西一环路道路主体工程全面实现完工通车；附属工程安防设施和绿化于2012年6月全面完工并交付使用。道路管理养护工作移交区工业集中发展区管委会（在保质期部分工程暂由区交通局负责，保质期满全面移交区工业集中发展区管委会）。二是配合市交通主管部门完成国家重点项目成什绵高速公路区内柏隆段建设工程的征地拆迁协调工作，确保该项目于2012年5月9日全面完工通车。三是全面展开区重点国债项目芦德路旌阳段加宽改造工程。芦德路旌阳段改造工程长约16.70千米，起于中江县交界处，途经通江场镇、双东镇、双龙场镇，止于德阳大山门成绵高速路立交，项目立项投资5600万元（其中争取国债资金5000万元），设计标准为公路二级，路基宽8.50米，沥青砼路面；2012年3月正式开工，计划建设工期15个月（即2013年6月完工）；2012年农历年底（2013年1月中旬）实现主体完工并初通车。四是展开芦德路双东场镇段绕场段新建工程，芦德路双东场镇段绕场段全长2千米，在双东镇东美村境内；设计公路技术等级为二级，路基宽12米，沥青砼路面，计划投资2400万元（地方投资），计划建设工期为12个月，工程于2012年11月30日正式破土动工。五是全面展开古什路孝感至德新段风貌整治及非机动车道加宽改造工程，古什路孝感至德新段改扩建工程长8.23千米，投资1692万元，2012年年底全面完工。六是完成成绵高速公路德阳市区黄河新区渭河路段隔音墙建设（西岸边），该隔音墙长300米，高2.50米，总投资150万元。七是配合上级做好成绵高速公路黄许站的扩容工作，2012年4月底全面完成任务。八是旌阳区农村公路亚洲银行紧急贷款灾后重建项目于2011年年底全面完成，2012年6月底前全面完成项目提款报账结算工作。九是协调相关方面，落实资金，全面完成和新与中江界联网公路1.20千米的建设，投资45万元。

【通组水泥路建设】 完成通组水泥路建设55千米。在通组水泥路建设中，采取村民“一事一议”的办法。通过区交通、财政等部门联合进行完工验收后，区政府仍按每千米5万元给予补助。

【公路管养】 加强公路路政管理力度，落实路政巡查车辆2辆、人员10人，坚持每天分路段开展路检路查，及时处理公路上占道经营、堆物作业等侵害公路产权、影响公路畅通等行为，确保公路畅通。与公安联合，继续开展公路超限超载的治理工作，全年检测重型货车14万辆次，依法查处超限超载和抛洒滴漏车辆，遏制公路超限超载势头。开展公路“三乱”治理工作，区内国省县乡村道路上无公路“三乱”现象发生。深化农村公路分级管养体制改革，完善考核奖惩措施，确保全区农村公路管养工作到位，改变“重建设、轻管养”格局。展开“公路养护年”活动，确定柏隆镇与和新镇2个乡镇为“公路养护年”活动示范乡镇和63.59千米（县道26.65千米、乡道16.17千米、村道20.77千米）的示范路段。完成罗绵路绵远河大桥、黄河路大桥等危病桥的安全检测。黄河路大桥维修加固工作于2012年10月25日展开实施；罗绵路绵远河大桥完成维修加固设计方案。全面完成孝黄一级公路15千米砼路面大修工程。全面完成德茂路区境段11千米的砼路面沥青灌缝维修。全面完成农村公路安全警示标牌标识设置1300余处；完成进入国省道的道口强制减速埂等安防设施设置，设置波型防护栏6144余米、减速埂1123.50米、安全警示标志牌194套。

【道路运输状况】 全区有客运企业13家（其中旅游客运3家、城乡公交6家），普货企业108家，危货企业7家；各类客运车辆396辆、货运车辆1万余辆（其中危货350辆）；客运线路86条（其中城乡公交线路6条、班线客运66

条、乡村客运14条）。

【道路运输管理】 全年审批道路运输企业8家（其中客运企业1家、普货7家）；全年新增车辆1402辆。全年审验营运车辆7881辆（其中客运车辆423辆、危险品车辆221辆、普货车辆7237辆）。对区辖7家危货运输企业进行了质量信誉考评，评出优秀企业2家，合格企业5家；完成区辖9家客运企业信誉考评，评出AA级企业3家、A级企业6家。当年许可二类维修企业13家、三类维修企业23家。全区有一类维修企业20家、二类维修企业89家、三类维修企业76家。对区内汽车维修企业2011年度（不含2011年和2012年新进入的）质量信誉进行考评，评出AAA级企业13家，AA级企业28家，A级企业24家，B级企业（不合格）13家。对不合格的企业签发了《整改通知书》，并进行跟踪整改。2012年7月开通孝泉涌泉村经扬嘉到德阳109城乡公交支线，8月开通德阳经八角到和新104线城乡公交；并新增了柏隆至清和等3条乡村客运班线；完成城乡客运站报建工作和全区农村客运招呼站站名变更工作，新建客运招呼站点10个。完成旌阳区2011年度农村客运财政补贴490.73万元；完成农村客运车辆燃油补贴590.98余万元。推进道路运输节能减排工作，执行营运车辆燃料消耗量准入制度，推广节能和大容量车型，更新和新增客运车辆118辆、货运车辆601辆，全部达到国家燃料消耗标准，淘汰老旧、高耗能车辆62辆。对区内大件运输企业进行清理和规范，对合格和整改后合格的企业32家予以确认，撤销不合格大型物件运输资质企业5家，降类企业1家；开展对辖区危货企业专项整治，对2家不合格企业发放整改通知，并跟踪督查；开展全区旅游包车客运安全专项整治，对企业规范经营情况、安全生产主体责任落实情况、动态安全监管情况、从业人员教育培训情况等方面进行督查。

【法制建设】 设立“法规和行政审批股”，强化依法行政和行政执法监督工作。开展为期1个月执法队伍整顿活动，规范交通行政执法行为。坚持对执法人员99人进行岗位培训，组织1人参加省交通运输厅《行政强制法》和《四川省行政执法监督条例》培训，4人参加旌阳区行政执法人员调训，组织99人分别参加4月8日和10月20日市交通运输局组织的公共法律知识、交通专业知识培训和考试，合格率达98%。开展“六五”普法和法制区建设宣传教育活动。2012年，承接行政审批件3108件（路政6件、运政3102件），办理即办件2981件、承诺件107件（路政6件、运政101件），办结3088件（即办件2981件、承诺件107件），办结率99.40%。承接运政业务办理件1.85万件，现场办理1.85万件，办结率100%；实现“零”有效投诉目标。

【安全工作】 开展春运安全教育和安全生产月活动、防洪值班等，坚持季度安全工作例会制度，坚持日常安全例行检查活动，做到警钟长鸣，落实安全工作“一岗双责”制度，强化安全目标责任的管理，兑现安全奖惩措施。全区127家客货运输企业、162家维修企业、3家水上交通运输企业与旌阳区交通局签订安全目标责任书。对辖区运输企业源头开展安全例行检查1012家次，对21家存在安全隐患的企业进行跟踪整改督查，直至验收合格；强化对运输企业动态安全监管，完善GPS监控系统。先后落实区政府领导带队安全检查4次，组织全区交通行业安全例行检查13次，配合市交通主管部门开展交叉检查2次，重大节假日开展安全强化检查4次，先后查出安全隐患63处，督促落实整改63处，做到消除安全隐患。道路运输、机动车维修业、道路施工建设、水上交通运输等领域，均无重大安全事故发生，行业内部无责任死亡事故发生。

【环境综合整治】 调整城乡环境治理工作领导小组，落实相应分管领导和责任单位以及责任人；细化城乡环境治理工作措施；一旦发现问题，及时通过内部自纠自查和整改。在交通城乡环境治理工作中，先后组织各类机械设备1050台套、组织民工3万余个，投资1030万元，清扫道路2300千米，清理公路边沟44千米，清理垃圾650吨；治超和治公路上抛洒滴漏现象，先后检测重型货物运输车辆14万台，查处超限运输5600台；清理路边占道经营摊点，依法打击非法经营33起。保持良好的交通城乡环境面貌。在市、区两级开展的多次检查中，受到好评。

【交通规费征收】 全面完成2012年孝黄一级公路车辆通行费收取目标任务。

【人事变动】 根据组织上的安排，2012年1月19日，张大东副局长调离区交通局；同年9月5日，若尔盖县交通局陈刚挂任旌阳区交通运输副局长；同年10月16日，王琳调入区交通运输局，任副局长；同年10月24日龚韬任局属事业单位区公路管理所副所长（八级职员、试用期一年）。

（张树新）

移动通信

【业务发展】 2012年，移动公司坚持以发展为第一要务，打造业务竞争力，在激烈的市场竞争中快速发展、不断超越，赢得了市场的认同，客户数增长到235万户，运营收入增长到11.80亿元。2012年，公司经营转型取得新突破：推进终端结构调整，提升TD智能机份额，扩大影响力，全年TD终端总销量12万台，智能机突破9万台，新增TD智能终端用户人均流量达到175M。2012年，公司稳步推进渠道转型，实现了"抓规模向抓价值、抓新增向抓增存并重、抓号卡向抓终端"三个转变，核心渠道平均收益增幅5%，稳定率达100%。

【网络建设】 推进通信网络基础设施建设，基站总数达2711个，载频累计达3.29个，光缆达1.02余万皮长千米，3G网络覆盖所有县城城区。公司创新模式，加快TD建设进度，提升网络支撑能力，完成TD5期及增补基站建设327个，开站比达100%，码资源利用率提升9.2pp达到18.60%，日均TD话务量由3206ERL提升到11957ERL，分流比2.90%。公司推进全业务运营，实现破融合、储能力，宽带净增3.14万户，专线累计净增2025条，管道长度达1103管程千米，城区覆盖率达87.52%。

【助推无线城市建设】 助力打造"一站式"政务办公服务。逐步建立完善的电子政务服务平台、社会管理信息化平台，建设政府门户网站，丰富办公手段，提升工作效率。助力打造"一揽子"民生信息服务和民生工程。推动无线民生、无线办公服务，为市民和企业获取公共信息资源提供便捷渠道。发展移动互联网增值业务，开创具有地方特色的电子文化产业链，推动地区文化旅游产业发展，协助做实民生实现新突破。助力打造"一键式"便民生活服务。公司协助平安城市建设，实现城市规划、应急指挥、治安监管、交通管控、城管执法等为一体化的城市精细化、智能化、数字化管理，为德阳人民提供更加便利的惠民服务，提高生活品质。

【践行企业社会责任】 公司开展村通工程建设，实现行政村100%通电话，自然村通电话率超过99%。公司的发展带动上下游产业链的共同发展，为社会提供了4000余个就业机会。公司还投身慈善事业，先后投入6000余万元用于社会公益事业，受到社会各界一致好评。移动公司根据"政府倡导、社会关注、群众需要"的原则，践行社会责任。全年开展应急演练 60余次，完成"十八大"网络信息保障工作。开通四川"新农通"三农信息服务平台，推动农村信息化建设进程。做好"8·17"泥石流灾害通信抢险，紧急抢通基站13个，修复光缆干路5处，针对特殊关键区域，确保孤岛通信畅通。

（于　波）

联合通信

【公司概况】 2012年，公司上下齐抓共管，强化核心竞争力，保持良好的发展态势，取得新业绩，实现新突破，市场份额进一步提高。主营收入同比增长28.12%（其中集团收入预算完成率为103.25%，增幅为64.96%，收入占比提升5.08%）；主营收入利润率同比提升2.51%；移动业务市场份额同比增长0.47%；宽带业务市场份额同比增长3.20%。

【市场经营】 全年继续重点发展3G和宽带业务，销量和收入提升明显。3G业务收入增幅为62.20%；宽带业务收入完成预算任务的109.20%，同比增幅为45.04%。3G新增用户同比增幅为8.26%，宽带新增用户同比增幅为14.58%。2G用户发展规模增强，全年新增用户同比增幅为9.29%。完成德阳市公安局、德阳裕兴公交公司及德阳各大银行等重要客户的网络重保，赢得客户依赖。

【客户服务】 客户感知提升工作主要围绕“品牌感知、网络质量感知、窗口服务质量感知”3个客户最为关注的感知点来开展。健全德阳联通2012年服务质量监督管理办法，在售前、售中、售后三个环节，通过监督检查，深入介入到市场经营、窗口服务、网络维护的工作流程中，抓好行动管理；完善服务监督体系，从企业内部、客户接触点了解客户实际需求，将服务管理、服务支撑前移，将被动服务转变为主动服务，将被动处理问题转变为主动发现并改进问题，最终实现“处理一个客户投诉、解决一类服务问题、预防一种经营风险”，达到客户投诉降低，用户感知提升的目的。

【网络建设】 网络建设进度和基础管道建设加快，通信能力大大增强。新建光缆961.60皮长千米；新增传输SDH设备88端；新增分组网设备核心汇聚层41端，新增接入层285端。新增管道12沟千米，管程21孔千米。2012年移动网项目完成建设开通后，网络覆盖提升了4%，解决弱覆盖投诉62处、市场需求140处、热点50处、重要场所覆盖32处。全年完成开通242处W网基站、26处室分、132处WIFI热点，完成主城区142处站点HSPA+的开通，开通EDGE1264个，24个校园基站改造开通EDGE，新增小区宽带接入端口4.28余万个，开通各类互联网专线、电路及综合业务专线82条；建成一批规模较大、收入较高的新技术应用类集团项目。

【网络维护】 运行维护聚焦业务发展，提升网络支撑保障能力，扩充网络容量，保障网络安全，挖掘现有存量资源潜力，组织宽带提速工作。开展网络整治、提升网络健壮性和安全性。传输成环率持续提高，基站、室分监控率大幅提升。同时，快速响应市场、客服紧急需求，完成50余次专项测试与优化调整。其中包括罗江通用学校、西南安装校网络保障；绵竹九龙梨花节、什邡葵花节、广汉旅发大会等通信保障；广汉公安局110图像实时传送专项保障、黄河片区单兵作战保障等。持续开展接入层结构优化、飞线整治，完成浦江街血站片区、玉泉AB区等多处区域网络结构优化和整治工作；2012年同比2011年故障发生率下降36.89%，重复故障率下降28.23%。

【基础管理】 一是组织各类形式的培训学习，提升全体干部员工综合素质：维度培训、网络优化培训、参加IT商会的企业法律风险控制培训；选派人员到省公司参加运维人员技能提升培训；参加集团公司组织的集团客户跨域业务运营专业岗位资格网络统一考试；承办全省的客服、营业、营销专业的职业资格认证考试等。全年参加培训人员2000余人。二是重视公司安全生产，定期对各部门、各县分公司安全生产工作开展落实情况进行检查通报，消除隐患。三是高度重视行风建设工作，通过行风建设活动强化企业责任意识和自律意识，自觉规范经营行为。强化道德教育，对社会普遍关注的资费管理、营销管理、服务履约、投诉处理等重点环节进行道德教育，强化职业道德，树立良好风尚。

【党群建设】 全面学习与宣传贯彻党的十八大会议精神，把公司党员干部的思想统一到党的十八大精神上来，举办党的十八大会议精神宣讲培训班，并邀请德阳市国资委党群处处长冯忠良宣讲。举行“七一”庆祝表彰大会，党委对一年来涌现出的先进党支部（1个）、优秀支部书记（2个）、优秀共产党员（20个）进行表彰。各支部按照入党程序发展党员，接收5位入党积极分子为预备党员、10位预备党员转正。

【工会活动】 开展各种技能竞赛活动，提高员工素质和公司生产经营效益，组织参加全省举办的营业员技能大赛，本公司员工荣获“二等奖”。组织开展德阳联通“服务创一流、巾帼展风采”演讲比赛，并于2012年9月在全省举办的“在奉献中收获，在创新中发展”演讲中获得第一名。开展“服务创一流、巾帼展风采”活动总结，树立先进典范，鼓励女员工争创一流。2012年9月制定并下发《中国联通德阳市分公司员工重大疾病及灾难帮扶互助机制管理办法》，正式启动互助帮扶工作。

（罗先利）

新建成的德阳市一环路西半环一瞥　龚韬 摄

财政税务

Cai Zheng Shui Wu

旌阳区“三下乡”惠民活动文艺表演

财 政

【基本情况】 旌阳区财政局设有办公室、综合股、财税法规会计股、预算股、国库股、农业股、企业股、国有资产监督管理委员会办公室、财政监督检查分局和社会保障管理股10个股室，挂旌阳区政府国有资产监督管理委员会、区农业综合开发领导小组办公室、区政策性农业保险领导小组办公室牌子。有参照公务员法管理的事业单位1个，有2个直属事业单位。全局在职职工63人。其中公务员41人，机关工勤人员3人，参照公务员法管理人员16人，全额拨款事业人员2人，事业工勤人员1人。

【财政收入】 2012年全区财政收入均完成目标任务。一季度财政收入实现“开门红”，完成公共财政预算收入2.61亿元，超过时间进度；二季度地方财政收入和公共财政收入均提前实现时间任务双过半；三季度财政收入逐渐好转，增长态势逐步稳固。全年完成财政总收入28.35亿元，比2011年（以下简称“同比”）增长4.46%。完成地方财政收入19.48亿元，同比增长4.88%。其中，公共财政预算收入完成9.27亿元，同比增长14.86%；基金预算收入完成10.21亿元，同比下降2.78%。

【财政支出】 统筹安排资金，从严控制支出，降低行政成本，保障政权机构正常运转、重点项目建设支出和各项惠民富民政策的落实。2012年全区财政总支出完成29.61亿元，其中公共财政预算支出超过18亿元，同比增加6.80%。

【筹资能力】 全区向上争取项目资金3亿元，其中财政部门向上争取资金7830万元。财政部门强化结余结转资金的管理，资金整合能力明显提升，促进了旌阳区各项事业的发展。

【政务管理】 办理人大建议和政协提案34件，办结率和满意率均为100%；办理上级交办件420件，公开政务信息151条，局机关进一步强化机关政务运行管理，确保政务督办、公文管理、政务值班等工作高效有序进行。

【财政改革】 一是强化预算管理。建立财政支出绩效考评制度，制定统一规范的绩效评价管理办法，完成财政支出绩效评价工作，涉及财政资金740万元，为加强区级财政支出科学监管、改进财政预算管理，提高财政支出效益提供信息支持和决策依据。二是制定新一轮乡镇财政体制。调整和完善旌阳区“划分税种、核定收支、定额上解（补助）、自求平衡”的乡镇财政管理体制，根据实际重新确定各乡镇的收入基数，扩大乡镇支出保障范围，并对支出基数重新核定。重新核定后的乡镇收入基数7619万元，支出基数7571万元，乡镇体制净上解48万元。三是全面推进公务卡改革工作。对区级预算单位实行公务卡改革，以公务卡及电子转账支付系统为媒介，以国库单一账户体系为基础，以现代财政国库管理信息系统为支撑，通过“四川省政府财政信息管理系统”公务卡模块办理报销和资金支付，将原来用现金结算的公用经费支出转变为用公务卡进行结算，减少在公务支出中的现金使用，同时利用银行卡支付系统协助监督部门实现对公务支付的全程监控，有利于加强对财政支出的管理和监督。四是深化全区医药卫生体制改革。全面实施国家基本药物制度，各级财政到位实施基本药物补助资金1207万元。落实基层社区卫生服务补助政策，安排基层卫生医疗机构补助资金1783万元，深入实施基本公共卫生服务保障机制，补助公共卫生保障经费1874万元。五是深入实施村级公益事业一事一议财政奖补政策。启动村级公益事业一事一议财政奖补工作“规范管理年”活动，全年投入一事一议财政奖补资金928万元。

【灾后重建】 及时拨付和严格管理重建资金，督促加快重建资金执行进度，截至2013年3月拨付38.92亿元，占收到各项抗震救灾及灾后恢复重建资金40.34亿元的96.48%。确保住房重建、公共服务和基础设施建设等资金需要，促进2012年灾后恢复重建的全面完成。

【保障民生】 一是保障“民生工程”资金。在经费支出压力剧增的情况下，区财政千方百计筹措资金，把解决弱势群众实际困难作为民生工程的首要任务，大幅度增加民生投入，全年执行“民生工程”资金5.79亿元。二是做好社会保障工作。发放新型农村社会养老保险金3253万元、城镇居民养老保险金227万元、企业职工基本养老保险金2.86余亿元、城市低保补助金1余亿元、农村低保补助金1418万元。三是落实各项强农惠农政策。及时发放粮食直补和农资综合直补资金4237万元，发放水稻、玉米、小麦、油菜等良种补贴资金667万元，发放退耕还林补贴资金266万元，发放农机购置补贴资金2500万元；开展政策性农业保险，确保惠农强农目标的实现。四是实现教育支出3.75亿元，占公共财政支出数的20.46%，超省定18%目标任务2.46个百分点，超额完成教育支出占比目标任务。五是保障重点项目经费。筹集和调度资金，保障教育支出3.75亿元、社保和就业支出2.79亿元、科学技术支出3926万元。

【财政管理】 加强会计质量的监督检查。开展对保障性住房建设项目的会计质量监督检查工作，规范经济秩序，维护财经纪律，提高单位会计核算和财务管理水平。加强政府采购的监督管理。采取全过程监督、网络监督、现场监督等方式，完成全年政府采购工作任务。在严格有序的监督管理下，2012年下达单位政府采购计划561宗，采购预算1.42亿元，实际采购金额1.28亿元，节约财政资金1400万元，资金节约率10.23%。确保政府采购工作的公开、公平、公正。加强非税收入的重点检查。开展对区公安系统2011年非税收入管理情况的重点检查，就非税收入解缴、核算、票据管理等方面提出改进意见和建议，提高旌阳区公安系统非税收入的管理水平。加强财政投资评审的监督管理。2012年审定各类项目646个，送审金额11.99亿元，审定金额11.02亿元，审减金额9700万元，审减率8.09%。参与招投标的会审和监督工作，确保招投标工作的规范性。开展会计人员信息采集工作，建立全区会计人员信息资料库。区财政局对持有有效的《会计从业资格证书》，以及2011年以来通过四川省会计从业资格考试的人员进行信息采集及换证，全面启动新的会计人员管理系统，提升旌阳区会计管理工作科学化、精细化、信息化水平。加强财政内部的监督检查。重点检查财务会计、财政账户、专项资金、绩效管理等方面的内容，并就工作中存在的风险点和不足之处进行查漏补缺和整改，强化内部控制，提高管理效率，确保2012年各项财政工作任务完成。

【精神文明】 开展文明单位创建活动，做好创建国家级“巾帼文明岗”、“档案工作规范化管理省二级单位”和迎接“省级文明单位”和“省级卫生先进单位”复查工作，在巩固原有成果的基础上，进一步深化创建理念、延伸建设内容、创新建设举措、强化建设保障，使创建水平全面提高，文明形象不断提升，顺利通过“省级文明单位”和“省级卫生先进单位”的检查验收。开展文明助学活动。旌阳区街道办西小区社区孤残儿童李傲霜自2006年被列为区财政局团支部定点帮扶对象以来，区财政局主动开展助学活动，陪同她一起咨询办理廉租房申请相关手续，鼓励她要自强自立，树立战胜困难的信心；区财政局还通过捐赠学习用品、捐资助学等多种方式，使多名贫困学生直接受益。组织参与文体活动。组队参加德阳市财政系统第十六届职工运动会，并获得团体总分第一名和多项单项比赛第一名的成绩，参加元旦登山和篮球、排球友谊赛等活动。

【帮扶活动】 区财政局挤出人力物力开展帮扶活动，将年初制定的各项帮扶计划落到实处。开展帮扶工作专题调查研究，指导帮扶村制定发展规划。制定和落实各项帮扶措施，建立困难户帮扶档案，与50余户困难户结成帮扶对子，给予帮扶村资金4万元；同时帮助帮扶村争取项目5个、资金130余万元；支持两村村级组织阵地建设，提供资金扶助5万元；提供各类致富信息5条，到帮扶村开展惠民政策宣传2次。

（赵　雪）

国家税务

【基本情况】2012年，旌阳区国家税务局组织税收收入6.25余亿元，同比增长12.41%，增收6906万元。其中入库增值税5.55余亿元，同比增长12.95%，增收6356万元；入库企业所得税5078万元，同比下降2.25%，减收117万元；入库消费税2008万元，同比增长51.09%，增收679万元；入库个人所得税7万元，同比下降63.16%，减收12万元。完成区本级收入9679万元。办理出口退税（含免抵调）1.29余亿元，同比增长134.15%，增加7417万元。

【年度特点】旌阳区国家税务局在旌阳区委、区政府和德阳市国家税务局的领导和关心下，全局干部职工团结拼搏、克服困难、上下齐心，紧紧围绕市委市政府“一三五八”发展战略和区委区政府“四个旌阳”建设目标，狠抓组织收入，强化税收征管，优化纳税服务，提高干部队伍，较好地完成各项工作任务。

【征收管理】定期召开收入分析会，对税收收入的完成情况和增减因素进行分析；制定相应的措施，抓实重点，消解难点，确保收入进度均衡。增值税年纳税额20万元以上纳税人233户，入库增值税3.64余亿元，同比增长2.31%，增收846万元。其中：增值税年纳税额50万元以上的纳税人108户，入库增值税3.24余亿元，同比增长5.08%，增收1564万元；增值税年纳税额100万元以上企业59户，入库增值税3.01余亿元，同比增长7.70%，增收2153万元；增值税年纳税额500万元以上企业14户，入库增值税2.43余亿元，同比增长14.8%，增收3136万元。加强企业所得税的管理。完成2011年度企业所得税汇算清缴工作，应汇缴2097户，已汇缴2097户，亏损268户，亏损面12.78%，入库所得税5276万元；2012年企业所得税核定征收632户，较上年增加139户，核定面达到30.13%。按照政策规定办理所得税税前扣除。其中财产损失受理和报批类9户次，金额4157万元；财政补贴2户次，金额162万元；残疾人员工资加计扣除8户次，金额471万元。

【涉税检查及纳税评估】采取举办纳税人学校的形式组织召开钢材专业市场的税收专项检查自查动员辅导会议，通过自查辅导，13户企业自查出问题，补缴税款14.61万元。开展重点企业征管服务质量综合绩效评估工作。通过自查辅导和实地评估，查补增值税41万元，所得税77万元。配合市局稽查局搞好税务违法案件举报及协查案任务，完善税务违法案件查处工作制度。全年接收上级转办的举报案件7户，接收外地国税机关协查案3件，进行调查处理，并及时回复。

【纳税服务】2012年举办5期570人次培训；开展好“创先争优万名党员联系服务纳税人”活动，主动走访上门宣传服务，搞好日常税收宣传，做好“12366”热线服务工作；依托短信平台，纳税人QQ群等载体，强化税法宣传和纳税辅导工作。

【落实税收优惠政策】办理出口退税（含免抵调）1.29余亿元；为辖区内享受国家税收优惠政策的民政福利企业办理减免增值税1539万元；为符合政策性减免的纳税人进行减免税资格备案，共办理征前减免46户次，减免税额1.21亿元；对资源利用企业及时办理增值税即征即退，办理即征即退 22万元。

【廉政建设】建立健全党风廉政建设的责任机制，完善监督制约机制。在全局任命11名兼职监察员，聘请社会各界特邀监察员12名，设置举报投诉电话和举报投诉箱，广泛接受社会各界和干部群众的监督，开展向纳税人述职述廉活动。所属6个税源管理单位开展了向纳税人述职述廉活动，进行了廉政承诺并现场接受纳税人测评，受到欢迎和好评。

【队伍建设】结合旌阳国税实际，开展好

"赛比争"活动，取得成效。以"业务讲学"为在岗教育培训的抓手和突破口，组织好职工参加省局基层一线人员更新知识培训。坚持围绕税收征管主业，结合职工岗位需求和个人需求制定全年业务讲学计划和重点。坚持区局、分局及科室两级业务讲学同步开展机制。领导带头讲，骨干重点讲，干部轮流讲的"讲学"格局基本形成，区局"每月一课"，分局及科室"每周一讲"扎实有序开展。组织实施省税务干部学校送教上门活动。

【老干部管理】 支持老干部开展有益身心健康的活动；适时召开老干部座谈会，认真听取老干部的意见和建议。做好工作通报和相关解释，关注退休老同志的身心健康，解决其实际生活困难，希望老同志们多为国税事业建言献策。

【党建工作】 开展"双向培养"活动，对政治觉悟好、思想素质高、作风纪律硬的入党积极分子，在广泛听取、征求党内和群众意见的基础上，按照规定的程序，将其吸收到党的组织。指导、督促各支部抓好"三会一课"活动；开展创先争优活动总结工作，基层组织建设年活动暨"三分类三升级"工作；认真开展党代表推选工作、"我为机关党建献一策"活动和全区党员干部理论学习活动等。2012年9月，机关党委被旌阳区委表彰为"创先争优先进基层党组织"，机关党委和各支部全部实现晋位升级目标。

【帮扶活动】 根据实际情况拟定帮扶项目，帮扶资金全部到位，帮扶项目基本完成；为帮扶村和社区的13名贫困老党员送去价值5200元的慰问品，为留守儿童送去4000元的慰问金；与柏隆初中开展结对共建"乡村少年宫"，向学校捐赠资金3万元，用于乡村少年宫建设。

（任　安）

地方税务

【年度特点】 2012年，旌阳区地税局在旌阳区委、区政府和德阳市地税局的正确领导下，在各部门的关心与支持下，牢记为国聚财、为民收税的神圣使命，围绕"加快发展、做大总量，转型升级、做优质量"的经济工作基调，创造性地抓好组织收入、推进依法治税、强化税收征管、优化纳税服务等税收工作。以"作风转变年"活动为契机，狠抓干部队伍作风建设和党风廉政建设，全面提升干部队伍的思想政治素质，推动了"三个文明"建设的发展，各项税收收入再上新台阶。连续5年被区委、区政府评为目标管理考核一等奖。

【组织收入】 全年组织入库各项地方收入8.39余亿元，同比增收9317万元，增长12.49%。其中入库税收收入7.91余亿元，同比增收8564万元，增长12.14%；入库基金及附加4787万元，同比增收752万元，增长18.65%。

【税收征管】 坚持做到"三到位"（即征到位、管到位、查到位），全面提升"四率"（即税收登记率、申报率、入库率、处罚率），夯实征管基础。主要领导及时深入企业调研，先后赴20余家大型企业实地调研，做到问难于企业，问计于企业。规范和完善征收管理基础工作，对现有税务登记信息进行全面清理，核实纳税人4218户，发放限改通知书177份，新办税务登记证1683户，修改税务登记信息132户。加强对重大项目税源的管控，纳入重大建设项目管理62户，项目业主报送总投资额43.98亿元。7个办税服务大厅全部实现征管数据集中管理，1.25余万户纳税人全部纳入微机化征管。全面贯通"税库银"横向联网和POS机刷卡交费系统，网上报税取得历史性突破。

【依法治税】 开展税收专项检查，通过对税收执法情况进行全面检查，发现问题，及时整改。发挥税收优惠政策保民生、促稳定的职能，最大限度为企业排忧解难，受理各税种减免退税的企业和个体工商户519户次，实施西部大开发、下岗再就业、契税等优惠政策，减免各税约2127万元。开展调查研究，及时了解政策执行中存在的问题，累计为一线解决税收政策疑难问题35件。在德阳市法制办组织的第6次年度执法案卷交叉评查中，再获优秀等级，同时被市局、省局层层推荐自省法制办评为“优秀案卷”并作为模卷推广。规范整理1994年至2004年所有档案，并移交至区档案馆。

【纳税服务】 落实“四个年”活动要求，在纳税服务中坚持“五公开”（即公开姓名、职务、工作职责、照片和联系电话）。全面推行“六承诺”服务机制（即当日办证服务、现场办结服务、首问责任服务、局长接待日服务、纳税辅导服务、纳税申报绿色通道便捷服务）。为方便纳税人申报纳税，依托农村银税网络，成功推行POS机刷卡缴税，提高办税效率。围绕“税收·发展·民生”税宣主题，广泛进行税收宣传，与区妇联联合开展税收“一条街”活动，使依法纳税观念深入人心，开展以税法宣传进农家乐为主题的税收宣传活动在《中国税务报》上刊登。同时加强对外宣传工作，向各级新闻媒介投稿，被区委宣传部表彰为“新闻外宣工作先进单位”。

【队伍建设】 围绕“学习型组织、创新型团队、实干型集体、廉洁型班子”的目标，狠抓干部队伍建设；严格执行民主集中制，明确班子成员职责和分工。采取“走出去”、“请进来”等方式开展业务培训，提高新招录公务员的岗位适应能力及税收业务水平，把一批基层税务管理员培养成业务骨干。全年28人次参加市局统一培训，区局组织各类培训7期，培训干部145人次，培训面100%，其中有57名干部获得注册税务师、会计师和经济师等技术职称。区局机关党委被区委、政府授予“创先争优先进基层党组织”和“基层党建综合示范点”荣誉称号。

【反腐倡廉】 落实“一岗双责”，自觉把反腐倡廉工作融入转变工作作风、融入加强干部教育管理、融入干部选拔任用、融入加强财务管理之中。以“作风转变年”活动为契机，对工作人员在岗和履行岗位职责情况进行不定期检查，杜绝不作为、乱作为、效率低下的现象发生。健全纳税人对税务机关的评议和监督机制，开展政风行风评议，在全区组织的群众满意度测评中取得了优异成绩。在办公场所合理布局廉政宣传栏、“廉政承诺”、“廉政警句”、“廉政漫画”和“廉政屏保”，弘扬廉洁的办税风气。

（王家能）

综合经济管理

Zong He Jing Ji Guan Li

旌阳区“三下乡”文艺演出

发展和改革

【年度特点】 2012年，区发展和改革局贯彻落实中央和省、市党委政府有关经济会议精神，紧紧围绕市委提出的“一三五八”发展战略，区委、区政府中心工作任务，把握“稳定增势、高位求进、加快发展”的工作要求，以开展“四个年”活动为契机，学习进取、开拓创新，发挥本局各项职能在发展经济中的突出作用。完成投资建设目标任务、招投标项目审批、节能减排、价格鉴证、价格信息监测、粮食购销储运等各项工作。

【宏观经济管理】 全面分析全区经济发展所面临的形势，编制全区2012年国民经济和社会发展主要指标计划（草案），并报区委、区政府和区人大常委会审议通过。全年地区生产总值实现381.99亿元，同比增长11.16%；财政总收入实现28.35亿元，同比增长4.46%，其中地方公共财政预算收入9.27亿元，同比增长14.87%。围绕全区国民经济和社会发展第十二个五年规划纲要，协调推进全区“十二五”专项规划编制和实施工作，草拟《旌阳区“十二五”节能规划》、《旌阳区“十二五”循环经济规划》、《关于加快推进新型工业化新型城镇化互动发展的实施意见》，报送区政府常务会审查。

【节能减排】 组织开展2011年度节能降耗迎接市上检查和表彰工作，旌阳区被德阳市评为2011年度节能先进县一等奖，本局被评为节能工作先进单位。组织开展高效节能灯具推广和2012年节能减排宣传周活动，在全区推广使用节能灯具达40万只以上。编制完成《旌阳区“十二五”节能减排综合性工作方案》、《关于建设安居乐业的生活环境实施方案》等。代区政府草拟各乡镇《节能减排和环境保护工作目标责任书》、各部门《2012年节能减排和环境保护目标责任分解方案》及全区《关于2011年度节能降耗工作的自查报告》。

【固定资产投资管理】 完成本年度社会固定资产投资完成情况分析，全年全社会固定资产投资（考核口径）完成118.20亿元，完成市上下达的目标任务。

【重点项目建设管理】 收集储备项目67个，筛选上报16个项目。争取国家投资支持项目12个，争取到上级资金3408万元。省重点项目2个（西部国际商贸城、工业集中区基础设施建设项目），总投资93.01余亿元，年度计划投资12.50亿元，完成投资12.93亿元，占年度投资计划的103.40%。市重点项目6个，总投资121.09亿元，年度投资计划18.75亿元，完成投资19.29亿元，占年度投资的102.88%。9个港澳援助项目（市一小重建项目、华山路小学、中医院、八中、淮河路小学、文体中心、残疾人康复中心、社会福利中心、五中重建项目）全部完工并交付使用。

【行政审批服务】 全年受理和办结投资项目556个，计划投资金额339.51亿元，其中审批政府投资项目145个，计划投资76.82亿元；备案社会投资项目411个，计划投资262.69亿元。加强《收费许可证》的管理，对全区收费单位2011年度的行政事业性收费进行年度审验，共审验《收费许可证》106个，行政事业性收费总额为2.08亿元，收费年审覆盖面达100%。依照《四川省粮食收购资格审核管理办法》的规定，全年新审批核发《粮食收购许可证》1户，变更企业法人、地址1户。辖区内发放《粮食收购许可证》60户，规范粮食收购行为现场凭证收粮。

【招投标监管】 加强政府投资项目招投标监管，坚持依法招标，阳光行政，透明操作，代区政府草拟并通过了《德阳市旌阳区政府投资建设项目BT投资模式审批及实施管理试行办法》和《德阳市旌阳区政府投资工程建设项目BT投资模式审批及实施管理试行办法补充通知》，起草《德阳市旌阳区政府投资建设项目管理暂行办法》。全年依法核准监督公开招标的政府投资工程建设项目14个，计划总投资

3.51亿元；备案比选项目113个，总投资6706.26余万元。依法受理投诉2件，与监察、建设等部门成立调查组，按照相关要求进行了处理。

【经济体制改革】 执行国家医改政策，巩固完善基本医药制度和基层医药卫生机构运行新机制，推进公立医院改革，加强日常工作督导和监督检查，巩固3年医改取得的成效。本着以人为本，尊重历史和为老百姓办实事的原则，通过大量艰苦细致的工作，化解企业改制遗留问题诱发的上访事件，协商解决了四川德阳孝泉省粮食储备库61户职工住房问题。

【粮食企业国有资产监管】 加强对企业经营管理的指导和专项资金的监管，迎接云南省财政厅财政投资评审中心对旌阳区粮食企业中央财政补助地方粮食仓库维修项目的核查。制定出台《粮食企业国有资产监管办法》以及《粮食企业财务管理要点》等制度和措施，要求企业遵照执行，对寿丰粮站开始进行清算解散工作。争取农业发展银行加大对企业自主经营贷款力度，筹措粮油收购贷款资金8680万元。

【粮食购销仓储管理】 全区粮食行业收购粮食8.08万吨，占市下达目标任务115.40%；销售粮食12.81万吨，占市下达目标任务182.95%。完成15个粮食企业统计工作。对8个库点，130个仓间进行普查，共普查粮食12.34万吨，比上年增加1.06万吨。对7个国有粮食企业、11家重点非国有粮食经营及转化用粮企业的粮油库存进行了检查，完成510吨储备菜籽油轮换计划。

【价格监管】 落实政府出台的成品油、天然气、电价、稻谷、药品等价格政策，推进医改所涉药品、医疗服务价格政策的落实。贯彻落实国家、省、市出台的一系列相关政策，全面清理涉农、涉企收费，落实2012年度涉农、涉企收费公示工作。深化涉农收费监管，规范涉及农民生活、农业生产、农村发展的各种行政事业性收费行为；加强对中小学教辅价格的监管，做好农村义务教育收费监管，规范涉及学生的各类服务性收费和代收费。规范全区集贸市场摊位费、幼儿园收费、短期培训班收费行为；对4个政府投资建设的农贸市场及政府举办的公立幼儿园制定了收费标准；对社会力量举办的农贸市场、幼儿园的收费落实了备案管理等规范措施。按照区政府《天然气专项调节金管理暂行办法》规定，按月征收入库天然气价格专项调节金，征收入库天然气价格专项调节金623.49 万元。按照《四川省定价目录》规定，制定绵竹齐天双林电厂、孝泉镇卷龙桥发电站等7家小水电站上网电价调整方案，并报德阳市发改委审批同意后执行。

【价格监测】 适时对全区的粮油、副食、农资、建材、农产品、蔬菜价格进行监测，每周、每月按时汇总11个价格监测点农资、建材、粮油、肉、蔬菜等价格，分析价格走势并形成价格监测周报和月报158期上报。

【成本调查监审】 在东湖乡、和新镇建立12户蔬菜种植成本调查点，对露地黄瓜和菜椒的种植成本进行调查。定期对生猪养殖成本进行调查、测算，分析成本变化因素，对减少生猪养殖成本提出科学、合理性建议。完成对7个具有代表性的农村客运班线和城乡公交客运公司17条线路90辆客运车辆2011年的营运成本监审工作，并出具成本监审报告，在此基础上拟定了CNG补贴预案。审核2011年有线模拟电视收视维护成本，测算模拟网转有线数字网收视维护费2012年和2013年合理预期成本，并出具成本监审报告，为制定有线电视收视维护费标准提供了依据。完成对绵竹齐天双林电厂、孝泉前锋电站等9家小水电站2009年至2011年度的上网电成本监审工作，并出具成本监审报告，为制定调价方案提供依据。完成对天元镇银河小区、天鹤小区安置房成本的测算审核，会同区国土局、区住建局确定了天元镇政府修建的银河小区、天鹤小区1210套安置房中10平方米/人市场价格，向区政府报送《关于天元镇安置房市场价格的请示》。总结成本调查监审经验上报，《四川物价》刊登8篇。

【市场价格监督检查】 对教育系统、零售商业大型超市、家具销售行业、通讯器材销售行业、建材、五金机电和IT类产品专业市场、美容美发行业、餐饮旅店行业等213家单位进行专项检查，分行业开展政策宣讲和约谈，并进行行业专项整治。在元旦、春节等节假日，大型商场、超市、集贸市场等的价格和收费行为等进行检查。对大型零售企业向供货商的收费行为进行整治，规范国美电器德阳分公司的促销服务费的收费，对市区、各乡镇加油站成品油价格执行和价格公示情况进行全面检查。开展商品房销售明码标价专项检查，对辖区内6个房地产开发商的4个项目进行检查。开展2012年度教育收费专项检查，对2011年教育收费专项检查中发现省商贸校乱收费一案实施行政处罚，责令退还学生学费12.08万元、没收违法所得1.03万元、罚款900元。开展涉农价格收费检查，对农贸市场收费、畜牧收费、“公路村村通工程” 相关收费、农业灌溉用水价格、农业排灌用电及农村居民生活用电价格、农民建房相关收费、农业生产资料和农产品价格等实施检查。办理举报投诉案件9起，责令退还用户3.34万元，落实收费政策减轻群众负担约10万元。开展对市区标价签生产、销售、监制环节的清理检查工作，清理25个不合规标价签销售点，重新确定合规的标价签生产单位1个，销售点14个，为14个经营单位办理标价签审批手续。

【价格公共服务】 加强涉农、涉企价格和收费监管。对涉及企业、农民负担的收费项目和标准进行全面清理，并通过政府信息公开网络系统进行公示，全区公示率达100%。开展以“打造价格诚信、营造和谐消费环境”为主题的“价格诚信单位”创建活动，规范商家价格行为，规范市场价格秩序。

【价格鉴定和认证】 配合旌阳区公安分局开展的各项打击犯罪行为专项行动，出具涉案财物价格鉴定结论书195件，鉴定金额436.19万元。办理法院民事纠纷案件涉及的特大交通事故车祸中重型挂车变现价格鉴定业务，鉴定金额33.20万元。办理区交通警察大队委托对扣押的无主、超期车辆价格进行鉴定，鉴定车辆431辆，鉴定金额9.46万元。配合区林业局林业公安打击非法经营木材行政执法案件，对扣押的457.34吨木材进行价格鉴定。开展二手房计税价格认定业务49件，认定计税金额951.47万元，核增计税金额340.58万元，核增比例55.75%，增加区财政税收入库19.03万元。

（张祖菊）

工商行政管理

【年度特点】 2012年，区工商局紧扣“坚持两个第一（即服务发展是第一要务、执法监管是第一责任），实现三个规范（即队伍管理规范、服务亲民规范、执法监管规范），全面推进行政效能建设”的工作主线；以创先争优活动为载体，着力提升服务水平，切实强化监管手段，实现主体服务、市场秩序、消费维权、队伍形象“四个优化”。先后荣获“全省人民满意工商局”，市、区两级“创先争优活动示范点”，全区“创先争优先进基层党组织”等光荣称号。

【登记注册管理】 推行“一窗式”并联服务，登记时限由法定的15个工作日缩减至5个工作日；在法规允许的限度之内实行“五放宽”（放宽准入领域、前置条件、出资标准、场所条件、名称管理）。年内新办理企业开业登记452户，农民专业合作社登记38户，企业变更登记1517户；办理户外广告登记51件；办理动产抵押登记71件，抵押额4.89亿元，融资额2.90亿元；办理股权出质设立登记30户，出质股权数额1.78亿元，被担保债权数额3.32亿元。截至2012年11月20日，辖区实有私营企业3180户，注册资本50.78余亿元；内资企业280户，注册资本12.40亿元；个体工商户1.27余万户，注册资本4.47亿元。

【商标品牌培育】 引导、扶持、培育企业创牌工程，指导新申请注册商标17件，培育

“宏霸”、“顺天”2件商标为德阳市知名商标。深化知名品牌知名企业“对点”维权保护，与7家名优企业签订《打假维权保名优协议》书，建立“三名”商标企业打假维权QQ群，查处商标侵权案件6件。截至11月20日，全区拥有注册商标277件，其中市知名商标20件，省著名商标8件，中国驰名商标1件，涉农商标13件。

【商品质量监管】 强化食品安全监管。对42个品种720个批次的食品进行快速检测，对41组检测超标食品作现场退市和撤柜处理；开展食品抽检46个批次，依法查处销售不合格食品案及违法经营食品案17件。强化危险化学品安全监管。抽检成品油13个批次，对5个不合格批次进行立案查处，对涉案不合格危险化学品依法予以处置。强化农资市场监管。开展“红盾护农”活动，对全区500余户农资经营、生产户进行拉网检查，抽检农资33个批次，对其中6个不合格批次（化肥3个、农药3个）予以立案查处。强化市场应急管理。针对涉嫌存在食品安全隐患的“光友牌”核桃花生奶及时启动食品安全应急预案，预防和控制了食品安全事故的扩大和蔓延。辖区流通领域全年未发生一起重大食品安全事故及产品质量安全事故。

【广告监管】 巡查广告主、广告经营者、广告发布者70户次，实施广告监测681条次；开展虚假违法广告专项整治，立案查处11件违法广告案件；整治清理不规范广告35个。

【合同监管】 开展合同签订履约、合同示范文本指导，指导签约农业合同8900份；调解合同争议14件；查处违法合同案件7件。

【打击传销】 重点打击异地“拉人头”式传销、网络传销等行为，联合公安部门端掉一个依托“科士威日用品有限公司”产品网络订购和销售的网络传销窝点，现场挡获5名涉嫌传销人员。

【消费者权益保护】 畅通“诉调对接”渠道。于2012年5月成立了德阳市首家消费者协会法律援助机构——“旌阳区消费者协会法律援助工作站”，免费为消费者提供法律咨询服务，审查受理消费者权益保护纠纷案件，引导和协助经济困难或存在其他特殊困难的消费者完善法律援助申请审批手续。做好消费投诉处理工作。运用“12315”平台，做好消费调解，全年受理并成功调解消费者投诉154件，涉及的争议金额160余万元，为消费者挽回经济损失24万余元，消费者获得加倍赔偿1.71余万元。

【查处取缔无照经营】 完善政府牵头、部门协作查处取缔无证无照经营工作机制，开展无照经营分类治理，做到“引导登记一批、疏导规范一批、依法整治一批”。全年检查各类市场主体1.67余万户次，引导办理各类营业执照2263户，依法取缔210户，立案查处49户。

【社会信用体系建设】 推进诚信市场建设，指导恒大建材市场成功通过“省级诚信市场”初审验收；培育“守合同重信用企业”，截至2012年年底辖区有“守合同重信用”企业105户，其中省级12户，市级30户，区级63户。2户正在申报国家级，组织99户企业参加合同信用管理培训会。

【帮贫扶困联系群众】 开展“学雷锋”志愿服务，“面对面做好事”，“挂、包、帮”，“党员干部联系群众”等活动。累计为10户帮扶对象捐助资金8000余元，为23名贫困留守儿童捐款1.50余万元；指导帮助新中镇马鞍山佳佳生态鸡专业合作社和宇航农业生态园专业合作社的工作；筹资2万余元为新中镇场镇居委会、孝泉镇高桥村委会捐赠体育健身器材、农村远程教育室课桌、椅。

（马菲飞）

质量技术监督

【基本情况】 旌阳质量技术监督局内设五股一室（质量股、标准计量股、政策法规股、特种设备安全监察股、食品监管股、办公室），领导职数一正一副、纪检组长1名。在职职工

21人。其中实职副科级以上3人，副县级1人，主任科员6人，副主任科员2人，科员7人，工勤2人。2012年2月，党组成员、副局长李驯宇调至德阳质监局任办公室副主任（主持工作）。

【提升质量】 2012年，区质监局以爱通电子、旌东电缆、森普管材等13家企业为示范试点，引进先进质量管理理念和方法，逐步推广，通过分类监管、分类指导等方式，促进旌阳区产品质量总体水平稳步提高。在第十届四川名牌争创工作中，又有9家企业进行申报，经省政府审核批准，有5家企业（其中1家为服务名牌）的5个产品被授予“第十届四川名牌、四川服务名牌”称号，创历届最好成绩，新增品牌数居全市第一。全区有1个中国名牌、20个四川名牌、1个四川服务名牌，实现了旌阳区四川服务名牌零的突破，在全区形成以名牌产品为龙头带动其他企业发展的良好氛围。

重点做好恒大建材城等服务标准化和东升农场农业标准化示范基地的打造和验收工作。筹备并开展文昌社区标准化管理示范工作和重装配套基地标准化示范工作，将文昌社区社会管理创新成果上升为标准，实现社区服务标准化，建立完善社区服务标准化体系并分阶段实施。在德阳市旌阳区国家重大装备制造配套基地标准化示范工程中，利用旌阳区“三大厂”的技术优势，重点培育一批基础条件较好、成长性较强的重大技术装备配套制造业标准化示范试点企业，发挥标准化在重装产业发展中的技术支撑作用，提升配套件技术水平和装备自主化能力，促进重装产业整体水平提升和可持续发展。在天元工业集中发展区建立一个产业标准化、规模化、专业化的重大技术装备配套制造业标准化示范基地。完善计量监督管理机制，重点加强能源计量，结合节能降耗工作，组织对辖区内11家燃气公司等重点用能单位进行指导检查；加强认证认可工作，把重点放在电线电缆、低压电控设备等强制性认证产品建档工作上。

【食品安全监管】 对全区125家获得食品生产许可证生产加工企业强化监管；巡查获证企业72家，回访46家；生产许可证年审39家，换证37家；经区政府批准，全年拟对125家食品生产企业和36家重点产品生产企业实施全覆盖式抽查。实施食品抽查51个批次，合格48个批次，批次合格率为94%；实施重点产品抽查19个批次，批次合格率100%，继续保持产品抽查合格率名列全市前茅。开展饮料、肉制品、添加剂、酒类、调味品行业专项检查和校园食品安全整治工作，检查相关企业38家，依法处置企业违规行为。对全区21家可能使用明胶的糕点企业、糖果制品企业、饮料企业、肉制品企业、淀粉及淀粉制品企业进行检查，检查中未发现添加非食用物质的行为。

【特种设备安全监管】 完成辖区261家特种设备生产、使用单位的调查摸底和建档工作。开展特种设备安全大检查，对辖区内锅炉、压力容器、起重机械、游乐设施、气瓶等安全检查29次，检查企业251家，特种设备312台，排除事故隐患23个。

【示范工程建设】 逐步建立并完善园区企业标准体系，开展“标准化良好行为示范”活动；建立园区标准化人才培训平台，开展标准化人才队伍培育，全面树立和提升企业业主、管理人员、专业技术人员和普通操作人员标准化意识，重点工作环节和质量关键控制点标准贯标率达100%。建立信息平台，为打造标准化试点企业和标准化示范岗位作准备。

【探索技术创新服务体系】 针对旌阳区支柱产业、园区经济、现代服务业、现代化农业建设等重点经济工作，建立完善质量品牌、认证认可服务体系，分层分类建立质量、标准化、计量、认证认可、特种设备管理专家库。整合社会资源，逐步构建三大服务平台（技术平台、信息平台和检测平台），建立完善质量技术网络服务系统，推进以企业为主体、产学研相结合的技术创新体系建设，以技术创新、管理创新带动标准创新、产品创新和产业创新，加快新型工业化发展步伐。

【国家地理标志产品】 完成“德阳酱油”国家地理标志产品申报工作并获得通过，德阳酱油有限公司使用“国家地理标志”的标志产品落地工作全面完成并举行德阳酱油国家地理标志产品新闻发布会。旌阳区“德阳酱油”被国家质检总局正式批准为国家地理标志保护产品，它既是全国第一个获得地理标志保护的酱油产品，也是德阳市旌阳区国家地理保护产品零的突破，地理标志产品保护工作必将成为推进旌阳区特色产业发展和品牌产品争创的新亮点。

【依法行政】 将农资、建材、食品等传统项目列为行政执法工作的重点。立案34起，结案34起，无一起行政复议和行政诉讼案件。开展农资专项执法检查。检查农资生产企业7家，农资销售点10个。对17家生产和经销企业进行质量抽查，抽查19个批次产品，合格18个批次，查处违法案件1起。检查建筑工地 18个，检查发现旌阳区部分建筑门窗存在质量问题，查处违法案件14件。对98家食品生产企业的产品进行了执法抽查，抽样送检68批次，查处食品违法案件9起。开展特种设备执法检查15家单位，对其中6家存在违法行为的单位进行处罚。联合旌阳区公安分局查处位于市区的一处销售假冒名酒窝点，涉及18瓶“五粮液”酒和36瓶“五粮春”酒；查处销售假冒施耐德交流接触器29台。

【建设法治质监】 依法行政，梳理全局行政管理项目，明晰职责，建立形成系统公开、公正、公平执法模式。严格工作流程，制定22条必备的内部管理制度，广泛征求职工意见，力争全面实施。建立行政复议和行政调解相结合制度，加大推进行政执法责任制考核和奖惩力度，创新依法决策、法律顾问、权力运行等制度，全面深化行政执法责任制。全面推行社会评议机制，完善公开审理制度规定。

（廖　娟）

统　计

【年度特点】 2012年，旌阳区统计局贯彻区委、区政府工作安排，统筹规划旌阳统计。2012年统计工作的指导思想和工作目标是：坚持以科学发展观为统领，以提高统计数据质量为根本，以提升统计优质服务为主线，紧紧围绕区委、区政府确定的全面争创“三个一流”的奋斗目标。推进统计现代化，深化统计制度改革，强化统计基础工作，抓好统计队伍建设，改善统计工作环境；提升统计工作水平，转变工作作风，提高工作效率，在工作中争先创优，确保全年各项目标任务的实现。

【作风转变年活动】 区统计局成立领导小组，制定工作方案，组织职工开展学习活动。围绕“转作风、树形象、促发展”主题，组织职工开展大讨论，认识作风建设的重要性和紧迫性，把思想和行动统一到区委的要求上来。按照区委、区政府开展作风转变年的要求，通过区统计局网页，公开向社会做出承诺，并公布作风转变年活动举报电话，接受社会各界对区统计局作风转变年活动的监督。做好查找问题阶段各项工作，采取多种形式，广泛征求社会各界对区统计局作风转变的意见。撰写自查剖析报告，分析原因，制定整改措施，加以改进。完成各阶段工作任务。

【统计规范化建设】 组织专人，按照统计保障、统计调查、统计服务、统计信息化建设、统计法制建设、统计管理等方面，对照标准，进行自查，形成区统计局《关于开展县级统计机构规范化建设工作自查报告》及相关资料，按时报送市统计局，接受省、市统计局的考核评比。

【统计工作会议】 2012年3月9日，召开全区统计工作会议。传达贯彻省、市统计工作会议精神，全面总结2011年统计工作，安排部署2012年统计工作。区政府表彰第六次全国人口普查省、市、区级先进集体和先进个人以及2011年度统计目标管理考核先进单位和先进个人。区人大、政协领导出席会议。副区长肖静到会并作重要讲话。

【统计服务】 加强统计监测和预测、预警工作，及时向区委、区政府及相关部门反馈全区经济运行情况。开展统计调查研究和分析工作。要求各专业加强统计调研工作，每个专业至少完成1篇调研分析文章；开展统计科研课题研究，完成市局下达的科研课题2篇；各专业围绕区委、区政府领导关心的热点、难点问题和社会各界关注的焦点问题，深入基层加强调查研究和分析工作。搞好统计咨询服务工作。全年完成统计分析和统计参考28期，在市统计专网上发布统计工作动态、统计信息206条次，全面完成区委、区政府信息报送任务。同时接待社会各界查询统计资料，为社会各界做好统计咨询服务工作。

【统计工作保障】 2012年12月，区政府调整了区普查中心机构设置和人员配备。为区普查中心增加人员编制8人；为区统计局增加统计工作经费；提高农村住户调查补助标准；落实基本单位名录库建设及市县统计专网扩容改造专项资金。

【统计四大工程建设】 区统计局继续推进企业“一套表”网上直报工作。贯彻国家统计局等五部门《关于做好企业“一套表”联网直报工作保障统计数据质量的通知》精神，组织实施工业、固定资产投资、劳动工资、建筑、房地产等专业“一套表”的改革工作。加强对各网报企业统计人员的业务培训，提高上述专业的企业网上直报质量和及时性。

【年报和定期报表】 区统计局继续做好年报和定期报表工作。开好各专业年报会、业务培训会，收集报表，做好数据评估审核，按时完成各专业年报和定期报表任务。

【专项调查与监测】 经全局职工的共同努力，全面完成全区妇儿“两纲”、全面小康进程、民营经济、旅游、生猪、文化产业、服务业、能源统计监测工作。完成人口与劳动力、群众安全感情况、私营企业劳动情况抽样等调查工作。

【六五普法】 区统计局印发《关于认真组织开展统计法制宣传月活动的通知》，对全区统计法制宣传月活动进行安排部署。要求各乡镇、街道、区级相关部门采用多种形式开展统计法制宣传，增强统计调查对象的统计法制意识。组织全局干部职工认真学习《统计法》、《四川省统计管理条例》和省政府《关于进一步加强统计工作的意见》，对统计执法检查业务进行培训，提升统计行政执法人员的办案水平。区统计局到基层搞调研，坚持向基层统计人员、企业法人代表宣传统计法律法规知识；在各专业年报会和业务培训会上，对参加培训的统计人员进行统计法律法规知识培训，要求认真学习、熟练掌握《统计法》、《统计法实施细则》、《四川省统计管理条例》等法律、法规。

【行政监察】 接区监察局《监察通知书》通知，根据《中华人民共和国行政监察法》的规定，对旌阳区统计局行政执法工作开展情况进行执法监察。本局高度重视此次行政执法监察工作，进行专题研究，安排人员进行对照检查，于2月27日完成自查情况报告，并报送区监察局。

【统计执法】 发出《关于开展2012年统计执法检查的通知》，安排部署全区统计执法检查工作。各专业共计检查单位18个，其中工业企业11个，行政和事业单位3个，建筑企业2个，商贸企业2个。同时在多个单位进行劳动工资、综合、农业、农村住户等专业的执法检查。根据执法检查的情况，局领导班子进行专题研究，根据违法单位的违法性质和认识态度，依法进行处理。立案案件2个，分别给予责令改正的处理。

【统计培训】 开展统计人员从业资格、统计继续教育培训工作。全区参加统计从业资格培训的统计人员91人，统计继续教育培训297人。对乡镇、街道和部分村统计人员进行各专业统计业务知识培训和乡镇、街道接入统计专网相关知识培训。

【全省单位清查】 区统计局开展全省单位清查工作。动员全区各乡镇、街道，二重工业园区，区工业集中发展区等有关工作人员参与，对全区7785个单位进行清查。圆满完成工作任务。

【统计年鉴编撰】 为做好统计年鉴编撰工作，区统计局克服人员紧张的困难，组织各专业人员，认真整理、核对两个年度的统计数据资料，保证数据质量的准确性。按时完成编撰、印刷、发行工作。按时完成《旌阳年鉴—2011》统计部分的资料编撰并上报区史志办。

【统计信息化建设】 区统计局完善统计综合业务平台和电子公文处理系统，完成区统计局统计内网、外网的改版升级和广域网扩容改造工作，实现区统计局到全区各乡镇、街道办的电信4M及以上的MSTP数字电路，建成区统计局视频会议系统，网络运行安全进一步提升。

【统计创新】 为提高基层统计人员业务素质，规范统计行为，提高统计数据质量。区统计局研究制定了《统计基础工作检查指导制度》。它主要包括以下内容：定期下基层检查指导，全年不少于4次，检查面不低于60%；检查指导必须深入村、组、企事业；检查过程形成检查指导记录；检查结果通报当地政府分管领导，特别重大问题通报至主要领导；对检查内容进行记载，并提出整改意见，被检查单位落实整改措施。

【联村帮扶工作】 区统计局负责天元镇东河村、白江村，工农街道办松花江社区的联系帮扶工作。局党组书记、局长秦海，副局长范绍春等班子成员和股室负责人，先后到帮扶村与村两委班子领导，进行工作调研，了解帮扶村存在的问题，并根据存在的问题，制订工作计划和帮扶措施。区统计局派出2位年轻同志分别兼任东河村、白江村党支部副书记，协助两村工作。在“春节”、“六一”前组织开展对帮扶村、社区贫困户、贫困儿童的慰问活动，慰问贫困户10户、贫困儿童9名，送去慰问金3800元及生活物资，落实帮扶对象12户。

【领导班子建设】 区统计局党组，坚持局中心组学习制度，每季度组织局领导班子及职工学习党的“十八大”会议精神，中央、省、市、区重大会议和重要文件精神，特别对科学发展观和党的十七届五中全会精神进行学习、讨论，并结合统计工作实际进行贯彻落实。开展创先争优活动，领导班子以身作则，严格要求自己，带头遵守各项规章制度，敢于开展批评与自我批评，敢于管理，敢于负责。坚持民主集中制原则。局内重大事项和大笔开支都要听取职工的意见，自觉接受群众监督，评选先进、晋升职务、干部推荐等都做到公开、公平、公正。

【文化建设】 区统计局参加市统计局组织的全市统计系统文艺汇演，在汇演前作了精心准备，组织干部职工认真排练。表演的大合唱《走向复兴》，荣获一等奖，受到市统计局表彰。

【人事变动】 2012年6月19日，由于工作需要，边月月由绵竹市政府办公室调旌阳区统计局工作；8月29日，区统计局王沛霖调省统计局办公室工作。

（简　单）

审　计

【基本情况】 区审计局是负责全区审计工作的职能部门。内设办公室、法规股、财政金融审计股、行政事业社保审计股、投资审计股、经济责任审计股6个股室，下设全额拨款事业单位旌阳区审计信息管理中心和旌阳区政府投资审计中心。全局在职在编人员17人，其中行政编制12人、事业编制4人、工勤编制1人。

【年度特点】 2012年，全区审计工作在区委、区政府以及上级审计机关的正确领导下，以邓小平理论和“十八大”重要思想为指导，深入学习实践科学发展观，认真落实省、市、区各级会议精神，围绕全区中心工作，发挥审计“免疫系统”功能。坚持“依法审计、服务大局、围绕中心、突出重点、求真务实”审计工作方针，把推进法治、维护民生、推动改革、促进发展作为审计工作的出发点和落脚点，提高审计工作质量和水平，严肃查处重大违法违规问题，在促进全区灾后恢复重建、经济社会平稳发展、反腐倡廉建设、构建和谐社会等方面发挥积极作用。

【完成审计项目】 完成审计项目29项，完成计划的153%。其中财政预算执行审计2项、财政决算审计2项、行政事业单位财务收支审计1项、固定资产投资审计5项、经济责任审计5项、农业资金审计5项、社保资金审计1项、效益审计1项、教育经费1项、外资审计4项、审计调查2项。查出违规资金1727万元，管理不规范资金3.60亿元，应上交财政资金537万元，应归还原渠道资金1534万元，调账处理资金4435万元。配合省审计厅对区灾后恢复重建项目进行跟踪审计。

【灾后重建跟踪审计】 按照区委、区政府和上级审计机关部署，继续对旌阳区灾后重建重点项目实施全程跟踪审计，审计人员全程参与区招监委组织的招投标文件会审，组织审计力量对完工项目及时进行结算审计。全年完成进行跟踪审计及调查6项，分别是：区农业局法国开发署农村沼气项目跟踪审计、区林业局欧洲银行林业生态修复项目审计、区卫生局世界银行卫生项目跟踪审计、区交通局亚洲开发银行农村公路项目跟踪审计、德阳市规划区内征地补偿安置专项审计调查、城镇基础设施情况资金专项审计调查。按照审计署、厅统一要求，参加省审计厅对旌阳区灾后重建跟踪审计，全力配合审计署特派办、省厅做好跟踪审计工作。

【财政审计】 继续把财政预算执行审计和财政决算审计作为工作的中心，以促进建立完善公共财政制度、规范财政预算管理，保障扩大内需，灾后重建政策正确实施，提高财政资金绩效为目标，组织开展财政预算执行、决算审计。完成审计项目4项，分别是：区财政局2011年财政预算执行情况审计、区地税局2011年税收征收管理情况审计、区招商局2011年部门预算执行情况审计、新中镇2011年财政决算审计。

【专项审计】 完成8项专项资金审计。分别是：区畜牧局2008年四川省动物检疫监督设施项目资金审计、区畜牧局2006年四川省动物防疫体系建设项目资金审计、区畜牧局2007—2010年生物标准化规模养殖场建设项目资金审计、区畜牧局2009年畜牧产业灾后恢复重建项目资金审计、区移民办1993-2011年6月三峡工程移民资金决算审计、东街小学2011年财务收支审计、新农合中心2011年新农合基金收支审计、区地税局2011年机关经费审计。

【经济责任审计】 全区经济责任审计工作在区经责联席会议成员单位的支持、协助下，深化经济责任审计工作，重点关注与领导干部决策有关的经济社会效益情况，关注政府负债问题，严肃查处严重违法违规和因决策失误导致的损失浪费问题。重点审计领导干部依法行政、科学决策、廉洁自律等方面的情况。根据区委组织部的委托，全年完成经济责任审计5项，对审计查出的问题，根据审计法律法规对领导干部应承担的经济责任进行了划分、界定。

【固定资产投资项目审计】 继续开展政府重点建设项目投资审计，重点审计项目投资的真实性、合法性、效益性，揭示建设项目过程中决策不当、管理不严以及造成的损失浪费问题；审查财务核算管理是否规范，有无截留、挤占、挪用建设项目资金；有无以虚列建设成本、多报投资完成额等手段转移建设资金；项目建设管理中勘察设计、施工、监理、设备材料采购是否合规等问题。完成工程结算审计336项、7.85亿元，审定金额7.30余亿元，审减金额5147.95万元，审减率6.60%。

（谢　阳）

食品药品监督管理

【年度特点】 2012年，区食品药监局在不断探索中稳步前进，全面贯彻落实党的十八大会议精神，牢固树立“监管为民”的思想。抓好党员干部队伍素质建设，整合资源，职能划转，立足创新，推动食品药品监管事业科学发展。

【职能划转】 2012年4月25日，区政府组织区食品药监局与区卫生局进行食品安全监管职能交接，将卫生局餐饮服务许可、餐饮业、食堂等消费环节食品安全监管和保健食品、化妆品卫生监督管理的职责划入食品药监局，原食品药监局承担的食品安全综合协调，组织查处重大事故职能划入卫生局。

【亮点工作】 开展餐饮食品安全监督管理量化分级管理工作，制定《德阳市旌阳区餐饮服务食品安全监督量化分级管理工作实施方案》，对大型餐饮、学校（含托幼机构）食堂等餐饮经营单位分别完成餐饮服务食品安全等级A、B、C级监督管理量化分级管理工作。在全区范围内开展为期4个月的药品流通领域集中整治行动。对国家公布的200余家药品生产企业生产的669批次铬超标药品进行专项检查，并及时对辖区内流通领域铬超标胶囊剂进行召回和销毁。辖区召回铬超标胶囊剂药品16个批次2950盒，全部退回药品生产企业。

【宣传工作】 开展主题为“谨慎使用抗生素”的安全用药宣传。征订由省局统一设计印制的食品药品安全科普宣传扑克3000副，在大讲堂活动或现场宣传中发放。举办大讲堂活动10次；在乡镇、学校、企业、社区宣传食品药品安全法规、安全知识；在旌阳电视台播放食品药品安全公益广告片1部；在11个乡镇、4个街道社区放送电影15场；在新闻媒体发布食品药品安全科普宣传消息2条。

【专项工作】 出动执法人员120余人次，执法车40台次，并同步查办违法违规案件。对太极集团四川省德阳大中药业有限公司的不合格药品，以及过期、破损、污染等质量不符合规定的药品进行监督销毁。监管人员按照《申请销毁品种明细表》逐一清点、核对无误后，统一运送到德阳市垃圾处理厂进行集中焚烧销毁。销毁166个品种，190个批次，总金额达2.89余万元。对辖区内大型餐饮服务单位（天地人和、旌城上宴、古今一家）以及城隍庙街小餐馆的创建卫生城市工作进行检查指导，并提出整改意见。区食品药监局协同市食品药监局对药品不良反应病例开展现场审核。来自辖区遴选出的4位不良反应专家、5家市区医院和市区局不良反应工作人员参加了评审。共评审选自5家医院的12例不良反应报告，其中2例严重病例，7例新病例。评审工作中与会人员针对ADR报告现场核查存在的问题，如何提高报送质量，怎样推进不良反应工作等内容进行了讨论交流。

【执法能力】 强化培训提高单兵作战能力。全局干部职工认真开展了《中华人民共和国行政强制法》培训，行政执法能力得到大幅提高，在确保食品药品安全上发挥了重要作用。调整人员增强整体战斗力。对部分人员岗位进行了调整充实，特别是对中层干部实行公开选拔上岗，夯实中坚力量。畅通渠道形成打击合力。与区公安局和区检察院建立工作联系制度，对生产销售伪劣药品构成犯罪的，迅速移送司法机关追究刑事责任。

【开展学习】 区食品药监局党员干部职工围绕党的十八大主题，全面领会、准确把握党的十八大会议精神实质。加强党性修养，提高党员干部自身素质，强化为民服务的宗旨意识。一是加强专业理论知识学习，对一些难点疑点进行深入的分析和理解，创新监管思路，着力强化药品市场监管；将日常监管与专项整治相结合；二是将安全宣传与市场监管相结合；三是将行政处罚与警示约谈相结合。

（张忠文）

国土资源管理

【土地供应】 2012年，旌阳区出让土地93宗，面积5992.35亩，实现土地收入 5.98亿元。其中：挂牌出让工业用地45宗、面积1634.67亩；挂牌（含协议及置换）出让商业用地5宗、面积52.94亩；拍卖（置换）出让商业住宅用地9宗、面积212.95亩；划拨用地29宗、面积3995.19亩；协议出让5宗、面积 96.60亩。催收2012年以前土地欠款3.73余亿元，2012年年底实际入库土地收入9.71余亿元，完成目标任务的110.30%。

【耕地保护】 在确保全区经济发展用地的同时，分局争取各类土地开发整理项目。2012年年末，全区耕地保有量47.92余万亩，实现区域内耕地占补平衡；基本农田保护面积38.48余万亩。旌阳区永久性基本农田划定工作，完成《永久基本农田标志牌及界桩》招标和数据库建设，上报有关资料数据；《永久基本农田标志牌及界桩》建设与中标单位签订建设合同，并开工建设。

【土地征收】 2011年上报2012年取得省政府土地批复5个批次，面积1110亩；上报征收土地4个批次，面积1471亩。超额完成目标任务。

【土地开发整理】 2010年立项实施的孝泉镇等7个灾后重建土地整理项目建设完成，并进行初验。7个项目整理土地规模8.24万亩，投资3874万元，新增耕地7828亩。在双东镇、新中镇、柏隆镇实施省级审核、市上立项土地整理项目7个，整理规模4.96余万亩，预计新增耕地4219.38亩，项目计划投资5485.22万元；完成项目区的测绘和方案初设，并通过专家评审，报财政局进行投资评审。实施“挂钩”试点项目11个，其中部立项1个，省立项10个，涉及全区11个乡镇。申请挂钩周转指标1.17余万亩。其中农民集中居住区占用3666.52亩，城镇建设用地8025.40亩，新增耕地有效面积39.55亩。2012年年底，全区挂钩项目农民集中区建设全部完成，并全部入住。项目规划复垦1.17余万亩，实际复垦9742亩，占规划复垦的83%，全面完成验收资料的编制工作，上报市局验收。

【地质灾害治理】 2012年，分局组织对丘陵乡镇和辖区内地质灾害隐患点再次进行排查，并登记造册，编制《旌阳区2012年地质灾害防御预案》，在新中镇成功进行地质灾害应急避险演练，对所有地质灾害隐患点设立监测预警机制，落实专人监测。开始实施15个中小型地质灾害应急排危除险治理工程，完成立项，正着手设计单位和施工单位的比选。

【土地确权登记】 农村集体建设用地（宅基地）资料录入，扫描入库8.21万户，审批制证1.23余万个。数据录入和数据库建立全面完成，移民宅基地土地登记发证发放完毕。

【土地例行督察】 2012年5月25日至6月14日，国家土地督察成都局对旌阳区进行例行督察，督察组对旌阳区近两年来耕地保护责任目标落实、土地调控政策和国家产业政策执行、土地执法监察、土地审批和履行土地管理法定职责等进行全面核查。分局全体职工加班加点准备迎检资料，工作组进驻期间全力配合督察组开展工作，圆满完成2012年土地例行督察任务，并得到督察组的肯定。对例行督察期间提出的需要整改的问题，分局落实专人负责，有关乡镇和部门积极配合，到10月底旌阳区土地例行督察整改工作按照整改要求全部整改到位，通过初验，等待最终验收。2011年，土地卫片执法检查工作通过验收。

【规划修编】 旌阳区土地利用总体规划修编工作全部完成。2012年11月7日《旌阳区土地利用总体规划（2006—2020年）》经省人民政府批准正式实施；乡镇土地利用总体规划修编工作基本完成，并通过了市上验收；旌阳区土地整治规划通过专家验收，报请省政府待批；各乡镇土地利用总体规划修编工作正在进行中，年底完成；旌阳区土地整治规划全面完成。

【砂石开采专项整治】 旌阳区涉及开采或加工58宗，其中：黄许镇19宗，天元镇19宗，东湖乡9宗，柏隆镇8宗，城北街道办、孝泉镇、扬嘉镇各1宗。58宗开采或加工点存在逾期开采、堆料场无合法用地手续，工商执照及税务登记不全，无一宗完全合法开采或加工企业。对26家开采企业或个人进行了处理，收缴砂石款917.30万元。

【其他工作】 完成国土资源节约集约模范县（市）达标复查工作，2012年复查达标；完成创建国家卫生城市复查考核工作。办理土地抵押137宗，面积3102亩，土地抵押贷款4.13余亿元。

（王　刚）

国有资产监督管理

【基本情况】 旌阳区国有资产监督管理委员会成立于2005年4月。实行两块牌子、一套人马，在区财政局内设国资股为日常办事机构。2012年7月尹小明任区国资委主任。

【年度特点】 2012年，区国资委贯彻落实党的十八大精神，以科学发展观为指导，紧紧围绕全区总体目标，以确保国有资产保值增值为重点，坚持改革与发展并行，监督与管理并重。严格执行《旌阳区行政事业单位国有资产管理办法》和《旌阳区行政事业单位国有资产转让办法》以及《随机选取评估及交易机构暂行规定》。切实履行国有企业出资人职责，全面完成各项工作任务。

【国有资产管理】 规范国有资产处置程序，审核2011年评估和交易机构备选库。并按照“公开、公平、公正”原则，进行4次随机选取5家中介机构。加强国有资产处置力度。全年处置房地产7宗，汽车6辆，实现国有资产处置收入2余亿元；做好行政事业单位资产报废报损、划拨和账务调整工作。报废报损21个单位，核销资产总额192万元；划拨资产6个单位，金额132万元；完成2010年行政事业单位资产管理信息系统以及公共机构节能减排和能耗统计工作，采购并发放高效节能灯1.68万只，发放节能宣传资料200余份。

【资产评估核准】 全年核准资产评估报告15份，核准（备案）评估金额1.09余亿元。

【国有企业监督管理】 做好2012年企业负责人经营业绩考核，推进国有企业资产保值增值。专项清理国有控股企业“小金库”，建立预防“小金库”长效机制；做好国有企业统计月报表和年终决算工作；完成2011年国有企业产权年度登记工作；配合相关部门做好南塔水泥改制遗留问题，关心和服务改制企业（原金属容器厂和白糖厂）职工的居住环境。

【基本建设管理】 加强项目资金管理和监督检查，切实做到严把“六关”，即“投资立项关、项目招投标关、施工合同关、建设进度关、竣工决算审计关和财务核算关”。

（曾晓涌）

金融·保险

Jin Rong Bao Xian

德阳银行旌阳支行

【基本情况】 德阳银行旌阳支行是德阳银行下辖的一家区域性综合金融服务机构，5个经营网点，分别位于北街老城区、天元工业区、城北城乡结合带、黄河人居新区及重镇黄许，实现了对旌阳城区的服务全覆盖。支行有员工78人，其中大专以上学历人员占比98%，初级以上职称人员占比70%。截至12月31日，全辖区各项存款余额45.62亿元；各项贷款余额52.58亿元。其中中小企业贷款净增4.20亿元，签发银行承兑汇票12.50亿元，实现票据贴现7.50亿元，完成国际业务结算2.40亿美元。

【存款再创新高】 通过“固本强基”稳份额，支行建立重点客户流失问责制，要求全辖区各支行通过提升服务水平，融洽客户关系，守住自己的优质客户，全年支行没有出现一例大客户流失情况；通过“链式营销”深挖潜，针对一个龙头企业或者关键账户，对其产业链条上下游客户进行拉网式营销，既减少资金波动，又增加优质资源；通过“信息互动”增效益，各支行均与各主管部门建立信息快速沟通通道，以最快的速度获取辖区重点账户及项目信息；通过“抢占市场”拓市场，在竞争中，支行勤于动脑筋，勇于花精力，管理行通过自身优势做源头客户，辖内各行做下游跟进配套服务。11月份，支行各项存款总额最高突破50亿元，在经营上迈出了具有里程碑意义的一步。

【业务转型】 调整负债业务结构一直是支行近年来认真思索的课题，采取多种措施提高储蓄占比。一季度，支行把握双节增存黄金时机，储蓄存款一举突破10亿元大关。同时，按照行党委全面启动经营转型战略要求，制定“早落实、优流程、抓重点、有目标”的工作思路，通过个人账户、三方存管、代发工资等员工竞赛活动调动工作积极性，并确定泰山北路、黄河支行两家零售经营样板行，率先开展走进社区大型营销活动，提前一个季度完成全年目标任务。

【国际业务结算量有新突破】 自德阳银行开办国际业务以来，支行就把该项业务纳入业务常规营销项目，开户数一直位居全行前列，资金结算量也逐年攀升。伴随着一批忠实客户国际业务的重大发展，支行国际业务结算量也“水涨船高”，提前6个月完成全年目标计划，实际任务完成率达224%。同时，与国际业务部密切配合，为旌阳区一重点企业办理了首笔国际保函业务。

【政银企合作驶入快车道】 为实现政银企共赢，支行提出了“一把手加强对接，中层做好落实，基层优化服务”的营销服务思路，力争尽快完成与政府平台以及辖区企业的契合。在政府关注的中小企业信贷、招商引资、涉农服务等工作中，支行积极配合，加大投入，全年新增中小贷款5.70亿元，新增微小贷款5000万元，并促成多项重点招商引资落地，累计发放涉农贷款近亿元，尤其是对旌阳区农业龙头企业的信贷支持，进一步获得政企口碑。另外，支行还与区政协、区妇联、区工商联、区团委、区农口等部门组织建立紧密合作关系，利用平台深入开展妇女创业贷款、中小企业对接、品牌宣传等业务活动，丰富了政银企沟通渠道。

【乡镇金融服务渐显成效】 结合旌阳区区位优势和发展特点，支行把布局农村及乡镇金融市场作为新的业务增长点，2011年率先在黄许镇设立乡镇金融机构，试点农村金融服务，逐渐呈现较好的经济和社会效益，黄许支行存款规模突破亿元大关。同时支行用具有德行特色服务，迅速赢得当地居民和企事业单位的好评，满足了乡镇居民日益增长的金融需求。

（胡建宇）

旌阳区农村信用联社

【基本情况】 旌阳区农村信用合作联社下辖公司业务部、微小贷款业务部、零售业务部等3个前台部门和7个基层信用社，48个营业网点，在岗职工358人。截至2012年末，区联社各项存款余额53.13亿元，较年初净增10.22余亿元，增幅23.82%；各项贷款余额37.90亿元，较年初净增6.30余亿元，增幅19.94%；发行蜀信卡22.70万张，安装ATM机40台，布放POS机257户。

【改革工作】 一是完成股份制改造工作。按照中国银监会及省联社实施产权制度改革的有关精神，区联社以68%的溢价完成了第二轮1.65亿元的增资扩股工作，股本金总额3.30亿元（全部为投资股）。其中自然人股1.63亿元，占总股本的49.39%，法人股1.67亿元，占总股本的50.61%，为组建农村商业银行奠定了基础。二是推进人力资源改革，优化员工队伍建设。2012年年初，按照“公开、公正、公平、竞争、择优”的原则开展中干选拔，通过竞聘，区联社中干年龄由42岁降至38岁，其中35岁以下的9人，占中干职数的36%，2名新招聘大学生进入中干队伍。三是整体联动，谱写流程银行建设的新篇章。按照省联社加快流程银行建设暨战略转型工作的总体部署，区联社成为自愿报名申请试点的9家县级联社之一，流程银行建设暨战略转型方案于12月17日通过省联社的评审。

【惠农兴村】 加强业务创新，推出小额信用循环贷款。即由信用社根据农户资信情况进行统一授信，授信农户只需同信用社签订一次最高额贷款合同，便可在不超过授信额度（最多5万元）内通过ATM机随借随还，较好地满足了农户资金需求短、频、快、小的特点。区联社发放妇女创业贷款245笔、金额1536万元，占全区发放妇女创业贷款的95%以上，受到区委、区政府的充分肯定和当地群众的一致好评。加大对农业龙头企业和种养殖大户的信贷支持，以点带面，助推农村经济发展。

【交流学习】 做好对小微企业和个体工商户的信贷支持。区联社累计发放微小贷款1344笔、3.77余万元。区联社作为省联社横向复制教学基地，在省联社的统筹安排下，先后接待3批次、4家联社前来交流学习，并多次派出师资外出授课和实地辅导，为全省农村信用社全面推广微贷技术作出贡献。区联社将微贷技术与理念在辖区进行横向复制和推广，全体信贷人员和35岁以下青年员工开展为期20天的微贷技术推广专题培训。

【首发金融社保IC卡】 为方便全区16万参保（新农保）农户缴纳保费和领取养老金，区联社积极争取，多方努力，最终促成旌阳区新型农村社会养老保险基金收入、支出户在区联社的开立，区联社成为德阳市首家发行金融社保IC卡的金融机构。12月20日，在区联社的协办下，全市首批社会保障卡发放仪式在德新镇柏木泉村隆重举行，区联社首批1273张蜀信社会保障卡发放到老百姓手中，此卡具有医疗、购药、领取（缴纳）养老保险等社保功能，还具备存取款、转账、刷卡消费等金融功能，实现了一卡多用。

【网点建设】 年度内对凯江路分社、城区分社、黄许信用社、黄许南街分社、西小区分社、八角井信用社、景福分社、扬嘉正街分社、东城分社、肖家场分社等10个营业网点进行了全面装修改造，除东城分社、肖家场分社尚未完成外，其余营业网点均已新装投入使用；按照省联社新的VI设计要求，完成了所有营业网点店招的更换；新增ATM等自助机具30台，POS机161户，EPOS（电话支付终端）66台。

【安保工作】 对安装安防设施的网点进行查漏补缺，消除监控盲区；对设备老化，录像清晰度达不到要求的网点及时进行整改更换；对新装、改装的营业网点严格按照公安部门及上级相关要求，配置完善相关安防设施。建立监控监督中心，实现对全辖48个营业网点和中心金库24小时不间断的实时监控。

【帮扶工作】 一是帮扶“三州工作”。按照省联社统筹安排，区联社从2012年起，对口帮扶甘孜县联社，非对口帮扶松潘联社。年度内捐资70万元，捐物价值4.60万元。区联社领导班子成员先后深入被帮扶联社了解其业务经营状况、网点建设情况，并有针对性地制定帮扶措施。区联社派出1名业务骨干到甘孜县联社就统一法人工作进行为期3个月的现场帮扶，为该联社成为甘孜州18家县级联社中首家通过统一法人申报审核的县联社，起到了极大的促进作用。邀请德昌县联社18名员工到区联社参加区联社与上海银院合作开展的综合业务培训，区联社派出精干力量到甘孜县联社就信贷业务创新、规范化管理和财务会计等进行专题培训。二是帮扶贫困残疾人、学子。捐资2万元并冠名“农信之夜·与梦想一起飞”助残文艺晚会，帮助残疾人“圆梦”舞台；对3名品学兼优的贫困大学生，按照省外每人每年4200元、省内每人每年3800元的标准给予4年的持续捐资助学。

【关爱职工】 为持续提高员工的思想素质和业务技能，为现代流程银行作好人才储备，区联社以人为本，初步建立起内外结合、全面与重点相结合、定期与临时相结合的系统的培训机制。通过开展迎新春文艺汇演、员工健康体检、离退休员工生日慰问和传统节日期间看望慰问老职工、老干部、老党员以及困难职工等活动，较好融洽干群关系。履行社会责任。年度内参加了中央电视台《旗鼓相当——劳动大明星》节目录制，区联社职工以过硬的点钞技能较好地展示了员工业务素质。

（刘　瑜）

农行旌阳支行

【基本情况】 中国农业银行股份有限公司德阳旌阳支行（以下简称支行）办公大楼位于德阳市泰山北路二段239号，设置有综合管理部、公司业务部、个人金融部、风险管理部（由原信贷管理部更名）、运营财会部等5个部门。支行网点16个，其中城区网点14个（原八角分理处划入城区网点管理），乡镇网点2个（孝泉、黄许）。2012年12月末在岗员工248人。

【年度特点】 2012年，农行旌阳支行紧紧围绕战略目标，全面实施“转方式、调结构、强基础、增效益”的经营策略，持续打造地区主流城市银行，实现由经营型向服务型转变，助推德阳市“一三五八”战略实施以及旌阳区“四个年”活动的开展，为地方经济发展作出更大的贡献。

【经营指标】 各项存款。截至2012年12月末（下同），支行各项存款总额55.06亿元，比年初净增2.24亿元。其中对公存款余额22.43亿元，比年初下降1.87亿元；储蓄存款余额32.63亿元，比年初净增4.11亿元。各项贷款。余额37.58亿元，比年初净增2.92亿元。中间业务收入。全行实现中间业务收入3632万元，比去年同期增加253万元。利润。支行实现拨备前利润1.42亿元，比去年同期净增936万元，拨备后利润1.17余亿元，比去年同期净增1594万元。不良贷款。全行五级分类不良贷款余额6460万元，比年初减少1392万元，不良贷款占比1.72%。

【做好“四个支持”】 一是搞好对某国家大型企业集团的资金支持。二是支持好全市农业产业化龙头企业。三是支持好辖区纳税大户、优秀民营企业。四是支持好辖区招商引资项目。

【做好“一个帮扶”】 作为全省农行的“小企业金融服务中心”试点行，支行围绕“三大厂”配套企业，认真做好帮扶工作。该行继续配合城区建设和发展规划，持续加大对辖区内中小企业的信贷支持力度。

【创新信用新产品投放企业】 营销某企业国内信用证代付业务，累计签发10笔信用证业务，计1.12亿元；拓展营销国内保理业务3亿元；代理发行短期融资券5亿元；签发承兑汇票1989笔，累计金额9.45亿元。

【网点建设】 截至2012年12月末，支行完成当年黄许、八角、黄河广场、泰山支行等4个网点的装修改造项目，另上报并获省分行批复网点建设项目4个（含购建项目2个、装修项目2个）。长江路支行营业用房因租期届满，拟与支行营业部合署办公，并将在2013年完成迁址建设。支行新迁入的网点其选址完全考虑所处区域的人口稠密度及物流特点，满足城乡居民日常各项结算之需。该行采纳旌阳区人大代表及政协委员的建议，做好旌南片区网点规划工作，为区域内城乡居民提供优良的金融服务。完成对华山路、蒙山街、天山路3个营业网点的网络改造工作，将网络通讯设备由迈普2600E更新为迈普2816，提高网络的可靠性和安全性，为业务正常开展提供科技保障。

【提升优质服务水平】 在营业网点硬件升级的同时，注重加快营业网点的软转型，塑造网点服务精神，注重建设“以客为尊、激情创新、团队合作、合规经营、追求卓越”的网点服务精神。强化员工标准化服务意识，将服务标准迅速转化为服务自觉行为，以服务技能标准化、服务职能专业化、服务素质职业化为发展方向，全面提升员工服务价值认同感和服务文化趋同感，客户满意度持续上升。

【内控管理】 支行以案件防控为中心，加强安全防范、合规意识教育以及安全设施建设，强化安全检查监督，狠抓防诈骗、防暴力抢劫预案演练等。支行内部控制管理保持一类行水平，确保安全经营无事故、案件，为维护地方金融稳定、维护广大客户金融合法权益做出应有的贡献。

【社区共建】 农行旌阳支行机关办公大楼地处德阳市区泰山北路二段，所在区域为四川省优秀标杆社区——“文昌社区”。该行作为社区所辖范围内的两家省级文明单位之一，主要从党建工作联建、社区重大工作联做、社区公益事业联办、社区治安联防、环境卫生联抓、精神文明建设联创、社区文化活动联谊、社区服务联帮等8个方面参与社区共建活动，为推动社区文明建设做出贡献。

（肖　健）

人寿保险

【基本概况】 中国人寿保险股份有限公司德阳市旌阳区支公司（以下简称旌阳国寿），办公大楼位于德阳市岷江西路122号，在册人员338人，其中管理人员18人，专业代理人320人。设置有城区部、收展部、农网部，农网部下设11个网点（八角、天元、孝泉、扬嘉、柏隆、德新、黄许、新中、东湖、城区、和新），2012年全辖区保费收入1.43亿元。其中人身长期保险1.31亿元，短期意外健康险 1080万元，财产保险850万元，较2011年同期增长20%，全年保险深度为930元，保险密度为2.40%，支付各行款项（含意外伤残、死亡给付、疾病医疗理赔等）1708万元。

【保险产品】 为满足辖区客户需求，加大居民的人身保障，减轻居民因意外、疾病、子女教育、养老等方面对家庭经济生活影响，旌阳国寿特推出适合居民的保险。意外险（全家福、吉祥卡），疾病险（康宁定期、康宁终身），子女教育险（福星少儿、子教AB），养老险（福禄双喜至尊、福禄尊享），财产保险（雇主责任、家庭财产、机动车保险）。

【保险服务】 提升服务品牌，回馈新老客

户，一位客户可享受国寿1+N服务，国寿鹤卡是中国保险业第一张“保险身份证”，是国寿客户身份的象征，是国寿1+N服务的有形载体，是享受公司服务的凭证。国寿鹤卡分为普通鹤卡、VIP贵宾卡、VIP银卡、VIP金卡、VIP钻石卡，可享受公司各种人性化专业保险服务。

【百强团队建设】 为更好服务于城乡居民，服务于社会，开展百强团队建设，通过百强团队建设提升保险专业代理人员专业素质，打造一支诚信，合规，专业队伍，为旌阳区城乡居民提供更优质服务。

（黄　军）

城乡建设

Cheng Xiang Jian She

三孝流芳第一祠

住房和城乡建设

【年度特点】2012年，区住建局在区委、区政府的领导和关心下，以邓小平理论和“三个代表”重要思想为指导，深入学习贯彻党的十七届六中全会，区委第四次党代会精神，坚持以科学发展为主题，以“一个率先、两个突破、三个提升”为奋斗目标，开展项目攻坚年、产业提升年、开放突破年、作风转变年活动，推进住房和城乡建设事业发展，完成各项目标任务，为促进“四个旌阳”建设、喜迎党的十八大胜利召开献上优异的成绩。

【城乡规划管理】编制和修编完成市级重点小城镇柏隆镇、双东镇总体规划；编制完成柏隆镇、新中镇、德新镇新村规划并报批，全面完成旌阳区区域新村建设总体规划；组织编制省级重点项目华强沟水库拆迁安置房修建详细规划并通过评审；完成6个东一环拆迁安置点选址，完成东湖乡欧家湾、和新镇小河安置点的详规编制和评审；组织编制孝感镇排水专项规划。加强规划实施管理，起草《旌阳区农村规划建设指导办法》报区政府审查，推进农村地区规划建设管理；制定《旌阳区集体建设用地管理办法》，加强全区的城乡规划管理。

【勘察设计管理】对全区新、改、扩建项目及灾后重建项目定位放线检查，按照建设程序审查，在办理选址意见书、规划设计要求通知书、办理建设用地许可证和建设工程规划许可证的过程中，执行批准的控制性规划，在设计方案审查和施工图审查中严格把关，进行规划验收。

【基础设施建设】2012年纳入计划建设城镇基础设施项目87个，计划总投资31.26亿元；组织筹备实施城市新区基础设施建设，获省住建厅批准项目7个；做好项目的技术指导，敦促工程进度，新建、改造城镇道路53.80万平方米，新建雨、污水管网9880米；指导完成旌西片区农村风貌整治工作；开展传统村落调查工作，加快推进新农村建设。

【建筑业管理】全年监督在建工程107个，建筑面积177.97万平方米（包括2011年结转工程），其中房屋建筑工程109个，市政工程9个，监督覆盖率100%。执行法定建设程序，办理建筑工程施工许可证90个，建筑面积98.90万平方米，投资25.90余亿元。办理新建、改建、扩建工程合同备案91个，办理工程竣工结算确认73个，完成工程项目安全文明施工措施评价及费率测定95个。

【招标投标监督管理】全年监管工程发标121个，其中免予招标14个、邀请招标46个、公开招标7个、比选工程54个，总建筑面积153.10万平方米，总合同价15.63亿元；处理招投标投诉4起，严查投标企业弄虚作假和串标围标行为。

【建筑工程质量和安全管理】加大对工程原材料质量的监管；加强对各责任主体单位质量行为的监督；加强工程实施过程中的日常监管和巡查力度；严格执行验收程序；处理工程质量投诉；加强建筑节能和住宅建筑的分户验收工作。落实安全生产责任制，加强施工现场的安全管理工作，加大日常巡查检查力度。全年进行安全评价62次，发出隐患整改通知书163份，对施工现场存在的安全隐患责令施工单位限期进行落实整改，消除隐患，减少全区在建工程安全事故的发生。加强燃气安全生产管理工作，采取定期和不定期深入辖区供气、供水企业和用户，发现问题立即要求企业整改，整顿规范液化气换瓶门市部，坚持每月对液化气换瓶门市部进行一次检查，针对违规充装钢瓶移交相关部门处理，处罚9万元；全年未发生一起供气、供水行业安全生产责任事故。

【保障性住房建设】保障房制度建设。逐步建立和完善旌阳区保障性住房制度，颁布实施《德阳市旌阳区公共租赁住房管理办法》，加快拟定保障性住房的准入及退出办法，建议区政府设立保障性住房管理办公室，建设和管理保障性住房。公共租赁住房建设。续建2011年公租房，黄许镇253套、孝泉镇284套、天元镇663套基本建成，宝兴河小区160套进入基础工程施工。采取新建、筹集企业职工宿舍（倒班房）、购买等方式实现全年公租房建设814套，完成目标任务101.75%。包括新建天元镇公租房建设项目（二期）117套，四川浩源机电一期倒班房等16个项目新建公租房677套纳入统一管理，面向社会公开采购20套。筹建城北街道办原金属容器场内公租房100套，计划投资1590万元，正在进行拆迁工作；筹建孝感镇联合村5组公租房650套，计划投资9750万元。廉租住房建设。续建2011年项目廉租房1028套，进行配套设施及绿化施工，2012年底全部竣工。经济适用房建设。指导美丰公司新建272套经适房，建筑面积1.70万平方米，投资2770万元，工程部分进行装饰装修施工，完成200套目标任务的136%。实物配租和租赁补贴。按照申请程序对385户低收入住房困难家庭配租了廉租住房，对174户城镇中低收入住房困难家庭配租公共租赁住房。实施租赁补贴224户，完成100户目标任务的224%。

【城建档案和房屋产权管理】 全年接收41件建设工程竣工档案，整理、录入、归档430余卷工程档案，做好村级组织阵地建设109个项目建设工程档案资料进馆准备，接待咨询城建档案的群众320余人次，接待查询群众103余人次，查询利用档案81余卷次；办理抵押登记11.90万平方米，286户；房屋转移登记1.70万平方米，180户；初始登记2.20万平方米，69户；房产换证面积6769平方米。

【城镇体系项目建设】 指导乡镇做好前期准备工作，督促加快项目的实施进度。2012年纳入计划建设城镇基础设施项目87个，计划总投资31.26亿元，开工建设基础设施建设项目22个，完工13个（完成投资约4.36亿元），41个项目已向区政府申请暂缓，11个项目做前期准备工作。

【清欠工作】 健全解决拖欠工程款的长效机制，执行农民工工资保证金和农民工工资支付担保制度。全年协调清欠纠纷41起，涉及农民工工资504.90万元，解决农民工工资391.30万元。

【党风廉政建设】 区住房和城乡建设局党组按照区委的统一安排部署，加强《廉政准则》的学习，并按照《准则》和区纪委关于开展“作风转变年”和“党员示范岗”活动，开展机关作风建设和效能建设，结合查找出来的问题，着眼建立长效机制。联系思想、工作、生活实际，对照检查模范遵守党纪国法，清正廉洁，忠于职守，严格按照“23444”作风建设内容，做到“三大要求四项务必”，履行作风转变承诺，加强党员领导干部作风建设，提升执政形象。

【帮扶工作】 深入联系村与村两委共商发展规划，为龙凤村协调修建场镇道路，送去价值1万余元的电脑等办公用品，为黄许镇新龙村协调解决2万元的组道建设资金；节日为帮扶户送去慰问品和慰问金。

（黎　江）

环境保护

【污染物总量减排】 2012年，区环保局制定《旌阳区2012年主要污染物总量减排方案》，完成德阳市祥松皮革制品有限公司、德阳市五郎制革有限责任公司2家市控工业企业限期治理任务，关闭五郎、祥松鞣革生产线。完成新中佳鑫生猪养殖专业合作社、扬嘉青花养殖场挂牌治理工作。制定“十二五”主要污染物淘汰落后产能实施方案，淘汰落后产能四川德阳佳丰化工有限公司（万丰化工厂），并落实减排监测体系年度目标任务。全年实现削减化学需氧量785.52吨，氨氮19.23吨，二氧化硫56.20吨，氮氧化物维持2011年排放水平。

【重金属污染防治】 全面排查区域内涉铅、铬、汞及类金属砷企业，掌握相关企业重金属污染排放情况，对12家企业纳入“十二五”强制性清洁生产审核规划的企业，开展强制性清洁生产审核，关闭德阳市前锋化工厂、四川德阳佳丰化工有限公司（万丰化工厂）两家企业，德阳市旌城三农服务有限公司德乐复合肥厂、德阳市孝泉宝塔磷肥有限公司、德阳合力化工厂、德阳市玉全化工有限责任公司、四川德阳佳丰化工有限公司（天元硫酸厂）、四川德阳市扬嘉磷化工有限公司等6家企业停产。投入40万元，指导3家涉重企业安装重金属污染物在线监测装置并与环保部门联网，实时监督企业的排污情况，确保群众的健康安全。

【环境安全监管】 开展“打击违法排污企业，保障群众健康”，“中、高考禁噪”，秸秆禁烧，汛期环境安全等专项整治行动，立案调查处理违法案件16起，限期整改40起。加强危险废物和放射源监管，对全区13家医疗机构和涉放射源企业开展放射源监管专项行动，发放辐射安全许可证12家。举办水处理设施运行管理、辐射管理、危险废物在线申报等培训，年审31家工业企业污染物排放许可证，新发放排污许可证2家，换证7家。

【建设项目管理】 开展区内所有审批项目环境影响评价制度和环保“三同时”制度排查工作，对未执行“三同时”制度的一律停产整改，整改不到位的依法处罚。2012年，审批新、扩、改建项目120个，项目总投资7.91亿元，环保投资3873.63万元。其中否定不符合规划和环保要求项目10个，帮助企业重新选址6个。全区建设项目环境影响评价制度和“三同时”制度的执行率均达100%。

【环境能力建设】 完成空气自动监测系统的网上传输工作，及时向公众发布空气质量状况。完成黄许空气监测站搬迁任务。新建环保局等6家机关灾后恢复重建办公及业务用房。完成区环境监察大队新三级标准复核验收工作。编制《旌阳区环境应急预案》和《旌阳区饮用水源地突发性水污染事件应急预案》，成立区级应急领导小组，建立应急专家库和物品库。参与4月24日旌阳区危险化学品泄漏事故应急演练。妥善处置德新镇新深1号的环境应急事件。

【省级生态区创建】 完成1个国家级生态镇、1个国家级生态村、2个省级生态村、2户省级生态家园、12个市级生态村、2户市级生态家园、1个绿色社区、1所市级绿色学校创建工作。旌阳区省级生态区创建工作通过省生态办技术评估。

【小流域综合治理】 制定《德阳市旌阳区2012年绵远河、石亭江水环境整治实施方案》，全面实现区域内河道禁养总体目标。对10家生猪屠宰场实施污染综合治理，建设污水处理设施；建成约5000平方米的养殖棚舍，完成16个养殖场基础设施建设。旌阳区3个市控监测断面水质明显好转，区内各城镇集中式生活饮用水源水质达标率均达到100%，比全市平均水平高2.2个百分点，综合整治工作初见成效。

【信访维稳】 及时办理信访事件，落实维稳工作责任制，全年受理各类环境污染投诉118 件，处理率达100%，满意率达98%以上。按时办结人大、政协建议和提案5件，回复市长和区长信箱14件，满意率达100%。

（高艳茹）

城乡环境综合管理

【年度特点】 2012年，旌阳区城乡环境综合管理局在区委、区政府的领导下，在区人大、区政协的关心支持下，在上级主管部门的指导和区级各有关部门的配合下，按照“拓展延伸、提升水平、注重常态、健全机制”的要求，坚持持续治理、全域治理、科学治理、常态治理、联动治理、依法治理，切实改善人居环境，提升城乡形象和环境竞争力。

【基本情况】 到2012年年底，全区85%以上的乡镇、70%以上的村庄基本实现了“清洁化、秩序化、优美化、制度化”，农村环境基础设施不断完善，农村垃圾“村收集、乡镇运

2012 年 5 月 18 日，召开旌阳区生态区创建暨城乡环境综合治理工作会

输、县处理”机制得到健全；风貌塑造特色突出，城镇建筑立面清理和城乡风貌塑造覆盖面达75%；城区老旧院落整治面达60%；城乡居民文明卫生素质显著提高；城乡环境综合治理工作体制机制得到进一步完善；作风建设社会满意度测评，区城管局获得99.20%好评率。

【示范工程创建】 完成了2011年环境优美示范工程验收和2012年创建申报工作。2012年3月，旌阳区新中镇、柏隆镇隆兴桥村等1镇8村顺利通过“四川省2011年‘五十百千’示范工程”验收。同时完成2012年度1镇11村“五十百千”示范工程的申报、日常考核及年度考核工作。

2012 年 12 月 18 日，市治理办考核旌阳区“五十百千”工程创建工作

【风貌塑造工程】 一是投资500万元，完成成绵高速公路东湖段、黄许段、成绵高速复线柏隆段风貌整治。打造总长23千米、宽25米的绿化长廊。完成栽植面积850余亩。栽植水杉2万株、岩桂3100株、桂花300株、杨树615株、巨桉8.90万株、油麻藤和爬山虎8000棵、扁竹根2600平方米。二是投资150万元在成绵高速公路K1725+500-K1725+800段修建长300米、高2.50米的隔音墙（渭河路延伸段隔音墙），解决噪声扰民的问题。

2012 年 7 月 13 日，验收成绵高速（旌阳区段）前期绿化工程

2012 年 9 月 7 日，验收成绵高速隔音墙工程（渭河路延伸段隔音墙）

【基础设施建设】 2012年4月，结合推广“罗江模式”，全区采购400万元的环卫基础设施设备（果皮箱、铁皮垃圾桶等3719个，垃圾转运车辆430辆）配送到各乡镇、街道，使农村垃圾“户集、村收、镇运、县处理”的运行机制进一步得到完善。

【专项整治行动】 整治期间，集中清扫垃圾400吨，清除小广告4561张，规范车辆近千辆。全区出动2800余人次，清理公路沿线垃圾400余吨，铁道沿线卫生死角70余处，杂草、堆积淤泥50余吨；打捞河道漂浮物30余吨；拆除108国道黄许段影响风貌的农房36户。全区拆除违法建（构）筑物75处、违建1.71余万平方米。

【环境治理规划】 在全区统筹建立区、镇(街道)、村（社区）三级治理工作规划，并在全区乡镇（街道）建立城乡环境综合治理公开栏，将基本情况、治理区域、相关制度、环卫人员工作职责及服务区域等情况进行公开。聘请四川省城乡规划院编制108国道11千米整治规划设计。按照《四川省城镇风貌规划编制技术导则》完成8个镇主要街道、沿泉、沿河岸线和重要节点的风貌规划编制。完成孝泉镇历史文化名镇保护规划。

【维稳工作】 区城管局先后与两批转业失业志愿兵签订劳动合同，第一批97名，第二批47名，安置公益性岗位144个。注重节假日的安抚慰问工作，抓好群体的稳控工作。

2012年春节前夕，区城管局组织开展志愿兵座谈培训会

（周绿安）

防震减灾

【宣传防震减灾知识】 2012年，区防震减灾局新编制宣传挂图和宣传单5000份，赠送给各乡镇、街道办及相关部门，宣传民房选址和抗震做法以及家庭应急和宏观异常识别、报告等知识，将“防震减灾从我做起”落到实处。在防震减灾宣传周期间，组织4个街道办和11个乡镇进行“5·12”地震纪念活动和防震减灾法科普宣传。结合“5·12”防灾减灾大演练，各部门特别是宣传部、文广新局、学校等将防震减灾知识宣教融入日常工作中，取得良好的效果。

【防震减灾示范创建】 指导城南街道办花园巷社区创建国家地震安全社区；指导旌阳街道办陕西馆社区、文昌社区，城北街道办春兰巷社区创建市级防震减灾科普示范社区。同时做好省级、市级防震减灾示范社区、学校的复查工作，发挥防震减灾科普示范的带头作用。按时完成2012年的防震减灾综合评比材料并上报市局。

【监测预报工作】 防震减灾“三网一员”的教育和培训。根据人员变动，及时调整旌阳区防震减灾助理员并于7月31日组织专家对其进行培训。为更加准确的收集宏观异常现象，为地震监测预报提供更加准确的信息，对全区所有宏观观测点进行全面走访，调整了不再适宜的宏观观测点，在部分乡镇新增宏观观测点及宏观观测员，实现每个镇至少1个，重点镇2个，扩大观测面，使宏观观测工作进一步得到加强。同时将宏观员补助列入旌阳区财政部门预算，每年进行培训，提高宏观员防震减灾工作的积极性。加强地震监测站建设。地震观测站房屋和隧道完工，正实施附属设施建设，确保台站年底正常运行，在省、市地震主管部门的支持下，有两项监测手段近期安装，从而结束旌阳区地震无微观观测手段的历史。

【震害防御工作】 结合广场、绿地、公园等公共场所等公共设施，完成孝泉镇地震应急避难场所建设；结合国防训练基地建设，应急物质储备库、应急指挥中心、避难场等主体完工。将抗震设防要求纳入基本建设管理程序，与区住建局配合，住建部门把抗震设防审查单列专门表格，并将本局抗震设防审查作为住建局办理施工图审查备案前置条件，确保新的抗震设防标准落到实处。

【应急救援工作】 完善地震应急预案，指导各乡镇、各部门修订本部门应急预案，要求各单位于2012年12月31日前完成修订并报旌阳区防震减灾备案。在全国第四个“防灾减灾日”纪念活动中，协助应急办，从项目策划、脚本编制、预演、同步宣传等方面精心筹划、组织、指导区上防灾救灾大演练活动，在规定时间内全面完成应急队伍集结、应急疏散、化工泄漏救援、河堤决口抢险等3个市级、3个区级、6个演练科目的实战演练；指导各乡镇、各部门开展井喷、地质滑坡等8个疏散演练。建立地震应急指挥平台，建设避险场所、应急储备物资库，旌阳区地震应急平台采购正在安装。将避难场所建设纳入城市和集镇规划，结合学校、医院、广场进行避难场所建设，结合国防训练基地进行建设，所有建筑物按重点设防类进行建设，管线按应急需要预埋，其余设施逐步配套原则进行建设，孝泉镇的文化广场避难场所基本建成。加强对应急准备工作监督检查。组织发改局、民政局、安监局等部门，对全区电力、通信、危险化学品企业和区公安消防大队的地震应急工作进行检查，在节假日期间坚持值班制度和零报告制度。

（黎　江）

东湖山领地风景

社会事业

She Hui Shi Ye

首届德新榜样

教育工作

【基本情况】2012年秋期，全区有在校中小学生44815人（其中普通高中3718人、职中4576人、初中12864人、小学23657人），公办（含附设幼儿园）幼儿学生6317人，民办幼儿学生7109人。

【党建工作】2012年4月，经分类定级，25个直属党组织有一类党组织5个，二类党组织17个，三类党组织3个；31个乡镇党组织有一类党组织13个，二类党组织18个。推进晋位升级阶段工作，特别是在加强民办教育党建上探索，成立旌阳区民办幼儿园联合党支部和区民办培训机构联合党支部，挤出资金帮助联合党支部进行规范化建设，指导开展好联合支部的党建活动。11月底，圆满完成基层组织建设年检查验收各阶段工作。直属党组织中有9个党组织升级为一类，有2个党组织升级为二类，三类党组织转化率达100%；乡镇党组织有15个升级为一类。区教育系统25个直属党组织有一类党组织14个，二类党组织11个；31个乡镇党组织有一类党组织28个，二类党组织3个，普遍实现晋位升级。

【帮扶活动】组建总人数500人的旌阳区“园丁志愿服务队”，看望慰问德阳市儿童福利院的孤残儿童；到和新思源学校为166名住校留守儿童送去价值近万元床上用品；给东泰学校19名留守学生捐赠价值2000元的书籍；看望慰问西外街社区9户残疾居民。系统内各党组织开展“学雷锋 见行动”爱心捐款活动，为困难人群捐款12余万元。

【廉政建设】完善惩防体系结构，统一框架基本模式。组织区教育系统18名市、区两级党代表、人大代表、政协委员，深入全区中小学、幼儿园参与开门评风。5月24日，“两代表一委员”对局机关和3个直属事业单位进行作风评议。组织局机关全体干部职工收看《警钟长鸣—赌博之害》等警示教育片，在全系统开展“转作风、树形象、促发展”大讨论，“面对面做好事”，“五查五整改”活动，组织全体岗位人员进行“转变作风承诺”，掀起师德师风建设、公民道德建设热潮。

【学习培训】组织全区高中下期新一年级教师参加四川省新课改培训；组织全区9名中小学幼儿园骨干教师参加国培；组织全区400余名教师参加四川省现代教育技能测试；选拔6名教学名师参加省级教师培训，组织12名德阳市教学名师参加德阳市培训。选派3名校级领导到成都挂职学习，选派4名校长到山东培训学习，3名幼儿园园长赴上海学习考察。

【高考、中考】高、中考成绩再创辉煌。辖区内5553人报名参加高考，实际参考5052人。其中本科上线2568人，上线总人数居全市第一；重本上线人数590人，重本上线人数、上线率均居全市第一。中考再创佳绩：旌阳区6733名考生参考，占全市考生总数19.18%。其中“A1”级1127人，“A2”级798人，A级学生人数约占全市A级学生总数的31.86%。

【“两基”成果】“两基”成果巩固提高，“控辍保学”责任落实。小学入学率、巩固率、毕业率达100%，学前教育3年行动计划加快实施，3~6周岁学前儿童入园率达98%；小学适龄人口入学率和初中阶段入学率均达100%，“三残”儿童入学率达96.30%，弱势群体教育得到保障；高中阶段入学率达95.09%。高中新课程改革深入推进，教育质量稳步提高。

【教育科研】组织区域性的学科教研活动，在城郊片区、黄许片区等区域管理教学研究中，提出办特色、高质量的教研策略；在孝泉片区、黄许片区的教研活动中，提出有效性课堂教学和课堂教学方式改革的探索研究。运用“视导—碰撞—培训—研讨—提炼”的教研工作方式，对全区2009年以来各级立项课题的研究成果进行提炼，指导各学校做好课题立项、申报、研究、结题等工作。德阳二中课题《优化数字化课堂背景下的教学行为的改进》

申报德阳市十二五现代教育技术和教育技术装备科研课题；西街小学省级课题《数字化校园促进小学学校管理现代化实践研究》顺利开题。

【惠民行动】 2012年5月在全区学校开展“学生资助宣传月活动”征文比赛，举办国家资助政策宣传讲座，在德阳广播电台对国家资助政策进行宣传，使各项资助政策家喻户晓。切实做好生源地信用助学贷款宣传工作，印制宣传资料5000份，发到每个高三毕业生手中，使国家各项资助政策深入人心，教育资助体系进一步完善。实施栋梁工程，筹措资金40万元，对181名困难大学新生进行资助，确保全区所有困难大学新生入学。执行义务教育阶段学生“两免一补”政策。为全区农村义务阶段教育学生1.96万人免杂费和教科书费；为城市义务教育阶段学生1.86余万人免杂费；为全区农村义务教育贫困寄宿生3810人补助生活费。落实贫困中职学生减免学费和中职学生国家助学金政策，资助中等职业学校一、二年级农村和城镇贫困学生3380人。2012年，区教育局争取中央财政专项帮扶金4.80万元、市总工会帮扶金8000元、彩票公益基金23万元、华明园丁奖2.40万元、旌阳区财政专项金13万元，慰问困难教职工、教育专家、优秀骨干教师等580余人次；慰问困难学生140人，慰问总金额44万元。

【平安创建】 区政府组织教育、卫生、交警等部门对全区学校2012年春期和秋期安全工作进行专项检查。发现问题，督促学校立即整改，组织人员回头查，切实保障安全隐患及时整改到位，杜绝安全事故的发生。“5·12”前后，全区各校均举行了应急疏散演练，师生应急避震意识进一步增强。5月22日，旌阳区代表四川省德阳市接受国家教育部《西部三省农村中小学生安全管理与安全教育长效机制建设》项目研究实验区工作实地评估，国家督学、教育部副巡视员郑增仪一行4人组成的评估专家组对旌阳区项目研究实验工作进行全面评估。专家组对旌阳区开展此项目研究所做的大量工作和取得的成绩给予充分肯定。2012年10月25日，第六届全国中小学安全工作经验交流会议暨中国教育学会中小学安全教育与安全管理专业委员会2012年学术年会，在河南郑州召开。旌阳区教育局组织辖区有关学校、部门负责人参加会议，并在大会上就旌阳区学校安全工作进行专题发言。

【职成、民办教育】 黄许职中创建国家级示范中等职业学校取得新进展；成人教育成效明显，进行农村转移劳动力的引导性培训和技能培训，完成向富士康定向输送员工的任务。

【“四个年”活动】 全区教育系统以开展“教育质量提高年，义务教育均衡发展年，管理水平提升年，干部职工作风转变年”活动为抓手，改善办学条件，加强队伍建设，强化学校管理，实施教育民生工程，深化教育改革，全面实施素质教育。“四个年”活动实现“五个明显”，展示教育新形象。一是奋发进取，工作激情明显提升；二是敢抓善管，执行力明显提高；三是高效服务，干群关系明显改善；四是清正廉洁，自律意识明显增强；五是高位求进，办学水平明显提高。

【新建幼儿园】 旌阳区教育局分阶段按步骤推进学前教育“3年行动计划”。2012年计划建设幼儿园9所，为缓解儿童“入园难”问题，将2013年度计划建设的4所学校提前至2012年实施，加上完善设施1所，2012年度共建设14所幼儿园，规划总投资3536万元。其中德新镇等4所幼儿园正在进行开工前的最后准备；旌阳区第一幼儿园等3所学校正在施工建设；东泰镇等7所幼儿园完工。同时从2012年起每年面向社会新招一定数量的幼儿教师（2012年新招20名）。

【教育均衡】 2012年新招聘20位教师满足农村学校需要，充实到边远乡镇和丘陵地区学校。深化城乡学校合作共建机制。实验小学等9所城市小学与孝泉民族小学等21所乡镇小学结对；德阳中学等6所中学与黄许镇中等15所乡镇初中结对；旌阳区第一幼儿园等6所学校与寿丰、黄许、孝泉片区的16所小学附属幼儿园结对。成为新一轮合作共建学校，并多次开展送教下乡、优质课观摩活动。

（李　成　张　勇）

卫生工作

【医药卫生体制改革】 2012年，孝泉镇、东湖乡、黄许镇卫生院通过中心卫生院评审，达到甲等中心卫生院标准；柏隆、德新、天元和扬嘉等镇卫生院通过甲等乡镇卫生院评审；涌泉村、五会村等52个村卫生站通过甲级村卫生站评审。各基层医疗卫生机构成立公共卫生科，启动实施“基层卫生全程健康管理工程”，构建“全科、全程、全心、全域”的网格化全程健康管理模式。10类基本公共卫生服务项目在全区基层医疗卫生机构全面开展。全区城乡居民健康档案建档率达95%以上；儿童保健系统管理率达90.70%；孕产妇系统管理率96.71%，孕产妇产前检查率98.27%，产后访视率96.88%。生育妇女补服叶酸项目全面实施，补服率100%；“艾滋病、梅毒和乙肝母婴阻断”项目和贫困白内障患者复明手术完成上级目标任务；启动卫生部“脑卒中筛查与防治工程”，筛查1.20万名高危人群。区中医院和区妇幼保健院在完善服务设施、开展便民门诊、推广预约诊疗、优化诊疗流程、缩短就医等候时间、实行同级医疗机构检查结果互认、推行电子病历等取得成效；在开展整体护理和“优质护理”示范工程等方面大胆改革。

【农村合作医疗】 全区基层医疗卫生机构、社区卫生服务站和村卫生站均实施国家基本药物制度并执行零加价销售，新农合农民人均筹资由230元提高至290元，实际参合率98.80%；旌阳区新农合管理机制在德阳市范围内推广应用，区农合中心被评为“全国新型农村合作医疗工作先进集体”。

【疾病预防控制】 各医疗卫生机构传染病报告率、报告及时率100%，报告乙、丙类传染病16种2975例，发病率404.71/10万，同比下降22.94%，无甲类传染病及重大疫情发生。常住儿童和流动儿童五苗基础免疫接种率分别为99.91%和100%。和新、天元、扬嘉、孝泉、柏隆、德新、孝感、黄许、新中等镇和区疾控中心完成接种示范门诊建设，天元、黄许袁家黄许东泰、黄许孟家等接种点完成预防接种规范门诊建设。艾滋病防治。新增干预羁押场所吸毒人员932人、暗娼428人，开展自助式同伴教育干预108人。自愿咨询检测1768人，其中高危人群670人。对25名艾滋病毒感染者进行关怀救助，向民政部门申请，对户籍为旌阳区的148名艾滋病感染者/病人，每月发放100元的生活补助。结核病防治。全年因症就诊、转诊肺结核病人655例，全部实施免费检查，对新发现的302例肺结核病人全部实施联化、免费治疗及全程督导管理，对217例艾滋病感染者进行随访，随访率100%。口腔干预项目。项目涉及小学14所，发放知情同意书和口腔健康小常识宣传资料各1.40余万份，宣传画1000余张；在《德阳晚报》等媒体广泛宣传，面对面健康宣教1.30万人；实施口腔健康检查4728人，窝沟封闭2768名儿童、103万颗牙，完成任务数102.90%；封闭完好率85%以上，通过省项目组考核验收。区美沙酮门诊。加强与公安部门、市红十字会、市区看守所、戒毒所等单位的联系，开展同伴教育、心理辅导、实施IC卡全国联网管理，并为羁押人员、戒毒人员中进行艾滋病防控宣传干预及检测。2012年3月，“旌阳区美沙酮门诊”什邡延伸点在什邡市精神病医院正式开诊。狂犬病防治。全区春、夏季违章犬只集中整治行动共出动清查人员712余人次、车辆96余台，强制捕杀野犬、病犬等947只，全部无害化处理，完成犬只免疫注射6万余只，限养区和农村犬只狂犬苗注射率分别达99%和96%以上；累计犬伤就诊人数4293人，均按要求处理；采集34份犬脑组织送至省疾控中心进行狂犬病毒抗原检测，结果均为阴性。全年无狂犬病病例发生。

【血吸虫病防治】 全年调查钉螺面积1350

万平方米，反复灭螺900余万平方米，捕获、镜检钉螺17余万只，未发现阳性钉螺。采集血液标本9.20万人份，查出血阳患者2741人，全部进行吡喹酮治疗，粪检1741人，未发现阳性病人。完成重流行村的普治工作，发放吡喹酮药物普治4.70万人，对晚期血吸虫病人继续实施内外科救助政策，开展晚期血吸虫病人内外科救助38人次。旌阳区在全省春季血防督导中获第二名。

【妇幼保健】 完成妇幼一卡通建档2584人；新生儿、婴儿、5岁以下儿童的死亡率分别控制在3.42‰、5.98‰和7.48‰；全区孕产妇住院分娩率100%，死亡率控制在21.37/十万，无新生儿破伤风发生。落实农村孕产妇住院分娩500元/人的补助政策，对1767名农村孕产妇进行住院分娩补助，补助率达100%，发放补助经费88.35万元，完成2011年农村孕产妇分娩每人增加100元的经费补助。

【卫生执法监督】 区卫生执法监督大队对辖区内78家工矿企业1315名在岗职工进行了职业健康检查，对62家工矿企业单位进行了职业卫生现场监测，合格率为67.69%。全年受理、办结各种许可1579件。其中餐饮服务许可136件，公共场所卫生许可573件，供水单位执业许可4件，母婴保健技术许可2件，放射诊疗许可（含校验）10件，放射工作人员证14件，建设项目放射防护设施设计卫生审查6件，医疗机构设置许可1件，医疗机构执业许可（含校验、变更、注销）406件，执业医师注册（含变更注册）224件，护士初审、信息录入203件。全年立案31件，罚款7.20万元。其中医政立案处罚9件，罚款2.20余万元，取缔9家违法诊疗单位；公共场所立案处罚22件，责令限期改正并处罚金5万元。处理举报投诉案件28件。其中餐饮7件，医政20件，公共场所1件，办结率为100%。旌阳区政务中心卫生局窗口一直保持中心先进窗口称号，并授予流动红旗12次，实现办结率100%，群众满意度100%。

【卫生文化建设】 区卫生执法监督大队把握卫生监督文化建设主旋律，精神文化建设系列措施得到市支队肯定，并在川北川东片区卫生监督经验交流会上进行交流；涪陵市、绵阳市、遂宁市、龙泉驿区、彭州市、游仙区、大英县等卫生执法监督机构先后来考察学习。孝泉镇卫生院以廉洁行医为主题，精心制作30余副廉政宣传标语、警示字画上墙，营造廉政文化氛围；每个诊室醒目处公开廉政监督举报电话，建立廉政群众监督机制，树立“廉洁、诚信”的医院形象。

【卫生信息化建设】 实现新农合及公共卫生信息数据的多点存储和冷热备份；接入广电光纤开展双线接入试点，保证全天候24小时多网络正常访问录入；网络覆盖11个乡镇、121个行政村，实现区、乡镇、村三级信息化网络，建设初具规模；全区集公共卫生、医疗服务、新农合、基本药物采购、绩效考核等业务应用于一体的综合卫生信息管理平台逐步建立。区中医院、区妇幼保健院分别计划投入320万元、102万元加强机房建设和设施设备配备，为建设数字化医院奠定坚实基础。

【爱国卫生】 推进国家卫生城市创建和省级卫生城市复查评审工作。全区11个乡镇、4个街道办均组建专职保洁队伍和城市管理“三员”队伍，各乡镇新增投入约1510万元完善设施设备配备，全区垃圾收集池实现全域覆盖，东湖乡、和新镇等5个丘陵乡镇生活垃圾基本实现生态处理，全区完成2000口改厕任务。投入4.50万元购买“除四害”药物，在3个城郊结合部乡镇的公共区域消杀、投放，控制四害密度，全区无四害媒介传染病爆发或流行病情发生，通过省爱卫会“灭蟑螂”达标验收。全区创建2个省级卫生集镇、10个省级卫生村、3个省级环境卫生试点村、1个市级卫生镇、1个市级卫生社区、7个市级卫生先进单位、2个区级卫生村以及3个区级卫生单位，省级卫生城市复评以优异成绩顺利通过。

【对口支援和挂、包、帮】 区中医院为扬嘉镇卫生院、和新镇卫生院分别提供2万元、5万元帮扶资金；区保健院为新中镇卫生院、和新镇卫生院及阿坝妇幼保健站各提供2万元帮扶资金；两院分别派出10名和5名技术骨干，支援扬嘉、和新、新中、双东、柏隆等乡镇卫生院医疗业务发展；区级医疗卫生机构派出6名医生分别赴东帝汶、北川县中医院、阿坝妇幼保健站康复科、甘孜色达县疾控中心等开展工作。局机关定点联系帮扶孝感镇杨柳村、灵庙村和东湖乡王家桥社区，在2个村、1个社区确定了20个帮扶户；选派2名骨干分别到杨柳村、灵庙村任职。投入2万元为杨柳村修建抽水井1口，援建抽水井4口；为孝感12户贫困户各送去化肥200斤，价值3000余元；为灵庙村30户计生帮扶户各送去化肥200斤，价值5600余元；为孝感镇敬老院40余名老人进行了义诊义检，并送去价值600元的药品、50斤食用油、100斤大米及灭蚊蝇杀虫气雾剂数瓶。局机关干部为困难户先后送去慰问金7000余元，并帮助解决生产、生活中的困难。

【卫生应急及安全维稳】 区医疗应急分队参加市、区组织的“5·12”防灾救灾综合实战演练”，进行现场医疗救治、卫生防疫保障工作；区卫生系统为旌阳区第四届人民代表大会第一次会议，旌阳区非公经济组织健身运动会，2012年高、中考试工作顺利进行提供应急救援保障。妥善处理信访 25件，未出现纠访和重访现象，实现信访当事人“零进京、零到省”的目标，全年无重特大安全事故发生。

【惩防体系建设】 在“153”基本框架下，以医药购销、干部任命等为重点，全面开展权力运行监控机制建设，理清卫生局35项主要职权及运行中可能产生腐败的风险点111个。规范每项职权的运行流程，完善相关制度125项。全系统无违法违纪腐败现象发生，区卫生局预防职务犯罪工作被推荐到市上作交流，版本模式在全市卫生系统推广，2012年年底代表区政府接受市纪委的年终考核。

【人才科研工作】 年内聘请省、市级专家举办学术专题讲座11次；派出117人参加省、市学术交流活动，到省、市级医院进修学习21人次，撰写医学论文50篇，在国家和省市级刊物发表19篇。全区实施全科医师转岗培训36人次，全科医师、全科中医师、社区护士岗位培训441人次，399人参加基层医疗卫生人员在岗培训，293人参加远程继续教育，区中医院和区保健院选派8名专业技术人员到三级医院进修学习。区卫生局与华医网签订培训协议，完成辖区村卫生室人员129人的培训工作。

（滕　祺）

科学技术

【年度特点】 2012年，区科技局深入学习实践科学发展观，以加速科技成果转化为重点、以机制创新为动力、以科技人才队伍建设为支撑、以科技平台建设为载体，整合科技资源，提升创新能力，申报实施重大科技项目，加大科学技术普及力度，做好知识产权工作。

【科技合作】 金路集团公司与中科院沈阳金属研究所合作研发的电池级石墨烯中试项目，威旭公司与四川大学化学学院的磷酸铁锂电池项目，东深新能源公司与天津大学化学学院合作的150~500千瓦大功率铝—空金属燃料电池等一批新材料、新能源重点项目落户旌阳区并形成产能。四川德源电气有限公司的动力电池在线监测与管理系统，德源电气公司与西华大学汽车学院的电动汽车项目于9月有2台样车下线。组织本区30家企业参加第三届中国（西部）高新技术产业与金融资本对接会，7家企业参加投融资培训，2家企业参加投融资路演，3家企业参加投融资展览，5家企业参加与风险资本投资机构零距离对接洽谈。

【创新体系建设】 组织开展旌阳区高新技术企业的重新认定工作，帮助指导有关企业做好查漏补缺工作和申报材料的准备工作，全区累计通过国家高新技术企业复查和新认定10家，此企业所得税减按15%征收的优惠政策。引导、鼓励骨干企业建立技术研发机构，引进科技人员、增加科研投入，鼓励企业与高校科研院所联合共建科研机构，利用大学和科研院所的科研力量，为本区产业转型升级服务。特变电工、深捷科技、东佳港3家企业申报了四川省工程技术研究中心，德阳杰创线缆机械有限责任公司、德阳东方汉德电力工程有限公司、四川东方水利水电工程有限公司等3家企业通过国家高新技术企业认定。由区科技局牵头，区工业集中发展区申报四川省高新技术产业园区，于9月12日通过省发改委组织的专家评审。本局组织申报的“国家技术创新工程四川省技术创新试点示范县（市、区）”通过答辩。

【产学研合作】 中国民航飞行学院航空工程学院院长唐庆如一行14人考察了钰鑫机械、特变电工等企业，结合自身优势，航空工程学院与德阳钰鑫机械制造有限公司就科研合作、人才培养等方面签订战略合作协议，推进钰鑫机械技术创新和成果转化。在德阳市太平洋国际大酒店召开“四川大学德阳产业技术研究院成立暨科技成果转化促进会”。会上，旌阳区德阳威旭锂电科技有限公司、北大荒物流有限公司、森普管材有限公司、旌晶食品有限公司和油研种业有限公司等5家企业分别与四川大学合作签约，签约金额达到6160万元，投资总金额达到5.33亿元。

【农业科技创新】 参与旌阳区旌东、旌西新农村示范区建设，围绕五大农业产业化基地，着力打造七大农业科技示范园，核桃和花椒苗通过招标，完成栽植。引进推广新品种、新技术10项。由四川德阳景程禽业有限公司、四川农业大学、四川省畜牧总站等联合在旌阳区柏隆镇选育的“天府肉鹅配套系”正式通过国家遗传资源委员会审定，成为中国首个自主知识产权的肉鹅配套系，标志着旌阳区在水禽育种领域走在全国前列。由四川省水稻高粱研究所在旌阳区选育的“德香4103”被确认为全国超级稻品种；选育的加工专用萝卜新品种“蜀萝9号”和萝卜新品种“蜀萝10号”通过省农作物品种审定委员会鉴定；选育的水稻三系不育系“旌香1A”和恢复系“泸恢37”进行田间技术鉴定，对该所育成的“旌香1A/成恢727”、“泸206 A/成恢177”、“川香29A/泸恢37” 3个杂交水稻新组合进行纯度鉴定，该组合具有早熟、优质、高产等特点，米质达到国标二级标准，同意通过四川省纯度鉴定。旌阳区农业上的首个国家级重点实验室“农业部西南水稻生物学与遗传育种重点实验室”在四川省农科院水稻高粱所揭牌，标志着旌阳区拥有农业国家级重点实验室。德阳市蔬菜专家大院竣工投入使用。邀请德阳市水果专家大院专家涂美艳为和新镇永兴村32户油桃种植大户免费嫁接双喜红，中红4号、5号新品种油桃661株，1889个芽口。区政协经科委组织部分政协委员视察德阳市蔬菜专家大院和食用菌专家大院建设情况。区政府研究出台《旌阳区农村科技特派员聘用管理暂行办法》，明确规定对科技特派员在项目优先支持外，给予2000元/人·年的基本补助。依托省农科院、林科院、成都中医药研究所等大专院校推动产学研合作，加速农业科技成果转化。3月19日，召开“旌阳区科技特派员聘请仪式暨农村科技、知识产权工作会”。会上，新聘请王继文、蒋开锋等11名省内知名专家为旌阳区第二批科技特派员，科技局与科技特派员签订服务协议。建立科技特派团3个，转化以“美伦1号、2号、18号”和“绿宝石番茄”等科技成果12项。举办培训76次，培训人数4000余人次。

【实施专家论证制度】 区政府聘请栾道成、卢铁城、陈浚、周利军、袁洪、袁志坚等顾问为旌阳区第一批科技成果转化项目评审委员会专家，参与本区科技成果转化项目评审，特变电工、深捷科技、爱通电子线缆等企业的科技成果通过评审。科技顾问团顾问杨伟、卢铁城、董秀成等专家对旌阳区2012年度科技创新资金项目和科技成果转化项目进行评审。

【科学技术普及】 利用广播、电视、报刊、网络、橱窗等手段宣传《科技进步法》、《科学技术普及法》等科技法律、法规、科学文化知识。3月7日，组织参加在孝泉镇举行科技之春启动仪式。为孝泉镇群众赠送农村先进适用技术资料1000余册，赠现金2000元，并组织科技人员进行科技咨询服务，咨询人数500余人次。5月23日，第十一个科技活动周启动仪式在旌阳街道光华社区举行，区级有关部门在社区开展科普宣传、科技大篷车进社区活动；邀请50余名中学生和百余名社区居民参与社会与法·青少年模拟法庭进社区庭审活动。2012年，组织和开展科普进社区、进企业、进学校的“三进”大型科普活动20余次，参与人数3万余人次，区科技局免费为全区群众发放技术资料30余种、1.10万本。先后建成城南街道蒲江社区和城北街道秦宓社区2个市级科普社区，26个科技活动小分队；全区应建的106家农家书屋全部建成；孝泉镇德孝城申报“四川省科普示范基地”。

【提升企业科技竞争力】 组织有关单位申报各级各类科技计划项目。申报各级各类科技计划项目100项，立项67项，获得无偿资金1193万元。10项科技成果通过省、市鉴定。14项科技成果获省、市科技进步奖，2项专利项目获德阳市优秀专利奖。

【宣传专利知识，规范知识产权秩序】 在市、区及街道办人群集中的地方悬挂以“培育知识产权文化 促进旌阳创新发展”为主题的大幅广告标语，弘扬创造、运用、管理和保护知识产权的主旋律。1~12月全区专利申请量完成447件，依据《德阳市旌阳区专利申请资助资金管理办法》，资助专利103件。组织旌阳区特变电工、瑞能电力、东佳港等企业参加由中共德阳市委宣传部、德阳市科学技术和知识产权局举办的“激励创新精神 弘扬知识产权文化”演讲竞赛，获得优秀成绩。组织特变电工、爱通线缆、东佳港、瑞能电力科技、德阳仙鹤生物有限公司申报德阳市优秀专利奖励项目，在本年度的市优秀专利奖评审中，特变电工（德阳）电缆股份有限公司实施的“顶驱钻井专用电缆及其制造方法(ZL201010286632.0)”和德阳三丰原肉产品专业合作社实施的“苜蓿提取物作为增强动物免疫机能和抗逆性的动物功能性食品的应用（ZL01118421.3）”荣获2012年度德阳市优秀专利奖。组织特变电工、爱通电子线缆、瑞能电力、深捷科技等企业申报省、市专利实施专项资金，立项3项，获得无偿资金25万元。4月25日，由市区两级知识产权部门牵头，会同公安、工商、商务、文化版权等部门组成联合执法队伍，对关涉民生领域的洋洋百货、爱家超市、国美电器等商场进行联合执法检查，对查出的部分假冒专利产品、失效专利产品勒令商家限期下架，并等待进一步的处理。9月15日至17日，旌阳区特变电工（德阳）电缆有限公司自主研发的“顶驱钻井专用电缆及其制造方法”专利，凭借安全、可靠、绿色、环保等特点，在大连市召开的“2012年中国国际专利技术与产品交易会”上获得金奖。

（张　曲）

旅游·体育事业

【体制改革】 根据《中共四川省委、省人民政府关于市（州）、县（市、区）人民政府机构改革的意见》关于“加强文化领域综合管理，整合市（州）、县（市、区）文化、广播（电影）电视、新闻出版等部门的职责，组建文化影视新闻出版管理机构”要求，结合旌阳区旅游体育工作实际，于2012年6月设立德阳市旌阳区旅游体育局（简称区旅体局）。

旅游事业

【特色文化旅游区】 旌阳特色文化旅游区以“一心四片区”为基本构架，以市区旅游信息及服务中心和旅游接待集散中心为圆心，辐射周边乡镇，着力建设好孝泉古镇孝文化特色旅游区、和新长寿文化风景区、双东黄府堰风景区、黄许汉晋文博旅游区。以主打孝文化、民俗特色文化为核心吸引力，通过特色文化的提升带动，逐步把旌阳特色文化旅游区发展成川西片区重要的人文旅游目的地。

【星级农家乐】 加强对区属星级农家乐的指导与管理，促进乡村旅游业发展。全区有省级四星级农家乐4家，分别是丽景湾、吴家花园、翠屏山庄和香湖翠岛；省级三星级农家乐3家，分别是美华生态园、怡乐种植园和蓝天休闲园；省级二星级农家乐2家，分别是尹家花园、乡情天下。

【业务培训】 与专业旅游学校共同对全区旅游从业人员的技能实施培训，全年培训7期650余人次。

【旅游节会】 2012年3月，双东镇协办第七届民俗文化赏花节，带动全区民俗文化旅游和乡村休闲旅游事业发展。6月在和新镇举办山地自行车大赛，将休闲健身与观光旅游有机结合，吸引四方游客，提高旌阳旅游在省内外旅游市场的知名度和美誉度。10月在孝泉镇协办孝文化旅游周活动，打响古镇旅游名片，展现旌阳旅游形象。

【旅游形象推介】 做好区属旅游景区（点）的对外宣传和产品推销工作。组织德阳潮扇、德阳酱油、“马昌恒”果汁牛肉、黄许鹿头禽蛋等特色旅游产品参展参赛。在全市首届民俗民间文化艺术节、德阳市第二届旅游发展大会上推荐旌阳特色旅游产品和资源。

【旅游统计】 2012年实现旅游总收入6.07亿元，同比增长17.18%，接待游客130.15万人次，同比增长21.39%。接待入境游客2227人次，实现旅游外汇收入265.43万美元；接待国内游客129.93万人次，实现国内旅游收入5.09亿元。其中一日游达98.93万人次。

体育事业

【体育活动】 2012年1月举办旌阳区第五届区级机关职工登山活动，全区1100余名干部职工参加。3月举办全区小学生篮球比赛，21支男子代表队、14支女子代表队参加本次比赛。4月举办旌阳区第二届“工会杯”网球公开赛，全区30余名网球爱好者参加比赛，决出男双、女双前三甲。“德阳体育日”期间举办了旌阳区第二届健身秧歌大赛，组织开展羽毛球赛、乒乓球赛和网球赛等形式多样的全民健身活动。6月举办川渝山地自行车挑战赛—德阳第二届山地自行车大赛，吸引各地山地自行车爱好者，推动全区山地自行车运动开展。8月8日“全民健身日”开展“希望杯”职工羽毛球比赛。10月协助开展全区非公有制企业运动会，全区18家企业720余人参加篮球、羽毛球、乒乓球、跳远、跳绳等项目。

【体育设施】 2012年，区文体活动中心篮球场馆、网球场、羽毛球馆、室内全民健身中心等各运动场馆免费向未成年人及社会公众开放，接待健身人数5余万人次。完成全民健身工程（健身路径）5个：天元镇歇月村健身工程、柏隆镇南桂村健身工程、孝泉镇八一村健身工程、孝感镇灵庙村健身工程和黄许镇新太村健身路径。新建2个全民健身苑：北公园、黄河桥东。

【体育人才】 深入柏隆镇、扬嘉镇、双东镇、德新镇和天元镇开展社会体育指导员培训，培训人数300余人。组织开展旌阳区社会体育指导员培训，参加培训人员74人，批准授予65位同志三级社会体育指导员称号。2012年共审批社会体育指导员607人。

【体育竞技】 59名运动员在市体育局登记注册。完成2012年四川省青少年锦标赛旌阳区所属运动队（跆拳道、足球、乒乓球）参赛任务，并夺得足球比赛冠军，跆拳道女子丙组个人冠军，跆拳道男子丙组银牌，跆拳道男子乙组铜牌等优异成绩。

（冯　璐）

文化·广电·新闻

【文化阵地建设】 建成11个乡镇综合文化站（含多功能活动厅、书刊阅览室、培训教室、文化信息资源共享服务室、管理用房）；106个行政村、76个社区（含农村场镇居委会等）建成文化信息资源共享工程服务点（党员干部远教点）；建成文化广场7个；建成106个农家书屋；52个城市社区建成多功能文化活动室。澳门援建区文化中心实行全免费向社会开放。至此，旌阳区区级、乡镇（街道）、村（社区）文化服务网络架构基本形成。

【群众文化活动】 全年举行大型文化活动20余次，各乡镇（街道）、村（社区）举办群众文化活动100余场次。举办“三下乡、四进社区”活动；开展“百乡千村行.文化走基层”、“迎新年送春联”活动；开展“文化惠民进社区文艺演出”活动20余场；开展旌阳区元宵文化游艺活动；开展庆祝“三八”妇女节文艺演出活动；组织开展“炫舞德阳”舞蹈大赛旌阳区初赛、复赛；在钟鼓楼广场举办奋进旌阳·辉煌巨变—旌阳区庆“七一”主题图片暨书画摄影作品展，征集作品500余幅；收集、整理、拍摄文体局干部职工到基层辅导文体活动的图片，参加区委宣传部举办庆七一“四个年”摄影作品展；举办旌阳区庆“十八大”美术书法摄影作品展；举办旌阳区歌手大赛；组织城北街道舞蹈《军中姐妹》参加市委宣传部在文庙广场举办的“红色送歌”德阳市首届社区优秀文艺节目展演；在德新镇举办首届广场舞大赛和“声动乡村·魅力德新”十佳歌手大奖赛；指导、协助举办2012“中国孝文化旅游节”、2012“双东赏花民俗文化节”和“崴螺山长寿风情辣椒节”系列传统民俗文化活动，形成一批有影响的品牌文化活动。

【文艺作品创作】 原创舞蹈节目《鸡公车圆又圆》作为德阳市、区唯一获得参赛资格的节目，代表德阳市参加了“天府情深”—四川省“群星奖”音乐、舞蹈大赛暨农民工文艺汇演和颁奖晚会，荣获三等奖和优秀组织奖。编排、辅导舞蹈《上班狂想曲》、《潮扇新韵》，参加“炫舞德阳”德阳市首届舞蹈大赛，分别荣获三等奖；创作、编排舞蹈《火红的旌阳》参加“党旗高扬引征程”德阳市喜迎党的十八大文艺调演；2件书画作品入选四川省文化厅举办的首届《四川文化美术奖作品展》；编辑出版旌阳区首份综合文学刊物《旌阳文艺》，替补本区无综合性文学刊物的空白，受到全区各界的高度赞许。

【文化市场监管】 全年组织文化市场经营单位培训会8期，参训140人次，发放学习材料300余份；开展专项治理行动，出动检查人员1325人次，受理群众举报15人次；检查文化、新闻出版市场经营单位575家，查处违规经营场所9家；检查网吧359户次；检查娱乐场所78次，取缔娱乐场所（游艺室）2家，现场销毁涉赌游戏机21台，移交公安机关10台，限期整改2家；检查出版物市场165户次，收缴非法出版物700余件（盗版出版物100余本，淫秽色情出版物600余本）。

【文物保护管理】 完成旌阳区上等级文物保护单位保护范围界桩的安装工作；加强对文保单位和不可移动文物的安全、保护工作，定期开展文物安全检查；完成华强沟水库的文物实地调查工作，撰写《华强沟水库建设工程文物考古调查勘探评估报告》；对馆藏文物进行分类整理，制作规范的文物档案。聘请省文物鉴定专家对馆藏文物进行等级鉴定。旌阳区有馆藏文物209件，其中二级文物5件，三级文物43件。2013年5月，旌阳区孝泉元代龙护舍利塔被国务院公布为第七批全国重点文物保护单位。

【广播宣传】 创新宣传形式，重大主题活动超前策划，全方位、多角度报道，提高宣传质量；走基层、转作风、改文风，在宣传思想领域奋力推进“一三五八”发展战略，为建设“四个旌阳”奋斗目标营造良好的舆论环境。现有两套播出频率（FM94.0、FM90.8），根据频率属性和定位开设自办节目18档，品牌栏目有《旌城帮帮团》、《旌城龙门阵》、《都市夜心情》、《旌城香香嘴》等，自制广播节目4735.70小时；全天播出时长36小时，全年播出1.31余万小时。《旌阳新闻》组用稿3067条，开设专栏12个，播出时长1.40余万分钟。市台用稿89件，省台用稿3件。13件作品获奖（获全国县级作品奖1件，省提名奖作品2件，获市优作品10件)。

【电视宣传】 结合旌阳区实际，围绕全区中心工作做好宣传报道。3个播出频道（新闻频道、阳光频道、百姓生活频道），自办节目9个，品牌栏目有《旌阳新闻》、《旌城香香嘴》、《评说德阳》等，全天播出节目时间57小时，全年播出2.08余万小时。2012年，《旌阳新闻》共开设新闻专题栏目50余个，组织外宣稿件20条，摄制各类专题宣传片30余个。市台用稿91条，省台用稿14条，央视用稿6条。8件作品获奖（其中全国县级作品奖3件，省提名奖作品1件，市优作品4件）。

【电影放映】 建立健全电影放映管理、监督、考核制度，制定全区农村公益电影放映计划，全年放映公益电影1692场，观众达50.76万人；启动“公益电影进社区”活动，为11个乡镇、4个街道办、82个社区放映电影252场次。

【灾后重建】 由澳门投资1584万元援建的区文化中心是集文化活动、图书阅览为一体的综合性公共服务设施，设有舞蹈室、音乐室、展厅、美术书法室、文艺创作室、儿童活动室、电子活动室、综合排练室、培训室、设备室等，并实行全免费向社会开放。投资1000万元，建筑面积2400平方米的中影星美孝泉电影院正式落成，于2012年9月29日隆重开业。影院设4个观众厅，可同时容纳近400名观众，全部采用比利时巴可2K（3D）和日本夏普1.3K数字放映机，7.1和5.1声道还音设备，具备3D和全球同步放映功能。让孝泉片区约15万群众切身体验到数字时代的视听文化成果，已放映电影近200场。投资4500万元，建筑面积达1.31万平方米，作为旌阳区标志性建筑的广播电视业务大楼顺利落成进入装修阶段，具有先进的广播影视节目制作、传输、播出和监控功能，集办公、综合演艺和数字视听于一体。

【事业建设】 2012年，推进“村村通”工程，在重点区域（黄河开发区、旌湖开发区）发展地面电视用户。新发展有线、无线电视用户4500余户，完成经济目标982万元。以各乡镇新建小区、楼栋为中心向外辐射，全力推进数字整转工作，同时进行安装、维护成本控制的管理及全网运行设备保养工作。完成数转用户1.50余万户，其中高清电视用户1000户。先后投入80余万元对黄许、孝感、双东等乡镇的有线广播线路和喇叭进行改造更新，新建孝感镇伏凤村、双东镇凉水村等12个标准化村广播室。截至2012年10月，完成87个规范化村广播站的建设。加强对乡镇广电工作业务指导和技术培训，使镇、乡广播电视服务人员、经费、职能得到进一步落实，全区镇、村广播室阵地建设规范有序。

【行业管理】 完善广播电视节目采编、制作、审查、播出各项管理制度，开展“绿色频率频道创建”活动，严格执行审片制度、节目监播制度，确保正确舆论导向。贯彻执行国务院129号令和省广电局《关于规范全省IPTV发展和管理的紧急通知》精神，会同市区有关部门进行联合执法，收缴违法安装的卫星接收天线30余面。优化行政审批事项的办事流程，提高服务质量和效率；抓好“市长信箱”、“区长信箱”信访件及人大代表建议、政协委员提案的办理，做到件件有回复，事事抓落实，办结率达100%。

【安全播出】 成立安全播出领导小组，完善和落实安全播出保障机制、技防措施和管理制度。对相关人员进行应急技术培训和预案演练；与各乡镇签订广播电视安全播出和传输责任书；按照有关规定完成 “三电”专项整治工作，形成全系统上下统一指挥、反应快捷、及时有效的安全播出保障体系，实现安全播出和传输零事故的目标。

【帮扶活动】 局党委带领党员干部多次深入到德新镇龙泉、富新、星光、胜利等村开展“挂、包、帮”活动，结对帮扶110余名贫困户，送去化肥等价值2万元的物质；为旌阳区友邦儿童福利院孤残儿童送去奶粉、大米等价值4000余元的慰问品；到柏隆镇儿童友好家园开展“特别的爱给特别的你”志愿者活动，牵手留守儿童30余名，赠送3000余元的书籍、文具等。干部职工为农民工子女、留守儿童讲授文学音乐舞蹈知识。

【公益活动】 由共青团德阳市委、德阳市青年联合会主办，旌阳区文化广播影视新闻出版局和德阳日报社、共青团旌阳区委承办的“2012相约青春　爱在德阳”青年婚庆文化节于2013年8月24日在德阳市体育场举行。整个活动持续3天，由公益活动和展览展示两部分组成。开幕式当天为30对新人举行了集体婚礼。此外，万人相亲会、高端派对、双城情缘、非诚勿扰等一系列活动为德阳及周边城市

图为集体婚礼现场

广大单身青年提供更为广泛的交友平台；在活动现场还开通两部“爱情热线”用于会员以及单身人士之间联系，据不完全统计，为万余人进行了热线联系。婚礼展示展览环节还聚集了婚纱、喜宴、喜酒、家电、装饰等与婚庆相关的商家70余家，为广大市民提供了婚庆用品一站式购齐的便捷服务，在赢得广大市民广泛好评的同时也给广大商家提供了一次集体展示的平台。

（王玉霞　许连淦）

社会民生

She Hui Min Sheng

东湖山领地风景

人力资源和社会保障

【年度特点】 2012年，旌阳区人力资源和社会保障局以保障和改善民生为主线，以就业创业、社会保障、人才工作、执法维权为重点，开拓创新、扎实苦干，超额完成全年各项目标任务。连续4年获得区目标考核一等奖。

【就业服务管理】 通过举办“春风送岗位”招聘会，组织开展“就业援助月”、开发公益性岗位、开办技能培训班等形式，为就业困难重点群体提供免费的职业指导、技能培训，对有创业愿望和能力的推荐创业项目，并及时提供创业培训、小额担保贷款、场地支持等服务。全区城镇新增就业5858人，完成目标任务的110%；下岗失业人员再就业1890人，完成目标任务的111%；其中就业困难对象再就业634人，完成目标任务的137%；动态消除“零就业”家庭，确保每户至少1人就业。城镇登记失业率控制在3.40%，低于目标任务0.6个百分点。

依托街道（社区）劳动保障平台、“高校毕业生就业服务月”等活动，为高校毕业生提供求职择业、职位查询、就业指导、创业培训等“一条龙”服务，并着手打造创业孵化平台。建立14家“青年就业创业见习基地”，先后提供见习岗位280余个，促进高校毕业生参加就业见习46名，完成目标任务的102%；大学生小额担保贷款额度由原来的2万元提高到5万元，全年为16名高校毕业生发放担保贷款90万元，为36名创业成功的大学生发放14.70万元的创业奖励。抓住春节前后农民工大量返乡及外出的有利时机，组织开展农村劳动力技能培训3110人，完成目标任务的104%；农民工在岗培训2120人，完成目标任务的106%；农民工品牌培训350人，完成目标任务的100%；发放小额担保贷款1045万元，完成目标任务的116%。为规范职业技能培训机构办学行为，首次实行培训机构招投标，综合评定出7家具备教学实训条件、师资及招生能力的技能培训机构，有步骤、有计划地开展各项职业技能培训，全年开班18期，33个班级1400余人，涉及焊工、钳工、烹饪、家政等工种工种。

【社会保险事业】 以城镇个体工商户、新成立企业和灵活就业人员为重点，针对不同对象采取相应措施，推进养老保险扩面征缴工作。2012年全区企业养老保险参保职工人数6.84万人，完成目标任务的106%，城镇职工基本医疗保险参保4.76万人，完成目标任务的108%；城镇居民基本医疗保险参保14.05余万人，完成目标任务的104%；失业保险参保2.40余万人，完成目标任务的133%；工伤保险参保2.87余万人，完成目标任务的100.50%，其中农民工1.35余万人，完成目标任务的100.30%；生育保险参保人数2.39余万人，完成目标任务的100 %；新型农村和城镇居民社会养老保险覆盖人数17.23万人，完成目标任务的133%。全区征缴各类社保基金4.60余亿元。其中征缴企业养老保险基金征缴收入3.30余亿元，征缴医疗保险基金8300万元，征缴失业保险基金1480.58万元，征缴生育保险基金315万元，征缴工伤保险基金734万元，征缴新农保基金2172.50万元。全面完成2012年度基本养老金调整工作，准确兑现2.21万名退休人员待遇调整，月人均调整增加养老金180.33元，月人均养老金较上年增长111元。

【稽核工作和审计】 对全区600余家企业进行日常稽核，督促未参保企业按政策规定进行补缴，同时配合社会保险基金审计，完成市审计局对区人社局9项社保基金的审计，对审计过程中存在的问题及时进行整改。

【启动“金保工程”及保障卡发放】 重新整合规划各项业务流程，理顺各级管理权限，确保每一条业务操作及对应的财务记录都有据可查，使群众的“救命钱”、“养老钱”更加安全。2012年11月23日，旌阳区率先在全市启动社会保障卡发放工作。社会保障卡可在全市各社保经办机构、定点医疗机构、金融网点办理养老、医疗、失业、工伤、生育等各项社会保险相关业务，也可办理存取款等金融业务，首批社保卡覆盖新型农村养老保险参保人员11万人，各乡镇（街道）发卡率达85%以上。

【医疗保险事业】 全面实现区内就医住院“一条龙”服务，推进异地定点医疗及结算。新增罗江县医院、广汉骨科医院、成都陆军总医院、绵阳精神病医院等区外定点医疗机构，方便群众就近就医；实行特殊慢性病在定点医疗机构直接结算的办法，方便特殊慢性病人员就医购药，并新增特殊疾病定点药店13家，实行定点管理。提高医疗保险待遇。职工基本医疗保险统筹金最高支付限额调整到17万元，医疗费用报销达到80%以上（居民医保12万元），城镇居民医疗保险最高支付限额调整到12万元，费用报销达到70%以上；补充医疗报销支付金由原来的20万元增加到40万元；城镇居民医保门诊特殊疾病保障范畴调整到与职工医保一致；建立公务员医疗补助台账，及时发放个人门诊账户补助，统一组织参加补充医疗保险；充实人员，完善方案，加大对过渡医疗行为和套取、骗取医疗保险基金的违规违法案件的查处打击力度；改进总额包干动态管理和按病种付费办法，实行次均住院费用控制和总额包干，遏制医疗费用上涨；探索临床路径，单病种结算等多种支付方式，逐步建立起定点医疗机构自我约束、与医疗经办机构共担风险的运行机制，规范医疗服务行为。

【劳动执法和维权】 开展劳动监察执法工作。组织开展7次以规范劳动力市场执法大检查和以清欠民工工资为重点的执法大检查，集中对民营企业和各建筑施工单位进行重点检查，受理投诉159件，涉及职工1752人，为农民工追讨工资1689.30万元。其中建筑领域农民工工资投诉达48件，涉及人数1445人，追回工资1590万元。加大案前调解力度，妥善化解劳资纠纷。全年受理案件479件，涉及工资、社保、双倍工资、经济补偿、工伤等方面，为劳动者和企业挽回经济损失约567.23万元；加大规范用工法律法规的宣传力度。开展“春暖行动”，进行《劳动合同法》、《社会保险法》以及工伤、养老、医保等政策要点的宣传，发放宣传资料4000余份，责令各类用人单位补签劳动合同3000余份，补办补缴社会保险40余人。

【人事管理工作】 按照上级业务部门的安排和要求，组织全区2010年度机关、事业单位年度考核工作，考核公务员925人，事业单位工作人员参加考核人数4831人。启动全区在编公务员信息采集工作，采集内容除包括人员基本信息、职务信息、专业技术信息、奖惩信息、年度考核信息等外，还将重点补充完善机关公务员的转入转出、晋升降职、辞职辞退、退休等各种变动情况，为全区公务员信息库建设奠定准确的数据基础；严格落实公务员调任、转任、考核、试用期满的管理和考试录用办法，精心组织实施公务员考录工作。2012年，面向社会考录公务员19人，“三支一扶”志愿者17人，组织1300余名公务员（参公人员）参加了职业道德培训；落实退伍军人相关政策，在元旦、春节两节期间对企业军转干部进行慰问，帮助其解决生活中的实际困难。

【工资调整】 开展640名机关公务员的工资调整，7784名事业单位和教育系统的薪级工资普调工作，对涉及调资人员的工作及工资信息进行重新核实；落实事业单位绩效工资制度，清理各种津贴补贴，做好奖励性绩效工资的兑现工作，妥善解决好历史遗留的问题。办理规范性津补贴及绩效调整1380人，人均月增资309元；为2012年分配、调动、考录、招工、转业退伍军人等各类人员及时办理工资审批手续；进一步完善企业工资分配制度、加强企业职工工资分配调控，完善工资指导线制度。

【自身建设】 开展“作风转变年”活动。通过问卷调查、设立征求意见箱、“开门评风”恳谈会等形式，对照作风转变、机关效能建设等各项要求，听取各方意见，查找工作中的薄弱环节和漏洞，制定整改措施，改进服务作风，提高服务质量和工作效率。通过党员公开承诺、党员先锋岗、示范窗口、开门评风等活动，推进机关行政效能建设和作风建设。

【帮扶活动】 局领导班子深入联系村黄许镇双原村、新中镇尖山村调研帮扶活动，与村两委干部交流，实地考察村级阵地建设情况，指导村“两委”班子完善党领导的村级民主自治机制，提高村级民主管理水平，并投入资金为帮扶村添置电脑、打印机等办公设备。

（王　宇）

人口和计划生育

【目标任务】 2012年（2011年10月至2012年9月，下文数据均按统计年度计算）全区上报出生人口5410人，占人口计划调整数（5356人）的101.01%，控制在±5%之内；符合政策生育率94.33%，高于市考核指标（90%）；出生率8.15‰，死亡率6.36‰，自然增长率1.79‰，控制在市考核指标（2.24‰）内。落实计划生育“三结合”帮扶户1093户，完成目标任务数的102%；计划生育奖励扶助和特别扶助对象误差率小于0.5‰。

【民生工程】 全区享受农村计划生育家庭奖励扶助对象9567人，享受计划生育家庭特别扶助对象633人，发放资金1016万元；全区独生子女父母奖励对象9.11余万人，其中农村户口独生子女父母5.42万人，城镇享受最低生活保障家庭独生子女父母2.08余万人，城镇未就业家庭独生子女父母1.61余万人，发放独生子女父母奖励金273万元；慰问女孩家庭1271人，慰问计生困难家庭9万户，发放慰问金36万元；办理计划生育家庭0~6周岁独生子女免费平安保险4557人次；发放免费避孕套24万只，办理免费节育手术保险1747人次。旌阳区作为创建幸福家庭活动示范点，举行创建幸福家庭活动启动仪式，并率先在扬嘉镇等地开展创建示范活动。

【宣传教育】 编印《计划生育法律法规选编》和办证程序、奖励政策、优生优育、生殖健康等7种宣传资料20万册（份），陆续免费发放给广大群众；编印图文并茂的《画说计生》宣传手册5万册，发放给机关、厂矿、企事业单位职工；利用“三下乡”、“5·29”协会活动日、“7·11”世界人口日、男性健康日等契机，开展人口计生集中宣传48次，发放计生年画、环保袋、围裙等9万张（册、个），发放宣传品4.50万份，咨询义诊服务7512人次；在全区悬挂计生宣传横幅105幅，每月在区电台开办《人口直通车》直播节目；新建或巩固人口文化中心2个、人口文化站47个、人口文化中心户37个。

【依法行政】 全区受理再生育申请649件，审批648件；对307例不符合政策生育夫妇作出征收社会抚养费的决定，立案处理率达93%，实际征收社会抚养费500余万元。畅通“12356”阳光计生服务热线，在各乡镇（街道）、村（居）均设置标准化的人口计生政务公开专栏和阳光计生服务窗口，推进“一站式”服务。

【优质服务】 全区组织开办出生缺陷干预知识讲座17场，1628人参加讲座，实施免费计划生育手术673人次、免费婚前医学检查3013人次、免费生殖健康检查2.49余万人次，开展再生育家庭慰问和全程免费服务25人次，组织病残儿医学鉴定36人次。在全区11个乡镇建立49个标准化村级服务室，完善计划生育服务体系。在村级服务室、办证大厅等地安装避孕药具实物展示牌、知情选择挂图100块。

【流动人口管理】 一是试点网格化管理模式。2012年建立流动人口计划生育服务管理示范点4个。其中社区2个，企业1个，劳务公司1个，将社区流动人口聚居区域划分网格，每个网格配备1~2名专（兼）职人员，与计生专干、志愿者一起对流动人口进行服务管理。二是加强流动人口信息管理。旌阳区自主设计了《四川省德阳市旌阳区流动人口信息卡》、流动人口《办证通知单》，将采集的信息录入管理系统。截至2012年年底，全区全员流动人口平台应用率100%，在库人数为5.42万人，比同期增加1.40余万人。三是推进流动人口计划生育基本公共服务均等化。元旦春节期间召开返乡务工人员座谈会89次，为流动人口进行免费生殖健康检查1.27万人次，办理流动人口婚育证明3845本。

【协会工作】 2012年6月，旌阳区召开区计划生育协会第四次会员代表大会。会议审议通过《旌阳区计划生育协会章程》，选举产生新一届区计生协会常务理事13人，理事46人。全区各乡镇、街道陆续召开协会会员代表大会，进行换届选举。同时，通过村民选举产生基层群众自治监理会和理事会等自治机构，组织修订基层群众自治章程，重新签订自治协议。

【夯实基层基础】 为天元镇、扬嘉镇等6个乡镇的村（居）配备人口计生信息化建设专用电脑，推动全员人口信息平台建设到村（居）；区人口局组织召开全区计生专干培训会，各乡镇（街道）、村（居）和大型厂矿计生干部共计270余人参加培训。坚持每月召开全区人口计生工作例会；完善廉政风险防控体系建设，开展“作风转变年”活动，促进基层工作方式、工作态度的转变，提高群众满意度。

（吉　丽）

老龄事业

【年度特点】 2012年，旌阳区老龄工作坚持以人为本，全面贯彻和落实科学发展观，树立人口老龄观，弘扬敬老、爱老、助老的传统美德，贯彻“党政主导、社会参与、全民关怀”的老龄工作方针，落实“老有所养、老有所医、老有所教、老有所学、老有所为、老有所乐”的老龄工作目标，推动旌阳区老龄事业的新发展。

【节日慰问】 区老龄办重阳节组织慰问30名贫困老人，发放慰问金1.20万元；慰问新增百岁老人4人，发放慰问金2000元。元旦、春节组织慰问百岁老人10名，发放慰问金8000元。乡镇（街道）、村（居）委会开展慰问活动和老年人座谈会，倾听老年人心声，为老年人送上党和政府的关心和温暖。

【“六个老有”】 老有所养。全区城乡困难老人按政策全部纳入城乡低保，实现应保尽保并按实际情况进行分类实施，享受不同水平的低保上浮金，其中城镇三无老人低保金上浮80%，每人每月享受504元低保金。坚持敬老补贴的按时足额发放，100岁以上老人每人每月发放200元敬老补贴，90岁~99岁老人每人每月发放50元敬老补贴，全年发放敬老补贴费76.44万元。配合社保局做好城乡60岁以上老人的新城保、新农保工作，全区老年人生活质量得到很好改善。老有所医。困难老人所有病种都可享受住院医疗救助，城乡低保老人、农村五保老人常见病全部纳入门诊救助；利用城乡医疗救助资金资助城乡困难人员参保参合2.50余万人，缓解老年人看病难问题。社区卫生站还为老人建立健康档案，实行免费体检，举办健康知识讲座，增强老年人自我保健意识。老有所教、老有所学、老有所乐活动经常性开展，随着旌阳区老年活动场所的建立和完善，老年人协会的壮大及老年大学的发展，老年人开展自我教育、自我学习、自娱自乐的活动，多数老年人主动进入老年大学学习，踊跃加入老年协会，参加书画、舞蹈、健身操等各种文体活动，丰富老年人的精神文化生活，保障了老有所教、老有所学、老有所乐。旌城老年大学被评为省级老年大学办学先进单位。老有所为深受社会好评，社会关心老年人，老年人为党和政府献计献策，协助政府工作，维护社会治安、教育子女遵纪守法、勤劳致富，特别是在“五城联创”工作中，老年协会发挥了积极作用。

【“旌阳健康养生活动月”活动】 在重阳节来临之际，旌阳区举办了“旌阳健康养生活动月”活动。与区卫生局、区老干局、区公安分局、区文广新局联合举办了“旌阳讲坛之健康养生知识讲座”，邀请知名专家为老年人作健康知识宣传；与区民政局、和新镇、文广新局联合组织了“走长寿之乡，敬长寿老人”活动，区委、区政府领导看望慰问了和新镇高龄老人，陪老年人吃长寿宴；与区摄影家协会配合专题制作“写生百岁老人”，为全区每位百岁老人摄影写生。

【居家养老】 区老龄办与区民政局打造2个四川省一级养老服务示范社区。区福彩公益金资助29万元，修缮示范社区房屋，完善设施设备；根据创建标准逐项对照落实，扎实工作，城南辽河社区和天元黄连桥社区均已通过“四川省养老服务示范社区（一级）”验收。全年为旌阳区100余名空巢、贫困、高龄、失能老年人开展了以生活照料、医疗保健、精神慰藉、法律援助、文化娱乐为主要内容，有偿、低偿和无偿服务相结合的居家养老服务工作，得到老年人及周边群众的广泛赞誉，取得了较好社会效应。

（王剑锋）

民族宗教

【为少数民族办实事】 在旌阳街道堰塘坝社区和孝泉镇正阳街社区两个回族聚居区举行民族团结进步宣传和教育活动，开展“民族团结和谐社区”创建工作。上报省民族团结进步创建活动教育基地1个，示范单位3个，示范社区2个，示范户2户。落实少数民族发展专项资金10万元，用于农村贫困少数民族致富培训。以双东镇冬美枣专业合作社为基地的少数民族培训中心和以柏隆镇陈家山果业专业合作社为基地的少数民族培训中心为依托，加强对农村少数民族致富技能的培训指导，举办两个培训中心培训班12期，培训400余人次，培养农村少数民族致富带头人3户。

【民族成分更改】 在民族成分更改工作中，按照有关政策办事，完善程序，完善手续，完备材料，注意归档，使此项工作没有发生一例错误。更改民族成分10人。

【流动人口管理】 从促进少数民族自我管理、自我服务入手，协调城管、工商等相关部门做好城镇少数民族流动人口服务与管理工作，维护全区的社会稳定。旌阳区无造成重大社会影响的涉及民族因素的突发事件。

【其他活动】 开展“宗教政策法规学习月”活动，组织两期120人次的集中培训班，学习国务院《宗教事务条例》及旌阳区出台的《关于宗教活动场所建筑工程质量监管的意见》、《关于宗教活动场所规范管理的意见》等文件。引导辖区宗教活动场所开展“宗教慈善周”活动。收到辖区内宗教团体和宗教活动场所慈善捐款3.84余万元，全部上交德阳市民宗局统一捐赠。开展和谐寺观教堂创建活动。做好宗教活动场所安全隐患排查、政策法规宣传、财务监管、宗教教职人员登记备案和宗教教职人员社保购买等工作，规范宗教活动场所管理。全区9个宗教活动场所全部达标，并被市委统战部、市民宗局评为市级“和谐寺观教堂”。

【安全工作】 定期召开宗教活动场所负责人会议，宣传加强安全工作的有关文件精神，提高宗教教职人员、管理人员的安全意识。制定下发系列文件，明确任务、落实责任、细化措施，提高宗教教职人员、管理人员的安全防范能力。协调相关部门加强宗教活动场所的安全监管，避免安全事故的发生。“五一”和国庆前夕，按照区委、区政府的统一安排部署，区政协副主席、区委统战部部长王西林率区民宗局、区安监局、区住建局、区消防大队、区林业局等相关部门负责人对全区宗教活动场所进行安全大检查。

【构建宗教工作三级网络】 旌阳区在全市率先全面建成宗教工作区、乡、村三级网络，使宗教工作形成层层有人管，事事有人抓，上下联动、齐抓共管的良好局面，确保全区宗教领域的和谐稳定。

【灾后重建】 全区9个宗教活动场所的灾后重建项目，孝泉清真寺灾后恢复重建工程完工，旌阳清真寺土地问题得到落实，孝泉延祚寺完成前期准备工作，其余6个场所按进度推进，预计2013年6月底前全部竣工。

（邹　莉）

东湖山领地

街道·乡镇

Jie Dao Xiang Zhen

旌阳区广场舞

旌阳街道

【党建工作】 旌阳街道地处市区中心地带，幅员面积3.20平方千米，辖10个社区居委会，有39个党支部（其中社区党支部10个，破产企业党支部8个，非公有制企业党支部11个，联合党支部4个，其他党支部6个），党员1166名。

【经济建设】 全年规模以上企业实现产值1.01亿元，实现销售收入9100万元，实现利税200万元；中小企业完成利润65万元，完成全年目标任务的100%；税金678万元，完成全年目标任务的100%；营业收入1.20亿元，完成全年目标任务的100%；产值1.27亿元，完成全年目标任务的100%。固定资产投资1.16亿元，完成全年目标任务的100%；完成限额以上商贸流通业，社会消费品零售总额35.26亿元，占全年目标任务的100%；引进到位资金1.20亿元，占任务数的100%；引进国内省外资金8000万元，占任务数的100%。

【廉政建设】 落实党风廉政建设责任制，加大教育、监督、改革、制度创新力度。构建惩防体系，完善各项制度，建立长效机制。加强党员干部作风建设，提高机关行政效能。推进惩治和预防腐败体系建设，加大反腐宣传力度，建立健全廉政制度，将反腐工作常抓不懈。

【联系群众】 针对“挂、包、帮”活动帮扶村—新中镇白河村，制定详细的帮扶计划，“六一”儿童节对该村的留守儿童进行慰问；要求街道党员干部帮扶一户困难农户，通过发放“旌阳街道机关干部直接联系服务群众联系卡”，加强与帮扶户的联系；从技术、资金、渠道等方面，加大对种养殖大户的帮扶；协助村党支部阵地建设，开展好党员教育活动。在辖区内开展“领导挂点、科室帮社区、干部帮户”活动。坚持领导干部带头深入社区，了解群众在生产生活中遇到的困难，分析并想方设法地帮助解决；街道机关干部联系一户贫困户，实行“一帮一”的帮扶机制，为其排忧解难；与留守儿童结对子。每月和留守儿童开展一次“小手拉大手”活动，帮助解决学习、生活上遇到的困难；定期为空巢老人提供生活照料、心理抚慰、保健服务、法律援助、应急救助等服务，让空巢老人体会到家的温馨和快乐；为下岗女职工讲解有关小额贷款的政策，进行家政培训并帮助寻岗荐岗。

【文化工作】 街道采取领导联系社区，机关干部包干社区的方式，组织开展各项社区文化活动，市文化馆专门派舞蹈老师深入社区居民大院指导舞蹈，形成政府、社区、辖区单位社区群众四位一体的社区文化活动体系。建立文化阵地，丰富居民文化生活。街道办为文昌、光华、西小区等社区争取资金300余万元，建立社区科技、文化阵地。旌阳街道办以题为“畅想旌阳，相约旌阳，激情广场”为主题，在社区开展广场和坝坝文化活动。

【民政优抚】 2012年，为辖区居民发放低保金405万元；为辖区孤老残幼、福利院孤老发放救济金3.73万元；为辖区197人次困难群众解决城市医疗救助金53.80万元；向120人次发放殡葬费10.32万元；组织10名愿入住马鞍山福利院的孤寡老人到中医院体检；对低保户及低收入家庭进行登记、调查和核实，审核通过51户；全年走访慰问特困户、三孤人员、残疾人、优抚对象等各类困难群众393人，送去慰问金及慰问品19.67余万元。

【劳动保障】 为1020名失业人员办理失业就业登记证，为176名辖区居民办理城镇居民养老保险。年初组织辖区10余家企业单位、400余名下岗失业人员参加在体育场举办的现场招聘会，安置部分下岗失业人员。在城市管理、保洁、巡护、车辆守护等公益性岗位上成功安置133人。对辖区190余名下岗人员进行为期5个月的创业培训。做好城镇居民基本医疗保险工作，完成医保任务5500人，建立健全医保档案管理制度。做好市、区两级离退休人员的养老金确认工作，为6500余人进行了养老确认。为辖区11名下岗人员办理小额贷款88万元。为辖区1250名下岗人员办理灵活就业社保补贴400余万元。

【维稳安全】 各级调解组织调处纠纷102宗，调处成功率达100%；悬挂、张贴宣传标语28条，制作法制宣传栏30期次，举办4次普法宣传活动，分发法制宣传资料6000余份，接受教育人数近7500人。做好辖区“两劳人员”和矫正人员的管理教育工作；加强信访工作，落实好街道领导信访接待日制度，做好书记主任接访和干部下访工作。信访转办函办理18件，处理辖区信访案件23件，接待群众来访125人次。力争把街道辖区内排查出的信访案件了结。

【安全生产】 开展安全生产教育培训，举办两期安全培训班，培训各类安全生产管理人员100余人；开展“安全生产月”宣传活动，突出“科学发展，安全发展”的主题，在主要路段、重点企业悬挂横幅20余条；抓好安全生产大检查及日常安全生产监管，组织50余人次进行安全生产大检查10次，查出大小事故隐患10条，完成整改10条，全年辖区内无重特大安全事故发生。

（谢　馨）

城南街道

【年度特点】 2012年城南街道在区委、区政府领导下，按照德阳“全国社会管理创新示范区”建设，德阳“一三五八”发展战略，“四个年”活动和“四个旌阳”建设目标。加快“数字城南、平安城南、人本城南、亮丽城南”建设步伐，构建“一社区一特色一品牌”服务体系，实现街道经济和社会等各项事业的全面协调发展。

【党建工作】 围绕街道、社区党建工作特点和党员结构特征，创建“5331”服务型组织建设新模式、开创“三带动”基层党建服务民生新格局。开展“基础组织建设年”活动，深化“三分类三升级”工作开展和“第一书记”机制落实。54个基层党组织中，一类、二类、三类党组织分别转化晋级7个、4个和11个，三类党组织全部实现转化晋级。表彰“创先争优”先进集体5个、优秀个人105名。以辽河街社区创建旌阳区“非公党建”示范区、天运党总支创建“双重管理”等为载体，建成党建示范服务品牌3个，在辖区625家企业建立“联合支部”11个。推进党风廉政建设和“三项建设”活动，聘请10名党风廉政建设监督员进行分片交叉监督，舟山社区被命名为德阳市惩防体系“三化”建设示范基地。

【经济工作】 完成财政税收2604万元，超额完成目标任务的12.49%；实现工业总产值7.87亿元、销售收入7.46余亿元、利税4106万元、利润2454万元，分别增长15.49%、9.62%、15.81%和15.54%；完成社区服务业纯收入659.20万元；完成固定资产投资1.94亿元，增长38.57%。招商引资3.20亿元，增长14.28%。

【民生工程】 组织320名失业人员参加德阳“放飞就业梦想”大型招聘活动；在街道、社区联合举办现场招聘会5次，申报公益性岗位163个。动态消除辖区居民家庭零就业，失业人员再就业219人，失业率有效控制在4%以内。完成企业劳动信息录入1200余家。完成18岁~60岁城镇居民养老保险和60岁以上城镇居民养老保险工作。花园巷社区、华山南路社区通过省级“企业退休人员社会化管理服务标准化示范社区”验收。审核低保户减少117人，对辖区内1703户低保户实现应保尽保，发放低保资金561.96万元；实施医疗救助，388人、补贴资金71.57万元；为10名残疾人、3名残疾家庭大学生分别申请个体经营扶持资金和助学资金，关心、慰问病、困群众243人。实施“棚户区”（小二楼）改造工程：完成沙河街社区（原饶益3组）“小二楼”改造168户，签订原饶益4组“小二楼”拆迁协议261户（拆迁协议签订98.50%）。

【重点示范项目】 一是省级养老服务社会化示范项目，投资56万元，在辽河街社区建成总面积2224.50平方米的养老服务“日间照料”中心，室内面积970.50平方米，设有多功能活动室、医疗保健室、心理疏导室、便民老人餐厅、康复健身室、图书阅览室、网络室、日间休息房等。形成了以“日间照料”中心为依托的“15分钟医疗服务圈”、“15分钟居家养老服务圈”，探索出社区养老服务社会化的新路子。二是流动人口计生服务均等化示范项目，实施“三化”（信息化、网格化、层次化）管理服务工程，开展流动人口变动趋势预警监测和动态分析，设置流动人口“三色管理平面图”和“柱状分布示意图”，规范分类管理、服务和教育机制。建立由16名计生专干和19名志愿者组成的计生队伍2支，服务流动人口5638人次，形成流动人口计生工作“自我教育、自我管理、自我服务、自我监督”格局。华山南路社区和辽河街社区在代表旌阳区接受国家人口和计划生育委员会“流动人口动态监测问卷调查”，获一致好评。

【综治工作】 坚持依法治街，深入开展“六五”普法活动，举办各类法治宣传培训班6次，培训人员576人；开展“普法情系千万家，平安惠及你我他”、“法制进社区进院落”等大型主题宣传活动8次，发放普法宣传资料2.20万份。落实社区矫正和安置帮教措施，开展法律援助，定期帮教、回访36人次，安排帮教人员15名，安置和帮教率100%。推进“大调解”体系建设，共回复上级信访33件，接访24起400人次，调处各类民事纠纷198起，成功调解197起，成功率99.49%，社会矛盾有效化解。对重点工作稳控人员采取24小时动态监控。加强综治维稳“三防联动”机制建设和“一岗双责”安全工作机制建设，严格落实安全、维稳工作责任制，开展安全社区、安全企业监督评价11次。全年无重大消防安全事故和维稳责任事故发生。

【城市管理】 重点围绕德阳创建“四川省第三届文明城市”和“国家卫生城市”，实施“创卫”治理工程，以现有144名“三员”为基础，以社区为单位，建立“网格联区、领导联点、部门联动”机制，开展集中整治联合大行动6次，解决影响环境的突出问题19个。开展“文明创建”活动，围绕“繁荣、诚信”两大主题，以在城南市场率先全面推行“条码”式经营为示范，发挥个私协社会团体自治自律作用，引导个体户、私营企业诚信经营，通过专项整治，取缔临时市场220余家。推进社区防灾减灾体系建设，完善社区防灾减灾宣传平台、信息平台、应急救援演练机制建设和应急救援志愿者队伍建设，圆满承办德阳市2012年防灾救灾城南街道社区居民应急疏散1000人大演练；成功举办德阳社区防震减灾工作现场会，花园巷社区被中国地震局命名为首批“国家地震安全示范社区”。加强“民兵训练基地”规范化、标准化建设，建立基干民兵队伍957人，组成有综合应急排、武装女子民兵应急分队、独立应急排、工程抢险分队、独立步兵营、独立步兵排、医疗救护分队、汽车维修分队；开辟应届大中专院校毕业生参军入伍“绿色通道”，45人光荣入伍，大中专院校毕业生占43%。

【社区品牌建设】 坚持树品牌、强服务的工作思路，发展“一社区一特色一品牌”服务效能。新建包括党建、文化、科普、养老、流动人口管理、防震减灾等在内的特色服务品牌15个。按照旌阳区《关于加强和创新全市社区居民委员会建设工作的实施意见》、《德阳市整体推进社会管理创新工作建设全国社会管理创新示范社区方案》，开展社区规范化建设“双百工程”活动。新增社区服务阵地4300平方米，5个社区通过城乡社区规范化建设检查验收。完善《城南街道社区目标管理考核实施意见》、健全监督机制和服务效能社会评估机制，构建从青少年到老年人的社区社会化服务体系，提高群众满意水平。

【群团工作】 发展基层工会组织，组建工会73个。加强文明细胞建设，印制“文明家庭”创建倡议书6万份，评选出“文明家庭”6300户，辽河街社区首次评选、表彰“十佳老有所为老人”20人，华山南路社区张荣芳被表彰为德阳市第一届“道德模范”，蒲东社区陈刚家庭被表彰为四川省“文明家庭”。完成计生协会换届工作，建立计生协会组织63个，帮扶慰问留守儿童581人次。审核办理妇女小额担保贷款12户，扶持妇女创业带动就业72人。利用社区（村）未成年人健康教育课堂、市民学校、母亲课堂、家长学校等培训家长273人；组织志愿者开展科普教育、普法宣传、医疗卫生服务、植绿护绿、扶贫帮困、爱心家教、爱心募捐、家政服务等活动1351次。组建科普宣传员队伍、科普志愿者服务队伍12支；新建社区科普宣传画廊2个，增加社区科普书籍1000套（册），增添科普设施35套。蒲东社区率先成立社区科协，新增数字化科普多功能活动室130平方米。

【文化惠民】 新增社区健身路径3套，新建社区文化活动室8个，完善群众性文化广场10个，社区群众性文化广场达1.35万平方米。组织引导建立业余文体队伍22支，组织社区开展迎新春文化活动3场、廉政文艺演出12场，制作文化专题片《欢乐城南，歌舞新春》。组队参加了旌阳区健身秧歌比赛，并代表旌阳区参加德阳市“喜迎十八大文艺汇演”。

（宋　力）

城北街道

【年度特点】 2012年，城北街道以社会管理创新为突破口，初步形成街道、社区、村、家庭基础资料信息库共享运行模式；以五级化管理法、五必访工作制度，提升辖区的为民服务水平。城北辖区德阳火车站、成际轻轨站、城北汽车站客运中心、公交站、城市北公园，德阳市文化馆竣工并投入使用。旌东新区城北核心起步区正式运行。

【党建工作】 街道党工委以学习型党组织为切入点，加强学习，提升党政领导班子的战斗力。以基层组织建设年为重点，“三分类三升级”工作得到有效推进，辖区基层组织建设参与率100%。加强党员队伍建设，党员志愿者义务服务队在“五城联创”过程中，自发组织参与活动1600余人次。开展党员谈心167人次，走访58人次，开展党员干部联系“一帮一”活动，党员干部联系基层群众110余人，吸收35名优秀青年加入党组织。街道、社区、村全年发放慰问贫困党员补贴2.67余万元。

【经济工作】 街道财政税收实现2260万元，完成任务数的112.61%；规模以上工业总产值完成16.67亿元，同比增长10.09%；销售收入完成16.50亿元，同比增长20.94%；招商引资完成2.88亿元，完成全年任务数的180%，商务工作实现外贸出口50万美元。三农工作培训600余人次，优质品种推广95%以上。为辖区争取农机购置补贴9.96万元，水利基础设施建设投入资金26余万元。实施金牛村道路入户工程，新建入户水泥路10千米。畜禽免疫率99.90%，小家禽出栏8万余只。2012年农民人均增收1286元。

【社会事务】 城镇居民医保参保人数8930人；领取农村养老保险人数544人；为城镇低保户2310户、3562人发放低保金694.26万元；为农村低保户249户、265人发放低保金20.67万元；为农村和城镇低保家庭独生子女父母申报奖励人员3979人，发放奖励金11.93万元。残疾人个性化服务平台录入1222人，残疾人阳光家园计划、个体帮扶、技能培训等250余人，发放补助8万余元、轮椅8辆。通过各种途径为辖区居民实现就业854人；街道、社区、村为辖区群众受理代办事务2.30余万件次，受到群众的好评。

【文明创建】 征订除“四害”药物3.50万元，新增垃圾车9辆，新建改建垃圾池5个，发放宣传资料2.50万份；每月组织30余人对辖区近80个单位进行环境卫生大检查。加强社会公德、职业道德、家庭美德、个人品德的行为准则规范教育，表彰先进个人36人，评选文明家庭户2709户。

【文体工作】 群众性文体工作以丰富群众文化生活为主体，新增圣风村等健身路径4套，篮球场及设施2个，乒乓球桌8张，健身器材24件。先后组织迎春拔河比赛，秧歌舞大赛，城北首届书画、摄影、篆刻展，参与者和观众近万人次，在北公园举办迎国庆文艺演出观众达上千人次，参加旌阳区第二届秧歌健身大赛荣获全区一等奖。

【重点工程】 社区新增服务用房500平方米，新增文化体育服务场地2000余平方米。街道配合市重点工程建设和征地拆迁工作，同辖区37户拆迁户签订协议，其中涉及企业5家，拆迁面积2.68万平方米，对辖区229户、397人发放拆迁补偿金2438.30万元。确保市城北汽车站、湿地公园、太行山路、黄山路项目的按期推进。拆除违法建筑1户，加强砂石开采专项治理工作，设置卡点1个，24小时值班监督检查，杜绝城北绵远河段及拆迁地非法开采情况发生。

【稳定安全】 组织各单位140余名志愿者展开巡逻；开展各类反邪教培训3期，受教育者5000余人；调处各类民事纠纷125件次，成功调解123件；加强禁毒宣传戒毒康复工作。加强社区矫正人员和刑释解教人员的安置管理工作，安置17人，安置率达95%。开展安全专项检查7项，进行安全生产经营检查500家次，取缔非法生产1家，整顿违法生产2家，整改消除一般安全隐患80余起，企业职业健康职工培训1500人，职业健康体检1000人。实施城北消防安全和人员疏散救援应急演练活动，增强居民安全意识。组织辖区干部职工20人参加德阳市“第一响应人”地震应急搜索救援演练的培训工作。

（刘国期）

工农街道

【年度特色】 2012年是全面贯彻落实党的十七届六中全会要求，学习领会十八大精神，深入推进“一三五八”发展战略，全面建设“四个旌阳”的重要之年，工农街道党工委办事处在旌阳区委、区政府的正确领导下，以“四个年”建设为契机，经济建设长足发展，基础设施显著改善，拆迁安置有力推进，民生事业成绩斐然，党建工作扎实创新，社会大局总体稳定，区委、区政府下达的各项工作任务全面超额完成。

【经济建设】 完成中、小型企业总产值8.99亿元。其中规模以上企业增加值4410万元，工业总产值3.50亿元，利润总额1605万元，利税总额2305万元，销售收入2.47亿元，工业技改投入1800万元，社会固定投资2.28亿元；街道财政收入600万元；村组集体经济总收入2000万元，社区经济总收入1200余万元。引进国内市外资金1.40亿元，引进国内省外资金3.40亿元，外贸进出口总额完成43万美金，引进到位外资156万美金。

【社会事业】 落实新农保参保人员1034人；落实城市低保5698人，发放低保金1079.04万元，人均补差171元；农村低保139人，发放低保金7.41余万元，人均补差71元。城乡门诊医疗救助394人、发放救助金额45.14万元；救助低保边缘群体、低收入及特殊困难群众13人次，发放救灾救济金1.29万元。对辖区87户申请廉租房的家庭进行初审，其中45个家庭分配到廉租房，42个家庭享受到廉租房补贴；为108户申请低收入家庭认证进行初审。开展各类技能、创业培训4期，培训400人，办理就业失业证1352本，办理公益性岗位补贴170人，灵活性就业补助130人；组织2次小型招聘会，为企业提供53名就业人员，职业介绍成功265余人。

完成辖区旌南苑1271户农转非居民分房工作；完成活动板房3年的服务和管理，做到房屋安全拆除，人员稳定搬迁，钉子户强制请走；完成沱江路延伸段、岷山路延伸段、衡山路等道路建设，部分省、市重点项目建设60万平方米的委托拆迁安置协调任务。确保中国重装基地、西部职教基地等重点项目的一次性进场施工，利用其开展社企共建、社校共建，开展技能培训和职业介绍，打造充分就业社区，解决农转非剩余劳动力。街道党政领导亲临辖区民营企业、建筑工地，协调完成协税护税工作。做好2万失地农民的劳动就业、社会保障、民生工程等社会化服务；做好省、市企业3万职工、下岗工人及家属的社会化服务，解决省、市企业各种问题；做好三大院校3万学生的社会化服务；落实商住小区居民的各项优惠政策，做好60个商住小区2万人社会化服务工作。

【城乡环境治理】 组建1支60余人的城乡环境综合治理队伍，180名文明劝导队队员，每天对居民点主巷道垃圾、杂草、小广告、占道经营等情况清理整治。发放城乡环境综合治理宣传手册、张贴横幅，召开宣传会议营造优美环境。

【社区建设】 协调争取造血功能房、营业性用房、停车场等5万余平方米；建成村社区服务用房2万平方米；投入1000余万元，建成总面积1.91余万平方米的文体活动中心；投入200万元，进行文化创作，自编自演节目50余个；投入资金100万元，为各村社区添置书架98套、书桌62套、图书20万册；争取德阳市体育局经费30万元，为千佛、旌南苑、海河、雅河、祁连山等部分社区文体中心提供各类健身器材40套，修建健身场地等。

【民生工程】 争取市国土收购储备中心拆迁工作经费1800余万元，解决农转非社区居民各种社会服务；争取经济技术开发区工作经费100余万元，解决街道、村、社区农转非居民生产、生活、组织建设等问题；争取到市、区“挂、帮、包”31个部门，支持经费30万元，解决部分社区居民道路硬化、救助困难群众等实际问题；争取辖区商业开发小区服务经费10余万元和工作用房200余平方米，解决商业小区管理以及社会化服务问题；争取市委、市政府和谐社区小区建设配套资金300余万元，解决农转非居民小区年久失修、下水道不畅等生活问题；争取到市人社局100余万元专项资金，为省、市50个公益性企业解决各种配套服务；投入100余万元，为市委、市政府协调解决拆迁安置的遗留问题。

【社区大党委】 成立千佛、东升委员会，建立社区大党委。通过与辖区内的企事业党组、党委等协调，开展大党委各项服务工作。创建和谐党组织建设示范工程，做到硬件要硬，软件不软，并实现街道基层党组织全覆盖。

【党风廉政建设】 组织机关职工、村（社区）干部、后备干部100余人举办为期3天的集中培训，集中讲廉政党课4次，干部教育面达100%。村、社区，书记、主任一行27人到重庆渝西区荣昌全国预防职务犯罪警示教育基地进行实地培训教育；2012年5月街道承办全国、省、市纪检监察工作现场会，省委常委、省纪委书记王怀臣到街道社区视察指导，对街道纪检监察工作表示充分肯定。

【综治工作】 抓“平安工农”建设，为完善街道、村、社、院落四级治安防范网络，街道办建立治安巡逻队伍18支105人，切实落实“人防、物防、技防”措施；深入开展铁路护路等专项整治，深化平安校园创建；创新特殊人群管理服务，认真做好刑释解教人员帮教工作，街道将8名矫正人员实行GPS定位监控。

【群众信访】 处理市长信箱8件，群工部转交办函8件，区领导接访2件，市领导接访1件，市委书记信箱2件，群体性事件2件。成立多个专项工作小组，集中人力、物力、财力，对拆迁安置中梳理出来的26个遗留问题，59号文件引发的7个社区居民委托北京农权律师事务所打官司等问题，全面进行疏导化解。

（王　斌）

东湖乡

【年度特点】 2012年，东湖乡在旌阳区委、区政府的领导下，深入贯彻落实科学发展观，紧紧围绕“构建平安和谐东湖”的目标，以深入开展“四个年”活动为契机，突出抓好城乡环境综合治理、征地拆迁、党的建设等五项工作重点，团结带领全乡干部群众攻坚克难、狠抓落实，全面完成了区委、区政府下达的目标任务。2012年，在全区综合目标考核中，连续5年获得全区一等奖殊荣。

【经济指标】 全年地区生产总值9.24亿元，完成目标任务的101.20%；地方财政收入1730万元，完成目标任务的108%；农民人均纯收入1.03万元，比上年增加1298元，完成目标任务的108.80%。粮食播种面积1.96余万亩，总产量8471.70吨；油菜播种面积7866亩，总产量1355.20吨；蔬菜播种面积2.25万亩，总产量4.80余万吨；出栏肉猪5.01余万头；家禽出栏181.40万只；禽蛋总产量3532.20吨。全乡工业总产值2.59亿元，完成目标任务的101.79%；工业经济总收入2.58亿元，完成区目标任务的101.90%；工业经济利润总额完成3307.20万元，完成区目标任务的100.22%；工业经济利税总额4336万元，完成区目标任务的127.54%。招商引资引进资金2.43亿元，完成目标任务的173%；引进项目2个，完成任务100%。

【“小二楼”改造】 “小二楼”改造到2012年底，全乡灾后重建“小二楼”楼盘11个。其中2个全面完工；4个主体完工；4个开工建设；1个在协调之中。

【卫生城市创建】 全乡投入人力1.72余万人次。清理河道沟渠1.23余万米，生活垃圾3350余吨；清运掩埋建筑垃圾1000余吨；改变成绵高速公路两旁、德中公路沿线、城乡结合部等垃圾乱扔现象；启用高槐垃圾中转站解决高槐、刁桥、寿丰居委会等垃圾清运处理难的问题。拆除寿丰场镇和辖区内城市主要干道两边违章雨棚300余个；清理违章小广告1450处，临街乱搭乱建建筑物20处；加强对商招、店招等的管理，严禁出摊占道。高槐村通过“省五十百千”示范村检查验收。

【城市开发】 配合黄河新区建设，协调新希望集团、加油加气站、人民渠二处、市收储中心及BT安置房用地等项目施工单位进场工作；并对辖区内已征未用、待用的土地加强管护，与村（居）签定守护管理协议，确保新区开发用地的顺利启用。

【安置过渡费】 按照区政府的工作要求，东湖乡全力做好对过渡费停发的广泛宣传，制定工作方案，落实工作措施。先后对洛河小区A、B区，石桥新村1、2期，洛河小区C、D区和镇江、玉泉等社区20个小组4776人的过渡费进行了停发。结算资金1150余万元，过渡费停发后均未引起群体上访事件。

【社会管理创新】 规范软件、硬件设施，因地制宜开展创建“八好”精品社区工作。凯江社区实行农产品进社区；黄河社区推行发放便民联系卡；石桥社区推行“融冰工程”；水库社区推行“悄悄话室”等做法。2012年，为群众办理各项便民服务事项1.89余万件，办结1.89万件。其中乡便民服务中心办理服务事项5048件，办结5034件，各村（居）服务站办理1.39余万件，办结率达99%。石桥社区被德阳市列为全市社会管理创新工作示范社区以来，接待来自全国各地省、市、县参观单位98个，参观人数3100人次。

【征地拆迁】 东一环工程拆迁。东一环建设涉及东湖乡10个村（居）23个组，线型内房屋拆迁399户；线内青苗补偿面积660亩。截至2012年12月20日，完成拆迁户306户，完成青苗补偿555亩、零星树木补偿2.11余万株；界内9020米施工用地，交付8320米，交付率92.20%。凯江路延伸段工程拆迁。涉及刁桥、马鞍山社区33户，全面完成拆迁任务。华强沟水库工程征地拆迁。对东湖乡大地村2个组146户、327人的农户房屋和地面林木进行实际调查登记，锁定数据。大学城用地拆迁。该项目用地1500亩，涉及大山门、水库、玉泉、石桥新华等4个社区1个村6个组。一期工程涉及农民149户、336人，居民房屋面积9.20万平方米，营业房及养殖房面积7509.60平方米，需迁坟1000余座。到2012年11月9日居民自动搬迁10户，启动丈量24户。

【国土工作】 协助市、区两级职能部门对马鞍山农家乐片区、镇江社区、拱桥村乱搭乱建进行了制止和拆除；对刁桥、马鞍等7个村的宅基地、集体建设用地使用权进行了确权、发证前的公布工作；对明鸿混凝土有限公司、乡文化站等6家企事业单位，做好确权、发证工作，完成寿丰场镇老街的排危和街面整治工作；加强廉租房的租赁补贴、核实、审查发放工作，全乡享受廉租房补贴的居民67户。

【砂石整治】 在辖区内张贴区政府《关于开展砂石开采专项整治行动的通告》200余份，散发宣传资料2000余份，出动宣传车流动30余台次。对辖区内8家砂石开采企业的资料进行登记造册，并按时上报区政府，下达“禁采令”，严禁企业开采砂石，辖区内各采砂点在规定时间内停止采砂。根据各采砂点的实际情况制定了处置方案，使8家业主单位负责人均签订《自愿接受整顿处理承诺书》。严格执行驻守旌孟路口整治卡点执法人员的24小时轮流值班制度，配合公安交警、交通部门对过往的砂石运输车辆进行检查。检查过往砂石运输车辆1000余辆次，查扣无砂证办统一票据和超方量的砂石运输车辆10余辆。

【惠民工程】 开展技能创业培训660人次，新增就业人员186人。城市低保户3682户、5098人，发放低保金92万元；农村低保户554户、775人，发放低保金65万余元；全乡102名五保户发放供养资金25.50万元。完成小额人身保险5万余人，参保率居全区第一。在10个村（居）实施春季螺情检查628处，查灭螺100万平方米，查治病8877人次，对1万余人进行了普服化疗，无一例急性血吸虫病例出现。落实54名信息联络员会同工商、卫生部门对境内上百家农家乐的食品，学校食品进行检查；对全乡49个食品加工的作坊食品添加剂使用情况进行了摸底调查。

【农村工作】 完成修掏沟渠50余条、长50余千米，清掏土石方3000余方；投入资金5万余元，修复水毁沟渠11处；投工4500个，清掏半农毛渠50余条。建立粮油生产示范片2个，完成农业政策性保险2.36万亩；购置各类农业机械25台，争取国家补助资金80余万元；实施成绵高速公路东湖段两侧绿化工程栽植林木118亩。申报科技项目7个，引进农业新品种45个，蔬菜新品种20个，推广大棚温室蔬菜种植300亩。

【安全维稳】 与各村（居）、辖区企业签定《安全生产目标责任书》，配备了安全协管员，对全乡非煤矿矿山和机械加工企业进行排查，查出事故隐患47处，整改45处，完成3家公矿企业在网上的病危害统报工作。查出不稳定因素问题84件。84件不稳定因素问题化解73件，11件老大难上访问题以市、区两级对接进一步做好稳控工作。

【党的建设】 针对全乡党组织的基本情况，确定了一类党组织7个、二类党组织21个、三类党组织3个。在“三分类三升级”的基础上，在一类党组织中开展“品牌培塑工程”；在二类党组织中开展“进档工程”；在三类党组织中开展“转化工程”。在分类定级基础上，梳理找准存在的突出问题和主要不足，逐项分析并逐项明确具体的解决措施、整改时限、责任领导等，各类党组织制定升级目标31条，转化措施70条。在三类党组织中下派“第一书记”重点指导党建工作，取得良好成效。

【“五化”、“六关”】 “五化”：一是组织体系网络化。设立行政监察室，在全乡17个村（社区），7个“两新”组织，7个机关、事业单位党支部设置纪检委员，在121个党小组配备了纪律员，村和社区监委会成员63名。二是履行职责规范化。坚持纪委议事规则，建立健全廉政谈话、信访举报制度和纪检委员管理办法、监委会工作考核办法等相关制度。三是业务开展程序化。完善党员干部廉政教育、信访举报、案件查办、重大事项监督等工作程序，编制工作流程图，提升工作效能。四是监督管理信息化。充分运用德阳市国家投资工程建设项目动态跟踪监管系统和“三资”监管系统，对全乡重点工程项目和集体资产、资金、资源进行有效监管。五是工作保障全面化。乡纪委监察室配备了电脑、保密柜等设施设备，有基本交通保障。乡政府将纪委工作经费及纪检委员工作补贴全部纳入财政预算。

“六关”：一是严把教育关，筑牢思想防线。重点抓好党员干部廉政教育，坚持乡党委书记、乡长上廉政党课，乡纪委书记定期开展廉政谈话，年初与乡、村（社区）干部签订廉政责任书。二是严把督查关，确保执行力。乡纪委对工程项目建设执行工程预算评审、招投标文件会审、工程变更报批和工程决算审批等制度情况开展监督检查，确保工程建设规范有序。三是严把查处关，惩治违规违纪行为。通过设立纪检监察窗口、设置举报投诉箱、公布举报电话等方式，拓宽和畅通群众信访举报渠道。2012年已接待群众信访38件次，查办违纪案件1起。四是严把防控关，规范权力运行。规范本乡职权项目233项。查找出风险点375个，其中A级风险点26个，B级风险点152个，C级风险点197个。清理完善制度47项，形成全乡各部门层层落实、各负其责、整体推进的工作格局。五是严把效能关，提高服务质量。结合作风转变年活动，通过建立首问责任岗、公开行政效能、举报投诉电话、明察暗访等形式，大力开展行政效能建设，切实把群众的事情办好。六是严把评议关，推动勤廉双优。坚持对机关和村（社区）干部进行年度综合测评，凡70分以下的诫免谈话，低于60分的组织处理，形成有效激励，推动党员干部勤廉双优。2012年4月，中纪委副书记黄树贤，省委常委、纪委书记王怀臣先后到东湖乡调研基层纪检工作，对本乡创新的“五化”、“六关”经验给予充分的肯定，并要求在全省推广。

（刘福伟）

天元镇

【年度特点】 2012年是深入推进“四个年”活动，扎实开展“创先争优”活动的重要之年；是贯彻落实科学发展观，构建和谐天元的攻坚之年。天元镇立足自身实际，面对全球经济萧条、局势动荡的大背景，创新思路抓落实、与时俱进求突破，实现了经济发展“大跨越”和社会环境“大稳定”，在全区目标综合考评中被评为第一名，取得历史性的突破。

【工业经济】 2012年，全镇27户规模以上工业企业累计完成工业总产值17.60亿元，实现主营业务收入16.40亿元，实现利润总额5907万元，实现利税8456万元。招商引资签约项目22个，履约22个，履约资金17.90亿元，其中开工项目22个，投产项目8个，到位国内市外资金9.10亿元，完成年计划的160.13%。完成固定资产投资12.01亿元，完成年度计划的105.96%。全年完成税收999.80万元，实现财政收入5407.40万元。

【农村工作】 完成油菜总播面1.07余万亩，产量2306吨；粮食总播面1.96万亩，产量2.96万吨；蔬菜总播面1.08余万亩，产量2.70余万吨；水果产量315吨。落实新品种优质稻订单生产5000亩，完成177亩钢架大棚设施农业。全镇发放粮食直补金额432.90余万元；发放农机购机补贴金额270余万元。实现农民人均纯收入1.08万元。

【财务公开】 完成对8个村、3个社区的财务审计工作；做好村、社区集体资产租赁的清理工作，涉及424户租赁户，土地出租2925亩，鱼塘出租489亩。

【第三产业】 以天元场镇和景福场镇两个经济中心为辐射，以恒大建材、五金机电和西部商贸为依托，以吴家花园为龙头，以飞龙运业为带动，合理布局，大力发展商贸流通、旅游服务等第三产业。2012年，全镇有个体工商户2399个，实现营业收入1.10亿元。

【社会事业】 建立完善村、社区民政残联工作台帐。城市困难群众医疗救助77人，救助金额23.50万元；农村困难群众医疗救助54人，救助金额11.70万元；特殊疾病门诊困难群众22人，救助金额3.50万元。完成全镇低保申请、审核、调查工作，月发放城镇低保6647户，月发放人数9927人，发放金额1860万元。办理新农保参保人员登记录入1.32万人，录入城镇居民医保1.98万人；办理就业失业登记证550个。完成8个村、3个社区的基层计生协会创建文化站、中心户的工作，各项工作通过了区人口局的检查验收。建立健全"大调解"机制，实行辖区负责和"一把手"负责制，层层落实安全维稳责任。2012年天元镇实现"零事故、零死亡"目标。

【搬迁安置】 2012年，搬迁农户980户，涉及人员2400人，协调用地1400亩。完成自建安置房天鹤、银河小区一二期区域工程的建设工作，协助分配安置房1210套。公租房建设完成总投资量的90%。天龙寺灾后重建项目完成总投资量的25%。廉租住房（天虹小区）配套设施建设工程完成总投资量的50%。瑞康福利院附属工程全面完成。

【安置房BT项目】 BT项目一期共计四个标段，5个小区，计划用地391亩，建房4128套，建筑面积40.82万平方米，安置人口1.02余万人，总投资9.88亿元（含土地费）。项目于2011年4月陆续施工，截至12月，三元小区、东河小区、银河小区三期和段家坝小区三期分别完成总投资量的90%、60%、85%和85%。天鹤小区三期完成安置房分配工作。BT项目二期共计5个小区，占地604亩，建筑面积72.40万平方米，计划投资16.70亿元，其中段家坝B区、白鹤小区、歇月小区、天鹤B区全面展开建设前期工作。

【环境治理】 全镇清理生活垃圾3276吨，出动清洁劳动力2741人次，清理和规范流动商贩和占道经营1526处，清理、拆除户外广告和店招店牌314个，清除牛皮癣1862处，治理乱停乱放车辆467辆。对全镇11处砂石加工开采点进行规范治理。对申报的新改扩建项目，坚持了项目环评制度，开展农村面源污染现状的调查和废旧金属回收熔炼企业核查工作。

（罗方圆）

孝感镇

【年度特点】 2012年，在区委、区政府和孝感镇党委的领导下，在镇人大的监督支持下，孝感镇政府坚持以科学发展观为指导，把握"抢抓项目、巩固升势、消化矛盾、蓄势突破"工作基调，以项目攻坚为抓手，以产业提升为引领，以开放突破为动力，以作风转变为保障。团结带领全镇干部群众，群策群力、攻坚克难，完成全年目标任务。

【经济指标】 实现地区生产总值5余亿元，比上年增长15%；财政总收入实现4130万元，其中镇本级一般预算收入863万元，完成上级下达任务的102%；农民人均纯收入实现1.03余万元，比上年增长13%。

【项目建设】 全年实施重点基础设施建设项目15个，总投资额5.59余亿元。其中市级重点基础设施项目1个，区级重点基础设施建设项目6个，镇级重点基础设施建设项目8个，完成投资3500万元。新建供水管网4020米，新开工长1150米、宽40米的银山北路和长820米、宽20米的澜沧江西路城镇干道建设；完成古什路拓宽改造及风貌建设工程。拆除旧房333户728人，迁坟248座，发放过渡费1533.26万元，办理农转非113人。

【工业经济】 全年实现规模以上工业企业总产值近1亿元，同比增长35%；销售收入9771万元，增长28%；利润4847万元，增长35%；利税2325万元，增长37%。

【招商引资】 全年完成市外到位资金4.22余亿元，增长100%。完成省外到位资金2.20余亿元，增长59%；完成280万美元外贸出口任务。完成孝感商业中心和孝感风情商贸街的项目包装。

【农村工作】 全年完成农业总产值2.90亿元，比上年增长29%。粮食总产量1.87万吨，油料224吨，蔬菜总产量1.30万吨，生猪出栏4.90万头。完成2600户农村饮水工程安装入户工作，完成农机购机补贴100万元。整治沟渠458千米；秸秆综合利用6000亩。建立魔芋种植协会等专合组织5个，引进华阳农业合作社，租地300余亩，投资800万元进行紫薯繁育和花卉、西瓜种植。

【民生工程】 筹集资金324万元实施镇内道路建设；为301户农户安装天然气。投资840万元改建镇卫生院，为48名患病群众申请医疗救助金15.10万元；启动650套公租房建设；便民服务中心实行“一站式”、“代办式”服务；组织开展全镇第三届农民运动会；加大技术培训，引导农民外出务工。

【社会事业】 新农合参合人数1.56余万人，参合率92%，参加新型农村养老保险9266人；参加城镇居民养老保险171人，参加城镇居民基本医疗保险参保3710人。辖区火化率100%。全年发放城乡医疗救助金38.51万元。全镇计划生育率96%，计生奖励扶助实现零误差，被列为全国人口和计划生育依法行政示范乡镇。

【环境综合治理】 全镇环卫经费总投入263.80万元。其中投资115万元创建共和村为省级示范村；投资67.80万元进行日常保洁和集中整治；投资34.50万元进行社会化服务及垃圾处置；投资25.50万元完善设施设备投资；投资15万元拆除违法建筑35家6800平方米；投资6万元进行垃圾池改建，改善建筑立面2.33余万平方米，规划停车位340处，建设便民“公众信息张贴栏”9个，清除卫生死角810处。共和村被命名为全省第二批“五十百千”环境优美示范村。

【信访稳定】 落实“一把手”总负责的工作责任制，关注涉及群众切身利益的热点难点问题，畅通信访渠道，稳妥解决各类矛盾和问题；在全市率先建成以调解员姓名命名的胡兴联个人调解室，在全区率先开通网上办信试点。接待群众来信来访352件，办理市长（书记、区长）信箱46件，重点处理群众信访案件11件，确保省党代会、十八大期间无一人上访。

【政府建设】 以开展“作风转变年”活动为契机，狠抓干部队伍作风转变。自觉接受镇人大和社会各界监督，加强行政效能和制度建设，推行首问责任制、限时办结制和责任追究制等。全年办理人大代表建议和意见30件，办结率100%，群众满意率100%；受理民政、计生、保险等事项7880余件，办结率100%，群众满意率99%。各村（居）代办点代办事项460余件，群众满意率100%。

（郭芳芳）

黄许镇

【年度特点】 2012年，在区委、区政府的领导及有关部门的支持下，黄许镇党委、政府深入践行科学发展观，认真贯彻落实党的十七届五中、六中全会会议精神，紧紧围绕德阳市“一三五八”发展战略和旌阳区“四个旌阳”的奋斗目标，结合黄许镇实际，真抓实干，促进了全镇经济社会各项事业的协调发展。

【经济指标】 本级财政税收实现1155.90万元，同比增长10.30%；完成GDP11.57亿元同比增长9.20%，完成任务的100.90%；企业总产值实现28.22亿元，同比增长30.06%，完成任务的102.01%；企业实现销售收入27.83余亿元，同比增长29.21%，完成任务的102.03%；企业实现净利润1.05亿元，同比增长79.77%，完成任务的102.65%；企业实现利税总额1.75余亿元，同比增长55%，完成任务的101.23%。完成固定资产总投资5.86余亿元，其中500万及以上固定资产投资5.30亿元。农民人均纯收入达1.02万元，比2011年增加1269元，同比增长14%，完成任务的101%。

【农村工作】 全年粮食总产量3.24万吨，完成机耕7.50万作业亩，机灌1.10万作业亩，小麦机收1.71万亩，水稻机插秧1.20万亩，水稻机收3.72万亩。提供各种药具、资料、养殖技术，产成鱼2440吨。利用广播宣传各类技术60余次，举办培训班26次，发放宣传资料7.60万份，培训群众7000余人次。引进9个水稻新品种，推广水稻旱地育秧、抛秧3.14万亩。办理购机补贴175台，完成农机年审185台，完成农机手培训4期。完成水稻螟虫和稻瘟病防治7.25万亩，完成小麦条锈病和赤霉病防治5.30万亩，完成3600亩林地病虫防治。专业协会15个，新成立1个油菜粮种制种协会，建立协会+政府+银行融资平台，争取“金桥工程”项目5个。

【农经管理】 建立村、组重大开支事前申报制度。严格落实财务公开制度，村财按季度公布，组财半年以明白卡公布到户。2012年2月对村（居）账外账户、账外资金进行检查；7月对2010年~2011年的“一事一议”财政奖补资金使用情况进行全面清理；对6个村73个组的财务情况进行审计，形成审计报告6份。对镇属37处固定资产进行清理，对资产的租赁、处置等分类进行规范，逐一建立台账。

【招商引资】 2012年，招商引资到位资金5.50亿元，完成目标任务的110%，其中到位省外资金为5.29亿元，完成目标任务的151%。全年新增民营企业14户，个体工商户71户。物流园区建设项目计划占地2000亩，计划总投资21.60亿元。四川海川物流有限公司、四川北大荒物流有限公司入驻物流园区。四川海川物流有限公司一期投产，实现营运收入。北大荒商贸集团有限公司于2012年6月28日正式开工建设，投资100余万元，完成了部分场地平整，土地出让等前期工作。

【民生工程】 2012年，计划总投资1200万元，利济桥重建工程正式开工，预计2013年6月完工；计划总投资3205万元，新城区鹿鹤路延伸段、翰信路、汉风路进场施工；计划投资1.50亿元，建筑面积6万平方米的尚庸苑安置房项目于2012年12月开工建设；200套廉租房、256套公租房工程分别于2012年10月底、11月底竣工验收；500套蜀风苑安置房主体工程完工，2013年初竣工。2012年，黄许镇污水处理厂建设正式进场实施；投入20余万元，完成成绵高速德阳北出口市政改造；新增通组道路6.20千米；修建沟渠70.40千米，改造中低产田6908亩；投入80余万元，完成金塘湾水库放水洞子防渗、长平村8组人饮工程地质滑坡除险、大坝村朵儿滩闸门维修等一系列工程；投资120万元完成海胜水库整治。2012年4月完成华强沟水库区库区红线内水系、道路、林木、电力电线等调查登记；5月完成土地初步勘界；7月完成人房调查登记测量，登记315户；8月开展征地范围人员安置意愿初步调查，并初步确定安置地点。

【旧城改造】 2012年，实施方案通过区政府审批，文博项目规划方案设计完成，修建性详细规划待评审，成立了旧城改造（文博项目一期）私产房业主委员会，确定四川百家堂投资公司为私产房拆迁安置开发商。7月30日与百家堂公司签订建设框架协议，并确定拆迁公司，拆迁谈判在进行中，计划年底完成拆迁协议签订工作。统转户部分完成入户登记，地上附着物测量、认定工作，年底完成360户拆迁补偿协议签订工作。旧城改造（商业街）项目，签订投资意向协议，规划方案设计在进行中。

【社会事业】 为城市和农村低收入家庭4356户、6302人发放低保金1452万元；为299户困难户居民发放困难救济金16.60万元；发放农转非人员40%补助56.20万元。新农保参保人数3.45余万人，参保率95%；城镇居民医疗保险参保人数6500余人，参保率比上年增加5.20%。办理城乡医疗救助151人，发放医疗救助金47.90万元；申请门诊救助84人，发放补助金9.50万元；走访慰问农家贫困残疾人77人，发放救助金5万余元；免费实施白内障复明手术39例；实施残疾人无障碍改造50户，改造金额16.56万元。通过腾岗、寻岗、建岗等方式，帮助城市失业人员和失地农民898人实现就业；为辖区有关人员办理《就业和失业登记证》152个；举办就业培训7期，培训人员4000余人，为富士康输送劳务53人；为110户贫困残疾人发放鸡苗2750只，发放扶贫资金2.50万元。在孟家居委会建立了计生文化大院，发放宣传资料2000余份；享受计划生育两扶政策的人数达1852人，发放两扶金172万余元；为0~6岁的计划生育子女免费办理平安保险460人，免费办理计划生育手术保险256例，免费为育龄妇女发放叶酸片95人次。投入20余万元建设政务服务中心，设民政、计生、残联、劳动保障、农业、交通、广电、信访接待窗口，配备电脑11台。全镇17个村“农村书屋”建设全面建成投入，结合20个农村党员远程教育站点和17个文化共享工程站点。投入60万元，完成对全镇广播网络的升级改造。

【维稳工作】 同辖区内47个综治责任单位签订了综治、维稳工作目标责任书。全年接待受理纠纷218件，调解218件，调解成功217件；通过法律程序援助农民工追回赔偿12万元；加强安置帮教和社区矫正工作，安置23人，帮教23人。落实安全责任措施。同村（居）及辖区企业签订了安全生产和消防责任书240余份；完成了广平至长平村村道、朝阳村村道安全隐患整改。

【环境治理】 制作大型宣传广告3副，小型标语36副，制作宣传栏22版，发放宣传资料2400余份，出动宣传车7台次，宣传《四川省城乡环境综合治理条例》。实现生活垃圾100%无害化处理。开展环境优美示范村建设，6月新龙村被正式命名为“五十百千”省级环境优美示范村。投入20余万元，加大“三线”的治理力度。黄许污水处理厂正式进场施工；4个省级生态村、5户生态家园创建均通过验收，新建项目初审23个，投资额度4987万元，环保投入760万元。

【人大换届选举】 2012年1月5日~6日举行了黄许镇第十八届人民代表大会第一次会议，依法选举了新一届人大主席团和政府组织人员。唐颖胜当选为人大主席，廖成霖当选为镇人民政府镇长，王宗斌、王琳、杨明、叶洪清当选为镇人民政府副镇长。做好人大代表建议的交办、督办、促办，帮助长平村2组村民唐成秀45载“黑户”问题得到妥善解决；投资近百万元修建黄许镇新太村11组、14组至柏隆镇松柏村之间全长1900余米、宽7.50米的断头路。59件建议办理后，满意47件，基本满意12件。

【组织工作】 完成17个村级阵地建设决算工作和资产登记。扎实开展挂帮包、百企帮百村、百村党建富民等活动。黄许个私协到泰康村开展帮扶活动，市政务中心主任张建国到广平村开展挂帮包活动。落实党员服务群众承诺制度，建立105人的党员服务队。制定黄许镇十二五人才发展规划，建立孵抱养殖协会、金桥村专家大院等人才发展培育基地。对全镇44个党支部进行了分类定级，对三类党支部指派第一书记，对党员、群众反映的问题，建立台账，逐一制定整改方案，建立突出问题销号制度。

（黄全珍）

德新镇

【年度特点】 2012年，德新镇党委、政府在旌阳区委、区政府的坚强领导下，以科学发展观为统领，弘扬“厚德厚生厚业、图新图强图善”的德新精神，认真贯彻落实德阳市“一三五八”发展战略，按照区委“四个旌阳”建设要求，紧紧围绕“四个倍增”、“四个提升”总体目标，立足本镇实际，团结依靠全镇各级干部和广大群众，推进各项事业全面发展，圆满完成年初确定的各项目标任务。在全区乡镇（街道）目标绩效管理考核中，连续五年位居一等奖行列。

【经济指标】 实现地区生产总值6.09亿元，同比增长14.30%。财政收入实现765万元，其中：地方财政收入321万元，占目标任务的105.25%。规模以上工业企业10户，规模以上工业总产值完成10.05亿元，占目标任务的103%，同比增长18.60%；销售收入完成9.84亿元，占目标任务的102.60%，同比增长22.70%；利税完成6194.30万元，占目标任务的182.20%，同比增长118.10%。固定资产投资完成6.02亿元，占目标任务的140%，同比增长47.10%。农业总收入3.28亿元，同比增长3.50%；粮食总产量2.98万吨，同比增长1%；农民人均纯收入实现1.05万元，比上年增加1324元，同比增长14.50%。

【工业经济】 解决工业经济运行中企业建设、销售、融资等方面的困难和问题15件，帮助镇属企业争取各类扶持资金74万元。全年引进资金7.37亿元。德新镇政府与四川中京燃气有限公司签订的液化天然气（LNG）生产项目投资协议：总投资3.66亿元，项目用地145亩，日液化天然气60万方，年产值5.70亿元，年上缴税收5200万元，解决农村劳动力200人，该项目完成用地选址、工商注册、税务登记、发改立项等工作。

【农业工作】 2012年，全镇农民专合组织9个。投资251.20万元完成产油大县沟渠改造项目；投资479.42万元完成国家农业综合开发项目硬化沟渠25.25千米；投资1046.25万元配合区旌北现代农业示范园建设。文泉、长江、五星3个村实施道路硬化29.92千米，修建三面光沟渠26千米；新建农村道路4.50千米；完成省级农村沼气池建设项目121口。推广机插秧面积1.20亩，建立良种推广示范片5000亩，水稻制种3500亩，油菜制种860亩，优质良种推广率95%以上，大、小春病虫损失率控制在3%以内。完成农业实用技术培训1.70万人次，印发农业生产各类资料5.30万份，开展各类广播讲座25期，召开各类现场会10次，农机机具年审率95%。争取国家支农惠农补贴资金185万元。完成“一事一议”财政奖补项目12个，总投资51.20万元，争取上级财政补助资金22.74万元。

【城乡统筹】 依托丰富的地下泉水资源和良好的农业生产条件，结合旌阳区旌北现代农业示范园区建设，在德新场镇以东、孝黄公路以北打造德新镇统筹城乡发展示范园区，园区命名为“西蜀泉乡”，总面积5000亩，总投资3亿元，打造时间3~5年，打造结果：成为现代农业产业园区、新农村综合体、特色文化商业街区，以田园、乡村、野趣为特色，集休闲度假、生态旅游、娱乐体验、健身教育、会议商务为一体的综合性乡村旅游目的地、国家AAAA级景区。园区项目分两期实施。2012年，项目一期工程全面实施：由成都万城文化传播有限公司、四川大学命名为“西蜀泉乡”统筹城乡示范园区项目的概念性规划完成后，与四川九禾现代生态农业服务有限公司达成意向性投资协议，完成长江、文泉、五星、红阳4个村9个村民小组1905.65亩的土地流转。

【社会事业】 教育“两免一补”落实到位。完成4872户有线、无线数字电视入户，150个村民小组广播全部联网；放235场次电影。发放各类临时性救济4.80万元；特殊疾病门诊补助4.42万元；向上级争取重大疾病补助34万元；实行“一站式服务”医疗救助50人。发放661户、704人低保金62万元；发放287名优抚对象各种定补和抚恤金62.40万元；发放五保资金50.30万元。发放独生子女父母奖励金17.30万元，计划生育家庭奖励扶助金114.10万元，计划生育率95.40%。完成1.91万人新农保登记录入工作，覆盖率95.68%，参保缴费率97.25%，目标任务完成率100%；新农合参合人数2.65万人，参合率99.42%，报销及补偿资金589.40万元；城镇职工养老保险参保人数3000人。新增就业岗位10个，下岗失业人员再就业10人；农民技能引导性培训1050人，新增转移农村劳动力270人，外派劳务10人，免费职业介绍170人，发放《就业失业登记证》184本；采集核实退休人员信息522名。

【环境治理】 配合区交通局实施德柏路拓宽改造工程。纠正违规车辆260辆，拆除遮阳伞50把，规范占道经营45户，坐商归店150户；

出动人力800人次、车辆44台次对孝黄路沿线进行环境综合治理，清运杂草、垃圾900吨，转运建筑垃圾1000吨；完成31、32、33支渠水域白色垃圾、杂草清运80余吨。发放宣传资料8000份，镇下村督查120次，发现问题108处，整改108处；发出督察通报50期，上报工作信息50期。完成德新镇省级“五十百千”示范镇、五星村，省级“五十百千”示范村争创验收工作。

【精神文明】 在全镇范围内开展“德新榜样”评选活动，经过推选、初评、终审，对评选出的敬业奉献、孝老爱亲、自强不息等6名“德新榜样”给予隆重表彰；并开展“学榜样、做贡献”演讲比赛，掀起“向榜样学习为德新发展做贡献”热潮。全镇评选出六星级以上“星级文明户”4983户，镇党委政府对46户“十星级文明户”进行集中颁奖、授牌，并对“十星级文明户”道德信贷授信人民币5万元。“七·一”举办了德新镇首届广场舞比赛，“十·一”举办了德新镇首届十佳乡村歌手比赛。

【社会稳定】 2012年投入普法经费1万元，法制宣传6场次，发放宣传资料3000份，受教育5000余人；每个村（居）设立规范化调解室；处理各类调解案件136件，成功调解136件，涉案金额60余万元；接待来信来访170件，及时办结152件。制止和处理环保投诉事件6起；查处并纠正违规安全生产9起。全年无重、特大安全责任事故发生。

（邱玉坤）

新中镇

【年度特点】 2012年，新中镇在旌阳区委、区政府的坚强领导下，党政领导班子带领全镇干部群众团结奋进、攻坚克难。突出农业现代化、新型城镇化互动推进，实施产业发展、招商引资、民生改善、社会管理、党的建设“五大”重点工作；保持“省级生态镇”、“省级环境优美示范镇”的称号。

【经济指标】 粮食总产量6900吨，薯类、蔬菜、瓜、果产量1.86万吨，出栏生猪1.82万头，牛、羊、兔、小家禽230万头（只），畜牧业总收入占农业总产值的56%，生产总值1.05亿元，财政总收入465万元，农民人均纯收入8475元。

旌东新农村建设示范片聚居点

【旌东示范片建设】 旌东示范片建设实施3年，完成基础设施、产业发展等建设项目62个，总投资2767.10万元。其中业主或农户自筹资金1057.60万元。项目的实施和产业集群的推进，给当地农户的后续发展起了中流砥柱作用，多次接待上级领导和周边乡镇干部群众现场调研、参观、取经。并邀请成都英特来农业项目咨询策划公司为旌东示范片内的龙居村、茶店村制作了概念性规划。

旌东新农村建设示范片概念规划效果图

【健康养殖】 新中镇在发展养殖产业中，以保护环境，控制污染，自觉不使用抗生素为抓手，打造健康养殖业。三农公司的法国伊拉兔养殖区，圈舍3000余平方米，养殖5000只祖代投入生产；投资400万元建成畜禽健康养殖专家大院和示范基地，集三丰原蛋鸡，生猪养殖，收购、加工合作社为一体，整体带动全镇的健康养殖。

【干果产业】 新中镇以核桃为主的坚果业初具规模，碧鑫薄壳核桃专业合作注册了新中镇优质薄壳核桃“山韵牌”商标。2012年全镇7000余亩优质核桃3000余亩挂果，产量达330吨，产值600余万元。

【旧宅复耕】 2012年，新中镇实施旧宅基地复耕1600余亩，全面完成“5·12”汶川地震灾后农房重建，农户搬迁后旧宅复耕。新中镇在灾后重建中，规划建设50余个集中居住点，农户聚居率达40%，且完全占的是山坡瘠薄土地，旧宅复耕出来的全是良田沃土，使耕地面积增加上千亩。

【土地流转】 截至2012年，有23个业主流转土地4245亩，分别在龙居村、茶店村、尖山村、桂花村、白河村，流转面积最多的是龙居村约900亩。业主经营成效最好的属丰联农业科技，农户在业主处务工的达500余人，年劳务收入最多的能挣到1.50万至2万元。所流转的土地98%以上发展的种植业，龙居村莲藕产业达200亩，到了荷花盛开的季节，前往赏荷、拍照的近郊旅客达数千人次。

龙居村村边荷塘

（曾才刚）

双东镇

【年度特点】 2012年，双东镇围绕“打造近郊生态旅游文化强镇”奋斗目标，以项目建设、产业建设、作风建设为重点，抓住重要战略机遇，真抓实干，团结带领一班人，充分调动全镇干部群众的积极性和创造性，克服一切困难，全镇农村经济和各项事业取得明显成效，圆满完成各项工作目标任务。

【经济指标】 2012年，全镇实现地方生产总值3.31亿元，同比增长15.63%，人均国内生产总值1.23余万元；实现地方财政收入94万元，增长18.98%；全年农民人均纯收入9263元，增长14.42%；全镇工农业总产值8.39亿元，比上年增长25.73%，其中工业总产值(现价）3.18亿元，农林牧渔业总产值（现价）5.21亿元。

【农村经济】 全镇有社会化服务专业合作社12个，协会5个，农业种养公司2个。依托专合组织及示范基地，发展生态高效种植业，在全省首推机播机收花生技术；巩固生态养殖业，东潮肉鸡集约化养殖园区有专业养殖户48户，带动全镇专业大户296户；新建年出栏8000只标准化肉兔养殖场1个，新发展生态养猪场1个。农村实用技术培训3000人次，完成机耕作业2.30余万亩。全年发放退耕还林补贴62.16万元，能繁母猪补贴16.38万元，粮食直补49.67万元，农资综合补贴324.39万元，新增农资综合补贴115.41万元，良种补贴78.93万元。家电、摩托车下乡补贴28.91万元，农民申请购置补贴机309台，享受国家农机购机补贴124.60万元。

【第三产业】 以沿山旅游公路、芦德路、凯江河沿岸的旅游资源为亮点，大力发展休闲产业。以花为媒，连续举办一年一度的“民俗文化赏花节”，并在延续传统基础上有所创新；以李花风景园区为重点，打造扶持农家乐12

家。省、市外到位资金6710万元，完成目标任务的108.23%，与泰国泰玺集团达成意向投资协议，该集团计划投资20亿在华强沟水库周边发展休闲度假产业。

【新农村建设】 投资72万元实施2012年市、区两级农业综合开发项目；投资240余万元在钱音村、青泉村实施产业化扶贫，扶持特色花生、核桃产业和无公害蔬菜产业；投资12万元在中兴村实施市级特色村大枣产业项目。投资17.70万元完成4座提灌站技改项目；投资28万元完成机耕道建设2.50千米；投资175.30万元完成“一事一议”财政奖补项目23处；完成通组道路建设3千米，建成省级环境优美示范村1个。双东场镇新建农贸市场投入使用；建成400余平方米的镇综合文化站，提供电子阅览、乒乓球室等设施，规范管理15个村农家书屋，完成镇、村广播站（室）线路改造和搬迁工程；李花风景园区基础设施建设完成；完成龙洞、中兴两个供水站管网改造工程，解决1.35万人安全饮水问题。

【项目建设】 协调芦德路改造工程占地、青苗丈量、清点和赔付工作，确保A、B、C3个标段基本建成通车，D标段顺利进场施工。龙凤新区开发建设顺利进行，1、2、3、8、9、11组6个统征统转组完成拆迁368户，累计发放两费2425.84万元，收回统征地1300余亩。完成华强沟水库建设1028户、2600余人的人、房、实物调查登记工作。成立综治协管员队伍，加强政策法规的宣传，加大对库区乱搭乱建、抢栽抢种现象的制止力度；水库移民安置点完成选址、规划、地质灾害评估和地质勘探工作。完成东一环路线型内各种建设征地补偿工作，确保东一环路顺利进场开工，线型内征地拆迁任务基本完成。实施场镇基础设施建设项目，其中通江场镇绿化、路灯、道路、市场、双东场镇道路改造等5个项目均开工建设。完善土地挂钩项目的后续工程，做好2007年和2009年土地挂钩项目的迎检准备工作。

【社会保障】 全镇劳动力转移人数1.03余万人，新增劳务输出人员254人。城镇新增就业人员160人。新型农村养老保险参保1.58余万人，参保人员覆盖面达到100%。小额人身保险参保4456户，完成参保总户数56.88%，参保金额44.63万元，保险赔付总额36.12万元。城镇居民医保参保人数1404人。落实农村低保761户、1637人，发放资金128.40万元；落实城镇低保458户、756人，发放资金136.13万元；农村五保供养279人（集中供养180人）；新型农村合作医疗保险参合率达99.01%，“一站式”医疗救助服务覆盖率100%，全镇人均医疗救助金额达171.60元；全年发放优待金81万元，高龄老人补助金4.30万元。为1457名残疾人提供“量体裁衣”式个性化服务3.30余万次。帮助贫困残疾学生就学17人。

全镇义务教育入学率100%，做好辞退民师相关工作。组织开展迎春文艺汇演、庆“五一”趣味运动会等活动，成功举办旌阳区城乡四季游——双东镇第七届民俗文化赏花节暨三下乡活动。完成华强沟水库淹没区文物点调查工作。做好血防、狂防工作，加强人及人畜共患传染病防治与管理，做好病媒生物防控工作，全镇全年未发生各类疫情。完成15个规范化卫生站建设任务。各村广播通播率达98%，常响率达99%。启动场镇风貌治理工程和龙洞村省级环境优美示范村创建工作。继续实施天然林保护工程，巩固退耕还林工程4300亩，义务植树5万株，新增天保工程面积300亩，森林覆盖率达45%。

【党建工作】 确定四个党建示范村，每个支部确定主题。其中，龙凤村围绕“助推城市开发，打造和谐之村”；东美村围绕“创新社会管理，打造平安文明之村”；龙洞村围绕“突出春满李乡特色，打造旅游之村”；凉水村围绕“规范村务管理，打造民主之村”主题开展创建活动。镇党委经费、人员保障到位，给予每个村5000元~1万元党建工作补助，并配备专门创建指导组。双东镇党委和东美村党支部被评为“区基层党建综合示范点”，东潮村党支部被评为“区春风示范村”，龙洞村党支部和通江学校党支部被评为“区先进基层党组织”。二是突出村居工作亮点。特别针对双东幅员面积大的特点，在通江居委会设立镇便民服务中心集中服务站，设立党政综合、劳动保障、计划生育、民政残联4个窗口，由党政领导轮流带队在通江逢场天到站集中接件办理，实现便民服务平台再前移。三是加强干部队伍建设。镇党委严格按照各村（居）民主推荐，群众测评、党委考察的程序，为各支部增配编外干部、后备干部19名，被分别安排在综治协管员、村主任助理和副书记等岗位上任职，保障经费，实行镇、村两级管理。

（杨　洁）

和新镇

【经济发展】 2012年，全镇实现地区生产总值1.27亿元；实现固定资产投资1600万元；招商引资完成2100万元；税收完成15万元；农民人均纯收入9000元，比去年人均增长1400元。

【基层党建】 英雄岭村党支部牵头实施的全区首创“温情调解化解基层矛盾纠纷”，受到区人大、区司法局、区政法委等部门的好评；小河村引进乡村酒店，解决了本村30名剩余劳动力；新民村党支部组织共产党员送蔬菜进社区活动。白蜡村党员何青贤热忱为群众办理新农保手续的同时，在该村租地100余亩发展中药材瓜篓种植。2012年，发展党员18名。

【农业生产】 实施2000亩干果带建设；完成3000亩优质蔬菜基地建设。完成粮食总产6587吨，油料总产1657吨，蔬菜总产量4.20万吨。发展肉牛养殖大户9户，生猪养殖大户20户，蛋鸡养殖大户15户，在永兴村建立8450平方米的生猪养殖小区1个。肉牛1380头，肉羊1200只；生猪出栏2.20万头；肉（獭）兔4.50余万只；小家禽出栏141万只，禽蛋12万千克；各类成鱼总产量420吨。

【澳洲茶树】 澳洲茶树由旌阳区汇鑫农业科技有限公司引进，在和新镇高治村租地800亩成片种植，澳洲茶树又名“互叶百千层”，属桃金娘科，引种于澳大利亚，其树高可达6米，深根性，能耐干旱贫瘠的土壤及渍水地，具有抗寒性。此树具有速生、杆直、再生力强、定植后可多次收获的特点。因花色洁白聚生，树型整齐，气味芳香，正被城市园林绿化企业看好。树叶上长有众多细小的绒毛附合众多粘液，可以吸附空气中的有害病菌物，减少空气中的尘埃，树的本身含具有杀毒功能的“胺树酚”，同时树散发的香味还可以驱蚊并使人的大脑清新。国家卫生部2003年把茶树油列入食品用香料行列。

【崴柏农业】 四川省崴柏生态农业科技发展有限公司是一家专业从事优质生态土鸡，加工、配送于一体，致力于生态农业发展，倡导自然健康、生态环保、可持续生活理念的新型农业企业。公司成立于2012年，注册资金200万元。坐落于“长寿之乡”的四川省省级森林公园德阳旌阳区崴螺山和新镇内，占山林地800余亩。公司秉承“为中国家庭创造更加安全放心、健康品质美好生活”的宗旨，为消费者提供安全、健康、品质农产品及宅配服务，力求让更多的人吃到安全健康又美味的优质农产品，使现代家庭远离激素、抗生素、农药、化肥等有害物质的伤害，享受真正安心、便捷的健康优质饮食生活。

【乡村酒店】 香湖翠岛建于和新镇小河村，占地面积200余亩，集会议、餐饮、休闲、娱乐、健身于一体的大型乡村酒店。2012年4月，被四川省标准评定委员会授予“四星级农家乐”。“拙园”乡村酒店建于高治村，集餐饮、休闲垂钓为一体，极具川派园林（盆景）风格。

【重点建设】 东一环道路建设拆迁。完成154户530人的房屋拆迁，交付土地462亩，及时兑付过渡费、青苗补偿费。赔付青苗385户、1035人，兑现各项奖补资金400余万元。

水利工程建设。在高治、永兴、白蜡、福兴4个村实施“五小水利”工程、5小水利补充工程、水资源工程项目，通过市级验收。新建蓄水池253口，整治山坪塘58处，整治引水堰15处，改造渠系49.70千米。完成英雄岭、长寿、新民村的人饮工程改造，解决5000人生产、生活用水问题。

【民政工作】 全镇低保户1579户、1925人，发放低保金164.96万元。临时救助240人次，发放救助资金9余万元。90岁以上老人按时发放补助金；在永兴村投资20余万元新建老年活动中心。在长寿村举办“田园和新、养生旌阳—旌阳区2012年健康养生活动月”活动，邀请上级领导及市、区摄影爱好者等游历崴螺山，与和新长寿老人一起过重阳节，吃百寿宴，为百岁老人写生。落实五保供养政策，发放散居五保老人供养金。全镇1.17万人参加新型农村养老保险，参保率90%，养老金领取资格认证率100%。新增垃圾中转设施20个，新增环卫车辆19辆，新建、改造公厕3个，建成长寿村场镇污水处理设施。

【社会事业】 配合区委宣传部、文体局开展旌阳区“文化、科技、卫生”三下乡启动仪式；建成全镇8个村农家书屋。确保适龄儿童入学率达100%，“普九”率100%；“六一”儿童节慰问留守儿童，开展暑期留守学生夏令营活动。做好被辞退民办教师的申报、审核、公示、确认工作。

（邓友国）

孝泉镇

【基本情况】 孝泉镇位于旌阳区西北部，九寨沟旅游环线德茂公路穿境而过，距成都79千米，距德阳市区21千米。幅员52.50平方千米，所辖11个行政村，4个居委会。场镇建设区面积3平方千米，总人口4.20万人，城镇常住人口1.80万人。是四川省首批百镇试点镇和51家重点镇之一，是德阳市回民主要聚居地和伊斯兰教协会所在地。

【年度特点】 2012年，在区委、区政府的领导及有关部门的支持下，镇党委、政府以“三个代表”重要思想，党的十八大、十七届五中、六中全会为指导，围绕“农业夯基础、工业强经济、以旅游古镇打造为载体，统筹城乡发展”的工作思路，以“作风转变”活动为主线，以“发展旅游经济”为突破口，以“文明城市创建”为契机，创新工作机制。全镇政治稳定、社会安定、经济发展、事业进步，呈现出稳定、健康发展的良好势头。

【经济指标】 实现地区生产总值（GDP）8.85亿元，固定资产投资总额4.48亿元，较上年增加4800万元；全镇16家规模企业完成工业总产值17.35亿元，营业收入17余亿元，利润总额7519万元，利税总额1.01亿元；农民人均纯收入增加13.50%。

【招商引资】 引进市外到位资金3亿元，省外到位资金3亿元；推出包装项目2个，外贸出口55万美元，引进外资100万美元。

【三农工作】 2012年，申报20个旌西片区新农村示范项目，经区委批准实施19个，其中4个项目与天元镇共同实施。通过项目带动，壮大了养殖专业合作社（或养殖场）2个，专业组织带动农户2000余户。建设沼气池306口。栽插水稻3.49余万亩（1.20万亩的机插）；收割小麦2.03余万亩，大麦2517亩，油菜9038亩；栽插红苕1603亩。粮食生产3.22余万吨（大春2.19余万吨、小春1.03余万吨），蔬菜6余万吨，油料1923吨，水果261吨。

【旅游文化】 发挥孝文化、泉文化、伊斯兰文化的资源优势，创新发展理念和经营机制，推进文化产业结构升级。在上九会和孝文化旅游周活动中，通过文艺汇演、商品交易、民俗活动、趣味比赛、坝坝电影等形式充分彰显孝泉文化的魅力与人文特色。上九会吸引了20余万人次到孝泉古镇休闲观光，实现贸易总额近300万元，旅游收入2500余万元；“孝文化活动周”吸引游客近10万人次，实现旅游收入1500万元。

【项目建设】 以BT和BOT的方式重点加大

对旅游基础设施建设项目的争取和实施，城镇5条道路3.60万平方米（忠孝路、孝源路、孝芳路、通站路、德绵路）基本建成，德孝城文化产业园区建设正有序推进。

【社会事业】 建成284套公租房和316套廉租房；深化人口与计划生育综合改革，符合政策生育率达93.79%；新农保参保人数2.07余万人，城镇居民医疗保险参保人数3645人，新农合参保人数3.15万人。各项惠民资金发放到位；强化食品安全检查，推进双拥工作。全面落实基本药物制度，城镇医疗卫生条件不断改善；建立城乡环境综合治理长效机制。

【综治维稳】 做好矛盾纠纷排查调处工作，排查各类矛盾纠纷73起，调处73起，调处率100%，调解成功73起，成功率100%。以开展警民亲活动为契机，有针对性的对刑满释放、解除劳教等六类人员做到“六个必接”，重大节假日活动对社区矫正人员和安置帮教人员走访 6次，送去资金800元。以“平安孝泉”创建为主线，建立健全突发事件预警机制。全年进行各项安全检查97次，查处安全生产一般隐患8起，现场整改5起，限期整改3起。

（邱小维）

柏隆镇

【年度特点】 2012年，柏隆镇在旌阳区委、区政府的领导下，贯彻党的十七届六中、七中全会和十八大精神，坚持科学发展观，围绕“抓发展、调结构、促改革、惠民生、促稳定”的总体目标，狠抓项目攻坚、产业提升、开放突破、作风转变，带领全镇干部群众开拓进取，奋力工作，全面完成区委、区政府下达的各项目标任务。

【经济指标】 实现地区生产总值4.83余亿元，同比增长12.03%；固定资产投资额完成1.28亿元；财政总收入520.04万元，同比增加92.22万元，增长21.56%，镇本级财政收入完成90.57万元；农民人均纯收入1.03万元，比2011年增加1296元，同比增长12.60%。

【重点项目】 第二期80套廉租房建设、迎宾路迎宾广场建设，熙海大道、平安街整治工程以及一环路一段二期建设工程相继竣工；佛庙老果寺长廊和大雄宝殿彩绘工程竣工。完成国家农业综合开发项目，治理土地5400亩；衬砌沟渠2.40万米；人民渠32支渠黑凤泉景观整治土建工程完工。实施土地挂钩项目，整治土地1560.22亩。完成省级财政全域灌溉试点建设项目，改造沟渠73.52千米。中日环保柏隆镇污水处理厂建设项目落实，完成项目选址、规划等前期工作。

【砂石治理】 对全镇6家砂石开采企业进行清理整顿，对存在超时、超深等违规开采行为进行停产整顿和处罚。

【农村工作】 2012年，粮食播种面积5.03万亩，总产量2.63余万吨；油料播种面积1.17万亩，总产量2404吨；蔬菜总产量2.14万吨，水果总产量347吨；农业生产总产值3.32余亿元。生猪出栏5.49余万头，小家禽出栏246万只，禽蛋1766吨。全镇土地流转4208 亩，新增1300亩。实施村级公益事业“一事一议”财政奖补21项，上级财政奖补69.99万元，农民筹资筹劳69.98万元，全镇新建机电井18口，硬化通组道路2400米。 德阳景程禽业有限公司隆兴桥村畜禽培育基地培育的畜禽新品种（配套系）“天府肉鹅”，得到国家畜禽遗传资源委员会认可。

【工业经济】 全镇工业企业23个，其中规模企业6个，实现规模以上工业总产值5.30余亿元，比2011年增长1.08亿元，同比增长25.45%。招商引资引进市外资金3.72亿元，引进省外资金7500万元，外贸出口300万美元。

【社会事业】 柏隆镇幼儿园新校建成，新园占地面积9222平方米，总投入645万元。柏隆镇敬老院落成搬迁，新敬老院坐落于上风上水的黑凤泉边，占地64.63亩。果元村自来水供水站建成投入使用，全镇建成自来水供水站6个，实现辖区内居民饮用自来水全覆盖。柏隆镇燃气公司成立，2012年有2000户农户安装使用天然气。城乡环境综合治理进入常态化管理，隆兴桥村、清和村被授予省级“城乡环境综合治理示范村”。全镇学前三年入学率100%，九年义务教育阶段“四率”高标准达到国家标准，青壮年非文盲率99.33%，人均受教育年限8年；柏隆初中中考成绩连续4年名列旌阳区农村中学第一。原中央美院副院长叶毓中先生创办的“重三教育基金”奖励、支助柏隆镇学校优秀教师、贫困学生8.04万元。辖区老果寺等6处区级文物保存完好。城乡居民健康档案规范化建档2.63万人，建档率96.40%，“五苗”全程接种率达98%；查螺面积119万平方米，灭螺面积95万平方米。全年处理省级信访2起，区级信访2起，接待群众来访265人次，处理回复市长信箱11件，区长信箱3件，排查矛盾纠纷72件，调解167件。组织辖区内安全大检查12次，专项检查8次，查处各类安全事故隐患34件，整改34件，辖区内无重大安全事故发生。

【民生工作】 2012年，全镇1.64余万人纳入新型农村养老保险，新农保覆盖率达88.24%，4328人领取养老金；90人参加城镇居民新型养老保险，47人领取养老金；2.29万人参加新型农村合作医疗保险，新农合参合率达93%；1059人参加城镇居民基本医疗保险。辖区新增劳动力567人，开展劳动就业培训5123人次，实现劳动力转移7149人，全镇劳动力一、二、三产业从业人数比值分别为3.9：1.8：4.3。全镇发放救灾救济补助406.69万元；发放农村五保生活费77.06万元；发放农村低保86.34万元，发放城镇低保84.16万元；发放伤残退伍三属及参核人员抚恤金73.24万元。兑现2011年度领有独生子女父母光荣证夫妻5731人，奖励金17.19余万元；兑现2011年度709名奖励扶助对象资金51.05万元；兑现16名特别扶助对象资金1.85万元；兑现5名再生育关怀项目对象扶助金6000元。

【党的建设】 开展作风转变干部直接服务群众“一帮一”结对联户、“面对面”做好事活动。机关干部联系38名困难群众，送去慰问金6400元，化肥20袋，水泥700千克。利用“飞信”平台，开设党员“移动课堂”，内容包括“党员课堂、清风廉政、柏隆要闻、作风转变、生活助手”5个栏目，全年开课35期；开展基层党组织“三分类三升级”和“晋位升级”活动，23个党支部中，10个支部被评为一类基层党组织，11个支部被评为二类基层党组织，2个支部被评为三类基层党组织，二类、三类党支部通过查找原因、落实整改措施，除柏隆管业支部和非公有制企业联合支部仍为二级基层党组织外，其余11个支部全部晋级为一类基层组织。开展“创先争优”评选活动，镇党委被评为旌阳区“创先争优”先进党（工）委，南桂村支部、青进村支部、隆兴桥村支部被评为旌阳区“创先争优”基层先进党组织。全镇有党支部23个，新发展党员22人，党员数959人。德阳景程禽业有限公司党支部成立；德阳市利丰丝织厂党委撤销。

（卿烈彪）

扬嘉镇

【经济指标】 2012年，扬嘉镇全年地区生产总值完成5.82亿元，同比（下同）增长12.80%。企业总产值完成15.52亿元，增长27%，其中规模工业总产值完成5.90亿元，增长37.90%。规模工业经营收入完成5.80亿元，增长36.50%；利润总额完成5100万元，增长38.50%；利税总额实现5700万元，增长31.30%；地方财政收入完成215万元，超额完成区政府下达目标任务5%。农民人均纯收入1.05万元，人均增收1331元，增长14.51%。

【工业经济】 加快工业园区道路、电力、通讯等基础设施建设，完成园区162户住房的搬迁工作，园区建成面积1平方千米，入住企业32家，初步形成以机械加工、新型材料为主导产业的新型工业园区。立足选商选资，发展潜力大、税收多、无污染的项目，全年引进投资项目6个，实际到位资金2.30亿元。争取上级政策资金支持，帮助企业解决实际困难和问题，促进签约项目的快速开工建设，有4个项目正式开工建设。全年新增固定资产投入2.96亿元，增长7.50%。

【农业经济】 在巩固发展大棚蔬菜基地、名优花卉基地的基础上，新发展无花果基地80亩、水稻制种基地200余亩。全年实现粮食总产量2.27万吨、蔬菜总产量1.90万吨、水果总产量800吨。加强与广东温氏等农业产业化龙头企业的联系，培育养殖大户170余户，生猪出栏4.81万头，小家禽出栏176.60万只，肉兔出栏11.60万只。推行“农超对接”，加快发展龙头企业，新建专业合作社2个，各类经营组织带动农户2280户，带动面达30%。成功承办全市养蜂技术培训会，开展农业实用技术培训8次，发放技术资料2余万份，引进新品种、新技术8项，创建科技示范村2个。对各村的转移支付资金进行专门审计。完成“一事一议”基础设施建设项目的集资审核工作。严格执行粮食直补、农机购置补贴、车辆下乡补贴等各类涉农政策，累计发放补贴资金580余万元。完成土地增减挂钩复垦工作，复垦土地700余亩，并代表旌阳区接受省、市的检查验收。

【城乡统筹】 开通扬嘉镇丰城村至德阳的109路乡村公交车，方便群众出行。对境内道路安全隐患进行全面排查整治，安装道路警示标志牌63处、减速带40米。新改扩建通组道路5千米，对各村组道路及沿线沟渠进行集中整治改造，对10处水毁工程进行修复。全年新建沼气池100口，完成新隆村2600人的安全饮水入户工程。开展“五乱”治理和城乡风貌改造，“户集、村收、镇运、集中处理”垃圾处置模式运转良好，实现环境治理常态化。全面启动嘉怡安置小区、黍森生态园、场镇商住小区等重点项目建设工程，提升城乡面貌。

【文化建设】 支持和指导组建10余支村居、院落歌舞队、健身队，成立扬嘉农民艺术团，开展歌舞健身活动，在组队参加全区第四届秧歌比赛中荣获二等奖。加强农村书屋建设，建成标准化农家书屋8个，电子阅览室3个，使农村书屋发挥了应有的作用。成功承办德阳市“12.4”法制宣传日暨全市“三下乡”活动，受到与会省、市、区领导的充分肯定。开展文化惠民活动，坚持春节前邀请德阳市书画家协会，旌城书画院名家来扬嘉开展为群众义务画画和书写春联活动，很受群众欢迎。

【社会事业】 完善硬件设施，巩固“两基”迎国检和德阳市义务教育示范乡镇创建成果，中小学教育质量位居全区同类学校前列。支持镇卫生院住院综合大楼设施设备的完善配备，建立健全突发公共卫生事件应急机制；生育率达98.05%，完成享受农村计划生育奖励特别扶持对象和0~18周岁独生子女父母奖励金申报工作；召开镇计划生育协会换届选举大会，规范村级计划生育服务室建设，做好“全国计划生育依法行政示范镇”迎检准备工作，人口和计划生育工作继续位居全市前列。定期开展广电人员技能培训和广播电视线路检查维护工作，在全区率先启动电影进社区、进院落工作。开展稳定隐患排查，畅通信息渠道，落实责任措施，抓早抓小抓实，未发生到省进京上访事件；建立信访联席会议，坚持党政领导信访接待制度，对收到的各类隐患和问题实行责任领导、部门包案处置化解，办理上级转办的各类信访件。安全生产检查整改，保持全镇安全生产形势总体平稳。

【民生工程】 一是做好镇村最低生活保障工作。为全镇农村815户、871人，城镇544户、614人解决了最低生活保障问题，全年发放低保金253万元。二是做好五保老人的生活保障工作。五保老人集中供养率达67.80%，审核发放五保资金27.13万元。三是解决各类困难群体的基本生活。审核发放医疗救助金32.06万元，殡葬补贴9.40万元。四是解决好残疾人的生产、生活等问题。将491名农村贫困残疾人纳入扶贫帮扶工程，为贫困残疾人发放扶贫资金2余万元、送小家禽2000只、物资80余袋；对全镇7名重度残疾人纳入阳光居家托养；11

名残疾人纳入白内障康复工程。五是抓好农村的养老、医疗、人身意外伤害保险工作。新型农村养老保险参保1.30余万人，缴费率达90%；城镇居民医疗保险参保1500余人；农村小额人身意外保险参保4030户，参保率51.90%。

【党政建设】 坚持“抓班子、带队伍、促发展”，强力提升班子政治意识、大局意识和总览全局、引领区域发展的能力。推进创先争优，大力实施“先锋模范”四项工程。开展“基层组织建设年”活动，扎实做好分类定级和整改提高，支部晋级率达100%。深入开展“听民意、了民情、解民忧”大走访活动，切实办好利民实事。加大后备干部的培养，强化党员管理教育，严把党员入口关。深入开展“作风转变年”活动，加强党风廉政建设。加强政府自身建设。开展党风廉政建设，努力打造为民、务实、清廉的政府形象。加强对干部的教育、监督和管理，落实首问责任制、限时办结制和责任追究制。推行政务公开，保障人民群众的知情权、参与权、监督权，基层民主建设得到加强。健全完善领导干部联系服务群众制度，使广大干部重心下沉，深入群众倾听民声、收集民智、解决民难。加强目标管理和政务督查，及时解决存在的问题，推动各项工作的落实。自觉接受镇人大的监督，认真贯彻落实人大的决议，办理人大代表的建议，实现办结率和满意率两个100%。

（邱明罡）

八角井镇

【年度特点】 2012年，八角井镇认真贯彻落实党的十八大精神，按照市委“一三五八”发展战略要求，深入学习实践科学发展观，以“四个年”活动及基层组织建设年活动为契机，以群众增收为目标，以创优良环境为重点，推动城乡统筹发展，较好的完成各项工作任务。

【经济指标】 全镇实现入库税金7253万元，本级财政收入1090.50万元，本级财力842.30万元。

【拆迁安置】 全年拆迁农户950余户2500余人，拆迁面积1600亩，拆迁企业16家，发放拆迁资金2.20亿元。东河“小二楼”36户全部进行了评估，13户拆迁，拆迁资金2600万元。办理申请货币安置人员31人，发放货币安置费243.67万元。农转非5186人，涉及9个村，35个组，农转非“两补”费用发放1.26亿元。据实结算兑现3个组，发放资金1270万元。

【社会事业】 通过省级卫生镇验收工作，建立、健全和完善环境秩序综合治理工作领导责任。镇内聘请执法人员8位，对发现的问题及时处理，每天做好动态巡查工作记录。社会创新管理。投入资金320万元，3月初开工建设柳江社区服务中心和双凤社区服务中心，10月底竣工。

【民生工作】 开展技能培训8期，进行技术培训和引导性培训3456人。组织鼓励劳动者参加市就业局和开发区组织的“春风行动”和大型就业招聘会，3825人参加，签订用工协议806份。完成城镇新增就业人员460人、下岗失业人员再就业145人，办理《就业失业登记证》120个，城镇登记失业率控制在4%以内。1.68余万人参加社会职工养老保险，2.20万人参加城镇居民医疗保险，参保率达99.60%。为退休年龄段的转非居民办理退休证155个，社保中断1696人。做好农转非人员社保补助工作，登记9725人，涉及补助金额2086余万元。4个行政村参加新型农村社会养老保险，参保人数4098人。1135位60岁以上老人不用缴费就可每月领取国家给予55元的退休养老金。有2283户人参加小额人身意外保险，享受政府补助2.36万元。

（裴春红）

基层单位选介

Ji Ceng Dan Wei Xuan Jie

炫舞德阳.旌阳分赛区老年组在德阳石刻表演

学 校

【德阳中学】 德阳中学办学历史悠久，文化积淀深厚，经过70余年的发展，2002年成为“国家级示范性普通高中”。1981年成为四川省首批省级重点中学，先后荣获“国家级绿色学校”、“国家级体育传统项目学校”、“国家级体育俱乐部”、“全国群众性体育活动先进集体”、“省文明单位”、“省校风示范校”、“省实验教学示范校”、“省青少年科技教育示范校”、“省现代教育技术示范校”等一系列荣誉称号，成为省内一所享有较高声誉的名校。校园由两个校区组成，占地278亩，初中校区灾后重建完成后，面貌焕然一新；高中校区环境优美，建筑气势宏伟。学校拥有一流的设施设备。学校有122个教学班，在校学生7100余人。教职工429人，其中全国优秀教师6人，特级教师4人，享受国务院特殊津贴专家1人，省学术带头人1人，省级学科带头人、劳模、优秀教师、班主任、教育工作者和科技辅导教师等18人。近年来有25位青年教师在全国、省级优质课比赛中获奖。学校拥有一支学科配套、师德高尚、业务精湛的师资队伍。

学校高考连续21年获德阳市教学质量一等奖，中考连续27年获市区和旌阳区质量考评第一名。先后有14人获德阳市高考文、理科状元，有50人考入北大、清华，1人考入香港大学。在学科竞赛中，有270余人次获全国、省、市级奖励。学校办学业绩逐年提高，赢得良好的社会声誉。2012年高考参考人数1533人，文理科本科上线1023人（不含艺体生，比2011年增长137人），上线人数居全市第一，是全市唯一一所突破千人大关的学校。本科上线率达66.73%。德阳市文理科前10名，德阳中学占6人；前20名，德阳中学占11人；代文韬同学以理科648分获得德阳市理科第一名。重点大学上线244人（比2011年增长10人），上线人数居全市第一，高出第二名学校62人。理科本科上线793人，居全市第一；理科重点人数202人，居全市第一。2012年中考本校A1类学生达399人，占全市A1类学生总数的13.3%，高居全市第一。A类学生总人数达590人，位居全市第一。升入国家级示范高中人数达636人，再创新高，居全市第一。

科技创新教育成为学校一大办学特色，学生参加全国青少年科技创新大赛、机器人大赛等，获得国际金奖1枚，国家级金牌10枚，银牌10枚，铜牌3枚。其中有5人获得长江小科学家或明天小小科学家称号，1人获茅以升科学奖，1人获高士其科学奖，2人获英特尔英才奖，获得的省、市级奖共计300余项。2012年，在各类科技创新比赛中，捷报频传。学生获国家级奖2项（一等奖1项、二等奖1项），省一等奖2项，省二等奖2项，省三等奖6项；4人获德阳市青少年科技创新市长奖；1人获市长提名奖；市一等奖2项、市二等奖6项、市三等奖16项；获旌阳区青少年科技创新政府奖，创新奖4项，提名奖8项；15名师生获“旌阳区第五届青少年科技创新政府奖”；老师共有7人次获各级优秀科技辅导教师奖。德阳中学获省、市两级科技创新优秀组织单位奖。

科研课题《“真问题”引导下的中学科技教育》获省政府二等奖、市政府一等奖，成为国家级课题。学校坚持开放办学，与美国、日本、德国、新加坡等国的学校建立校际互访交流关系，成功举办西班牙语国际班，近几年有近百位学生出国留学。

【德阳市第一小学】 德阳市第一小学始建于清道光2年，是德阳市教育对外开放的窗口学校。学校占地1万平方米，有40个教学班，学生2400人。在校教职员工110人，学历达标率100%。

学校以“为学生终身发展奠定良好的基础”为办学理念，秉承“责任立身，乐学成志”的校训，全面实施素质教育，让学生在学校“快乐地学习，健康地成长”；以培养健康文明、个性鲜明、活力聪明的全面发展的一代新人作为育人目标，逐步形成以“掌握两项运动技能，健康一生；学会一项艺术特长，情趣一生；传承国学经典文化，儒雅一生”为新型育人模式，努力打造责任立身、责任立志、责任立学、责任立校的“责任”品牌学校。学校进一步加强学校教育的国际交流与合作，先后与英国威尔士郡伊力士凡奇小学、香港圣文德天主教小学结为友好姊妹学校，参加内地与香港精英交流计划暨名校名师优质生汇香江活动，接待日本东广岛市中小学生代表团。

学校先后被评为全国少先队红旗大队、全国交通安全先进单位、全国少先队雏鹰大队、全国青少年道德建设实践基地全国青少年文明礼仪示范教育基地、全国双合格优秀家长学校；四川省文明单位、四川省德育工作先进单位、省首批校风示范学校、省家长示范学校、四川省无烟单位、四川省档案管理一级单位；德阳市十佳平安和谐校园、市绿色学校、德阳市节水示范学校、市教育综合评估一等奖、市教育常规优秀级学校、市教育科研先进单位。2012年度，学校先后创建为德阳市艺术教育特色学校、德阳市书法教育示范学校、四川省艺术教育特色学校。学校被教育部语言文字应用管理司、国家语委语言文字报刊社授予全国校园文化系列活动优秀示范单位。学校参加由德阳市委宣传部等单位举行的德阳市中小学“中华诵·2012经典诵读大赛”获二等奖。学生管乐团参加四川省中小学管乐指挥培训项目（第二期）展演荣获二等奖。学校足球队参加德阳市（市区）小学足球联赛获一等奖，德阳市小学生足球比赛获亚军。

【德阳市华山路学校】 德阳市华山路学校位于德阳市长江西路三段，创建于1992年，占地面积2.87万平方米，校舍建筑面积1.17万平方米，拥有一流的教育教学设施。学校现有教职工85人，其中中学高级教师1人，小学高级教师36人。办学规模37个班，在校学生1936人。

学校以实施素质教育，培养学生的创新精神和实践能力为宗旨，坚持学校教育、家庭教育、社会教育相结合的办学模式，以“做豪迈的中国人”为校训，坚持以“学科教学为基础，艺体教育为特色”的特色办校思路。通过择优选聘、在职培训、进修学习、讲座研讨、教育科研等多种形式提高教师的整体素质，将教师培养成师德高尚、业务精湛的一流专业化师资队伍。

学校先后被评为全国学校艺术教育工作先进单位、全国作文教研百强学校、四川省校风示范学校、四川省教师职业技能示范学校、四川省艺术教育特色学校、四川省德育工作先进单位、四川省体育达标先进集体、四川省科技教育示范学校、四川省示范家长学校、四川省防震减灾示范学校、德阳市最佳文明单位、德阳市卫生先进单位、德阳市依法治校示范学校、德阳市语言文字规范化示范学校、德阳市教学常规管理优秀级学校、德阳市教学水平督导评估优秀级学校、德阳市教育系统民主管理先进单位、德阳市模范职工之家、德阳市巾帼文明示范岗等。连年被评为旌阳区督导评估示范级学校。2012年，学校少先队获四川省优秀集体等省市区奖励26项。学校先后荣获四川省示范家长学校、德阳市防震减灾示范学校、旌阳区校本科研先进集体、少先队工作先进集体、教育宣传信息工作先进单位、共青团工作先进单位、旌阳区先进基层党组织等荣誉。

【德阳市岷江东路逸夫学校】 德阳市岷江东路逸夫学校是市区内一所全新体制运作的高起点、高规格全日制九年一贯制寄读教育实验学校。

学校坐落在德阳市经济技术开发区，占地2万平方米，建筑面积1.80万平方米，布局合理，设备设施一流，拥有高档微机室、实验室、舞蹈室、音乐室、塑胶运动场、校园广播网、电视教学闭路系统等专用教学辅助室和网络系统，配备高档、规范的图书、阅览室以及宽敞舒适的学生公寓楼。

学校本着“培养学生良好习惯，为学生可持续发展奠基”的办学理念，坚持做人与成长并重，智商与情商并重，知识与能力并重，全面发展学生素质。依托优秀的师资，科学的管理，努力探索九年一贯制寄读教育的新路子，突出英语教学特色，办学效益逐步显现，办学规模逐年扩大。现有50个教学班，在校学生2500余人。历年中考多次荣获教学质量“优胜奖”。形成专家指导办学，名师引导执教的办学新格局。

学校先后荣获全国优秀家长学校、全国后勤管理科研先进单位、全国素质教育先进单位、四川省卫生先进单位、档案达省一级标准、德阳市最佳文明单位、德阳市校风示范学校、德阳市教学常规管理优秀学校、德阳市现代教育技术先进集体、德阳市巾帼文明示范岗、德阳市科技示范学校、德阳市模范职工之家、德阳市绿色学校、德阳市示范级学生公寓、德阳市城市一级幼儿园、德阳市艺术特色学校、德阳市书法教育优秀学校、区督导评估示范学校、区先进基层党组织等 200余项荣誉。教师获全国、省、市、区各级奖励400余人次，发表论文800余篇。学生1200余人次在各级各类比赛中获奖。

【德阳市孝泉中学】 孝泉中学地处中国德孝之乡—旌阳区孝泉镇，始建于20世纪30年代。2004年3月，学校成功创建高完中。孝泉中学灾后重建完成，重建建筑面积1.91万平方米，实验设备按省农村双Ⅰ类标准配备，设施设备齐全，绿化覆盖率达36%，校园布局科学合理，环境优美。

现有教学班17个，在校学生804人，教职工112人，专任教师学历达标率100%。其中中学高级教师24人，中学一级教师50人，省级骨干教师4人，市区级骨干教师、学科带头人、优秀班主任、优秀教育工作者等50余人。

在近80年的办学历史中，学校逐渐形成“立足农村、以人为本”的办学思想，秉承“为学生一生奠基，对民族未来负责，实施素质教育，以先进的教育理念培养高素质人才”的办学宗旨，以“乐学、修身、求真、创新”为校训，在实践中逐步形成了“以孝立德、以德兴校”的德育教育特色和“和谐、健康、创新、求实”的校风。

学校先后荣获“四川省防震减灾科普示范学校”、“德阳市校风示范学校”、“德阳市文明单位”、“德阳市抗震救灾英雄群体”等称号百余项。2011年学校获“旌阳区中小学校办学水平督导评估示范级学校”、“旌阳区教学管理优胜奖”、“旌阳区首届教师风采大赛优秀组织奖”等30余项荣誉。2012年，学校还获得“德阳市实验教学示范学校”、“旌阳区区域性校本教研共同体先进单位”、“旌阳区安全工作先进单位”、“旌阳区中小学艺术节比赛一等奖”等20余项荣誉。

【德阳市黄许职业中专】 全国首批国家级重点中等职业学校—四川省德阳市黄许职业中专，是旌阳区政府举办的唯一一所学历教育的中等职业学校。学校位于德阳市黄河新区洮河路299号和德阳市旌阳区黄许镇南街口，两校区占地145亩。

学校有在校学生4022人，专任教师205人。双师型教师101人，全国优秀教师1人，省市学科带头人、骨干教师、教坛新秀16人，省市级教研员28人。2名教师赴德国考察学习，每年有10%的教师参加国家、省、市等各级组织的各类培训。学校围绕重点专业建设，以提高教师师德水平和实践教学能力为重点，以加强教师培养培训体系建设为基础，以创新教师队伍建设制度和机制为保障，不断优化教师学历结构、职称结构、专业结构、年龄结构、双师结构。实施专业带头人培养计划、骨干教师培养计划、兼职教师队伍建设计划、教师企业实践计划、教师学历职称提高计划、教师获取职业资格证书计划。采取争取政府支持，扩大学校教师编制，稳定教师队伍；改革分配制度和用人制度，完善教师聘任制度和绩效工资制度；完善激励机制；加强思想政治工作和继续教育工作；引进高层次人才等措施建立一支“既能教书又能育人，既能上讲台又能下车间，既有专家又有能工巧匠”的双师型师资队伍。

学校常年开设建筑工程施工、机械加工技术、机电技术应用、计算机应用、软件与信息服务、会计、美术绘画、电子商务、汽车运营与维修九个专业，其中机械加工技术和计算机应用两个专业是省级重点专业。建有24个校内实验实作室，20个校外实习基地和一个德阳市中等职业学校规模最大的机械、电子实训中心。历年毕业生就业率保持在98%以上。

学校一直保持四川省校风示范学校、德阳市卫生单位和文明单位、德阳市职业教育先进单位、德阳市中等职业学校教学评估一级学校、旌阳区办学水平示范级学校荣誉称号。全国人大常委会副委员长、民建中央主席陈昌智、全国人大常委会副委员长周铁农、全国政协副主席张榕明、教育部副部长鲁昕以及四川省政协主席陶武先等领导先后到学校视察，充分肯定学校的办学成绩。

【德阳市青云山路小学】 德阳市青云山路小学（原名旌阳区经济开发区小学）创建于1996年，位于旌阳区工业集中发展区，是旌阳区教育局直属学校。学校占地2.16万平方米，校舍总建筑面积7705平方米，绿化面积7800余平方米。学校现有教学班21个，学生1008人，教职工60人，学历合格率100%。

学校坚持“弘扬孔子文化经典，构建人文和谐校园”校园特色文化建设成绩显著，以“创特色名校，育高雅学生”为办学目标。学校治学严谨、校风优良，要求严格、办事认真，充满崇高精神和现代气息。举办孔子文化艺术节、孔子文化诵读节等特色活动，为学生提供充分展示才能的舞台。

学校连年被旌阳区教育局评为“督导评估办学示范级学校”、“领导班子创‘四好’先进集体”、“安全等级优秀级学校暨安全工作先进单位”、“惩防体系建设先进单位”、“廉洁教育进学校先进单位”、“校本科研优秀单位”、“区域性校本教研共同体指导工作先进单位”、“城乡环境综合治理进学校先进单位”、“继续教育先进单位”、“德育先进单位”等。荣获德阳市卫生单位、德阳市文明单位、德阳市艺术教育特色学校、德阳市书法教育优秀学校、德阳市绿化示范学校、德阳市中小学幼儿教师继续教育培训中心“先进单位”，四川省示范家长学校、四川省模范教工之家、“文轩”杯四川省中小学生综合素质竞赛集体奖，第十届星星杯全国青少年书画文摄作品大展先进集体奖。

医　院

【旌阳区妇幼保健院】 2012年，医院承办市级学术会议2届，培训专业技术人员200余人，开展全院性院感培训4次，培训人员609人；16人次参加省市级院感培训5次。发表国家级论文4篇，金桥工程1项。推进“三好一满意”，改进医疗服务质量。优化门急诊流程，推进门急诊的规范化建设，开展优质护理服务示范工程，2名护士被评为市级优秀护士，1名护士在市护理技能比赛中获得铜牌1枚。开展了学雷锋见行动、“转作风、促形象、树发展”、安全生产月、“争创第三届文明城市”等主题宣传活动；编辑院刊《医院动态》4期，为《德阳卫生》网站提供稿件20余篇，年度工作简报58期；在《德阳日报》、旌阳电视台投放建院六十周年专题宣传形象片。制作创卫宣传专栏2期、张贴画8张、横幅1条、健康教育折页上千册、LED滚动创卫相关口号6条，推进城乡环境综合治理及爱国卫生运动在本院的开展，受到市级创卫督导组的充分肯定。

加强新农合相关工作，成立专门的医保科，配备专业人员，开展全院医保培训1次，全年为596人次补助金额48.92万元，住院患者报账比例由2011年的43.74%升至2012年的58.38%。医院院长助理、院办主任殷红蕾作为卫生管理干部到阿坝妇幼保健站挂职、妇保科主治医师刘玲作为妇产科专家到阿坝妇幼保健院指导工作，药剂科主治医师彭玲对口帮扶新中卫生院，兑现帮扶资金6万余元。

出动卫生志愿者、医疗专家200余人次免费义诊义检4200余人次，发放价值4000余元免费药品和各种宣传资料5400余份，捐赠资金1.30余万元，开展公益讲座22次，为贫困患者减免医药费用1.30余万元。为1913名符合补助条件的农村孕产妇领取住院分娩补助，发放补助经费89.97万元，补助率达98.66%。农村妇女增补叶酸发放3239人，叶酸服用率100%。开展产、儿科适宜技术培训及孕产妇、儿童保健技术培训、妇幼信息会8次，培训人员200余人次。完成了免费婚检2800例、产筛6156例、新筛1958例。完成1003人《保教人员保健合格证》的年审工作；对30余所托幼机构8730名儿童进行了在园体检。完成妇女病普查普治830人次。打造为健康教育专区，制作健教宣传3期、印发健教宣传折页6000余份，900余人参加孕妇学校授课、开展妈妈操作课堂30余期、孕期体操课近70期，公益讲座10期、受益人群上千人，孕妈妈俱乐部会员达500余人。

全年抽查处方1200余张，对处方实施动态监测，对不合理用药及时予以干预，将检查结果及时反馈公示并与绩效挂钩。医院先后荣获市社会主义核心价值体系实践学雷锋示范点、市卫生系统新生儿疾病筛查先进单位、市级女职工“我学、我练、我能”劳动竞赛示范岗、旌阳区委、旌阳区政府创先争优示范点、旌阳区人才工作先进单位、区卫生系统妇幼卫生工作先进单位等荣誉称号。

（刘　茜）

【旌阳区中医院（人民医院）】 德阳市旌阳区中医院（人民医院）为国家“二级乙等”中医医院，属政府举办的非营利性医疗机构。医院有业务用房3.20万平方米，编制床位400张，实际开放床位达500张。拥有CT、DR、C型臂、数字胃肠、电子胃镜、全自动生化仪、彩色多普勒超声诊断仪、LEEP刀、腹腔镜、双能骨密度检测仪、重症监护设备、膀胱镜、全套康复治疗设备等价值4000余万元的先进医疗设备。开设内科、外科、骨科、妇科、康复科等临床及医技科室28个。其中省中医重点（特色）专科2个，市中医重点专科2个。有职工505人，卫技人员405人。其中高级职称23人，中级职称72人，初级职称317人，硕士研究生12人，德阳市名中医1人，德阳市优秀中青年中医师1人。医院是“德阳市旌阳区中、西医医疗，教学、科研中心及农村医疗卫生人才培训基地”，“德阳市国家中医类执业医师资格实践技能考试考核基地”，“华西远程会诊及教学点”、“四川中医药高等专科学校临床教学实习医院”，“城镇职工及居民医疗保险、新型农村合作医疗、成都铁路局职工医保及商业保险定点医疗机构”，“德阳120院前急救网络医院”。

2012年6月，区中医院相继完成香港特区政府资助援建的内科住院大楼及附属用房，以及四川省慈善总会转赠沙特政府捐资援建的住院综合大楼工程项目建设任务，建设总面积1.87万平方米，总投资4198万元。工程项目建成后，极大地改善了就医环境条件，规模不断扩大，医疗设施设备较完备，区医院30余项功能得以增加完善，住院开放床位由200张增至500张，较好地解决了患者住院难问题；规范建设了标准的消毒供应中心、放射科、重症加强治疗病区等业务用房。香港特区政府资助援建的内科住院大楼及附属用房工程项目先后荣获省主体结构优良工程、标准化工地、建设工程质量“天府杯”银奖。

2012年3月，区中医院正式启动“二甲”中医医院达标创建工作，切实制定达标创建工作实施方案，成立“二甲”中医医院达标工作领导小组和达标办公室，全面负责达标创建工作的组织领导。组织召开创建“二级甲等”中医医院动员大会和誓师大会，向区中医院广大职工发出倡议书并举行签名活动，区中医院上下一心，奋力有序地推进达标创建工作。

区中医院发挥中医药特色和优势，不断提高中医药服务水平。实施中医药服务能力提升工程，推行多项中医技术项目、多专业融合的一体化综合治疗服务模式，以患者诊疗服务需求为导向，以疾病诊疗为纽带，通过医院内部流程的改造和资源整合，为患者提供在一个科室、一张病床上就能完成诊断、治疗和康复的全程医疗服务。加大中医重点专科建设力度，做大做强中医特色科室，做好建设期满的省级中医重点专科在建科室—康复科的申报评审验收，加快推进省级中医重点专科在建科室—骨伤科的发展建设，扶持市级中医重点专科在建科室—脾胃病科（内三科）、妇科的发展建设。加快中医预防保健服务的发展，扎实推进“治未病”健康工程，不断提高服务质量和效果，以满足民众养生保健、重大疾病防控和康复等方面的服务需求。

区中医院加快推进信息化建设工作，全面实施医院信息化管理，投资245.90万元更新替换了医院信息化系统软硬件设备，并全部投入运行使用，从而优化了病员就诊流程，缩短了病员就诊时间，加强了医院信息化管理。

2012年3月，由德阳市旌阳区政府财政专项拨款建设的区中医院10KV双电源工程竣工并投入使用。该工程投入使用标志着区中医院从此结束了单一供电电源的历史，保障了医疗业务的正常开展及病员生命安全，降低了医疗风险，更好地满足了广大人民群众医疗服务需求。

（杨茂华）

协会组织

【个　协】 协会单位全称德阳市旌阳区私营个体经济协会；单位地址德阳市天山北路423号（旌阳区工商局办公楼3楼）；全区有会员总数1.07余万户，其中私企会员 3163户；个体会员7554户。2012年新增会员1842户，其中新增私企会员329户；新增个体会员1513户。区私个协会党委把开展“三分类三升级”活动纳入党委工作议事日程，成立以党委书记阳鸿为组长、党委副书记吉林为副组长、各分会党支部书记为成员的领导小组。在实施“三升级三分类”活动中，利用群众座谈，评议走访等形式，完成基层组织现状大调查、自评分类定级、党组织及党员承诺等工作。通过分类定级，东湖分会党支部、孝泉分会党支部被评定为一类党组织；区私个协会党委、天元分会党支部被评定为二类党组织；黄许分会党支部被评定为三类党组织。各党组织制定了工作计划和改进措施，完善各项工作制度，学习和贯彻非公经济党建工作的各项方针、政策，贯彻和学习党的十八大会议精神，推进基层党组织上水平、上台阶。发挥先进青年的作用，使党、团组织在非公经济组织中全覆盖，2013年5月，旌阳区私营个体经济协会成立成立了共青团委员会，7月、11月，孝泉、天元、东湖三分会分别成立团支部。在中国共产党建党91周年来临之际，旌阳区私营个体经济协会委员会、私营个体经济协会于2012年6月27日召开“创先争优”活动表彰大会。对荣获“先进党组织”的孝泉分会党支部以及5名“优秀共产党员”、22户“优秀私营企业”、57户“先进个体工商户”进行表彰，并颁发荣誉证书。会上，市个私协会党委书记曹长芒对获奖的单位和个人表示热烈地祝贺，并提出殷切的希望。

6月15日上午，由旌阳区政府主办，区文体局、区工商局、区私营个体经济协会承办的“旌阳区非公经济组织健身运动会”在市体育场隆重举行。由旌阳区工商局、旌阳区地税局、万兴集团、顺天实业、恒大投资等单位以及个体工商户的运动员组成了34支代表队。在比赛中，700余名运动员展开激烈角逐。孝泉分会安排会员参加孝泉镇举办的“迎新春”健身运动会；东湖分会举办了“嘹亮歌声迎中秋、唱响红歌庆国庆”歌咏比赛等活动。组织各分会和分会党支部以及辖区私营企业对旌阳区内外贫困村、贫困学子、贫困个体户、退伍军人、刑满释放人员、残疾人、留守儿童进行帮扶。黄许分会倡导辖区内私企会员和个体会员筹集善款3.20万元资助贫困村1个、贫困户3户、留守儿童3名、贫困学子12名；孝泉分会辖区的德阳旌农农业生产资料有限公司、德阳市永胜纸制品有限公司帮扶孝泉镇江河村农资2吨（价值5000元），德阳市华建机械设备有限公司为孝泉镇月形村帮扶资金5000元；东湖分会的四川德阳万兴集团公司为贫困村中江县黄鹿镇利兴村，送去种8吨尿素肥（价值1.83万元）发放至村民手中；东湖分会辖区顺天实业、万兴集团、华泰土木等10余家私企会员和20余户个体会员，为黄许职中青年教师石永亮因患白血病的妻子捐款5.47万元；万兴集团公司团支部为中江县玉兴镇小拱桥村年仅7岁而患“血小板减少紫癜病”的袁美玲捐款8000余元。为关心会员疾苦，了解会员生产经营状况，各分会把走访活动纳入服务于会员活动来抓。全年开展走访慰问会员活动208户次，各分会和分会党支部捐助资金2.38万元。帮扶贫困村9个、贫困户26户、贫困学子24名、残疾人16人；安置复转退伍军人23名；看望慰问留守儿童24名。4月10日，由旌阳区工商局、区私个协会联合主办的企业法定代表人培训会在国鍠宾馆举行，来自辖区的400余名新老企业法定代表人参加了此次培训。培训会上，主要以《公司法》、《公司登记条例》、税收征管、税收优惠政策和安全生产等法律法规知识作宣传培训，并现场解答企业提出的相关问题。全年开展各类培训8次，印发《个体工商户条例》、《商标广告》、《食品安全》等法律法规宣传资料1.50余万份。开展银、企对接活动，并发放“贷款知识问卷调查表”700余份。全区有167户企业、个体会员与银行发生了贷款业务，解决生产经营活动中的资金缺口1570余万元，促进正常生产经营。

（蒋　兵）

【消　协】 2012年，区消协各分会、各理事成员单位依托职能开展消费维权工作，维护消费者的合法权益，促进诚信经营，为维护旌阳区社会稳定作出贡献。召开旌阳区消协第二届五次理事会。在全区11个乡镇建立消协分会，在129个社区（村组）建立消费者投诉站、12315联络站和行政调解站。为规范“一会三站”的工作规程，将典型案例的资料进行收集整理，发送到各分会、基层站点、市场、学校、企业工作人员手中，夯实工作基础。深入到乡镇村组、社区、市场对站点工作人员进行业务辅导。组织站点工作人员相互学习、取长补短，开展工作互动。

2012年3月15日，区消协联合区工商、司法、农业、药监、烟草专卖局等单位，开展“消费与安全”3·15主题服务活动。发布《工作简报》11期，《手机报》刊载17期，在各级报刊发表文章19篇，市、区电视台报道4次，市局《工商简讯》采用21次，扩展消费者知情权、强化工局消费者维权意识。成立“诚信兴商”宣传活动领导小组，印制宣传资料分发到辖区市场；各工商所利用个私协会例会学习，宣传“诚信兴商”理念；日常市场巡查，对流通领域企业和经营户开展“诚信经营”活动进行指导。开展社会问卷调查、服务承诺等活动，参与市场对与百姓生活密切相关的行业监督检查，加强对各类市场的监督管理。发挥消费者的社会监督作用，组织开展“出租汽车和餐饮业服务状况”消费者评议活动。针对消费者反映强烈的餐饮行业收取“酒水开瓶费”和“消毒餐具服务费”现象，组织餐饮业、消费者、执法部门代表举办座谈会。2012年11月底，区消协及各级维权机构累计接待咨询、举报498件，受理并成功调解消费者投诉164 件，为消费者挽回经济损失24.70万元，收到表扬信1件，行风热线受到消费者表扬1次。

（蒋　兵）

地情资料

Di Qing Zi Liao

旌阳新春民族音乐会

东桥的变迁

朋友，当你来到德阳、漫步在旌湖两岸，欣赏着这座四川省园林城市美景的时候，你是否对车水马龙的东桥有所了解呢？

（德阳原老东桥）

东桥原名为东平桥，位于今德阳至中江公路0千米+381米处，跨绵远河（旌湖）。清同治十三年（1874），县人赖任全、王德元、刘元春、卓现濂等捐款修建，是当时省内规模较大的木石组合桥。据清光绪三十一年（1905）《德阳县志》及《东平桥记》记载："东门外半里许，跨绵远河，东通潼、保，西接什、绵，尚贾辐辏，来往行人如织，待船争渡，拥挤喧哗，沦弱莫可胜记，远近咸以为病。清同治十三年（1874），邑人赖任全等倡募修建。计四十九洞，长八十丈有奇，宽一丈，高一丈二尺，费金二万余缗（音民，一千文为一缗），为邑中桥梁之冠"。该桥建筑的艺术造型，采取了民族喜爱的桥式，"桥之上，围以石栏，建回澜亭于桥中央，桥东西建叠翠、流霞二楼。"叠翠楼有刊刻木联曰："江沂源流三百里，城环烟火五千家"该桥从建城起，历经百年，因年久失修，楼口稀缝，桥身倾斜。

德阳解放以后，政府先后拨款，多次对大桥进行了培修，重建海曼，加固桥面，使该桥维持使用了近20多年，1971年10月拆除，同时在原地址建新大桥。新桥系石台空腹坦圆石拱（拱腹设半圆小拱38孔）全长260米，共9孔，孔跨径25米，桥面宽10米，其中行车道7米，两边悬挑人行道各1.5米（钢筋混凝土盖板），空花栏杆，沥青黑色桥面。大桥修建采用民工建勤办法，1972年7月1日大桥建成通车，共用政府资金44万元，民工工日29.2万个，桥名改称为东风大桥，东桥在那时的绵远河上，仍是德阳县城东外孤独的风景。因为她是德阳县城唯一的一座大桥，地处德阳城东外街口，所以，人们一直习惯称她为东桥至今。

1983年德阳建市以后，随着城市的不断发展，人口和车流量的不断增加，为缓解交通拥挤，1991年市政府全额出资，对东风大桥（东桥）进行了全面改造，在大桥的南侧新建宽17.8米的连体闸桥，长261米，宽11.8米，与原来的旧桥等高同孔，但结构不同，新桥采用钢筋砼悬链线空腹式双曲拱和灌注基础，行车道8.2米，水泥砼桥面人行道1.75米，新旧桥面以中间闸室上绿化融为一体。总体宽28米，设路灯14拄共70盏。大桥扩建改造完成以后，由原来的单向双车道行驶改为双向四车道行驶，大大缓解绵远河东桥两岸交通紧张状况。2012年

（德阳今日东桥夜景）

政府又投资对大桥进行了加固改造，同时还增加了两边的人行道和路灯，对桥面和两边扶栏都进行了整治和装修。目前，东桥焕然一新，改名为凯江路大桥。但在老德阳人的心目中她还是那座东桥，如今，那宽阔而平坦的东桥仍是那样的美丽，那亭亭玉立的桥栏更是叫人赞许有加。

我们要感谢当初修建东桥的人们，也许他们已经不再能踏上东桥，但是他们留下的却是难能可贵的精神，永远激励着德阳这座城市和人们不断前进，走向繁荣。

东桥在绵远河德阳市区段修建的九座大桥当中，虽然修得不是最好，但它活得最坚强，活得最有骨气。无论是狂风暴雨，还是寒流霜雪，东桥都是挺直身腰、傲然屹立、从不向困难低头。不管担子有多重，压力有多大，它都会毫无声息地承受着。无论是“5.12”特大地震的强烈震撼，还是今年7月的特大洪水的冲击、巨浪的咆哮，东桥总是以那惊人的毅力、丝毫不动，正气凛然，从不向任何威胁屈服。一直默默无闻地守护在德阳的东门口，为来来往往的车辆和人群送行，见证德阳这一座城市的风云与岁月沧桑。

多年来，东桥为德阳地方发展与经济建设做出了巨大贡献，给长期生活在德阳这座新兴工业城市的人们带来了不可估量方便。人们正是在艰难的环境中，在严峻的考验中，逐渐认识了东桥顽强的生命力，认识了桥东不怕困难，不畏强暴的高尚品质。在德阳人们的心中，东桥是平凡的，也是伟大的，她既是德阳人高尚品德的化身，也是德阳人格魅力的象征。

我爱德阳，我更爱东桥。

肖方春

华强沟杨家湾的红豆树

旌阳区双东镇高华强村14组，即华强沟杨家湾。西北边有座山坡，人称红豆山。山上生长着成片红豆树，大大小小几十株，大树高大挺拔，浓荫蔽日，小树青翠葱茏，生机蓬勃。在旌阳区实属少见。

这些红豆树是两三百年前，湖广填四川时，入川杨姓始祖从南方家乡带来的树种，经精心培育而成的。它们在贫瘠的山崖上生根、发芽、开花、结果，与本地树木和谐共生，形成茂密的混交林。一株株红豆树就像想家的孩子，站在山坡上遥望着东南方，是当年先祖思念故乡的思乡（湘）树，成了后人缅怀先祖、铭记祖先恩德的相思树。

上世纪五十年代末六十年代初修渠，六十年代末七十年代初修建，曾将大部分红豆树砍伐。然而，正如王维的诗所描述“春来发几枝”，小红豆树总是不断长出，并茁壮成长，风光依然如故。红豆树见证了川始祖艰苦创业的悲壮历程，象征着川人适应环境、顽强生存，兴旺发达、繁荣昌盛。保护好这些红豆树，既保护一批珍贵的树木，也增加了一道靓丽的风景，更是给后人留下一笔宝贵的精神财富。

杨选宽

人　物

Ren Wu

炫舞德阳.旌阳分赛区少儿组在文体中心演艺厅表演

2012年旌阳区区级领导名录

一、区委

书　记　王　箭
副书记　邓　平
　　　　尹显俊
　　　　陈万见（挂职）2012年10后
常　委　唐　平
　　　　张朝恩
　　　　王明英（女）2012年8月前
　　　　刘　钢
　　　　梁仕全
　　　　邹远骏
　　　　谭德明
　　　　耿垣合
　　　　杨晓刚
　　　　余　焰（挂职）2012年6月后
　　　　冉晓云（女）2012年8月后
　　　　邓勤俭（挂职）2012年8月后

二、区人大

党组书记、主任　刘友华
党组副书记　肖　辉
副主任　陈明聪
　　　　张黄剑
　　　　肖　辉
　　　　吉庆坤

三、区政府

区　长　邓　平
常务副区长　唐　平
副区长　余　焰（挂职）2012年7月后
　　　　邓勤俭（挂职）2012年9月后
　　　　罗春华（女）
　　　　聂　建
　　　　刘秉光
　　　　龚　军
　　　　肖　静（女）2012年8月前
　　　　谢　坤2012年9月后
　　　　张天伟（挂职）2012年1月后

四、区政协

党组书记　主　席　徐　蓉（女）
党组副书记　严　奇
副主席　严　奇
　　　　王西林
　　　　王周勇
　　　　李亚平

五、法检两长

法院党组书记　赵大杰
院　长　赵大杰
检察院党组书记、检察长
　　　　余长清2012年8月前
党组书记、代理检察长
　　　　陈　伟2012年8月后

2012年旌阳区区级部门领导干部名录

一、区四大班子及办公室、人武部、纪委、法院、检察院

区委办公室

主　任　梁仕全
副主任　周乐志2012年10月后
　　　　王　丽（女）2012年1月后
　　　　张　铭（挂职）2012年1月后
　　　　王　强
　　　　陈　明2012年10月前
政研室副主任
　　　　王　丽（女）2012年12月前
　　　　王　宁2012年12月后
区委办公室纪检员
　　　　石璐琳（女）2012年7月后
保密委办公室主任 保密局局长　温学良
对台办主任　张　铭（挂职）2012年2月后
机要局局长　密码管理局局长　肖志生
目标督查办主任　陈　明2012年10月前
　　　　周乐志2012年10月后

接待办主任
张　鸿　（女）2012年7月后
副主任　廖禄军2012年12月后
区人大办事、工作机构
办公室主任　黄　燕（女）
副主任　曾　健
刘朝晖
研究室主任　刘朝晖
人事代表工作委员会主任　李　伟
经济工作委员会主任　徐　刚
副主任　蹇　萍（女）2012年7月后
社会发展及法制工作委员会
主　任　钟世玉（女）2012年1月后
副主任　钟彰斌
区政府办公室
党组书记　谢　坤2012年10月前
袁　敏（女）2012年10月后
主　任　谢　坤2012年10月前
袁　敏（女）2012年10月后
副主任　龚德智
黄孟海
敬文川（正科级）2012年10月后
谢　斌2012年10月后
刘恩厚2012年1月后
政务中心主任　龚德智
法制办主任　黄孟海
副主任　黄　楣（女）2012年1–4月
土地储备中心主任
敬文川2012年10月后
政府办纪检组长
赖小平2012年10月后
应急办主任
赖小平2012年10月前
住房管理办公室副主任
田　婷（女）
信息中心主任　刘超龙 2012年4–10月
区政协办事、工作机构
秘书长　于　玲（女）
副秘书长　李茂纯2012年7月后
王雪红（女）2012年7月后
政协办公室主任　李国金
副主任　郭洪杰
张述礼2011年10月前
社会法制委员会主任　张学会（女）
副主任　林　敏（女）2012年7月后
文教卫体委员会主任
张小兰（女）
刘　艳（女）2012年7月后
副主任　肖　红2012年7月后
经济科技委员会主任
吴国成
副主任　屈德兵2012年7月后
农村人口环境资源委员会主任
蒲江涛
李运泉2012年12月后
副主任　范云聪2012年7月后
黄安惠（女）2012年7月后
政协提案委员会主任　周礼生
文史委员会副主任
张　文（女）2012年7月后
副主任　赖小平2012年7月后
区人武部
部　长　桂　伟
政　委　张朝恩
副部长　何青福
区纪委（监察局）
书　记　耿垣合
副书记　聂子非
何　刚
常　委　邱海文（正科级）
刘道辉
何建彬（女）
刘　林
监察局局长　聂子非
副局长　何建彬（女）2012年4月后
张　弛
宣传教育调研室主任　周先彬
纪检监察室主任　韩　曦
案件审理法规室主任　巫　波
信访室主任　刘　霄2012年4月–12月

办公室主任　周　丽（女）
教科所所长　谢华宁
区人民法院
院　长　赵大杰
副院长　杜　立（正科级）
　　潘谊红（女，正科级）
　　杨天萍
　　（女，2012年6月后任正科级）
审判委员会专职委员
　　罗贤春2012年4月后
执行局局长
　　罗贤春2012年4月前
　　王　缨（女）2012年6月后
政治处主任
　　高　正2012年4月前
　　陈太金2012年6月后
纪检组长　郭晓政2012年6月后
区人民检察院
检察长　余长清2012年8月前
党组书记　代理检察长
　　陈　伟2012年8月后
副检察长　张　力（正科级）
　　周波太
　　谢　泓（女、挂职）
政治处主任　肖　莉（女）
反贪污贿赂局局长　高四伟
纪检组长　冯有祥
检察长助理
　　邓　彦（挂职）2012年7月后
二、区委工作机构
组织部
部　长　王明英（女）2012年8月前
　　邹远骏 2012年8月后
副部长、区委党建办主任
　　贾国兵
副部长、区人才办主任
　　罗海先
党员干部信息管理中心主任
　　罗海先2012年9月后
副部长　舒增敏
　　刘　安
　　杨永文
　　廖　霞（女，挂职）2012年1月后
部务委员　王书红2012年1月后
　　李　轶 2012年4月后
　　徐竹萌（女）2012年1–4月
区委远程中心主任
　　代瑞菊（女）
副主任
　　阳建国 2012年9月后
区委党联办主任　王书红
区委人才办副主任
　　赵芸霄 2012年7–12月
区委组织部纪检员
　　成冬梅（女） 2012年10月后
宣传部
部　长　邹远骏 2012年8月前
　　冉晓云（女） 2012年8月后
副部长、精文办主任
　　付　坚（女）2012年4月后
区委讲师团副团长
　　唐渝川2012年1月后
　　雷　春（女）2012年1–12月
精神文明办副主任
　　王雪红（女）2012年7月前
统战部
部　长　王西林
副部长　王　衡
　　屈德兵
区民宗局局长　王　衡
副局长　周宝萍（女）
纪检员　周宝萍（女）
政法委
书　记　刘　钢
副书记　尹　平
　　唐体文
副书记“610”办主任　唐体文
副书记　综治办主任　付　勋
维稳办主任　尹　平
副主任　包　科

区委政法委政治处主任
李　易2012年4月后
矛盾纠纷“大调解”协调中心
副主任　江　丽（女）2012年6月后
党史研究室（地方志办公室）
主　任　胡凤斌
老干部局
局　长　杨永文
副局长　杨期述2012年1月-12月
胡启琼（女）
区委群众工作部
部　长　信访局局长　王　强
副部长　信访局副局长　唐　谏
周晓莉（女）
纪检员　彭　勇2012年6月后
机关工委
书　记　赵红兵
副书记　纪工委书记
谢晓红（女）2012年1月后
编办
主　任　舒增敏
副主任　肖　缨（女）
农村工作委员会办公室
主　任　汤守族
副主任　邓　刚
唐克斌
纪检员　谢桂秀（女）
三、区政府工作机构
发展和改革局
局长、党组书记
张忠玖 2012年1月后
副局长　王　勇
任云海
曾景柏
蒋华林（挂职）2012年9月后
庄　剑2012年4月前
副局长兼粮食局长　胡　宏
工业和信息化局
局长、党委书记　刘心好
副局长　纪委书记　李　轶2012年1-4月
庄　剑2012年4月后
副局长　张　伟
陈　强2012年1月后
张述蓉(女，挂职）2012年6月后
丁　丹（女）2012年4月后
商务局
局长、党组书记　邵开泉
副局长　吕晓霞（女）
赖兴云
范　宣
罗顺勇
供销社
主任、党组书记　廖乾模
副主任　陈　鸿
纪检组长　余　庆（女）2012年4月后
科学技术局
局长、党组书记　阳　勇2012年12月前
副局长　余加松
纪检组长　姜　帆（女）
教育局
局长、党委书记
周乐志2012年11月前
刘　艳（女）2012年11月后
副局长　王周勇
刘　艳（女） 2012年11月前
宋德超
雷　春（女）2012年12月后
雍文周（挂职）2012年9月后
纪委书记　陈德福
区政府教育督导室副主任　钱书义
公安分局
局长、党委书记　聂　建
督察长　杨成华 2012年4月前
聂　建2012年4月后
政　委、党委副书记
李成国2012年6月后
副局长　张　良2012年6月前
杨　军
刘晓兵
张　燚2012年6月后

罗　南（挂职）2012年7月后
副政委、纪委书记　杨成华
刑事侦查大队长　张　强
刑事侦查大队教导员
郭　颂2012年9月前
郑　亮2012年9月后
国保大队长　洪　琦
指导员　方　军2012年9月前
交警大队教导员
田　野2012年9月后
政治处主任　苏先云
交通警察大队大队长　张　燚
巡逻警察大队大队长　罗　刚
巡逻警察大队指导员
刘兴元2012年9月后

司法局

局长、党组书记　廖明通
副局长　张华蓉（女）
张宏斌
龙存友2012年4月后
政治处主任　肖宏锴2012年10月前
张　文（女）2012年10月后
纪检组长　龙存友2012年10月前
肖宏锴2012年10月后

民政局

局长、党组书记　刘兴德
副局长　刘朝辉
兰　芳（女）
双拥办主任　吉庆江
纪检组长　廖述福
老委办主任　米明芳（女）
2012年6月后享受正科级待遇

财政局

局长、党组书记　胡兴国2012年1月前
张　壮2012年1月后
国资委主任　张　壮2012年7月前
尹小明2012年7月后
副局长　尹小明2012年7月后
元　惠（女）
曾利平（女）

支付中心主任　陶　莉
（女，参公2012年12月）
纪检组长　唐兴隆

人力资源和社会保障局

局长、党组书记　刘　安
副局长兼军转办主任　何江海
副局长　张小玲（女）
张　斌
阳加林
孙卓凤（女）2012年09月后
就业服务管理局局长　李　刚
社保局局长　阳加林
纪检组长　刘芙蓉（女）
劳动人事争议调解仲裁院院长
张斌2012年09月后
医保局局长　范增源

住房和城乡建设局

局　长、党组书记　白帮明
副局长　尹帮勤（女）
阳　琼（女）
李汇祥2012年7月前
沈　飒（女）2012年4月后
张　平2012年10月后
张志国（挂职）2012年6月后
孟长承（挂职）2012年9月后
纪检组长　刘志强

防震减灾局

局　长　尹帮勤（女）
副局长　陈治宇 2012年1月后

交通运输局

局长、党组书记　钱书明
副局长　李松发（正科级）
宣然芳（女）
王　琳（女）2012年10月后
孙　树
陈　刚（挂职）2012年9月后
纪检组长　廖述华
公路运管所所长　周建平
公路管理所所长　胡建辉
副所长　简红梅（女）

龚韬2012年10月后

水务局

局　长、党组书记　邓德顺2012年1月前

曾远国 2012年1月后

副局长　蒋贤春

周　文

龚良辉

刘金福

陈义安（挂职）2012年7月后

纪检组长　王助华

水利技术服务中心主任　张群芳（女）

农业局

局长、党组书记　丰小奎

副局长　范云聪

周　宁

副局长　曾　红（女）

移民扶贫办主任

曾红（女）2012年10月后正科

副局长、农机局局长　代　杰

副局长　徐国良

纪检组长　李德辉

农机监理站站长　钟贵祥

农技推广中心主任　唐　春

文化广播影视新闻出版局

局长、党组书记　陈应明2012年7月后

副局长、党组书记　曾　宁2012年7–12月

副局长　金　燕（女）2012年7月后

林建平2012年7月后

邓绍斌2012年7月后

王　里2012年7月后

纪委书记　钟传荣2012年7月后

文化馆馆长　曾　涛（女）

文管所所长　邓　丽（女）

有线电视台台长　沈德力

区电视台台长　刘　云

区广播电台台长　兰海霞（女）

卫生局

局长、党委书记　廖　斌

党委副书记　罗建根

副局长　罗建根

肖　红

周学玉

曾明才（挂职）2012年9月后

纪委书记　张成明

党委副书记　罗建根

新农合中心主任　廖　斌2012年4月前

叶　超2012年4月后

红十字会常务副会长　罗建根

红十字会秘书长　廖述英（女）

区爱卫办主任　周学玉

区卫生执法监督大队队长

申庆友2012年9月后

人口和计划生育局

局长、党组书记　聂　伟

副局长　蒋敬蓉（女）

廖　强（挂职）2012年1月后

纪检组长　李安富

计划生育服务站站长

熊　莉（女）2012年4月后

审计局

局长、党组书记　郑　强

副局长　李　丹

郭　强

刘　虎2012年10月后

纪检组长　刘　虎2012年10月前

汤斐雅2012年10月后

环境保护局

局长、党组书记　余金明

副局长　黄安惠（女）

伍林奎

刘毅强2012年10月后

魏世光2012年9月前

纪检组长　刘毅强2012年10月前

邓　海2012年10月后

环境监测站站长

刘丹娅（女） 2012年6月后

统计局

局长、党组书记　秦　海

副局长　范绍春

社会经济调查队队长　王明友

城乡环境综合管理局
局　长、党组书记　汪正义
副局长　张　斌2012年7月前
　　　　刘世祥2012年7月后
　　　　方　军2012年6月后
纪检组长　余华秀（女）
食品药品监督管理局
局　长、党组书记　肖义金
副局长　陈　强2012年1月前
　　　　丁国强2012年1月后
　　　　张晓光
纪检组长　石　丹（女）
安全生产监督管理局
党组书记、局长　张大东2012年1月后
副局长　颜运贵
　　　　曾令达
　　　　王永祥2012年12月后
纪检组长　邱世文
工程质量安全监察站站长　唐　勇
村镇规划建设管理所所长
　　　　　　　　封达强2012年1月后
四、区群团机构
总工会
主　席　杨晓刚
常务副主席　张小兰
党组书记　张小兰2012年12月前
　　　　　钟　钰2012年12月后
副主席　高章华
纪检员　彭　军
共青团德阳市旌阳区委员会
书　记　李小清2012年1–10月
　　　　徐竹萌（女）2012年10月后
副书记　张　文（女）2012年10月前
　　　　王春焱（挂职）2012年6月后
关工委办公室主任　刘嗣邗（女）
残疾人联合会
理事长、党组书记　侯世富
副理事长　段成英（女）
纪检组长　陈海彬2012年12月后
妇女联合会
主　席　丁玉兰（女）
副主席　周　惊（女）
妇儿工委办公室主任
　　　　王　渊（女）2012年9月后
科学技术协会
主席、党组书记　倪仲凯
副主席　范世祥
秘书长　蒋成芳（女）2012年1月后
工商业联合会
党组书记　屈德兵
主　席、秘书长、商会会长　李茂纯
常务副主席　屈德兵
第一副会长　屈德兵
副会长、秘书长　丁　丹（女）
五、区委、区政府派出机构
旌阳街道
书　记　李志明
主　任　彭义金
副书记　彭义金
副书记、纪工委书记
　　　　余　庆（女）2012年4月前
　　　　黄　楣（女）2012年4月后
副书记　方　懿（挂职）2012年7月后
副主任　曾发明
　　　　刘志勇
　　　　廖建华
人武部长　曾发明
城北街道
书　记　曾德全
副书记、主　任　徐书建
副书记、纪工委书记　郭　静
副主任　龙夫俊
副主任　杨　颖（女）
　　　　廖晓云
人武部长　龙夫俊
城南街道
书　记　熊华斌
主　任、副书记　刘　胜

副书记、纪工委书记
刘世祥2012年7月前
宋 新2012年7月后
副主任 古小春
王东伟
肖丽英（女）
人武部长 古小春
工农街道
书 记 钟开富
主 任、副书记 刘智国
副书记、纪工委书记
马 敏（女）2012年4月前
吉庆全2012年4月后
副主任 汤 军
聂 华
林 敏（女）2012年4月后
宋 波2012年1–4月
人武部长 汤 军
六、区政府直属工作部门、直属事业机构
区政务服务中心
主 任 龚德智
副主任 罗 兵（女）
李 平（女）
采购中心主任 李 平（女）
纪检组长 李泽金2012年4月后
工业集中发展区管理委员会
党委书记 谭德明
主任、副书记
钟 钰（女）2012年12月前
阳 勇2012年12月后
纪委书记 周光廷2012年4月前
马 敏（女）2012年4月后
副书记 周光廷
张 锐
马 敏（女）2012年4月后
副主任 周光廷
马定春
王 晨
罗 军2012年1月后
赵竞科2012年10月后
建环所副所长 涂德华
招商局
党组书记、局长 张 锐
副局长 苏 建
尹 恒（女）2012年7月后
曲 三
卿 刚2012年1–7月
纪检组长 李明和2012年4月后
黄河新区
党工委书记 蔡 强2012年1–7月
杨晓刚2012年7月后
副书记 蔡 强2012年7月后
陶国玉（女）
主 任 蔡 强
纪工委书记 陶国玉（女）
副主任 徐昌明
尹 力
黄宗文2012年1月后
开发建设中心主任 蔡 强
副主任 张 科
林业局
局长、党组书记 李运泉2012年12月前
曾 林2012年12月后
副局长 吴志强
苟成洁
徐 坚
森林公安局局长 徐 坚
纪检组长 艾 勇
林业科技推广站站长
阳 萍（女）2012年1月后
畜牧食品局
局 长 蒲江涛
党组书记 龙海华
副局长 龙海华
姚 勇
纪检组长 钟传森
动物疫病控制中心主任 周英文
疾病预防控制中心主任 舒銮键
旅游体育局
局 长、党组书记 吴 丹2012年7月后

副局长　王明聪2012年7月后
　　　　舒丽娟（女）2012年7月后

档案局

局长、党组书记　张兴林
副局长　刘慧琴（女）
纪检组长　张　敏2012年4月后

2012年旌阳区乡镇（街道）领导干部名录

东湖乡

书　记　曾学武
副书记、乡长　曾　锐2012年1月后
人大主席　陈德荣
副书记、纪委书记
　　　　张　燕（女）2012年7月前
　　　　李汇祥2012年7月后
副乡长　彭海波
　　　　何　剑
　　　　张　赟（女）2012年1月后
　　　　谢　斌2012年10月前
人武部长　彭海波

天元镇

党委书记　王全贵
副书记、镇长　张　燕(女）2012年8月后
　　　　　　　任　伟2012年1-8月
人大主席　黄安贵
副书记、纪委书记
　　　　付　坚（女）2012年4月前
　　　　徐竹萌（女）2012年4-10月
　　　　林　辉2012年10月后
副书记　郭　颂（2012年9月前挂职，9月后任职）
副镇长　刘铠成
　　　　林　辉2012年10月前
　　　　王永祥2012年1月前
人武部长　刘铠成

孝感镇

党委书记　米文锋
镇长、副书记　廖启钧
人大主席　韦　斌
副书记、纪委书记　杨群富
副镇长　王明建
　　　　王　俊
　　　　朱德怡（女）2012年1月后
人武部长　王明建

黄许镇

书　记　杨昌平
副书记、镇长　廖成霖2012年1月后
人大主席　唐颖胜
副书记、纪委书记
　　　　孙卓凤（女）2012年09月前
　　　　魏世光2012年9月后
副书记　钟传荣（挂职）2012年10月后
　　　　方　军（挂职）2012年6月前
副镇长　王宗斌
　　　　杨　明2012年1月后
　　　　叶洪清2012年1月后
　　　　王　琳（女）2012年10月前
党委委员、副镇长提名人选
　　　　甑兴莉（女）2012年10月后
副镇长提名人选
　　　　魏云春2012年12月后
人武部长　王宗斌

德新镇

书　记　石洪波2012年1月后
副书记、镇长　阳　珂
人大主席　刘德光
副书记、纪委书记　宋　新2012年7月前
　　　　　　　　　卿　刚2012年7月后
副镇长　黄　鑫
　　　　陈　怡（女）2012年1月后
　　　　蓝　曦
人武部长　黄　鑫

新中镇

党委书记　胡　勇2012年4月前
　　　　　王道敏2012年4月后
副书记　王道敏2012年4月前
　　　　李小清2012年4月后

镇　长　王道敏2012年6月前
　　　　李小清2012年6月后
人大主席　叶发青（女）
副书记、纪委书记　吉庆全2012年4月前
　　　　　　　　宋　波2012年4月后
副镇长　李崇敬
　　　　李晓东2012年10月前
　　　　钟增见2012年10月后
人武部长　李崇敬

双东镇

党委书记　何木刚
副书记、镇长　吴　丹2012年7月前
　　　　　　　张　斌2012年7月后
人大主席　罗大元
副书记、纪委书记　刘维卿
副镇长　刘伯建
　　　　杨　川
　　　　袁正巧（女）2012年1月后
人武部长　刘伯建

和新镇

党委书记　姜　华
镇　长　敬文川
副书记　敬文川2012年10月前
　　　　尹显峰2012年10月后
人大主席　尹　建
副书记、纪委书记
　　　　尹　恒（女）2012年7月前
　　　　张　舒（女）2012年7月后
副镇长　刘　勇
　　　　邓　海2012年10月前
党委委员、副镇长提名人选
　　　　蒋家鹏2012年10月后
人武部长　刘　勇

孝泉镇

党委书记　尹小明2012年7月前
　　　　　任　伟2012年7月后
副书记、镇长　张贤军
人大主席　陈绍奎
副书记、纪委书记　刘　霄2012年4月前
　　　　　　　　　周　伟2012年4月后
副书记　杨　渊
　　　　谢明亮（挂职）2012年4月后
副镇长　王周华（女）
　　　　邓德华
　　　　黄忠辉2012年1月后
镇长助理　张科（挂职）2012年4月后
人武部长　杨　渊

柏隆镇

党委书记　李　筠
副书记、镇长　李绪贵
人大主席　黄泽林
副书记、纪委书记　唐良治
副镇长　杨福志
　　　　谢瑞林
　　　　王　浩
　　　　何　丹（女）2012年1月后
人武部长　杨福志

扬嘉镇

党委书记　袁　敏（女）2012年10月前
　　　　　张顺友2012年10月后
镇　长　张顺友
副书记　张顺友2012年10月前
　　　　陈　明2012年10月后
人大主席　蒋寿喜
副书记、纪委书记　周　伟2012年1-4月
　　　　　　　　　舒晓冬2012年4月后
副镇长　钱书军
　　　　黎　坤
　　　　文　刚2012年4月后
人武部长　钱书军

人物选介

先锋颂

——记四川省优秀共产党员白帮明

“把心思和精力扑在工作上，勇挑重担，敢打硬仗，老老实实做人，踏踏实实干事，兢兢业业工作”。这是德阳市旌阳区住建局党组书记、局长，四川省优秀共产党员白帮明经常爱说的一句话。朴实的语言，却折射出一名共产党员多年来不懈的追求和坚守的准则。

扎根基层，辛勤耕耘

现年50岁的白帮明，自1985年参加工作到2002年任区规划和建设局副局长期间，从事建筑专业技术工作17年，积累了大量的专业知识和丰富的实践经验，数以千计的建设工程在他的忙碌奔波中安全优质地交工。白天，他深入施工现场检查施工质量，排查安全隐患；晚上，他坐下来总结经验教训，学习业务知识；几年的时间里，这个同事们眼中的“工作狂”已成长为独当一面的业务能手，知识全面、技术精通、能力突出，2年时间就被提拔为监督站站长。之后，他先后任德阳市市中区建筑工程质量安全监督站站长、市中区工业集中发展区建环所所长、市中区工业集中发展区城建分局局长、德阳市旌阳区规划和建设局副局长、黄河片区开发办副主任、主任等职务，在建设系统的20余年时间里，他深深地扎根在基层一线，旌阳区的每一寸土地，每一项建设都倾注了他辛勤的汗水。“空谈误人误事，实干建设家园”，这是一名基层建设者的心声，在旌阳区20余年的开发大潮中，他是冲在最前线的建设先锋。

务实高效，排忧解难

2006年，白帮明调任东湖乡党委书记，他团结带领广大党员干部群众，全心全意为群众谋利益的事迹被老百姓称道。大力推进新区建设，发展第三产业和现代服务业，实施包括交通、养老保险和医疗保险、水利建设和打造无公害蔬菜基地在内的新农村建设，开展水泥路入户、农户住房改造、农村光纤通信入户、农村人畜饮水安全工程等多项“惠民行动”，开创了东湖乡政务高效清廉，经济欣欣向荣，群众安居乐业，社会和谐稳定的好局面，老百姓亲切的称呼他为“为民惠民的好干部，排忧解难的急先锋”。

全力付出，干劲十足

2008年4月白帮明同志出任旌阳区黄河新区管委会主任。在管委会工作期间，他团结带领党工委、管委会全体同志，紧紧围绕“开发建设、管理事务、搞好服务”的工作职责，充分发挥业务职能，把握全局，突出重点，狠抓落实，有效保证了机关的正常、高效运转和各项工作的全面落实。组织完成了青衣江东路、延河路、沁河路、洛河路及黄河东路4万平方米绿化改造等工程的建设；完成了农转非安置房洛河小区14万平方米、石桥新村一期中区4万平方米、石桥新村二期20万平方米的建设；全面完成招商引资任务，引进国内资金5.40亿元，其中承接产业转移市外资金完成2.30亿元，引进国内省外资金0.76亿元。如今的黄河新区，宽阔的道路，靓丽的街景，宜居的社区，多彩的绿化，离不开创业者们的全力付出，更离不开白帮明这一位干劲十足的创业先锋。

勇挑重担，奋战一线

"5·12"特大地震发生后，白帮明在灾害发生第一时间，组织建设专家组对辖区内的房屋进行了排查、鉴定，并且发动辖区内建筑企业义务为受灾群众多处搭建了近万余平方米的临时避震棚，建立黄河社区地震灾民救助站，高峰期安置包括绵竹、安县等地灾民2200余人。2008年5月17日，在接到上级救灾命令后，他迅速组织万兴、民福、城乡等房产企业成立抢险队，安排建筑工人46名、配备5车架管以及其他必备的器材、器具，亲自带队奔赴汶川地震受灾最严重的绵竹市，为那里的灾民搭建临时避震棚。在随后的2天时间里，他和抢险队克服了食物、饮水、工具和防护用具匮乏等重重困难，昼夜奋战，在绵竹城郊划定的四处区域搭建近2000平方米的救助棚，解决了近1000名无家可归灾民的临时居住问题。在抗震救灾转入恢复重建以后，他没有丝毫懈怠，立即又组织各施工单位正全力以赴搭建活动板房，改善受灾群众的临时生活、学习、工作环境，保证灾民从临时避震棚到永久居住房的顺利过渡。危难时刻，白帮明表现出了一名共产党员的坚毅和果断，用他的双肩挑起抗震救灾的个人使命，在一线连续奋战近百天，是光荣而顽强的抗灾先锋，被他感动的灾民向他竖起大拇指："关键时刻能冲在前面，这样的党员真够样儿!"

敢打硬仗，汗洒旌阳

灾后重建的任务十分繁重，鉴于之前在建设系统的出色工作和对灾后重建工作的突出成绩，2010年1月组织上调白帮明到旌阳区住房和城乡建设局工作，担任局党组书记、局长。2010年是旌阳区灾后重建三年任务两年完成的关键年，灾后重建任务重、困难多，他到建设局后立即就投入了紧张忙碌的工作，制定措施、安排工作、狠抓落实。在他的带领下，旌阳区住房和城乡建设局职工上下一心，下工地，跑乡镇，各项工作都高效圆满地完成，灾后重建工作取得了实效。两年多来，开工重建住房9608套，维修加固12.11万套，完成竣工率100%；完成新建规范化水泥街面20.50万平方米，新建下水道54千米，新建、改建农房102万平方米，城镇道路建设35万平方米；新建廉租住房1692套，公租房1497套，新建安居房655套，发放租赁补贴368户补贴104.50万元，实物配租385户，改造农村D级危房176套。

在"五十百千工程"和城乡环境综合治理"百日攻坚"中，白帮明带领全局人员，兵分几路划分为几个小组，无论是上下班还是节假日，顶风冒雨，他长期奔波在旌阳区各乡镇，进行指导和监督管理，验收达标1个省级示范镇、7个省级示范村、5个市级示范镇、16个市级示范村，五十百千工程和风貌整治取得阶段性成果。

如今，灾后城镇住房重建、城镇体系、优美乡镇、城镇基础设施建设项目均已全面完工，白帮明兢兢业业、始终如一，以饱满的工作热情、扎实的工作作风、优异的工作成绩诠释着他重建先锋的作用。

开拓创新，高位求进

2011年，德阳市推进“一三五八”发展战略，2012年深入开展“四个年”活动，规划旌东新区、亭东新区，掀起新一轮城乡规划建设热潮。白帮明团结带领建设系统全体干部职工，主动出击、积极对接、抢抓机遇、创先争优，全力开展规划编制和管理，扎实推进保障性住房建设，狠抓城乡基础设施建设和风貌塑造工作，全力推进“两化”互动和“一三五八”战略，为打造“四个旌阳”，实现“三个一流”目标继续他的实干先锋。

多年来，白帮明像一颗永不生锈的螺丝钉，不论在哪个岗位上，都始终冲锋在党的事业的最前线，都能用他的实干做出成绩来。他本人先后获“抗灾救灾”先进个人、优秀共产党员等多项奖励，其任主要领导所在单位历年的区政府目标考核，均被评为一等奖。2010-2012年在他的领导下，旌阳区住房和城乡建设局工作获省级表彰2项、市级表彰4项、区级表彰15项，涌现出省级先进个人8个、市级先进个人4个、区级先进个人6个。在区住建局，他的先锋模范作用已成为各项工作的重要推动力量，干部职工们都说：“白帮明局长没有私心，以身作则；一切从实际出发，不好高骛远；作风扎实，不虚假浮夸；政绩真实，经得住实践的检验。他将自己的青春和热血奉献在了热爱的岗位上，给予我们榜样的力量，正是因为有这样优秀的党员，我局才能够在各项工作中取得突出成绩，我们党的事业才能够蒸蒸日上。”

20多年以来，白帮明同志从未放慢自己工作的脚步，始终冲锋在前，如今，他正身先士卒，带领区住建局全局干部职工共同行动，扎实开展作风建设，脚踏实地践行“走、建、惠”主题活动，凝聚智慧和力量，共同放飞中国梦。

2012年新增副高以上专业技术人员名录

董祖春　李　论　张　璐　夏　军
王小华　王　敏　朱炳学　罗　蓉
吕　东　刘兴德　宋　勇　曾祥东
李文峰　江　波　程晓燕　谢启金
张大昌　周裕民　王明远　刘　彬
唐　松　吴先德　韩　鸣　刘　俊
陈旭东　熊　莉　苟　霞　武志强
翟旭亚

2012年新增副县级以上离退休人员名录

陈常明　李廷福　李述蓉　田红兵
肖贻光

2012年旌阳区获市级（含市级）以上先进单位·个人

（据不完全统计，排位不分先后）

先进单位

省、部级先进单位

获奖单位	荣誉称号	授奖机关
区司法局东湖司法所	全国模范司法所	司法部
和新镇辣椒协会	基层科普行动计划先进单位	中国科协、财政部
双东镇冬美枣科普示范基地	基层科普行动计划先进单位	中国科协、财政部
城北街道秦宓社区	基层科普行动计划先进单位	中国科协、财政部
区新型农村合作医疗服务中心	新型农村合作医疗工作先进集体	卫生部
区科协	全国科普日活动优秀组织单位	中国科协
区司法局	全国法治县（市区）创建活动先进单位	全国普法办
城南街道花园巷社区	国家地震安全示范社区	国家地震局
德新镇	人口和计划生育依法行政示范乡镇	国家人口计生委
城北街道秦宓社区	全国妇联基层组织建设示范社区	中华妇女联合会
城北街道秦宓社区	全国五四红旗团支部	共青团中央
区价格认证中心	先进价格认证机构	国家发改委
区政府	平安建设先进县（市、区）	省委、省政府
区政府	防灾救灾大演练工作先进集体	省委、省政府
区政府	维稳综治信访工作先进集体	省委、省政府
黄许镇新龙村	环境优美示范乡村	省委、省政府
孝泉镇八一村	环境优美示范乡村	省委、省政府
柏隆镇隆兴桥村	环境优美示范乡村	省委、省政府
德新镇文泉村	环境优美示范乡村	省委、省政府
扬嘉镇楠树村	环境优美示范乡村	省委、省政府
孝感镇共和村	环境优美示范乡村	省委、省政府
双东镇东美村	环境优美示范乡村	省委、省政府
和新镇英雄岭村	环境优美示范乡村	省委、省政府
和新镇辣椒协会党支部	创先争优先进基层党组织	省委
东湖乡党委	创先争优先进基层党组织	省委

续表

获奖单位	荣誉称号	授奖机关
城北街道秦宓社区党支部	创先争优先进基层党组织	省委
城南街道	民兵工作先进集体	省政府、省军区
区政府	现代畜牧业重点县	省政府
区政府	四川省沼气化市县	省政府
区法院	审理企业破产案件工作先进集体	省高级法院
区法院	信息工作考评先进单位	省高级法院
区法院	涉执信访化解工作成绩突出法院	省高级法院
区检察	全省检察宣传先进单位	省检察院

市、厅级先进单位

获奖单位	荣誉称号	授奖机关
区畜牧食品局	“领导挂点、部门包村、干部帮户”活动先进单位	省委、省政府“领导挂点、部门包村、干部帮户”活动联席会议
旌阳区	维护社会稳定工作先进单位	省委办公厅、省政府办公厅
区政府	《四川农村年鉴》组稿工作先进单位	省政府办公厅、四川农村年鉴编辑委员会
区科协	科普日活动工作考核年度优秀组织单位	中国科协办公厅
柏隆镇	“留守学生（儿童）关爱行动”优秀阵地	省委办公厅、省政府办公厅
区民政局	民政系统先进集体	省民政厅
区农工办	人工影响天气工作先进单位	省政府办公厅
区政府	防灾救灾大演练先进单位	省委办公厅、省政府办公厅
区委	“5·12”全省防灾救灾大演练工作先进集体	省委办公厅、省政府办公厅
孝泉镇	农村文化建设示范培育镇	省委农工委等部门
区统计局	统计系统先进集体	省人社厅、省统计局
区纪委	先进基层纪检监察组织	省纪委、省监察厅、省人社厅
区看守所	政法系统先进集体	省政法委、省人社厅
区司法局	司法行政系统先进集体	省人社厅、省司法厅
区林业局	先进集体	省人社厅、省林业厅
区人社局	军队转业干部安置工作先进集体	省军队转业干部安置工作小组、省人社厅
城南街道	计生工作先进集体	省人社厅、省人计委、省人口计生协会
区教育局	教育工作先进集体	省人社厅、省教育厅
区老干局	老干部思想政治工作先进单位	省委老干局
区爱卫办	爱国卫生先进集体	省人社厅、省爱卫会
城北街道办	人力资源和社会保障系统先进集体	省人社厅
旌阳分局经侦大队	打击经济犯罪维护群众利益破案会战成绩突出集体二等功	省公安厅

续表

获奖单位	荣誉称号	授奖机关
旌阳派出所	基层基础工作先进基层所队集体三等功	省公安厅
旌阳分局	公安机关信访清积先进集体	省公安厅
旌阳派出所	集体三等功	省公安厅
旌阳分局	集体嘉奖	省公安厅
区财政局	禁毒二十年禁毒委优秀成员单位	省禁毒委员会办公室
区发改局	价格认证工作先进集体	省发改委
城北街道秦宓社区	科普示范社区	省科协
城南街道蒲东社区	科普示范社区	省科协
区科协	中国数字科技馆推广工作先进单位	省科协
区科协	第二十七届省青少年创新大赛基层优秀组织奖	省科协
区科协	“社区科普益民计划”工作先进单位	省科协
区科协	科普惠农兴村“站、栏、员”建设组织工作先进单位	省科协
和新镇乡村酒店“香湖翠岛”	四星级农家乐	省标准评定委员会
区妇联	妇女儿童工作先进集体	省妇女儿童工作委员会
区妇联	《分忧》杂志宣传发行工作先进单位	省妇联
区妇联	妇女儿童发展纲要先进单位	省妇女儿童工作委员会办公室
区人口局	流动人口计划生育工作先进单位	省人计委
城北街道办	流动人口计划生育工作先进单位	省人口计划生育管理中心
城北街道秦宓社区	科普示范区	省科学技术协会
区卫生执法监督大队	思想政治工作暨创先争优先进单位	省卫生执法监督系统
区疾病预防控制中心	农村饮用水监测质控优秀单位	省疾控中心
区疾病预防控制中心	艾滋病实验室质量考评优秀单位	省疾控中心
区疾病预防控制中心	碘盐监测实验室质控优秀单位	省疾控中心
区疾病预防控制中心	艾滋病防治工作先进集体	省重传办
区疾病预防控制中心	戒毒药物维持治疗先进单位	省禁毒委重传办
天元镇	卫生镇	省爱卫会
天元镇	妇女创先争优先进集体	省妇联
区人口局	流动人口计划生育先进单位	省人口委
区畜牧食品局	生猪监测预警工作一等奖	省畜牧食品局
和新镇英雄岭村	绿化示范村	省绿化委员会
扬嘉镇	职业竞赛优秀组织	省安监局
区教育局	“文轩杯”四川省第七届中小学生艺术节展演活动县级优秀组织奖	省教育厅

续表

获奖单位	荣誉称号	授奖机关
区教育局	第二十届少年百科知识竞赛优秀集体奖	省教育厅
区社科联	先进集体	省社科联
柏隆镇初中	未成年人思想道德建设工作先进单位	省精文委
旌阳区	2008–2012 年惩治和预防腐败体系建设先进集体	省委惩治和预防腐败体系建设领导小组
德新小学	“文轩教育”杯省中小学生综合素质竞赛集体奖	省教育厅
德新初中	“西部三省农村中小学安全管理与安全教育长效机制建设行动研究”先进学校	教育部基础教育一司
区人武部党委	创先争优先进党委	省军区党委
区人武部	全面建设先进团级单位	省军区
旌阳区	维稳工作一等奖	市委、市政府
旌阳区	社会管理综合治理先进单位	市委、市政府
旌阳区	防邪工作先进单位	市委、市政府
旌阳区	节能工作先进县	市委、市政府
区委、区政府	群众和信访工作先进单位	市委、市政府
区委	群众和信访工作先进集体	市委、市政府
区委	农村工作经济目标考核一等奖	市委、市政府
区委	央视节能工作先进县一等奖	市委、市政府
区政府	“一把手”环境保护先进单位	市委、市政府
区政府	节能工作先进县（市、区）	市委、市政府
区政府	信访维稳综治工作先进集体	市委、市政府
区政府	群众和信访工作先进集体	市委、市政府
区政府	维护社会稳定工作先进集体	市委、市政府
区政府	社会管理综合治理工作先进集体	市委、市政府
区政府	防范和处理邪教工作先进集体	市委、市政府
区政府	社会管理创新工作先进集体	市委、市政府
区政府	平安示范单位	市委、市政府
区政府	节能工作先进县	市委、市政府
区政府	双拥模范城先进单位	市委、市政府
区纪委	扩内需促增长暨灾后恢复重建监督检查工作先进单位	市委、市政府
区发改局	节能工作先进单位	市委、市政府
旌阳街道办	“5·12”防灾救灾大演练先进集体	市委、市政府
区审计局	“扩内需促增长暨灾后恢复重建监督检查工作”先进单位	市委、市政府
区教育局	“5.12”防灾救灾大演练先进集体	市委、市政府

续表

获奖单位	荣誉称号	授奖机关
区委	党史工作先进集体	市委
区委	党委信息报送工作先进单位	市委
区政府	维护社会稳定先进单位	市委
区政府	社会管理综合治理先进单位	市委
区政府	防范和处理邪教工作先进单位	市委
区政府	党史工作先进集体	市委
东湖乡党委	创先争优先进基层党组织	市委
八角井镇劳动保障所	创先争优示范窗口	市委
区中医院党支部	创先争优先进基层党组织	市委
区人社局	创先争优先进基层党组织	市委
城北街道党工委	创先争优先进基层党组织	市委
城北街道秦宓社区党总支	创先争优先进基层党组织	市委
地税局	创先争优先进基层党组织	市委
区政府	旅游工作先进单位	市政府
区政府	依法行政工作先进单位	市政府
区政府	医改工作先进集体	市政府
区政府	金融生态环境建设工作先进单位	市政府
区政府	污染减排考核先进单位	市政府
东湖乡政府便民服务中心	政务服务工作先进集体	市政府
东湖乡	妇女儿童工作先进集体	市政府
工业和信息化局	工业经济考核一等奖	市政府
区教育局	妇女儿童工作先进单位	市政府
区卫生局	妇女儿童工作先进集体	市政府
区法院	法院系统信息工作先进单位及优秀信息直报点法院	市中级法院
区法院	审判质效工作一等奖	市中级法院
区法院	审判管理工作一等奖	市中级法院
区法院刑事审判庭	集体三等功	市中级法院
区检院	检察系统综合目标考核工作中荣获一等奖	市检察院
区检院	政法系统 2011 年“六好”关工委	市检察院
区检院	反贪局“叶勇挪用公款案”办案组集体三等功	市检察院
区检院	公诉工作集体三等功	市检察院

市、局级先进单位

获奖单位	荣誉称号	授奖机关
区委	政务接待工作先进单位	市委办、市政府办
城南街道	“5.12”防灾救灾大演练先进集体	市委办、市府办
区档案局	档案工作先进单位	市政府办
扬嘉镇	档案工作先进单位	市政府办
区政府	安全生产先进单位	市政府办
四川建设发展股份有限公司金利家具厂	安全生产先进单位	市政府办
四川德赛尔化工实业有限公司	安全生产先进单位	市政府办
政务中心	政务服务工作先进集体	市政府办
东湖乡政府便民服务中心	政务服务工作先进集体	市政府办
黄许镇政府便民服务中心	政务服务工作先进集体	市政府办
天元镇政府便民服务中心	政务服务工作先进集体	市政府办
城北街道办	档案工作先进单位	市政府办
东湖乡政府	档案工作先进单位	市政府办
德新镇胜利村	民主法治示范村	市民政局、市司法局
区老干局	老干部工作先进单位	市委组织部、市委老干局
旌阳分局	信访工作集体嘉奖	市公安局
交警大队	集体三等功	市公安局
旌阳分局	创先争优先锋	市委共青团
工农街道办	先进集体二等奖	市计生委
工农街道办	先进集体一等奖	市爱卫会
区统计局	先进集体	市统计局
区统计局	统计系统综合考评一等奖	市统计局
区统计局	畜禽监测工作考核一等奖	国家统计局德阳调查队
区财政局	财政系统第十六届职工运动会团体总分第一名	市财政系统第十六届职工运动会组委会
区财政局	企业财务决算一等奖	市财政局
区财政局	企业财务决算二等奖	市财政局
区粮食局	粮食工作先进单位	市粮食局
区供销社联合社	目标考核优秀单位	市供销社联合社
孝泉镇德源蔬菜专业合作社	优秀农民专业合作社	市供销社联合社

续表

获奖单位	荣誉称号	授奖机关
联隆农产品营销专业合作社	优秀农民专业合作社	市供销社联合社
区科协	科协工作先进集体	市科协
区科协	“金桥工程”目标考核优秀单位	市科协
旌阳区	计划生育药具管理机构标准化建设合格单位	市人口委
旌阳区	人口和计划生育党政线目标考核一等奖	市计生领导小组
旌阳区	人口计生业务目标考核一等奖	市人口委
旌阳区	行政执法案卷普查三等奖	市人口委
区水务局	“金桥工程”优秀项目三等奖	市政府防汛抗旱指挥部
城北街道办	社区戒毒工作先进组织	市禁毒委员会办公室
城北街道总工会	工会“双亮”示范单位	市总工会
城北街道秦宓社区工会	工会女职工培训示范点	市总工会女职工委员会
城北街道春兰巷社区	防震减灾科普示范区	市防震减灾局、市民政局、市应急管理办、市科协
城北街道圣风村	民主法治示范村	市民政局、市司法局
城北街道秦宓社区	第一批基层老年人体育工作先进社区	市老年人体育协会
区卫生局	护理岗位创新技能大赛组织奖	市总工会
区卫生局	卫生绩效管理二等奖	市卫生局
区卫生局	卫生应急大比武组织奖	市卫生局
区卫生局	纪念爱国卫生运动60周年健康生活知识大赛三等奖	市卫生局、爱卫办
区卫生局	重大传染病防控工作先进单位	市重大传染病防治工作委员会
区卫生行业工会	最佳创意奖	市委宣传部、市委总工会
区中医院内一科	“青年文明号”荣誉称号	团市委
区卫生局	社区卫生工作先进单位	市卫生局
区旌西社区卫生服务中心	社区卫生工作先进单位	市卫生局
区卫生执法监督大队	卫生执法监督工作先进单位	市卫生局
区卫生执法监督	生执法监督机构规范化建设先进单位	市卫生局
区疾病预防控制中心	全市水质金属元素检测质控优秀、全市水质阴离子检测质控优秀、全市水质硬度、砷检测质控优秀	市疾控中心
区疾病预防控制中心	艾滋病实验室质量管理优秀、艾滋病疫情工作质量优秀、有效管理艾滋病病毒感染者优秀、食品安全优秀、公共场所监测优秀、消毒卫生监测优秀、绩效考核数据录入质量优秀、碘缺乏病防治优秀	市疾控中心
区妇幼保健院儿保科	女职工“我学、我练、我能”劳动竞赛示范岗	市总工会女职工委员会
区妇幼保健院儿保科	重大公共卫生妇幼项目工作先进单位	市卫生局
区妇幼保健院	新生儿疾病筛查工作先进单位	市卫生局

续表

获奖单位	荣誉称号	授奖机关
东湖乡卫生院	新生儿疾病筛查工作先进单位	市卫生局
区中医院党支部	卫生系统创先争优先进基层党组织	市卫生局
区妇幼保健院党支部	卫生系统创先争优先进基层党组织	市卫生局
孝泉镇卫生院党支部	卫生系统创先争优先进基层党组织	市卫生局
城南街道	国防教育先进单位	市国防教育委员会
区森林公安局	优秀森林公安机关	市森林公安局
区林业局	林业工作目标考核一等奖	市林业局
区中医院内一科	青年文明号	共青团市委
政务服务中心团支部	青年文明号	共青团市委
区农村信用联社微小客户业务部	青年文明号	共青团市委
德阳银行旌阳支行	青年文明号	共青团市委
区安监局	创建工作先进单位	市安监局
区安监局	安全生产宣传教育及“全国安全生产月”活动先进单位	市政府安全生产委员会办
区安监局	安全社区创建工作先进单位	市政府安全生产委员会办
区安监局	工业园区规范化建设工作先进单位	市政府安全生产委员会办
区安监局	对工矿商贸行业安全生产监管和安全生产标准化创建先进单位	市政府安全生产委员会办
区安监局	职业健康工作二等奖	市政府安全生产委员会办
区安监局	宣传教育工作二等奖	市政府安全生产委员会办
区教育局	目标考核优秀奖	市教育局
区教育局	学校安全管理工作先进单位	市教育局
区教育局	普通高中2012级教学管理一等奖	市教育局
区教育局	教育宣传信息工作先进单位	市委教工委、市教育局
区教育局	第八届中小学生艺术节优秀组织奖	市教育局
区教育局	中小学校“中华诵.经典诵读”大赛优秀组织奖	市委宣传部、市精文委、市教育局
区水务局	《养殖池塘套种水生蔬菜生产技术引进与示范》评为“金桥工程”优秀项目三等奖	市政府防汛抗旱指挥部
区委中心组	党委（党组）中心组理论学习先进单位	市委宣传部
区委宣传部	党委（党组）中心组理论学习组织工作先进单位	市委宣传部
区委宣传部	外宣创新奖	市委宣传部
区委宣传部	文化科技卫生“三下乡”先进单位	市委宣传部
区委宣传部	群众性文化活动先进单位	市委宣传部

续表

获奖单位	荣誉称号	授奖机关
区委宣传部	对外宣传工作先进单位	市委宣传部
区委宣传部	互联网信息工作先进单位	市委宣传部
区委宣传部	对外宣传信息工作先进单位	市委宣传部
区委宣传部	互联网对外宣传工作先进单位	市委宣传部
区委宣传部	“炫舞德阳·龙湾上城杯”市首届舞蹈大赛组织奖	市委宣传部、外宣办
区审计局	优良单位	市审计局
旌阳街道办	第六次全国人口普查先进集体	市第六次全国人口普查领导小组
区民政局	绩效管理目标考核优秀单位	市民政局
区科协	科协系统目标考核第一名	市科协
区人社局	全市人力资源和社会保障工作先进集体	市人社局
区人社局	新农保试点工作先进单位	市社保局
区委农工办	人工影响天气工作目标管理考核一等奖	市气象局
区政府	农村经济目标考核一等奖	市委农村工作领导小组

先进个人

省、部委级先进个人

姓　名	荣誉称号	授奖机关
周乐志	汶川地震灾后恢复重建先进个人	人社部、国家发改委、解放军总政治部
蒋家鹏	全国人民调解能手	司法部
王明友	全国企业“一套表”联网直报先进个人	国家统计局
杨　英	全国企业“一套表”联网直报先进个人	国家统计局
钟友林	环境综合治理优秀环卫工人	省委、省政府
胡贵明	建设长江上游生态屏障先进个人	省政府

市、厅级先进个人

姓　名	荣誉称号	授奖机关
张　涛	无偿献血先进个人	省人社厅、省卫生厅、省红十字会
黄　良	无偿献血奉献奖金奖	省人社厅、省卫生厅、省红十字会
段守信	无偿献血奉献奖银奖	省人社厅、省卫生厅、省红十字会
李　辉	无偿献血奉献奖银奖	省人社厅、省卫生厅、省红十字会

续表

姓 名	荣誉称号	授奖机关
张兴林	档案工作先进个人	省人社厅、省档案局
刁玉华	爱国卫生先进个人	省人社厅、省爱卫会
代 敏	农村卫生院管理优秀奖	省人社厅、省卫生厅、省红十字会
李 萌	法院系统先进个人	省人社厅、省人民法院
郭 强	汶川地震灾后恢复重建跟踪审计先进个人	省人社厅、省审计厅
尹 平	政法系统先进个人	省政法委、省人社厅
李 芬	政法系统先进个人	省政法委、省人社厅
洪 琦	政法系统先进个人	省政法委、省人社厅
张 锐	招商引资先进个人	省人社厅、省招局
曹 宾	集体林权制度主体改革先进个人	省人社厅
叶 君	优秀人民警察	省公安厅
黄宇笙	公安机关“优秀刑警”	省公安厅
钱积慧	公安基层基础工作先进民警个人三等功	省公安厅
王周鑫	公安基层基础工作先进民警个人三等功	省公安厅
黎 闯	打击经济犯罪维护群众利益破案会战个人二等功	省公安厅
任 娟	财政系统第二届运动会乒乓球混合双打第一名	省财政厅
尹小棠	优秀价格认证员	省发改委
黄小娟	价格监测先进个人	省发改委
周 惊	平安家庭创建先进个人	省平安家庭创建小组
郭升明	农村饮用水安全工作先进个人	省水利厅
张成明	医药卫生系统创先争优活动指导工作先进个人	省医药卫生系统创先争优活动指导小组
王 琦	医药卫生系统创先争优活动先进个人	省医药卫生系统创先争优活动指导小组
黄 良	优秀红十字志愿者	省红十字会
阮 宁	摄影二等奖、优秀奖	省卫生厅、省药监局、省中医药管理局
黄 渝	信息工作先进个人	省人民法院
李 松	政法系统先进个人及“我最喜爱的政法干警”	省人民法院
邓 平	巾帼之友	省妇联
李克武	林业厅“利剑行动”先进个人	省林业厅
李国金	政协新闻宣传工作先进个人	政协省办公厅
郭洪杰	政协新闻宣传工作先进个人	政协省办公厅
李达辉	教育宣传先进各人	省教育厅

续表

姓 名	荣誉称号	授奖机关
郭升明	农村饮水安全工作先进个人	省水利厅
王明友	全国企业“一套表”联网直报先进个人	国家统计局
李国金	政协四川省委员会办公厅	新闻宣传工作先进个人
郭洪杰	政协四川省委员会办公厅	《四川政协报》优秀通讯员
周波太	第六届执法理论研讨会论文二等奖	省“法检公司”
李 玫	优秀共青团员	省委共青团
罗方富	“西部三省农村中小学安全管理与安全教育长效机制建设行动研究”先进个人	教育部基础教育一司
詹荣华	“西部三省农村中小学安全管理与安全教育长效机制建设行动研究”先进个人	教育部基础教育一司
许必华	“西部三省农村中小学安全管理与安全教育长效机制建设行动研究”先进个人	教育部基础教育一司
钟 军	“西部三省农村中小学安全管理与安全教育长效机制建设行动研究”先进个人	教育部基础教育一司
袁蛟龙	“西部三省农村中小学安全管理与安全教育长效机制建设行动研究”先进个人	教育部基础教育一司
覃 爽	创先争优优秀共产党员	成都市委办公厅
覃 爽	创先争优优秀职工	成都市委办公厅
陈晓玉	《养殖池塘冬种水生蔬菜生产技术引进与示范》 “金桥工程”优秀项目三等项	市委、市政府
付启林	《养殖池塘冬种水生蔬菜生产技术引进与示范》 “金桥工程”优秀项目三等项	市委、市政府
谢润学	《养殖池塘冬种水生蔬菜生产技术引进与示范》 “金桥工程”优秀项目三等项	市委、市政府
李 广	节能工作先进个人	市委、市政府
姜 帆	节能工作先进个人	市委、市政府
周晓莉	群众和信访工作先进个人	市委、市政府
张荣芳	首届道德模范	市委、市政府
陈晓玉	“金桥工程”优秀项目三等奖	市委、市政府
付启林	“金桥工程”优秀项目三等奖	市委、市政府
谢润学	“金桥工程”优秀项目三等奖	市委、市政府
胡凤斌	党史工作先进个人	市委
陈晓玉	“德阳好人”称号	市委
周乐志	优秀共产党员	市委
肖 红	“5·12”全市防灾减灾大演练工作先进个人	市委
罗春华	妇女儿童工作先进个人	市政府
田和炳	《茶色素治疗慢性非特异性溃疡性结肠炎45例临床研究》被评为第三届学术大会优秀科技论文	市政府
骆中新	妇女儿童工作先进个人	市政府
曾学武	妇女儿童工作先进个人	市政府

续表

姓　名	荣誉称号	授奖机关
李众一	个人三等功	市中级法院
周永宏	个人三等功	市中级法院
廖婷	信息工作先进个人	市中级法院
廖婷	法院宣传报道优秀通信员及网络舆论引导先进个人	市中级法院
任栓雄	法院宣传报道优秀通信员及网络舆论引导先进个人	市中级法院
林伟	个人三等功	市检察院
李明娅	个人三等功	市检察院

市级部门先进个人

姓　名	荣誉称号	授奖机关
聂　建	安全生产先进个人	市政府办
曾令达	安全生产先进个人	市政府办
部　罡	安全生产先进个人	市政府办
叶　华	档案工作先进个人	市政府办
李　广	农村能源工作先进个人	市农业局
徐春涛	农村能源工作先进个人	市农业局
向泽龙	农村能源工作先进个人	市农业局
陈松涛	农村能源工作先进个人	市农业局
廖洪兴	农村能源工作先进个人	市农业局
张华友	科协工作先进个人	市科协
张学礼	化解中央政法委、公安部交办李家奎重点信访案件个人三等功	市公安局
苟素蓉	化解中央政法委交办李旺荣重点信访案件个人嘉奖	市公安局
刘　鑫	协助省厅开展涉案财物管理问题专项治理工作表现突出个人嘉奖	市公安局
张　燚	优秀交警大队长个人三等功	市公安局
罗　刚	第二批藏区维稳增援工作个人三等功	市公安局
刘　洲	第三批藏区维稳增援工作个人三等功	市公安局
原旭东	第二批藏区维稳增援工作个人嘉奖	市公安局
沈晓静	第三批藏区维稳增援工作个人嘉奖	市公安局
周　罡	第三批藏区维稳增援工作先进个人	市公安局
彭启聪	第二批藏区维稳增援工作先进个人	市公安局
何　芸	“亮剑”专项行动先进个人个人三等功	市公安局

续表

姓　名	荣誉称号	授奖机关
刘建华	第四批赴藏区执行维稳增援任务表现突出个人三等功	市公安局
刘明国	援藏维稳先进个人	市公安局
余　洋	援藏维稳先进个人	市公安局
李俊杰	援藏维稳先进个人	市公安局
杨　麒	第五批赴藏区执行维稳增援任务表现突出个人三等功	市公安局
李作明	援藏维稳先进个人	市公安局
李　枫	藏区严打整治任务表现突出个人三等功	市公安局
卿　果	协助省纪委侦办“5.16”专案工作表现突出奖	市公安局
文一飞	协助省纪委侦办“5.16”专案工作个人三等功	市公安局
许　涛	第六批藏区维稳增援工作表现突出	市公安局
李家兴	第七批藏区维稳增援工作表现突出	市公安局
李思楠	第七批藏区维稳增援工作表现突出	市公安局
罗晓丽	集中整治执法过程中涉案人员非正常死亡问题工作有功	市公安局
唐玉梅	协助省公安厅信访处工作表现突出	市公安局
聂　建	“夏季会战”嘉奖	市公安局
杨　军	“夏季会战”　嘉奖	市公安局
郇新超	“夏季会战”　嘉奖	市公安局
张　强	“夏季会战”　嘉奖	市公安局
聂　建	“夏季会战”　个人三等功	市公安局
杨　军	“夏季会战”　个人三等功	市公安局
郇新超	“夏季会战”　个人三等功	市公安局
张　强	“夏季会战”　个人三等功	市公安局
杨功富	敬业奉献模范	市文明
曾召菊	孝老爱亲模范	市文明委
黄明奎	先进个人	市爱国委
李永波	先进个人	市计生委
廖明全	先进个人	市爱国委
简　单	第六次全国人口普查先进个人	市第六次人口普查领导小组
王　琪	信息工作先进个人	市统计局
雷　冰	德阳经济技术开发区安全生产先进个人	德阳经济技术开发区管委会
张天宝	先进工作者	德阳经济技术开发区

续表

姓　名	荣誉称号	授奖机关
唐义英	先进工作者	德阳经济技术开发区
吕高峰	先进工作者	德阳经济技术开发区
资怀群	先进工作者	德阳经济技术开发区
陈　燕	先进工作者	德阳经济技术开发区
文代坤	先进工作者	德阳经济技术开发区
陈　鸿	供销社系统先进个人	市供销社联合社
袁绍芬	供销社系统先进个人	市供销社联合社
肖先成	供销社系统先进个人	市供销社联合社
蒋成芳	科协工作先进个人	市科协
张　敏	档案文秘学会征文二等奖	市档案文秘学会
李雪梅	社区戒毒工作优秀个人	市禁毒委员会办公室
穆建国	“德阳好人”称号	市委宣传部、市文明办等部门
周学玉	爱国卫生工作先进个人	市爱国委
董祖辉	爱国卫生工作先进个人	市爱国委
张　勇	定点医院管理服务工作先进个人	市医保局
马世平	优秀护士	市卫生局
候洪莲	优秀护士	市卫生局
张　敏	全市护理岗位创新技能大赛铜奖	市总工会、市卫生局
刘　茜	《激发工会活力　服务医改大局　努力推动医院又好又快发展》三等奖	市教科文卫体工会
殷红蕾	《激发工会活力　服务医改大局　努力推动医院又好又快发展》三等奖	市教科文卫体工会
周　融	创先争优优秀共产党员	市卫生局党委
廖洪菊	创先争优优秀共产党员	市卫生局党委
赵　海	创先争优优秀共产党员	市卫生局党委
申庆友	创先争优优秀共产党员	市卫生局党委
田　红	创先争优优秀共产党员	市卫生局党委
张成明	创先争优活动指导工作先进个人	市卫生局党委
胡　勇	创先争优活动指导工作先进个人	市卫生局党委
李　成	优秀下派干部	市“领导挂点、部门包村、干部帮户”活动领导小组
陈天恩	政法系统关心下一代工作优秀工作者	市委政法委
李　岚	“德阳市文明家庭”、“旌阳区五好家庭”称号	市妇联

2012年旌阳区优秀公务员名录

曾学武　何　剑　张　燕　林　辉
廖启钧　杨昌平　叶洪清　阳　珂
蓝　曦　王道敏　何木刚　姜　华
张贤军　周　伟　李　筠　张顺友
舒晓冬　李志明　曾德全　熊华斌
刘智国　聂子非　贾国兵　王　强
黄　燕　杨永文　尹　平　胡凤斌
侯世富　舒增敏　于　玲　张　铭
廖　霞　王　丽　李　轶　周波太
曾　健　刘嗣邗　唐渝川　周晓莉
王雪红　刘　林　蹇　萍　张忠玖
刘心好　张　壮　钱书明　丰小奎
张　锐　蒲江涛　汤守族　邵开泉
王　勇　陈　强　沈　飒　马定春
李松发　范云聪　周　文　徐昌明
苟成洁　袁　敏　郑　强　刘兴德
刘　安　陈应明　廖明通　廖　斌
汪正义　聂　伟　龚德智　刘　艳
赖小平　方　军　阳加林　刘晓兵
石　丹　范绍春　余加松　王明聪
邱世文　张　敏　伍林奎　伍曾魁
李　奎　吕晓鹏　江影桥　曾世全
余　斌　黄　智　唐　鹏　周进宝
龚学强　周　玲　郭豫川　叶　红
何晓春　苟素蓉　李　红　林　炜
吴　红　刘　鑫　龙　渊　刘　红
余志谦　陈　烛　李　静　邹　力
杨　麟　彭　宇　贾斌鹏　冯云俊
李晓东　刘传兵　谢相东　陈　敬
龙　波　宋远超　雷　涛　龙　杰
周　阳　叶　君　黄　磊　李　京
徐　燕　朱祖泉　郑安甲　邓维勇
邱　蓉　彭　卫　李根平　曾全松
罗成伦　郇新超　廖小康　陈道明
黄　影　唐琛林　王友平　陈燕江
黄志荣　何　宇　刘　兵　苟　磊
王世亮　蒋　路　王　斌　杨建辉
李君滨　胥鸿渐　简　单　柳俊莲
龚晓欢　胡　青　黄碧英　张大芳
何志团　黄明奎　李永波　王　宇
王道洪　何海琴　沈　飒　陈　勇
钟裕昌　孙宗学　贾丽萍　李昌泉
党元清　张树新　夏如萍　左　罗
彭登友　蒋应林　何洪斌　黄瑞金
马丹琦　肖成秀　杨利丰　黄晓娟
王云峰　闫春颖　杨进荣　王　伟
范　红　李　英　廖　丹　丁学勇
许雪梅　任　志　陈国英　林　家
赵洲海　李克武　胡光敏　李思模
高英富　何庆华　杨　霞　刘国金
蒋明勇　张　宁　罗华碧　杨洪刚
何　斌　周　融　周玉明　张怡梅
孙　权　吉　丽　张忠文　陈家军
王从海　赖祖成　唐华楷　刘姝楠
尹贵明　何海琴　杨玉凤　刘谋辉
雷　伟　尹　强　吴小玲　刘深富
刘　莉　张　浩　代桂珍　魏　锦
王兴勇　杨贵成　郭芳芳　胡向波
万刚华　张明乾　王宗琼　张　雯
钟裕金　高春林　李天林　杨　净
刘　甜　李华斌　漆海燕　付方清

2012年旌阳区目标管理考评结果

一、乡镇、街道目标绩效管理考核先进单位

一等奖：天元镇、城北街道、东湖乡、城南街道、扬嘉镇、德新镇

二等奖：孝泉镇、孝感镇、工农街道、黄许镇、双东镇

三等奖：旌阳街道、新中镇、和新镇、柏隆镇

二、区级部门目标绩效管理考核先进单位

一等奖

党群组：区委办、人大办、政协办、法院、组织部、

政法委、宣传部、纪委（监察局）、检察院、统战部、科协

社会事务组：政府办、人社局、人口局、卫生局、公安分局、环保局、教育局、统计局

经济发展组：农业局、发改局、住建局、财政局、工业集中发展区管委会、交通运输局

直管部门组：地税局、工商局、质监局、德阳银行旌阳支行、信用联社

二等奖

党群组：群工部、妇联、史志办、总工会、编办、工商联

社会事务组：审计局、政务中心、司法局、城乡环境综合管理局、安监局

经济发展组：水务局、畜牧食品局、工信局、招商局、农工办

直管部门组：国土分局、公积金管理中心、国税局、移动公司

三等奖

党群组：团委、老干局、残联、人武部、机关工委

社会事务组：文广新局（旅体局）、民政局、科技局、药监局、档案局

经济发展组：黄河新区管委会、商务局、林业局、供销社

直管部门组：财险公司、寿险公司、农业银行、邮储银行

东湖山领地

专题纪实

Zhuan Ti Ji Shi

炫舞德阳.旌阳分赛区中青年组在德阳石刻表演

60载风雨兼程　60年幸福相伴

——德阳市（旌阳区）妇幼保健院建院60周年纪实

1952年，德阳市（旌阳区）妇幼保健院的前身——德阳县妇幼保健站正式成立。成立初始，固定资产仅十余万元，业务只能开展计划生育和接生工作。60年来，医院几度易名、几度迁址，经历了由德阳县妇幼保健站到市中区妇幼保健站、由旌阳区妇幼保健院到德阳市(旌阳区）妇幼保健院“两块牌子、一套班子”的巨大变迁。60年栉风沐雨、60年艰苦奋斗，在各级政府及卫生行业主管部门的高度重视和全力支持下，该院由建站初期房屋设施简陋、技术人员缺乏、医疗设备和服务项目单一的妇幼保健站发展成了如今基础设施完善、技术力量雄厚、检测手段先进、服务项目全面，拥有业务用房面积13000余平方米、职工250余人、万元以上医疗设备126台，设有一级保健临床科室11个，开展二级专业19个，门诊人次近30万，住院人次6000余人的二级甲等妇幼保健院，为提高全市妇女儿童健康水平、促进德阳经济发展与社会进步作出了卓越贡献。

院班子（院务会）

回眸60年历程，方寸定格历史瞬间。一幅幅珍贵图片，见证了60年绚丽多彩的历史，展现了该院在历史沧桑中成长壮大，在时代变迁中与时俱进，在改革开放中创新发展的历史轨迹，记录了几代妇幼人在医疗、教学、科研、预防、保健及管理的平台上，凝结智慧与力量，付出心血与汗水，奉献青春与年华。

业务大楼外观

理念创新　医院发展的动力

面对人民群众日益增长的健康需求，该院历届领导班子秉承“为全市妇女儿童健康提供全方位的医疗、保健服务”的办院宗旨，坚持以人为本，依据《母婴保健法》积极拓展业务，用大胆的改革创新给该院注入了强劲的发展动力。

上个世纪八十年代前，该院的业务用房仅仅是上南街的几间平房，医院领导班子经过多方奔走呼吁，在旌阳区政府、区卫生局等部门的大力支持下于1988年新建了4000余平方米的昆山街业务楼，医院床位增加到80张，2002年在保健院业务进一步发展的同时，医院领导班子用前瞻性的眼光看

丰富多彩的孕期课堂

到，昆山街老保健院住院、就诊环境已不能满足群众日益剧增的需求，医院要发展，要不落后，要想立于竞争不败之地，必须新建门诊住院大楼，改善就诊住院条件。2004年，7300平方米的业务综合大楼破土动工，通过两年多的建设，于2007年正式投入使用，从布局，功能上都进一步完善。同时，该院投资近千万元，购买了腹腔镜、彩超、X光机、钼钯X光机、全自动生化仪等设备，大大提高了诊疗质量和服务水平，极大满足了病人需求。2010年10月20日，该院灾后重建综合楼工程在各级政府、卫生行政部门的关心支持下正式开工，该项目建筑面积3000余平方米，于2012年8月顺利竣工，该大楼的建设、竣工、顺利投入使用，将极大地促进我市妇女、儿童保健业务的发展。

一个医院的社会效益、技术效益和经济效益，无不体现出人才效益的结果。上世纪八十年代，持中专学历的医护人员是该院的主力军，人才"瓶颈"亟待突破。为了迅速改变这一状况，院领导班子提出了"科技兴院，人才强院"的口号，并着力打造"学习型医院"，提倡医务人员终身学习制，鼓励医护人员自学成才，并在全院上下营造出尊重知识、尊重人才的良好氛围。医院每年都组织技术骨干到成都、重庆、广州等上级医院学习深造。当一些医护工作者获得中级职称后，该院又将这些人员及时送出去接受更细致的专业培训。在加强培训的同时，也不断地引进高学历人才。一系列的举措，使得一批中青年技术骨干学习归来后，成为医院发展的中坚力量，极大地带动了该院各学科的发展。如今该院拥有专业技术人员200余名，其中高中级技术人员11名，中级技术人员60名。这支专项优势互补、梯队合理、朝气蓬勃的人才队伍，促进了该院的专科建设和医疗技术的快速提升。

2002年，在该院硬件条件非常有限的情况下，院领导审时度势作出了全力以赴创建二级甲等妇幼保健院的决定，全院职工深刻意识到创等达标的重要性，将达"二甲"作为一个信念，通过一年多的努力，于2004年通过评审并成为我市目前唯一一所二级甲等妇幼保健院，成为该院发展历史上的一个里程碑。二级甲等妇幼保健院的创立，全面促进和提高了医院的技术水平，强化了妇幼保健工作的科学化、制度化和规范化管理，全院的综合实力有了明显提高，在社会群众中的声誉不断提升。

技术创新　专科建设强品牌

医院要长足发展，必须走"特色办院，改革强院，科技兴院"的专科发展之路。技术创新，是医院快速发展的基础。2001年，院领导班子认识到妇产科在发展的同时，必须还要加强儿科建设，成立儿科住院部势在必行。儿科人才培养作为重点工作，通过引进儿科专业学科带头人、培养大学生等方式储备人才，很快，新成立的儿科住院部步入发展正轨，如今该院儿科力量雄厚，已成功建立新生儿无陪伴病区，新生儿缺血缺氧性脑病、呼吸衰竭、重

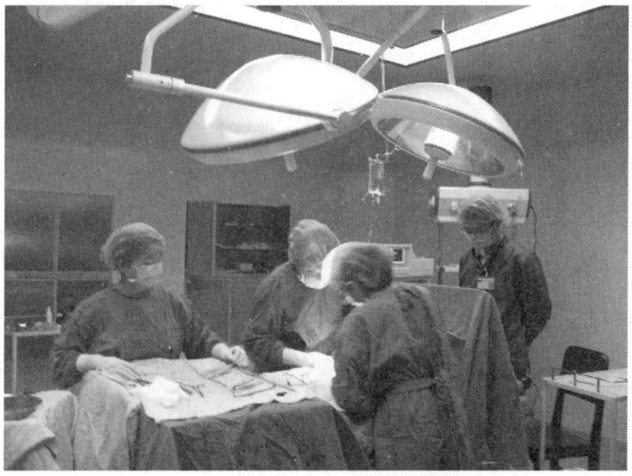

细致严谨、缜密安全的手术

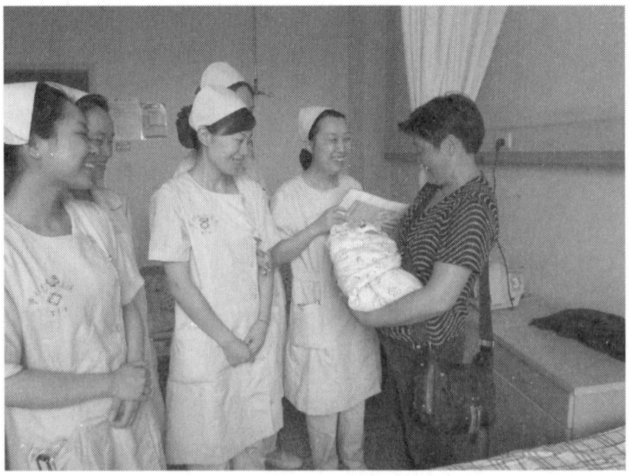

优质温馨护理服务

度窒息等危急重症救治能力居全市前列。妇产科、儿科的快速发展带动了儿保科、妇保科壮大，近年来，该院儿保科、妇保科建设取得长足进步。儿童保健科率先成立了省内第一个二级城市儿童保健学组，迄今已成功承办全市儿童保健学术会议3届，现已与德国霍恩海姆大学建立稳定交流机制，就婴幼儿营养、科学喂养方面进行了广泛的学术交流活动，学科学术水平居全省前列、全市领先水平。2006年当看到小儿脑瘫诊疗在德阳市尚属空白时，该院当即派出两名儿保科医师到卫生部小儿脑瘫诊疗技术培训指导中心佳木斯大学医学院进修学习小儿脑瘫康复诊疗。2007年，该院在全市开设了首家婴幼儿脑瘫康复治疗门诊，开创了德阳市小儿脑瘫康复治疗的先河。项目开展以来，接受脑瘫康复治疗的婴幼儿3000余人次，治疗效果明显，深受患儿家属好评，收获锦旗10余面，许多外地患者慕名前来就医，取得良好的社会效益。2010年，该院创新孕妇学校模式，在全市首家开展特色孕妇瑜伽、孕妇体操、孕期操作等课程以及产后康复等项目，不断突出专科特色，满足多元化需求。

在大力建设特色专科的同时，该院还将专科向纵深发展，不断加强“亚专科”建设，开展了青春期保健、婚前医学检查、围产期保健专业、更年期保健专业、妇女营养专业、儿童生长发育专业、儿童营养专业、儿童五官保健专业、儿童康复专业、儿童心理卫生专业、妇科专业、产科专业、计划生育专业、优生学专业、生殖医学专业、新生儿专业、小儿消化专业、小儿呼吸专业、小儿肾病专业等亚专业。

如今，该院已成为全市的妇女儿童就医、保健的首选医院。数据是成绩的最佳体现——2011年，该院的门诊人次接近30万，住院6000余人次。该院儿童保健科开展的多个业务项目填补我市空白——首次开展小儿脑瘫早起筛查及综合康复治疗、首次开展儿童性早熟矮小门诊、首次开展了新生儿听力测试。儿科成功救治了700克早产儿。截至目前，该院有3项科研课题获得了市级科研成果奖，在全国医学杂志上发表论文60余篇。该院还是省新生儿重症救护网络德阳分中心、德阳市产前筛查机构……除此之外，该院婴幼儿危重症抢救、新生儿重症监护、小儿脑瘫康复治疗、围产期监护技术、高危妊娠监护、无痛分娩等业务在全市也处于“领跑”位置。市妇幼保健院正进入一个高水平运转的新时期。

宣传妇幼卫生惠民政策，扎实履行妇幼公共卫生职能

服务创新　一切为了病人

该院的领导班子认为：很多事情都容易改变，但最难改变的是人的思想观念。如果只把病人当作一位普通的求医者，而自己抱着高高在上的救世主心态，是不能做好本职工作的。该院通过加强思想政治教育工作，在潜移默化中将“以人为本，一切为了病人”、“儿童优先、母亲安全”的服务宗旨融入到每位干部职工的思想和行动中，在服务上进行创新。如今，在该院处处都能感受到充满爱心的人性化服务。

——在该院，大到美观的外形、先进的设施，小到电梯里的精致画框，无一不折射着“以病人为中心”的服务理念，处处流动着爱的音符，让人如沐春风。为了方便病人，各病区配备了微波炉、针线包、健康宣传架、雨伞等。同时，医院还设置了病人饭菜加工处等，在候诊大厅放置了舒适的椅子，为患者免费提供开水；

——该院倡导合理检查、合理治疗、合理用药、合理收费，并公开向社会承诺，专门聘请了医德医风监督员。该院每月进行一次病人问卷调查，实行价格公示，为住院病人提供住院一日清单，真正做到让病人放心看病，明明白白消费；

——为缓解群众看病难、看病贵，让困难患者看得起病，该院经常组织医护人员深入社区、街道义诊、义检、健康教育，为广大人民群众送医、送药、送健康；

——“优质护理示范工程”、“三好一满意”、“四个年”、“学雷锋见行动”等活动在该院如火如荼地展开，一声问候、一杯开水、一个搀扶、规范的操作、精细的服务都深入到患者的心中。

该院的医护人员以一片丹心，呵护着来这里的每一位患者。“一切为了病人”在该院不只是口号，更是实实在在的行动和温馨的服务。

重视公共卫生显成效

作为市区两级妇幼保健业务牵头单位，德阳市（旌阳区）妇幼保健院一直把加强基层保健工作与临床业务工作放在同等的位置，坚持保健和临床共同发展的方针，以提升基层妇幼保健工作能力为己任，德阳地区妇幼卫生保健水平一直位列全省前列。近年来，该院推进了对基层的指导、培训、教学等工作，先后开展了普及新法接生、推广科学接生和孕产妇、儿童两大系统管理工作，通过“降低孕产妇死亡率、消除新生儿破伤风”项目的实施，以加强孕产妇管理，提高产科质量为抓手，同时不断健全了母婴急救网络，规范了抢救流程，发挥了急救中心作用，加强了对基层人员的服务能力培训，提高了急救、转运和管理能力，有效降低了孕产妇死亡率、儿童死亡率。为保障妇女儿童健康，积极推行了适宜技术的开展，规范了产科和妇保、儿保门诊建设，提供了系列保健服务。进一步加强出生缺陷综合防治工作，开展好免费婚检工作，产前筛查工作和新生儿疾病筛查工作，通过不断的宣传、培训、技术指导，近年来，市、区的婚检率、产前筛

查率、新筛率都稳步提升。同时，进一步加大公益宣传和健康教育力度，创新孕妇学校模式，不断普及妇幼保健知识。

特别是近几年来，重大妇幼公卫专项工作的推进，不断加大指导基层妇幼保健工作力度，贯彻执行“一法两纲三网”，实施国家基本公共卫生服务及重大公共卫生妇幼项目等工作，使妇幼卫生工作步入科学化、规范化管理的轨道，该院为德阳市旌阳区全面实现“两纲”目标作出了积极的贡献。

热心公益惠及民生

在医疗服务过程中，该院始终把社会公益性放在首位，履行相应的社会责任和义务。

——积极参加“文化、科技、卫生”三下乡、对口帮扶，采取援赠设备、下派人员、双向转诊、人员培训等多种形式开展城市支援农村卫生工作。特别是近年来，对口支援乡镇及

医院白衣天使志愿者服务队

驰援雅安芦山地震灾区

民族地区，派出技术力量和送去设施设备，助其发展，为当地妇幼卫生工作开展起到了积极的推进作用。

——承担突发公共卫生事件和重大灾害事故紧急救治任务。在“5·12”大地震中，该院共免费收治来自极重灾区的孕产妇、儿童2040人次，三聚氰胺奶粉事件中，免费筛查患儿2100余人次。

——严格执行医疗救助政策，赢得了人民群众的好评及上级卫生行政部门的肯定。据不完全统计，近年来该院共为贫困群众减免救治费用40余万元，各类捐款10万余元。

60年风雨兼程，60年幸福相伴，滋润着阳光朝气、风华正茂的德阳市（旌阳区）妇幼保健院迈向成熟和辉煌，正向着三级妇幼保健院的奋斗目标全力前行！回首过去，展望未来，我们衷心祝愿该院在新的起点上继续乘着改革之风扶摇直上，谱写出更加激昂、振奋的发展乐章，实现她心中的梦想——为全市每位妇女儿童带来健康和幸福！

旌阳区实施新型农村合作医疗保险工作纪实

旌阳区新型农村合作医疗在区委、区政府和区新农合管委会、监委会的领导下，本着“为民、利民、便民”的思想，通过不断创新基金管理机制和业务监管制度。不仅实现了新农合基金的高效足额使用，控制了医疗费用的不合理增长，维护了参合农民利益；也促使旌阳区的新农合管理工作步入制度化、规范化的良性运作轨道，为全市以至全省新农合管理工作提供有益的借鉴和参考。

一、落实政策惠民生，构建和谐显成效。

旌阳区通过调整新农合补偿政策，提高参合农民受益水平，扩大受益面，确保政策惠民。

1、调整新农合补偿比例。市级定点医疗机构（包括德阳市人民医院、德阳市第二人民

医院、德阳市口腔医院、德阳市第四人民医院、德阳市第五人民医院、德阳市第六人民医院、德阳市精神卫生中心、德阳市眼科医院、德阳高新康复医院、德阳新华西医院、德阳红十字骨科医院、德阳肛肠专科医院、德阳新铁医院、旌涪糖尿病专科医院），住院门槛费（起付线）由600元降低至500元，补偿比例由55%提高至70%。省级定点医疗机构（包括四川大学华西医院、四川省人民医院、四川省肿瘤医院、四川省第四人民医院、四川省第五人民医院等26家医疗机构），住院门槛费（起付线）700元不变，补偿比例由50%提高至60%。非定点医疗机构（除定点医疗机构以外的所有乡镇及乡镇级以上医疗机构）；住院门槛费（起付线）800元不变，补偿比例由25%提高至50%。提高新农合住院年度补偿封顶线，由6万元/年提高至10万元/年；提高儿童重大疾病年度住院补偿封顶线至10万元/年；调整新农合门诊统筹基金提取标准，门诊统筹基金按当年筹集基金总额扣除上缴风险基金后的25%提取，用于门诊统筹补偿和门诊一般诊疗费支付；提高村级定点医疗机构单次门诊费用的补偿核算比例，由50%提高至60%；单次门诊费用补偿封顶额不变。

2、实行定点医疗机构全省范围内互认制。在四川省内旌阳区以外新农合定点医疗机构住院治疗的参合农民，持当地县级及以上卫生行政部门或新农合管理部门出具的定点医疗机构证明材料（须注明当地定点级别、起付线和补偿核算比例）和住院缴费发票、出院证明、住院费用清单，回户籍所在地乡镇合管站，按照旌阳区同级别新农合定点医疗机构补偿比例下调10个百分点进行补偿。

3、增加重大特殊疾病病种。扩大重大特殊疾病补偿范围，逐步提高补偿标准，最大限度减轻患重特大疾病参合农民医疗费用负担。新农合在原来6种慢性疾病的基础上｛原发性高血压病（Ⅱ期以上）、2型糖尿病、肝硬化失代偿期、风湿性心脏病、慢性肾功衰（尿毒症期）｝新增了甲亢、急性心肌梗塞、脑梗死、血友病、1型糖尿病、肺结核病、耐多药肺结核、恶性肿瘤（乳腺癌、宫颈癌、肺癌、食道癌、胃癌、结肠癌、直肠癌等）、精神疾病等20余种重大特殊疾病纳入新农合门诊补偿。

4、完善实施好儿童重大疾病特殊补偿政策。凡通过认定患有儿童急性淋巴细胞白血病、儿童急性早幼粒细胞白血病、儿童先天性房间隔缺损、儿童先天性室间隔缺损、儿童先天性动脉导管未闭、儿童先天性肺动脉瓣狭窄的0-14周岁参合儿童，在定点医疗机构住院治疗的，均可享受治疗年度内最高限价70%-100%的住院医疗费用补偿。

5、实行一般诊疗费补助总额预算，包干使用制度。根据各乡镇历年的门诊就诊人次以及当年参合人数，科学预算各乡镇一般诊疗费金额。根据各乡镇每月实际门诊量，核算支付一般诊疗费补助金额，按实补助，超支不补，结余部分转下一年统筹使用。据统计，旌阳区执行一般诊疗费补助，农民只要持有“新型农村合作医疗证”，就可以在全区乡镇卫生院、村卫生站门诊看病，并获得减免“挂号费”的优惠政策，2012年全年补偿近400万元。

二、农民受益度提高，群众满意度好。

2012年，通过提高各类政策补偿比例及实施一般诊疗费补助，旌阳区新农合住院政策范围内补偿比达75.04%，同比2011年上涨4.96%。据统计自2008年新农合启动实施至2012年底，全区参合农民新农合受益总人数高达 126万余人次，补偿总金额超过1.70亿元；住院补偿金额高达1.40亿元。个人住院每年最高补偿金额达10万元，高于全国农民人均纯收入的6倍以上，在一定程度上减轻了参合农民的经济负担，保护了农民健康。随着新农合制度的实施，新农合政策带给参合农民的实惠逐渐深入人心，农民参合积极性不断提高参合率稳步上升。2008年-2012年，旌阳区新农合参合人数累计超过100万人次，参合率分别达到94.6%、95.1%、96.3%、97.5%、98.8%，连续5年参合率稳步增长，使旌阳区农民群众能及时享受到新农合政策带来的实惠。

三、严格监督强管理，封闭运行保安全。

1、严格资金封闭运行管理。旌阳区新农合基金严格按照以收定支，收支平衡、略有节余的原则制定补偿方案。基金严格实行全封闭管理，采取“区农合办管账、财政部门管钱”的管理模式，实行收支两条线管理，所有收入均纳入区新农合基金财政专户，专门管理和核算；制定实施了既能方便参合农民就诊又能严把审核关的报账程序，做到基金专款专用、专户储存、封闭运行。

2、严格基金安全风险控制。一是建立和完善定点医疗机构新农合服务质量评价制度，确保住院统筹基金安全。区新农合服务中心建立了一套包括住院率、日均住院费用、次均住院费用、次均住院天数、自费比例、病案会审得分6项指标的综合评价体系，对各定点医疗机构新农合服务质量进行综合评价，公平合理地分担基金安全风险，促进定点医疗机构主动规避风险，有效控制住院统筹基金的月均使用量，防止不合理的增长，保证基金安全。二是实行门诊统筹基金年度总额预算，分乡包干制度。按照各乡镇当年参合人数和门诊统筹基金人均提取标准核算各乡镇门诊统筹基金，合理预算各乡镇年度可用基金和月均支出指标，控制门诊统筹基金月支出增量。三是实行一般诊疗费补助总额预算，包干使用制度。根据各乡镇历年的门诊就诊人次以及当年参合人数，科学预算各乡镇一般诊疗费金额。根据各乡镇每月实际门诊量，核算支付一般诊疗费补助金额，按实补助，超支不补，结余部分转下一年统筹使用。

3、严格监督管理。旌阳区新农合业务管理遵循制度和规范建设优先，流程和结果监管同步，门诊与住院监管并重，网络监管与现场监管相结合的监管机制，建立和完善了一系列监管制度。一是实行定点医疗机构协议管理。通过区新农合服务中心与定点医疗机构签定新农合医疗服务协议，明确了定点医疗机构的责任、义务和奖惩办法，严格按照协议规定开展监管及医疗业务工作。二是强化外部监督制度。发挥新型农村合作医疗监督委员会的作用，委员会通过财政、纪检、监察、审计等部门定期例会，定期检查，定期调度，定期反馈，查找工作中的问题。三是建立新农合风险管理机制，根据各级新农合监管部门或单位分工的不同，针对新农合基金管理各环节和医疗机构开展新农合业务的各个规定流程，建立一套完整的新农合监督管理风险控制体系，落实各级监管部门或单位职责和责任，找准新农合管理各环节存在的风险点，合理控制各环节风险指标，防范新农合违规违纪违法行为发生，促进新农合监管效率和监管质量的提高。四是实行新农合入院和自费告知制度。要求定点医疗机构在收治新农合住院病人时，发放《旌阳区新农合参合农民入院告知书》，及时告知新农合相关政策和规定。住院病人因病情特殊需要使用自费的药品、诊疗或检查项目时，须征得病人或家属同意，并在《新农合自费项目使用告知书》上签字确认并存入病历。凡是未履行告知义务导致费用纠纷的，由医疗机构全额承担补偿费用，不得扣减或取消患者应得的补偿。五是实行新农合住院审查制度。各乡镇合管站切实履行审查职责，每周至少一次对住院病人身份、在院情况、病案完成情况进行核实，定期上报《新农合住院审查情况记录表》。六是实行县、乡、村三级管理制度。区卫生局、区农合办负责全区新农合各项工作制度化管理。区新农合服务中心负责乡镇定点医疗机构新农合门诊统筹业务监督管理、补偿金结算、网络及软件维护等。各乡镇卫生院负责本单位及本辖区村卫生站新农合门诊统筹业务监督管理、补偿金结算、新农合硬件设备管理、网络及软件维护等。七是建立新农合督查分片包乡制度，成立“旌阳区新型农村合作医疗督查组”，落实片区监管责任主体、责任人和监管重点，对日常监管的规范性、及时性、有效性、可操作性等提出具体要求，确保监管工作质量和效率。八是严格执行补偿报销三级审核制。区新农合医疗服务中心、乡镇合管站、定点医疗机构在报销时始终坚持认真查验患者的医疗证和户口簿，严格执行新农合补偿报销规定程序。九是建立新农合住院病案专家会审制度。区新农合服务中心根据网络审核和现场督查情况定期提取各定点医疗机构5%-10%住院病案，抽调评审专家组按照《旌阳区新型农村合作医疗住院病案评审表》相关标准进行会审评分，遵循保密、随机、关系回避、专业对口等原则，分别对住院病案的完成情况、装订归档、医患沟通、诊断、治疗、检查、用药、收费等项目进行会审，对违反新农合政策的收费进行扣减，并将专家会审评分纳入对各定点医疗机构年终考核的重要指标。十是建立责任追究制。对出现套取基金的定点医疗机构一经查实，取消其定点医疗机构资格，相关责任人由卫生行政部门作出相应处理。对于利用别人医疗证做假的农民，或者是将自己的医疗证借与他人做假的农民一经发现也要给予相应处理。

四、信息化上台阶，狠抓培训保效率。

2012年，新农合信息化水平得到了大幅度提高。一是改扩建中心机房。中心机房从10余平米的简易机房升级为面积约40余平米的标准化机房，配备自动气体消防系统、红外防盗系统、不间断供电系统、高强度防雷系统等较完善配套设施和设备。二是添置软硬件设备。中心机房新增了多台服务器、核心交换机、防火墙、光存储等设备，提高新农合系统和公共卫生信息系统运行的稳定性，实现了新农合及公共卫生信息数据的多点存储和冷热备份，提高了数据安全性，为旌阳区卫生信息化建设打下了坚实基础。三是强化人员培训。新农合中心举办了镇村级医疗机构培训班，对全区近200家定点医疗机构200余人开展了为期两天的专题培训，重点对计算机及网络基础知识、应用软件操作能力和新农合信息化软件操作能力进行培训，提高乡镇卫生院及村卫生室医务人员信息化管理能力和水平，强化信息化人才队伍的建设，推动旌阳区信息化更快更好发展。

2013年1月7日，在北京召开的全国卫生工作会议上，《卫生部关于表彰全国新型农村合作医疗工作先进集体和先进个人的决定》授予旌阳区新型农村合作医疗服务中心“全国新农合工作先进集体”荣誉称号，旌阳区新农合是全国100个、四川省6个、德阳市唯一获得这一殊荣的单位。

（谢俊华）

旌阳区实施“沼气化建设”工作纪实

在区委、区政府的坚强领导下，在上级业务主管部门的大力支持下，旌阳区农业局抢抓灾后重建机遇，争取实施以法开署优惠紧急贷款灾后重建四川农村沼气项目为主的沼气建设项目，推动全区农村能源建设跃上新的台阶。

截止2012年底，全区沼气池保有量5.22万口，占全区宜建池农户数6万户的87%，农村沼气发展速度名列全省前茅；建成养殖场沼气集中供气工程55处、4500余立方米，可向500余户农户输送沼气20万立方米/年；建成蜀龙养殖场大中型沼气发电工程1处，年产沼气20万立方米，产发电量15万千瓦时；建成12只沼气专业施工队和2个沼气专业合作社，取得职业资格证书的沼气生产技工308名，达到新建沼气池2万口/年的能力；建成区级沼气服务中心1个，乡镇沼气服务站12个，村级沼气服务点26个，68名技术员获得由国家人社部颁发的沼气物管员资格证书。形成较为完善的服务体系，构建了一只稳定的沼气服务队伍，并在全国率先实行了“菜单式”和“保姆式”服务模式。

区农业局农村能源办公室开展新能源新材料新工艺的探索与研究，与科研院所和相关企业合作研制出的地上式玻璃钢沼气集中供气系统，获得国家知识产权局颁发的国家专利证书（专利号：ZL 201120288688.X），为全区农村能源发展更上一层楼奠定了良好基础。

2011年12月，旌阳区被省政府办公厅认定为21个“沼气化县”之一。

（刘　兵）

附　录

Fu Lu

风景如画的东湖山领地

中共德阳市旌阳区委、区委办公室2012年主要发文目录

月	日	发文机关	编号	文件标题
1	11	区委办 区政府办	德市旌委办〔2012〕3号	关于印发《德阳市旌阳区开展创建“第三届四川省文明城市”工作的实施方案》的通知
2	13	区委办 区政府办	德市旌委办〔2012〕10号	关于印发《关于深化政务公开加强政务服务的实施意见》的通知
2	22	区委办 区政府办	德市旌委办〔2012〕16号	关于印发《德阳市旌阳区构建维护群众权益机制的实施意见》的通知
3	2	区委办 区政府办	德市旌委办〔2012〕20号	关于成立德阳市旌阳区开展“四个年”活动领导小组的通知
3	13	区委办 区政府办	德市旌委办〔2012〕31号	关于印发《2012年全区防灾救灾大演练总体方案》的通知
3	22	区委办 区政府办	德市旌委办〔2012〕32号	关于加强乡镇纪检组织建设的实施意见
3	30	区委办 区政府办	德市旌委办〔2012〕42号	关于印发《德阳市旌阳区关于进一步加强文化惠民工程建设的实施意见》的通知
4	6	区委办	德市旌委办〔2012〕46号	关于贯彻《2010-2020年党外代表人士教育培训改革和发展纲要》的实施意见
5	24	区委办	德市旌委办〔2012〕63号	关于深入学习贯彻省第十次党代会精神的通知
6	12	区委办 区政府办	德市旌委办〔2012〕65号	转发《中共中央办公厅、国务院办公厅关于印发<党政机关公文处理工作条例>的通知》的通知
6	20	区委办 区政府办	德市旌委办〔2012〕67号	关于印发《德阳市旌阳区“十二五”社会管理创新发展规划2012年实施方案》的通知
8	22	区委办 区政府办	德市旌委办〔2012〕85号	关于印发《德阳市旌阳区2012年民生工程实施方案》的通知
10	23	区委办 区政府办	德市旌委办〔2012〕100号	关于印发《关于开展人才优先发展实验区建设工作的实施意见》的通知
11	5	区委办 区政府办	德市旌委办〔2012〕102号	关于成立旌阳区对口支援藏区工作领导小组的通知
12	7	区委办	德市旌委办〔2012〕112号	关于做好党的十八大精神宣传大会的通知
2	3	区委	德市旌委〔2012〕13号	关于区委、区政府领导班子成员分工的通知

续表

月	日	发文机关	编号	文件标题
3	21	区委 区政府	德市旌委〔2012〕30号	关于印发《德阳市旌阳区社会稳定风险评估实施细则》的通知
5	22	区委	德市旌委〔2012〕45号	关于进一步加强基层组织建设的意见
6	21	区委	德市旌委〔2012〕51号	关于进一步推进学习型党组织建设的意见
7	27	区委	德市旌委〔2012〕59号	关于印发《德阳市旌阳区人才优先发展实验区建设规划(2011–2013)》的通知
9	3	区委 区政府	德市旌委〔2012〕73号	关于印发《德阳市旌阳区农村扶贫开发实施意见（2011–2020年)》的通知
10	17	区委	德市旌委〔2012〕83号	关于进一步加强和改进城市社区党的建设工作的实施意见
3	13	区委 区政府	德市旌委发〔2012〕1号	关于加强农业科技创新和推广推动农业农村发展再上新台阶的意见
1	18	区委	德市旌委发〔2012〕2号	关于贯彻落实党的十七届六中全会精神奋力推进文化改革发展的实施意见
2	26	区委 区政府	德市旌委发〔2012〕4号	关于开展“项目攻坚年”活动的实施意见
2	26	区委 区政府	德市旌委发〔2012〕5号	关于开展“产业提升年”活动的实施意见
2	26	区委 区政府	德市旌委发〔2012〕6号	关于开展“开放突破年”活动的实施意见
2	26	区委 区政府	德市旌委发〔2012〕7号	关于开展“作风转变年”活动的实施意见
6	27	区委 区政府	德市旌委发〔2012〕9号	关于2012年党风廉政建设和反腐败工作的意见
11	21	区委 区政府	德市旌委发〔2012〕10号	关于推进全区户籍制度改革加快城镇化进程的意见

德阳市旌阳区人民政府、区政府办公室2012年主要发文目录

文件名称	文号	备注
关于公布《旌阳区不可移动文物目录》的通知	德市旌府发〔2012〕1号	
关于表彰2011年度全区安全生产先进单位、先进企业、先进个人及先进社区（村）的决定	德市旌府发〔2012〕3号	
关于印发“十二五”节能减排综合性工作方案的通知	德市旌府发〔2012〕5号	
关于印发《德阳市旌阳区绵远河、石亭江水环境整治实施方案》的通知	德市旌府发〔2012〕9号	
关于印发《德阳市旌阳区公共租赁住房管理办法（试行）》的通知	德市旌府发〔2012〕10号	
关于印发《德阳市旌阳区开展党的十八大消防安全保卫战工作方案》的通知	德市旌府发〔2012〕15号	
关于授予四川德阳市华彩漆业有限公司等63户企业2011年度守合同重信用企业称号的决定	德市旌府发〔2012〕17号	
关于开展砂石开采专项整治行动的通知	德市旌府发〔2012〕18号	
关于表彰张嵘同志见义勇为行为的决定	德市旌府发〔2012〕20号	
关于下达2012年区级财政农业产业化项目补助资金的通知	德市旌府发〔2012〕26号	
关于印发德阳市旌阳区创建国家园林城市实施方案的通知	德市旌府发〔2012〕27号	
关于表彰旌阳区第三届教学成果获奖项目和旌阳区教育科研先进集体的决定	德市旌府发〔2012〕29号	
关于下达2012年工业经济“开门红”目标任务的通知	德市旌府办发〔2012〕1号	
关于进一步做好2012年公共机构能源资源消耗统计工作的通知	德市旌府办发〔2012〕6号	
关于做好2012年人大代表建议、政协委员提案办理工作的通知	德市旌府办发〔2012〕18号	
关于报送2012年重点工作（项目）计划的通知	德市旌府办发〔2012〕22号	
关于印发推进“四个年”活动实施方案的通知	德市旌府办发〔2012〕25号	
关于下达2012年全区国内招商引资目标任务的通知	德市旌府办发〔2012〕39号	
关于印发《德阳市旌阳区政府投资工程建设项目BT投资模式审批及实施管理试行办法》的通知	德市旌府办发〔2012〕41号	
关于下达2012年度城镇基础设施项目建设任务的通知	德市旌府办发〔2012〕46号	
关于印发《各乡镇（街道）各部门贯彻落实〈政府工作报告〉重大工作部署责任分工》的通知	德市旌府办发〔2012〕47号	
关于召开全区“5.12”防灾救灾大演练动员会的通知	德市旌府办发〔2012〕75号	
关于印发《德阳市旌阳区2012年乡镇财政管理体制》的通知	德市旌府办发〔2012〕86号	
关于下达2012年工业经济目标任务的通知	德市旌府办发〔2012〕92号	

续表

文件名称	文号	备注
关于确定2012年度区属重点工业企业的通知	德市旌府办发〔2012〕95号	
关于常务会议议题办理及纪要发送有关事项的通知	德市旌府办发〔2012〕100号	
关于下达2012年新型农村社会养老保险工作目标任务的通知	德市旌府办发〔2012〕102号	
关于区政府办公室领导班子成员分工及分管科室调整的通知	德市旌府办发〔2012〕105号	
关于印发《德阳市旌阳区集中开展安全生产领域“打非治违”专项行动的实施方案》的通知	德市旌府办发〔2012〕108号	
关于印发《旌阳区土地整理项目工程调整变更管理办法》的通知	德市旌府办发〔2012〕118号	
关于印发旌阳区河道采砂集中专项整治活动实施方案的通知	德市旌府办发〔2012〕119号	
关于印发《2012年食品安全工作要点》的通知	德市旌府办发〔2012〕125号	
关于乡镇地方财政收入目标考核办法的通知	德市旌府办发〔2012〕131号	
关于报送2012年上半年工作总结和下半年工作思路的通知	德市旌府办发〔2012〕132号	
关于印发《德阳市旌阳区深化医药卫生体制改革2012年主要工作安排》的通知	德市旌府办发〔2012〕134号	
关于转发《德阳市人民政府办公室关于印发〈德阳市城市规划区违法建（构）筑物查处办法〉的通知》的通知	德市旌府办发〔2012〕139号	
关于印发《德阳市旌阳区推行消防安全网格化管理实施意见》的通知	德市旌府办发〔2012〕156号	
关于切实做好灾后恢复重建后续工作的通知	德市旌府办发〔2012〕159号	
关于印发《东一环道路建设拆迁安置资金管理和使用办法》、《华强沟水库工程建设拆迁安置资金管理和使用办法》的通知	德市旌府办发〔2012〕161号	
关于下达2012年度旌西市级新农村建设示范片项目投资计划的通知	德市旌府办发〔2012〕167号	
关于对“十强县”工作成绩突出单位给予单项奖励的通知	德市旌府办发〔2012〕183号	
关于印发《德阳市旌阳区预算单位公务卡管理暂行办法》的通知	德市旌府办发〔2012〕189号	
关于印发德阳市旌阳区小型农田水利项目建设管护方案的通知	德市旌府办发〔2012〕193号	
关于印发《德阳市旌阳区政府投资建设项目管理暂行办法》的通知	德市旌府办发〔2012〕210号	
关于召开区政府四届二次全体（扩大）会议的通知	德市旌府办发〔2012〕226号	
关于印发《公务卡使用管理实施办法（暂行）》的通知	德市旌府办发〔2012〕233号	
关于进一步加强全区学校及周边安全工作的通知	德市旌府办发〔2012〕238号	

旌阳区2012年总人口分析表

地区别	年末总户数（户）	年末总人口（人）			自然变动情况			
		合计（人）	男（人）	女（人）	出生（人）	死亡（人）	迁入（人）	迁出（人）
旌阳区	274537	683357	347341	336016	5867	4051	11132	6458
旌阳街道办	17401	50865	25146	25719	404	254	653	857
城南街道办	23795	66606	34253	32353	518	259	1105	614
德阳重工业园管委会	7979	23660	12670	10990	109	86	247	106
城北街道办	17225	45014	23043	21971	305	181	549	279
工农街道办	14509	35128	19067	16061	344	186	1079	1581
旌东街道办	20122	53671	26954	26717	498	155	2372	764
八角井镇	18916	34585	16703	17882	437	238	335	41
天元镇	21433	45737	22534	23203	470	224	641	204
黄许镇	26548	63360	33006	30354	493	544	1234	529
柏隆镇	11025	26857	13363	13494	181	170	313	256
孝泉镇	15064	40812	20073	20739	279	446	207	68
孝感镇	12669	34004	18141	15863	298	217	584	224
新中镇	5229	13064	6965	6099	72	135	60	32
双东镇	10502	26473	13793	12680	215	223	166	71
和新镇	6893	16440	8693	7747	167	140	111	37
扬嘉镇	10127	22833	11313	11520	187	159	362	277
德新镇	12878	32169	15918	16251	307	213	170	65
东湖乡	22222	52079	25706	26373	583	221	944	453

旌阳区2012年工业企业50强一览表（按销售收入排序）

编制单位：旌阳区工业和信息化局　　单位：万元

序号	单位名称	产品销售收入		
		2012年全年累计	去年同期止累计	较同期增减+、-%
1	特变电工（德阳）电缆股份有限公司	223635	201482	10.99
2	四川民福投资有限公司	183388	119212	53.83
3	四川森普管材股份有限公司	163616	117332	39.45
4	四川美丰化肥有限责任公司	114497	106358	7.65
5	中国石化集团石油工程西南有限公司井下作业	100396	91002	10.32
6	德阳市旌东电缆厂	72601	55731	30.27
7	德阳市瑞麟食品有限公司	69639	50116	38.95
8	四川元丰化工股份有限公司	63465	65911	-3.71
9	德阳金力机械有限公司	51449	33490	53.62
10	德阳宏源机电工程有限责任公司	44577	40616	9.75
11	四川德阳天燃气有限责任公司	41618	38056	9.36
12	四川德阳科利机械设备制造有限公司	35756	23827	50.06
13	德阳市泰山食品有限责任公司	35380	34133	3.66
14	德阳东佳港机电设备有限公司	35141	19705	78.34
15	德阳市天河建材有限公司	33085	22391	47.76
16	德阳明诚电站设备制造有限公司	32220	23410	37.63
17	四川省德阳市中瑞实业有限公司	30920	23606	30.99
18	德阳双兴玻璃有限公司	30641	31371	-2.33
19	德阳市旌能天然气有限公司	29804	23070	29.19
20	德阳景福火花精米厂	27450	31255	-12.17
21	德阳市德清锻业制造有限公司	27316	25114	8.77
22	德阳市九益锻造有限公司	27159	19195	41.49
23	四川爱通电子线缆制造有限责任公司	25553	17307	47.65
24	德阳川德交通机械有限公司	24898	19613	26.95
25	德阳市德赛尔化工实业有限公司	23316	22103	5.49
26	四川德阳新场气田开发有限责任公司	22618	24196	-6.52
27	德阳市恒源铁合金有限责任公司	22138	16943	30.66
28	德阳深捷科技有限公司	22083	8019	175.39
29	德阳市天吉重型机械制造有限公司	21170	18282	15.80

续表

序号	单位名称	产品销售收入		
		2011年全年累计	去年同期止累计	较同期增减+、-%
30	德阳铁路轨枕厂	20697	19448	6.42
31	德阳市宏霸饲料有限公司	20607	15033	37.08
32	四川新星电缆股份有限公司	20335	13945	45.82
33	四川德阳锦盛纺织有限责任公司	20180	17600	14.66
34	德阳市建发商品砼有限公司	19700	22854	-13.80
35	德阳百世昌重型机械有限公司	18661	17646	5.75
36	德阳天元酒业有限公司	17642	10093	74.78
37	四川德阳联益石油天然气勘探开发有限公司	17471	16701	4.61
38	四川德阳泰华制鞋有限公司	15976	12237	30.55
39	德阳钰鑫机械制造有限公司	15205	14980	1.50
40	德阳市亚新重工机械有限公司	14818	13227	12.03
41	四川金路集团股份有限公司	14508	16310	-11.05
42	四川广深混凝土有限公司	13855	13190	5.04
43	德阳惠源电子有限公司	13500	10924	23.58
44	四川德阳润宝印染有限责任公司	13340	15658	-14.80
45	四川省德阳市阳安工业泵厂	13277	10414	27.49
46	四川省德阳昌盛至轩石油化工厂	13273	11165	18.88
47	四川孝泉供电有限责任公司	13232	9823	34.70
48	德阳市德冠机械有限公司	12950	8732	48.31
49	德阳市金兴农机制造有限责任公司	12754	6351	100.82
50	德阳市东联机械成套设备厂	12704	10156	25.09

备注：按辖区（考核口径）规模以上工业企业销售收入排序

旌阳区2012年相关商品价格监测周报表（一）

填报单位：德阳市旌阳区发展和改革局　　采价日期：2012年10月10日　　单位：元

类别	序号	品种	规格	单位	上周价格	本周价格	环比
农资	1	尿素	含氮46%，川化、泸天化、美丰生产	元/吨	2556.82	2556.82	0.00%
	2	碳酸氢铵	含氮17%，国产	元/吨	770.00	770.00	0.00%
	3	普通过磷酸钙	含磷12%，国产	元/吨	665.00	665.00	0.00%
	4	氯化钾	含氧化钾50—60%，进口	元/吨	3888.89	3888.89	0.00%
	5	复合肥	有效成分含量25%	元/吨	1585.45	1585.45	0.00%
			有效成分含量40%以上	元/吨	3071.11	3071.11	0.00%
建材	6	线材	Q235,普线6.5	元/吨	4257.14	4257.14	0.00%
	7	螺纹钢	12，Q235	元/吨	4262.50	4281.25	0.44%
	8	水泥市场价	32.5强度普通硅酸	元/吨	332.73	334.55	0.55%
	9	玻璃	普通平板5mm	元/m^3	25.06	25.06	0.00%
	10	砖	页岩砖（市场价）	元/匹	0.33	0.33	0.00%
	11	瓦	小彩瓦	元/匹	1.90	1.90	0.00%
	12	沙	建筑用河沙	元/m^3	73.18	73.64	0.63%
	13	木材	建筑用木材	元/m^3	1455.00	1455.00	0.00%
粮油肉	14	大米	粳米、本地米	元/500克	2.23	2.23	0.00%
	15	大米	东北米	元/500克	2.90	2.90	0.00%
	16	面粉	特一粉	元/500克	2.13	2.13	0.00%
	17	面粉	标准粉	元/500克	1.86	1.86	0.00%
	18	玉米	饲料用、批发价	元/500克	1.31	1.31	0.00%
	19	菜籽油	散装	元/500克	8.00	8.00	0.00%
	20	调和油	一级桶装，金龙鱼	元/桶	71.50	71.17	-0.46%
	21	鸡蛋	新鲜完整	元/500g	5.50	5.41	-1.64%
	22	草鱼	活	元/500克	8.05	7.86	-2.36%
	23	猪肉	去骨一级	元/500克	12.09	12.09	0.00%
	24	鲜牛肉	新鲜	元/500克	22.75	23.38	2.77%
	25	仔猪	中等	元/500克	10.56	10.39	-1.61%
	26	生猪	中等	元/500克	7.87	7.87	0.00%
	27	公鸡	活	元/500g	12.40	12.50	0.81%
	28	母鸡	活母鸡，非乌骨鸡	元/500克	10.70	10.70	0.00%
	29	小鸡	（七八两重）	元/只	4.92	5.17	5.08%
	30	小鸭		元/只	3.76	3.84	2.13%
	31	鲜牛奶	收购价（散装）	元/500克	3.17	3.17	0.00%

续表

类别	序号	品种	规格	单位	上周价格	本周价格	环比
蔬菜	32	芹菜	新鲜	元/500 克	3.82	3.59	–6.02%
	33	白萝卜	新鲜	元/500 克	1.44	1.37	–4.86%
	34	西红柿	新鲜	元/500 克	3.05	2.77	–9.18%
	35	土豆	新鲜	元/500 克	1.42	1.34	–5.63%
	36	青椒	新鲜	元/500 克	2.32	2.14	–7.76%
	37	莲白	新鲜	元/500 克	1.48	1.33	–10.14%
	38	莴笋	新鲜	元/500 克	2.16	1.81	–16.20%
	39	平菇	新鲜	元/500 克	3.77	3.95	4.77%
	40	四季豆	新鲜	元/500 克	2.18	2.09	–4.13%
	41	扁豆	新鲜	元/500 克	2.35	2.10	–10.64%
	42	生姜	老姜	元/500 克	3.14	3.18	1.27%
	43	大蒜	瓣蒜	元/500 克	5.14	5.05	–1.75%
	44	油菜（白）	新鲜	元/500 克	1.14	1.50	31.58%
	45	黄瓜	新鲜	元/500 克	1.86	1.89	1.61%

备注：

1.本表价格是旌阳区 11 个乡镇监测点的平均价格。

2.表内本周价格是指本周星期三的价格，上周价格是指上周星期三的价格。

情况分析：

一、农资价格情况

本周旌阳区农资价格无变化。

二、建材价格情况

本周旌阳区建材产品价格略有上涨，其中螺纹钢价格较上周上涨 18.75 元/吨，涨幅为 0.44%；水泥价格较上周上涨 1.82 元/吨，涨幅为 0.55%；建筑用河沙价格较上周上涨 0.46 元/方，涨幅为 0.63%。

三、粮油肉价格情况

本周旌阳区粮油价格变化不大。其中鲜牛肉价格较上周上涨 0.63 元/斤，涨幅为 2.77%；小鸡价格较上周上涨 0.25 元/只，涨幅为 5.08%；小鸭价格较上周上涨 0.08 元/只，涨幅为 2.13%。鸡蛋价格较上周下降 0.09 元/斤，降幅为 1.64%；草鱼价格较上周下降 0.19 元/斤，降幅为 2.36%；仔猪价格较上周下降 0.17 元/斤，降幅为 1.61%。

四、蔬菜价格情况

本周蔬菜价格有所回落。其中平菇价格较上周上涨 0.18 元/斤，涨幅为 4.77%；生姜价格较上周上涨 0.04 元/斤，涨幅为 1.27%；油菜价格较上周上涨 0.36 元/斤，涨幅为 31.58%；黄瓜价格较上周上涨 0.03 元/斤，涨幅为 1.61%。芹菜价格较上周下跌 0.23 元/斤，跌幅为 6.02%；白萝卜价格较上周下跌 0.07 元/斤，跌幅为 4.86%；西红柿价格较上周下跌 0.28 元/斤，跌幅为 9.18%；土豆价格较上周下跌 0.08 元/斤，跌幅为 5.63%；青椒价格较上周下跌 0.18 元/斤，跌幅为 7.76%；莲白价格较上周下跌 0.15 元/斤，跌幅为 10.14%；莴笋价格较上周下跌 0.35 元/斤，跌幅为 16.20%；四季豆价格较上周下跌 0.09 元/斤，跌幅为 4.13%；扁豆价格较上周下跌 0.25 元/斤，跌幅为 10.64%；大蒜价格较上周下跌 0.09 元/斤，跌幅为 1.75%。

旌阳区2012年相关商品价格监测周报表（二）

填报单位：德阳市旌阳区发展和改革局　　采价日期：2012年11月21日　　单位：元

类别	序号	品种	规格	单位	上周价格	本周价格	环比
农资	1	尿素	含氮46%，川化、泸天化、美丰生产	元/吨	2468.64	2459.55	-0.37%
	2	碳酸氢铵	含氮17%，国产	元/吨	754.55	750.91	-0.48%
	3	普通过磷酸钙	含磷12%，国产	元/吨	662.27	662.27	0.00%
	4	氯化钾	含氧化钾50—60%，进口	元/吨	3888.89	3888.89	0.00%
	5	复合肥	有效成分含量25%	元/吨	1585.45	1585.45	0.00%
			有效成分含量40%以上	元/吨	3082.22	3082.22	0.00%
建材	6	线材	Q235,普线6.5	元/吨	4257.14	4257.14	0.00%
	7	螺纹钢	12，Q235	元/吨	4243.75	4243.75	0.00%
	8	水泥市场价	32.5强度普通硅酸	元/吨	339.09	339.09	0.00%
	9	玻璃	普通平板5mm	元/m^3	25.06	25.06	0.00%
	10	砖	页岩砖（市场价）	元/匹	0.33	0.33	0.00%
	11	瓦	小彩瓦	元/匹	1.90	1.90	0.00%
	12	沙	建筑用河沙	元/m^3	74.36	74.36	0.00%
	13	木材	建筑用木材	元/m^3	1455.00	1455.00	0.00%
粮油肉	14	大米	粳米、本地米	元/500克	2.24	2.25	0.45%
	15	大米	东北米	元/500克	2.86	2.86	0.00%
	16	面粉	特一粉	元/500克	2.15	2.15	0.00%
	17	面粉	标准粉	元/500克	1.88	1.88	0.00%
	18	玉米	饲料用、批发价	元/500克	1.28	1.28	0.00%
	19	菜籽油	散装	元/500克	8.00	8.00	0.00%
	20	调和油	一级桶装，金龙鱼	元/桶	71.83	71.83	0.00%
	21	鸡蛋	新鲜完整	元/500g	5.25	5.28	0.57%
	22	草鱼	活	元/500克	7.64	7.68	0.52%
	23	猪肉	去骨一级	元/500克	11.82	11.82	0.00%
	24	鲜牛肉	新鲜	元/500克	23.75	23.88	0.55%
	25	仔猪	中等	元/500克	9.24	8.98	-2.81%
	26	生猪	中等	元/500克	7.66	7.70	0.52%
	27	公鸡	活	元/500g	12.60	12.70	0.79%
	28	母鸡	活母鸡，非乌骨鸡	元/500克	10.80	11.00	1.85%
	29	小鸡	（七八两重）	元/只	5.11	5.11	0.00%
	30	小鸭		元/只	3.62	3.40	-6.08%
	31	鲜牛奶	收购价（散装）	元/500克	3.17	3.17	0.00%

续表

类别	序号	品种	规格	单位	上周价格	本周价格	环比
蔬菜	32	芹菜	新鲜	元/500 克	2.25	2.11	-6.22%
	33	白萝卜	新鲜	元/500 克	0.90	0.80	-11.11%
	34	西红柿	新鲜	元/500 克	2.55	2.64	3.53%
	35	土豆	新鲜	元/500 克	1.46	1.42	-2.74%
	36	青椒	新鲜	元/500 克	2.18	2.18	0.00%
	37	莲白	新鲜	元/500 克	0.90	0.93	3.33%
	38	莴笋	新鲜	元/500 克	0.97	0.99	2.06%
	39	平菇	新鲜	元/500 克	3.59	3.64	1.39%
	40	四季豆	新鲜	元/500 克	2.23	2.50	12.11%
	41	扁豆	新鲜	元/500 克	1.24	1.26	1.61%
	42	生姜	老姜	元/500 克	3.00	3.09	3.00%
	43	大蒜	瓣蒜	元/500 克	4.95	5.14	3.84%
	44	油菜（白）	新鲜	元/500 克	1.75	1.89	8.00%
	45	黄瓜	新鲜	元/500 克	1.88	2.15	14.36%

备注：

1. 本表价格是旌阳区 11 个乡镇监测点的平均价格。
2. 表内本周价格是指本周星期三的价格，上周价格是指上周星期三的价格。

情况分析：

一、农资价格情况

本周旌阳区农资价格略有下降，其中尿素价格较上周下跌 9.09 元/吨，跌幅为 0.37%；碳酸氢铵价格较上周下跌 3.64 元/吨，跌幅为 0.48%；复合肥（有效成分含量 40%以上）价格较上周下跌 22.22 元/吨，跌幅为 0.72%。

二、建材价格情况

本周旌阳区建材产品价格无变化。

三、粮油肉价格情况

本周旌阳区粮油肉价格较平稳。只有母鸡价格较上周上涨 0.20 元/斤，涨幅为 1.85%。仔猪价格较上周下跌 0.26 元/斤，跌幅为 2.81%；小鸭价格较上周下跌 0.22 元/只，跌幅为 6.08%。

四、蔬菜价格情况

本周蔬菜价格呈上涨趋势。其中西红柿价格较上周上涨 0.09 元/斤，涨幅为 3.53%；莲白价格较上周上涨 0.03 元/斤，涨幅为 3.33%；莴笋价格较上周上涨 0.02 元/斤，涨幅为 2.06%；平菇价格较上周上涨 0.05 元/斤，涨幅为 1.39%；四季豆价格较上周上涨 0.27 元/斤，涨幅为 12.11%；扁豆价格较上周上涨 0.02 元/斤，涨幅为 1.61%；生姜价格较上周上涨 0.09 元/斤，涨幅为 3.00%；大蒜价格较上周上涨 0.19 元/斤，涨幅为 3.84%；油菜（白）价格较上周上涨 0.14 元/斤，涨幅为 8.00%；黄瓜价格较上周上涨 0.27 元/斤，涨幅为 14.36%。芹菜价格较上周下跌 0.14 元/斤，跌幅为 6.22%；白萝卜价格较上周下跌 0.10 元/斤，跌幅为 11.11%；土豆价格较上周下跌 0.04 元/斤，跌幅为 2.74%。

（黄晓娟）

旌阳区2012年重点科技成果简介

一、西南小麦产业提升关键技术研究与应用

由四川省农业科学院作物研究所、四川农业大学、四川省农业技术推广总站、四川省农业科学院、德阳市金兴农机制造有限责任公司等公司研发。该项目针对西南小麦产业发展的瓶颈问题，在国家和部省重大科技计划支持下，重点开展促进产量、效率和质量提升的关键技术研究，并通过推广机制创新，使技术成果得到快速、大规模转化应用。主要科技创新：（1）系统研究了西南麦区超高产小麦产量建成规律，系统集成了小麦超高产技术体系，以此为指导，创造了一系列高产典型，最高亩产达到710.70 千克，打破持续20余年亩产500千克的徘徊局面，促进大面积增产。（2）设计开发一系列适应南方复杂生产环境的小型小麦播种机，集成南方小麦全程机械化生产技术，相关技术和产品被列为全国主推技术和主推产品。（3）研究明确西南小麦品质规律，提出不同区域及用途的目标定位，基于本研究成果，西南区被确立为全国两大优质弱筋麦区之一。研究完善不同用途小麦优质化生产技术，突破整粒膨化技术，成功开发出“麦通”系列新产品及自动化生产工艺设备，开辟了弱筋小麦加工利用的新途径。项目发表学术论文90余篇，出版专著13部，获授权专利18项，鉴定农机产品3项，新增粮食9.35亿千克，节本增效31.49亿元。项目创新性突出，社会经济效益显著，整体达到国际先进水平。该成果荣获“四川省2012年科技进步一等奖”。

二、主要鹅种遗传资源的评价与创新利用

由四川农业大学、四川省畜牧总站、德阳景程禽业有限责任公司等公司研发。该项目利用白羽朗德鹅、四川白鹅等国内外优良鹅种的基因资源，运用现代家禽配套系育种技术，经过多个世代选育而成，具备适应性强、遗传性能稳定、生产性能好、肉质优良等特点。该配套系父母代母鹅开产日龄200—210天，初产年产蛋量达85—90枚，远高于国内外大中型鹅种35—50枚的平均产蛋量；商品代肉鹅10周龄体重3.60—3.80千克，料重比（含青草）2.90—3：1，生产性能优于大多数中型肉鹅品种。近3年来，仅在四川范围内就中试推广天府肉鹅配套系父母代种鹅13.50万只，生产商品代肉鹅732.40万只，带动养殖户年均增收1200元以上。同时，天府肉鹅配套系也在西南、华南、华中、东南及西北多个省进行了中试推广，为提高中国肉鹅产业整体发展水平提供了良种支撑。该成果研究系统性强，所采用的技术先进，形成的肉鹅育种技术方法科学实用，培育的天府肉鹅综合生产性能优良，筛选的配套杂交组合能满足中国鹅业主产区的市场需求，社会经济效益显著，总体达到国家先进水平，部分达国际领先。该项目获2012年省科技进步一等奖。

三、脉冲镀镍基纳米复合镀层材料及镀层工艺研究

由德阳深捷科技有限公司研发。该项目技术是在常温下进行，避免了常规热加工工艺（如热喷涂、超音速喷涂等）因急冷急热带来的应力集中、微裂纹、晶粒尖端热疲劳、树枝状晶粒粗大等问题，因此，获得的表面复合镀层材料均匀、一致性好。在制造过程中，由于金属纤维、非晶态物质、合金元素的均匀融合以及晶轴长短、旋转角度的完全程序控制，加上晶粒异形（孪晶）、叠压、晶界嵌入等控制技术的应用，使所合成的表面复合镀层材料具有优异的耐高温、耐磨损、耐冲击、抗高温蠕变、抗碾压等性能。其寿命是常规工艺表面处理材料的4~5倍。该项目制造技术的问世，改写了中国高性能表面材料制造领域一直被外产品所垄断的历史，填补了中国高性能表面工程技术材料制造的空白，该材料产品通过用户使用反馈意见表明该技术产品已经达到或超过世界先进水品。该成果荣获“德阳市2012年科技进步一等奖”。

四、甜糯玉米产业提升关键技术研究与应用

由四川省农业科学院水稻高粱研究所、四川省农业科学院作物研究所研发。该项目通过收集地方种质和外引种质创建不同群体，采用地方种质和外引种质融合、结合早世代田间品质鉴定和晚世代蒸煮品质鉴定为主要内容的“综合改良法”，创制出了“改01-1”、“H00-1”等一批骨干自交系，育成了甜玉米品种2个、糯玉米品种8个，其中“食饲兼用型”天香糯8号、泸玉糯2008和“甜糯结合型”泸玉糯1号为省内首创。研究集成以适时播种、秸秆钵简化育苗、合理密植、水肥高效利用、绿色防控为关键技术的甜、糯玉米春、夏、秋季种植的高产高效技术体系3套。为四川甜糯玉米高产、高效、优质生产提供技术支撑。2000~2011年累计推广应用136万亩，较普通玉米亩均新增产值512元，亩均新增纯收益462元，累计新增产值6.96亿元，新增纯收益6.28亿元；加工企业累计加工销售甜、糯玉米4930万千克，加工增值1.64亿元，取得显著的经济社会效益。2012年推广应用50万亩。项目研究紧密结合生产和产业发展需求，针对性、实用性强，创新性突出，达到国内先进水平，其中甜糯玉米多熟优质高产高效种植技术居国内领先水平。荣获德阳市“2012年度科技进步二等奖”。

五、清洁能源铜合金专用线缆成套设备技术创新

由德阳东佳港机电设备有限公司研发。本项目全面完成了国家清洁能源铜合金线缆生产制造所需的成套装备的技术创新。通过对“拉线机鼓轮圈的制造工艺”等五项发明专利和十七项实用新型专利技术的集成，形成一条短流程、高效、高参数的成套技术装备，完成铜铬锆等系列铜合金导线熔炼、连铸连轧、拉绞成套设备生产线的集成技术创新。部分技术指标接近或超过国外同类产品，填补了国内空白。项目产品已覆盖江、浙、沪、粤和东北、西北地区等国内主要线缆制造基地及印度、伊朗等国。项目执行期内共销售11台，实现销售收入1375万元。项目达到年产11台生产能力，实现销售收入1375万元；新增利润185万元，新增税收95万元；企业就业人数353人，新增就业人数达32人。节能降耗效益60万元。获得国家发明专利3项，实用新型专利3项，专有技术7项。并荣获德阳市“2012年科技进步二等奖”。

六、节能轻型铝合金电力电缆

由特变电工（德阳）电缆股份有限公司研发。该项目是以AA-8000 系列铝合金材料为导体，聚烯烃或聚氯乙烯高分子材料作为绝缘、护套材料，采用公司专有配方技术，通过特殊紧压工艺和退火处理等先进技术发明创造的新型电力电缆。该产品具有优异的电性能、弯曲性能、抗腐蚀等性能。该产品于2012年11月11日，由四川省科技厅组织召开科技成果鉴定会对该产品进行了鉴定，该产品以其诸多技术优势受到与会专家的好评，其技术水平达到国内领先水平。该成果荣获德阳市“2012年科技进步三等奖”。

七、额定电压6kV（Um=7.2 kV）到35kV（Um=40.5 kV）挤包绝缘耐火电力电缆

由特变电工（德阳）电缆股份有限公司研发。该产品主要是针对目前的云母带与高分子复合绝缘材料或矿物金属绝缘护套耐火电缆存在的产品缺陷而研制的一种新型耐火电缆，被广泛的应用在高层建筑、地铁、发电厂、核电站、隧道等重要场所。主要技术原理是采用了一种新型耐火材料——陶瓷硅橡胶作为耐火层。由于陶瓷硅橡胶耐火材料是一种新型的高分子复合材料，在750℃×90min火焰烧蚀的情况下，不会被烧成粉状灰烬，能够形成坚硬的陶瓷状外壳，起到绝缘和防火隔火的作用，且温度越高，烧的时间越长，壳体越坚硬。该项目在实施过程中申报了2件实用新型专利，均获得授权（一种耐火软电缆ZL 201220307923.8；一种新型耐火电缆ZL201220717350.6）。在2012年11月11日通过省科技厅组织的科技成果鉴定，鉴定委员会一致认为公司研制的产品结构设计合理，具有新颖性、实用性，经用户使用，反映良好，具有很好的经济效益和社会效

益。该项目产品总体性能指标处于国内领先水平，同意通过鉴定。该成果荣获德阳市“2012年科技进步三等奖”。

八、JL/G3A-900/40-72/7钢芯铝绞线

由特变电工（德阳）电缆股份有限公司研发。该项目是根据特高压输电线路的需求研发的，主要用于特高压输电线路中输送电能。采用了单线预成型和整股导线预成型装置，解决了成品绞线的松股、蛇形和切断后散花的现象。使用四段式框绞机，整体上盘、气动方式控制张力，四层铝线一次绞合成形的先进工艺，确保了导线生产工艺的合理性和质量可靠性。具有截面大，电阻小，能耗小，强度大等优点。国家电网公司将建设锦屏~苏南±800kV特高压直流输电工程，就将要使用该产品。该项目在2012年12月14日，由中国电力联合会在北京组织召开了产品技术成果鉴定，该产品以其诸多优异的技术指标受到了行业专家的高度好评，一致同意通过鉴定，产品技术水平行业领先。该成果荣获德阳市“2012年科技进步三等奖”。

九、电力操作屏用蓄电池运行状态在线监控系统

由德阳市顺昌重工机械制造有限公司研发。该项目在自主研发的核心算法支持下，建立各种主流电池相关参数的数据库，采用了新型隔离总线连通电池检测模块与主机，构建的新型总体测量平台，降低了系统成本，同时保证了电池数据的测量精度；实现了“电池电压巡检”、“电池阻抗检测”、“电池故障诊断及故障类型判断”、“电池容量检测”、“电池运行状态综合判断”、“处置建议”等功能，将散见于各种设备、标准中的非正常状态判断、维护要求等，集中在一起进行智能处理，完成电池故障诊断及故障类型判断，提出处置建议，提高了处置的及时性和准确度，降低了生产成本；减轻了电池维保的工作量，提高了电池维保工作的有效性和针对性，降低电池的故障率，延长电池组的使用寿命，从而提高了系统的工作可靠性。本项目产品是电力行业用专用系统，系统的可靠性、可维护性好，整套系统属国内首创，其中故障电池检测方法属国际首创。该成果荣获德阳市“2012年科技进步三等奖”。

十、汽轮机隔板斜围带的研究与开发

由德阳市东联机械成套设备厂研发。该项目包括由扇形板卷筒而成的半圆锥状斜围带本体，其扇形板的内弧线处等间距设置有用于切割导叶孔的定位小圆弧缺口，改进加工方法，由原来的专用设备加工方法改为成本较低的线切割加工，工装夹具制作简单、成本降低，并保证精确加工出导叶孔，导叶孔节距精度控制在±0.03mm。汽轮机隔板斜围带，定位小圆弧缺口的数量与导叶孔的数量相同，这样可依靠定位小圆弧缺口来准确定位线切割工装，工装夹具制作简单、成本较低，且加工出的导叶孔精度较高，每切割出一个导叶孔后将定位工装移动一个节距即可。该成果荣获德阳市“2012年科技进步三等奖”。

十一、环保型制革无氮脱灰剂

由四川德赛尔化工实业有限公司研发。该项目以有机酸为基础原料进行化学改性，通过复配技术进行综合开发研究，通过小试研制、中试试制与应用研究三个实验阶段，最终形成环保型无氮脱灰剂产品，同时采用标准测试方法进行脱灰效果测定，以比较、衡量产品的性能。在使用时，与常规硫酸铵脱灰相比均没有氨气产生，粒面洁白，废液中可以消除近90%左右的S-2污染，脱灰浴液中氮、COD和BOD5指标比硫酸铵脱灰分别减少大约近90%、25%和10%左右。该产品适合制革脱灰工序使用的清洁化制革助剂，具有脱灰效率高、效果好的特点，而且整个生产过程无三废产生，符合绿色化工业产品生产要求，其应用性能已达到国外公司相关产品水平。该成果荣获德阳市“2012年科技进步三等奖”。

十二、耐热萝卜品种选育及高产栽培技术研究

由四川省农业科学院水稻高粱研究所研发。该本项目将耐热萝卜品种选育、耐热生

理、耐热鉴定、耐热栽培有机结合，全面系统地研究了萝卜的耐热性，为萝卜在高温季节栽培提供科学依据，同时为萝卜育种材料选育提供有效的方法与技术手段。通过耐热萝卜不同栽培试验研究，提出了耐热萝卜高产栽培技术，并在生产上应用，收到良好效果。通过组合比较试验，筛选出强势组合C5116A/C8690-25参加全省多点试验和生产试验，于2010年通过省级技术鉴定，2011年通过四川品种审定委员会审定。首次实现耐热萝卜三系配套，选育的杂交耐热萝卜品种蜀萝8号填补四川省无杂交耐热萝卜的空白，在国内处于领先地位，从而打破四川省春夏萝卜长期以来从韩国进口的被动局面。2009-2012年示范推广2.46万亩，平均亩产3300.6千克，比对照夏抗40增产7.97%，增加萝卜产量263.06万千克，增加产值210.45万元，经济社会效益显著。该成果荣获德阳市“2012年科技进步三等奖”。

十三、丘陵区金丝枣落果、裂果防治技术研究

由德阳市造林种苗工作站、四川农业大学林学院、德阳市林业科学技术推广站、德阳市旌阳区林业科学技术推广站共同研发。该项目对在四川落果较严重的金丝枣进行较系统的裂果现象及裂果控制研究，由于受到降水和光照制约，尤其是在南方寡日照、多雨丘陵地区，枣裂果、落果较为严重，影响产量和品质，德阳市枣的裂果、落果在25%~50%，严重时可达60%以上，成为制约枣产业发展的瓶颈。经过三年的研究，初步掌握了金丝枣裂果的发生过程和状态，形成四川丘区金丝枣防治裂果技术规程。通过化学防治、物理防治以及环剥技术等一系列综合措施，初步建立南方多雨寡日照地区金丝枣的裂果防控技术，减少裂果率25%，增效25%，从技术上达到国内先进水平。该技术可以增加枣果产量和质量，裂果损失率减少25%左右，每亩可增加产量150kg，每1kg按20元计，每亩可增加收入3000元。按推广面积1000亩计，预计年新增直接经济效益300万元。撰写论文2篇，分别为《四川丘陵区金丝枣裂果防治技术规程》和《四川丘区金丝枣裂果防治研究》。该成果荣获德阳市“2012年科技进步三等奖”。

十四、短周期工业原料林优质速生树种竹柳引种栽培试验

由德阳市造林种苗工作站、德阳市林业科学技术推广站、德阳市旌阳区林业科学技术推广站等单位共同研发。该优良林木品种竹柳首次在德阳市进行引种试验，丰富了德阳市生物物种多样性，为保护当地植被、维护生态平衡起到积极的作用。竹柳是利用多元遗传种质材料料通过高新技术复合杂交的柳树新品种，是营造短周期工业原料林造林最佳树种，通过试验观测和数据分析，1年生竹柳生长平均高达3.50米，地径2.80公分。6年即可进行短期轮伐，5年生竹柳单株高度能达13米以上，材积0.30立方米以上，单株经济效益达120元。确认竹柳是本市发展短周期工业原料林最佳树种，尤其在污染区和水涝地种植优于其他树种，性能稳定。试验研究取得的成果填补了省内短周期工业原料林木树种空白，整体技术水平达到了省内先进，可大面积推广应用。该成果荣获德阳市“2012年科技进步三等奖”。

十五、顶驱钻井专用电缆及其制造方法(专利号：ZL201010286632.0)

由特变电工（德阳）电缆股份有限公司研发。该项目是当今石油钻井的重大前沿技术与装备，是深井、复杂井施工的必备装备之一，本世纪之前该技术一直被国外垄断。它是连接在控制台与顶驱装置之间的纽带，是顶驱电力系统安全和经济运行的保障。在工作时会经常以2m/s的速度上下快速移动。该电缆的结构设计不同于一般电缆，制造方法和工艺复杂，本发明提供了一种新型的顶驱钻井专用电缆及其制造方法，公司按照本专利技术研制的顶驱钻井专用电缆与国外同类产品相比，在产品结构、原材料的选取、加工工艺和产品特性等方面实现了创新，项目的抗运行冲击性能、耐泥浆性能、耐磨性能和抗撕裂性能等核心技术行业领先，项目总体性能指标达到国内领先水平，可以替代进口产品，降低生产周期，缩短顶驱装备的国际化进程。产品广泛应用于石油机械、海洋工程行业。拥有2件核心专利（1件发明专利——顶驱钻井专用电缆及其制造方法，1件实用新型专利——顶驱钻井专用电缆）。该发明项目荣获德阳市“2012年度优秀专利奖”。

十六、苜蓿提取物作为增强动物免疫机能和抗逆性的动物功能性食品的应用（专利号：ZL01118421.3）

由德阳三丰原肉产品专业合作社研发。该项技术成果主要应用于畜牧领域。其主要技术内容是利用现代提取技术将苜蓿中的多糖、黄酮和皂苷提取出来，再通过喷雾干燥技术将其生产成饲料添加剂。利用苜蓿多糖、黄酮和皂苷的调节脂肪代谢和调节免疫机能的作用，通过在饲料中适量添加可明显降低血液中氨、尿酸、胆固醇水平，减少腹脂沉积、提高屠宰率、改善肉质和风味，降低细菌的抗药性，提高养殖场的疾病预防效果。在种猪中使用，可提高母体抗体水平，提高泌乳力，改善繁殖性能、提高产仔成活率。通过上述综合作用效果可达到增强动物自身抗病能力和促进生长的效果，通过综合效果实现替代饲用抗生素的目的。通过“苜草素”技术，对苜蓿中的多糖、黄酮、皂苷等主要有效成分不造成破坏，可以确保生产质量稳定、效果确切的绿色饲料添加剂产品，同时对苜蓿本身的营养价值不造成污染和破坏，从而极大增加了苜蓿草的利用价值，具体提高苜蓿草的利用价值10至15倍，因此，显著增加了农民种植苜蓿的经济收入。该专利荣获德阳市“2012年度优秀专利奖”。

（张　曲）

索　引

D

E

F

G

H

J

K

L

M

N

P

Q

R

S

T

W

X

Y

Z